旅游管理译丛

旅游业成本控制

（美）AGNES L. DEFRANCO　PENDER B. M. NORIEGA　著
程尽能　王向宁　等译

旅游教育出版社
TOURISM EDUCATION PRESS
培生教育出版集团
PEARSON EDUCATION

北京市版权局著作权合同登记图字：01-2002-0494号
责任编辑：李 立 陈 志

图书在版编目（CIP）数据

旅游业成本控制／（美）德佛郎科（DeFranco，A. L.），（美）诺列加（Noriega,P.B.M.）著；程尽能 王向宁 等译．—北京：旅游教育出版社，2002.3 （旅游管理译丛）
ISBN 7-5637-0998-3
Ⅰ.旅… Ⅱ.①德… ②诺…③程…④王… Ⅲ.旅游业－企业管理：成本管理 Ⅳ.F590.66
中国版本图书馆CIP数据核字（2002）第011158号

旅游业成本控制

（美）*Agnes L. DeFranco Pender B. M. Noriega* 著 程尽能 王向宁 等译

出版单位	旅游教育出版社
地　　址	北京市朝阳区定福庄南里1号
邮　　编	100024
发行电话	(010) 65778403　65728372 65767462（传真）
E-mail	tepfx@fm365.com
印刷单位	河北省三河市文化局灵山红旗印刷厂
经销单位	新华书店
开　　本	787×1092　1/18
印　　张	25
字　　数	357千字
版　　次	2002年3月第1版
印　　次	2003年6月第3次印刷
印　　数	8001-10000册
定　　价	48.00元

（图书如有装订差错请与发行部联系）

序

《旅游业成本控制》是目前现有成本控制教科丛书中新增加的一本好书。阿格尼丝·德佛郎科博士和彭德·诺列加博士为极具挑战性的旅游接待业，更具体地说是为旅游接待业中的餐饮经营，提供了一种具有创新和现实意义的资源控制与管理方法。

本书的作者以旅游接待业中的高经营失败率为开始探讨资源控制的问题，这使读者立刻就意识到，旅游接待业的成功极具挑战性，要想经营成功就必须控制资源并将其用于预期的目的。

本书是从经营的角度以丰富而又符合逻辑的信息来展开阐述的，首先，对菜单作为协助管理和整合定价的最终控制手段进行讨论；接下来探讨的是，经营过程中的餐饮循环周期或餐馆经营流程。作者的实践经验使他们能够着重指出为取得经营成功而必须防止的许多不道德行为和不良运作程序。书中还讲述了现金控制、销售分析、餐饮成本控制和人工成本控制。有关信用卡和借记卡的章节是本书的一个特色。

企业要想保持财务状况良好并获得利润，管理人员必须关注财务工作，对此，本书也进行了讨论。此外，有关博彩与博彩控制的章节增加了这本教科书的价值，这使得本书独具特色并且对任何参与经营博彩业务的管理人员都将有所帮助。

这不仅仅是一本学术教科书，作者在旅游接待业中丰富的实践经验还使本书具有很大的现实意义。阿格尼丝·德佛郎科博士和彭德·诺列加博士的合作不仅仅是年轻与成熟富有经验的完美融合，而且也是实际经验与学术经验之间的优势互补。德佛郎科博士是旅游接待领域里的一位杰出的教育家，不久前休斯敦大学授予她著名的恩朗（Enron）杰出教育奖。她对学生需求的敏锐体察，大大地加快了本书的出版进展。诺列加博士在美国军队俱乐部的管理层中长期担任显赫职务，全权负责31家餐厅的管理工作。此外，诺列加博士在博彩经营方面拥有丰富的经验。他还曾在高等院校执教数年。与德佛郎科博士一样，他也能很好地把握今天教育市场中学生的需求。

——克林顿·L.拉波

休斯敦大学

前言

本书旨在为旅游接待业的学生、管理人员和专业人士提供一种具有现实意义的资源控制方法。这本书不同于其他的有关成本控制的书籍，因为本书的作者尝试探索许多旅游接待企业经营失败的原因，以及可以用于补救经营失败的良策。尽管涉及这个学科领域的大多数教科书都阐述了投入与产出之间的平衡问题及其记录，但是本书不仅包含了此方面的内容，并且还力图说明管理人员必须关注产品和服务是否真正达到预期目的。如果更多的产品与服务达到预期的目的，那么更多的企业就会取得成功。

本书的第一章至第五章阐述了管理、控制、作为成本控制手段的菜单、标准和定价的重要性，还阐述了企业失败的原因以及控制作为管理职能的重要性。餐饮服务是旅游接待业中的一个巨大的组成部分，因此书中强调了作为餐饮业驱动力的菜单，读者也将会了解到确定、监督和持续控制标准的相关知识。这一部分也探讨了定价，因为基于已确定的菜单和标准的定价对于赢利来说十分重要。

本书的第六章至第十章说明了控制过程中各种职能

的重要性，阐述了采购、保持质量、产品和服务的控制、评估的重大意义、接收过程中产品的易损性以及检查和评估产品的必要性，还详细地说明了产品储存和配给的程序，并对产品的状况和在准备、制作和服务过程中可能发生的一系列错误进行了探讨，以使读者意识到防止不道德行为和不良经营程序的必要性。

本书的第十一章至第十四章说明了销售和现金控制及防止滥用资金的做法。信用卡和借记卡现已成为交易的普遍方式，因此这一部分对信用卡进行了详细的探讨，还从控制的角度对销售分析、服务员控制和餐饮成本百分比的计算作了说明，因为旅游接待业属于劳动密集型产业，因此，书中也探讨了劳动力需求计划和成本控制及人员安排。

本书的第十五章至第十八章着重指出了可能成为企业经营中十分昂贵部分的各种可控和不可控费用。由于可控成本占据了管理人员控制范围中非常大的一个比例，因而在这一部分探讨了大量的项目。有关财务计划和预算的章节可以帮助管理人员实现企业财政状况良好与赢利的目标。有关博彩的章节为赌场的管理人员提供了借鉴之处，因为博彩已成为旅游接待业中的重要组成部分并正在快速地发展，因此许多并未关注这一领域的管理人员将必须承担起相关的责任。

简而言之，本书对旅游接待业的日常经营提出了具有现实意义的观点。虽然许多企业是以一种很专业的方式来开展经营活动，但是另一些企业由于缺少知识和不愿意接受控制领域的职责而不断失败。管理人员理解投入与产出之间的平衡并不一定意味着消费者得到了他们应该得到的产品与服务。在旅游接待业或任何其他行业，控制意味着需要管理人员给予更多的关注而不仅仅是保持账面上数字的平衡。

致 谢

我们要感谢康拉德·L．希尔顿学院的院长艾伦·T．斯塔特斯，感谢其在这本教科书的准备过程中所给予的支持与合作。我们也要感谢克林顿·L．拉波、道格拉斯·C．基斯特、凯思林·巴德、玛丽·沃林和詹姆斯·特曼，他们提供的资料和帮助使得这一课题成为现实。我们还要感谢普兰蒂斯·霍尔出版公司的彻耶尔·亚当和尼尔·马夸德特，在这本教科书准备的各个阶段他们都提出了宝贵友善的意见与建议。最后，我们要真诚地感谢我们的学生，他们每天都在向我们提出挑战；感谢我们的同事，在教育的征途上他们与我们携手走过每一步。

我们还要感谢以下的评论家，他们为我们提出了最公正、最严谨的意见来完善此书：J．塞吉恩特·雷诺兹社区学院的大卫·巴里斯、约翰逊＆威尔士大学的威廉·戴、纽约州立大学普拉兹堡分校的理查德·拉基维斯基、林肯土地社区学院的杰伊·基特曼、埃里社区学院城市分院的特里·麦克唐诺。

目录

CONTENTS

第一章

旅游接待业中的管理

关键词

ABCD 分类	控制周期的四个环节	职业素养
企业倒闭	隐性成本	持久力
应急计划	生命周期曲线	统一财务系统
控制	国家标准	评估频率

学习目标

在学习完本章之后，你应该能够：

* 讲述评估生产力的六大要素
* 确定并解释管理控制职能中的三大基本素质
* 绘制并说明控制周期的四个环节
* 概述决定 ABCD 产品安全保障分类的因素

* 说明在维持正常业务运作当中的三大主要活动
* 讲述企业失败的主要原因

有效的管理是任何一项商业活动成功的必要条件。管理的定义就是一个安排和通过他人去完成各项任务的过程。管理的这一定义，对于旅游接待业这个劳动密集程度极高的行业来说尤其适用。由于旅游接待行业的绝大多数工作是通过员工提供的服务来完成的，所以管理人员的能力和沟通技巧对任何一家成功的旅游接待企业来说都是至关重要的。但是，由于这个行业劳动密集程度高，所以对于任何一个想真正获得成功的企业来说，必须充分运用控制程序中的管理职能。

一、行业细分

旅游接待业的业务范围在不断扩大，过去人们一直倾向于把旅游接待业和饮食服务业联系在一起。旅游接待业的主要业务是餐饮业务，但同时也有一些企业并不把饮食服务作为一项主要收入来源。有些饭店和汽车旅馆不提供餐饮服务，有些赌场不开展住宿业务。因此，尽管过去人们把餐饮服务和提供住宿作为旅游接待业的两大重要组成部分，但是现在这已并非如此了。推动旅游接待业发展的四个重要组成部分分别是：餐饮服务、住宿、旅游和博彩。从收入的角度来看，作为博彩业组成部分的赌场已成为世界上发展最快的行业了。从类别的角度上讲，这就把旅游接待业的主要业务划分为餐饮、旅游、住宿和娱乐等几大类。

目前，旅游接待业的分类越来越困难。以往较为普遍的观点，是把旅游接待业分为餐饮服务业和饭店／汽车旅馆业，这两项广义的概念被用来涵盖旅游接待业的所有业务。如果一家企业拥有客房，那么它即被认为是旅馆业的一部分；如果没有客房而提供餐饮，那么则被认为是餐饮业的一部分。现在我们认识到，这并没有涵盖整个旅游接待业。旅游接待业不仅提供住宿设施和饮食服务，它还是一个大量销售旅游和娱乐的行业。随着博彩业的发展，销售娱乐已成为旅游接待业的主要组成部分。

旅游接待业早期曾把赌场定义为拥有赌博设施的饭店。现在，有些赌场不再提供住宿，也有一些地区的赌场共同商定不再提供饮食。旅游接待业曾把举办体育赛事和音乐会看作是一种销售娱乐的方式，通过特许经营餐饮而赚取相当比例的利润。现在赌场赚取的利润大大超过一场音乐会的利润，而且并不依靠提供特许经营来赢利。

因此，我们不能说旅游接待业仅仅是提供饮食和住宿的行业，而应该说旅游接待业实际上是由饮食、旅游、住宿和娱乐四个部分组成的。

实际上，由于这四个构成部分，旅游接待业成为一个劳动力高度密集型的行业，它对控制的需求因而远远高于其他行业。旅游接待业经营产品的方式有别于制造业。制造业可以迅速调整产量或把产品放入库存，旅游接待业总的来说就不具备这些优势，没有销售出去的饭店产品是不能再放回库存的。客房是价值最容易丢失的产品之一，客房如果没有售出，那么就会失去当天的收入，并且这一损失是无法弥补的。如果在某一时间段内没有客人玩一台吃角子老虎机，那么这台游戏机的娱乐时间就会失去。你可以临时替换生产线上的某个工人，但你无法替换因病无法出席音乐会的超级歌星，你只能坐失收入。在旅游接待业中，应急计划是不可缺少的。

旅游接待业不同于大多数其他行业，它的劳动力密集程度很高，其产品不能被重新放入库存，但其计算资源的会计要素和方法却与其他行业的做法基本相同。尽管如此，旅游接待业仍在对财务状况的评估周期方面有别于其他行业。一般说来，一些企业只评估财务年度报告、季度报告或月报表，而旅游接待业必须每日、每周或不少于每个会计结算期评估运营状况。旅游接待业的会计结算期一般为每4周一次，每年共分为13个周期。管理人员进行调整或处理问题的时间不能长于一个会计结算期，如果长于这个结算周期，就没有办法补救了。需要频繁评估的迫切性受制于旅游接待业的三大因素：劳动力高度密集、产品无法放回库存以及库存产品的易坏性。

二、会计责任和控制的重要性

旅游接待业的发展速度快于其管理队伍的成长速度。由于没有足够的称职的管理人员，所以经营运作程序中的控制和会计责任越来越成问题。缺乏会计责任和控制是许多企业倒闭的明显原因。

正如前面所述，从根本上讲，旅游接待业评估生产力的要素和方法与其他行业是相同的。但由于评估频率较高，所以为了便于比较和评估，旅游接待业就设计了一些程序来把这些任务结合起来。构成评估过程的必要项目和活动：

* 损益表
* 统一会计制度
* 国家标准
* 成本销量利润关系
* 可控费用和不可控费用
* 经营预算

（一）损益表

多数损益表的构成要素为：销售额、销售成本、销售毛利、其他收入、可控费用和不可控费用、税前净收益等。当谈及旅游接待业中的控制成本和利润时，损益表是我们最常使用的报表（参阅表1－1）。

旅游接待业损益表的构成要素与其他行业完全相同，管理人员主要关注的是销售额和销售成本。但是由于采取措施予以纠正的反应时间有限，所以管理人员必须经常浏览这些构成要素。无论管理人员如何有效安排员工的工作或如何周密地计划制作工作单，意料之外的重大事件亦或天气变化都会很快改变所需的资源数量，会使最有效最全面的计划失去效力。因此，有必要持续跟踪损益表中的销售额和销售成本这些关键的数字。当然，旅游接待业的管理人员跟踪损益表的频率也不能随意夸大。

表 1-1　普通损益表

截止 20 × × 年 3 月 31 日的月损益表	
	金额（美元）
销售收入	
销售成本	
销售毛利	
经营费用	
工资	
公用事业留存金	
营销支出	
租金	
维修费用	
总经营成本	
净利润	

（二）统一会计制度

各种统一的会计制度对维持旅游接待业内的连续性至关重要。由于旅游接待业惊人的发展速度，有经验的管理人员为了进取和发展，会不断跳槽到新的企业。为了使新的管理人员熟悉控制工具，各种统一的会计制度为管理人员和会计创造了一种连续体系。当然，由于销售分类和费用分类种类繁多，不可能存在一种适用于任何行业的会计制度，所以旅游接待业的各类细分都有各自的统一会计制度。旅游接待业最常用的三种统一会计制度为：住宿业统一会计制度（简称为USALI）、餐饮业统一会计制度（简称为USAR）、俱乐部统一财务报告制度（简称为USFRC）。表1-2、表1-3和表1-4列出了各个制度的损益表格式。

表 1-2　住宿业统一会计制度损益表

截止 20××年 12 月 31 日的损益表	今年	去年
收入		
客房	$	$
食品		
饮料		
电信		
车库和停车场		
其他营业部门		
租金和其他收入		
总收入		
成本和费用		
客房		
食品		
饮料		
电信		
车库和停车场		
其他营业部门		
管理费用和综合费用		
人力资源		
信息系统		
保安		
市场营销		
特许经营费		
交通		
资产经营和维护		
公用事业费用		
管理费用		
租金、财产税和保险		
利息费用		
折旧和摊还成本		

成本和费用总计	
总毛利收入	
所得税	
现行所得税	
递延所得税	
所得税总计	
净收入	

表 1–3 餐饮业统一会计制度损益表和留存盈余表

截止 20××年 12 月 31 日的损益表和留存盈余表

	金额	百分比
销售额		
食品	$697 000	82
饮料	153 000	18
总销售额	850 000	100
销售成本		
食品	245 500	35
饮料	52 000	34
总销售成本	297 500	35
毛利		
食品	451 500	65
饮料	101 000	66
毛利总计	552 500	65
经营费用		
工资	255 000	30
员工福利	34 000	4
占用成本	59 000	7
直接经营费用	51 000	6
音乐和娱乐	1 000	00.1
营销	17 000	2

公用事业	25 500	3
折旧	16 500	2
管理费用和综合费用	44 200	5
维修和维护	16 500	2
其他收入	(2 500)	(00.3)
总经营费用	517 400	61
营业利润	35 100	4
利息	4 250	00.5
总收益	30 850	4
所得税	4 500	00.5
净收入	26 350	3
周期开始时留存盈余	175 450	
减去红利	(10 000)	
周期结束时留存盈余	19 1800	

表 1-4　俱乐部统一财务报告制度、损益表和费用表

截止 20 × × 年 12 月 1 日的年度损益表和费用表	
会员费	$320 000
高尔夫和其他运动项目—成本或收入	
高尔夫	100 000
网球	15 000
小型运动	10 000
体育项目净成本	125 000
俱乐部会所营业费用和固定费用应付款	195 000
俱乐部会所营业利润或亏损	
食品和饮料	55 000
客房	25 000
小部门—亏损	(5 000)
其他收入	20 000
总计	95 000

扣除未分配经营费用	
俱乐部客房费用	20 000
娱乐	10 000
管理费用和综合费用	90 000
暖气、照明和能源	35 000
维修和维护俱乐部会所	40 000
总计	195 000
俱乐部会所营业净成本	100 000
固定费用应付款	95 000
租金、税收和保险	40 000
应支付款或利息前或折旧前亏损	55 000
利息	50 000
应支付款或折旧前亏损	5 000
折旧和摊还	40 000
净营业收益或营业亏损	(35 000)
其他收益和（扣除）	45 000
净收入或净亏损—会员股本	10 000

（三）国家标准

用于相似类型经营活动的主要成本百分比标准，通常被称为国家标准。食品、饮料和人工成本都属于主要成本，这些成本构成旅游接待业运营成本的绝大部分。麦当劳和汉堡大王(Burger king)在食品、饮料和人工成本方面的国家标准几乎是一样的。这两家公司从本质上讲比较相似，因此它们的食品、饮料、人工成本的百分比也会非常相似。但是，高级餐馆能提供更为优质的服务和不同形式的产品，所以它的价格结构也就会有所不同。鉴于上述原因，管理人员在使用这些国家标准百分比来比较他们的营业状况时必须小心谨慎，因为每一家企业都会有不同的营业费用。《饭店业发展趋势》（由潘内尔·克尔·福斯特出版）和《饭店报告》（由亚瑟·安德森和史密斯旅游出版社出版）每年都要对饭店业中的标准业绩进行总结。同样，全国餐馆协会对餐馆的标准业绩也提出报告。另外，《商业年鉴》、邓恩和布雷兹特里特与罗伯特·莫里斯及其合伙人也出版行业统计和比率分析。

（四）成本销量利润关系

在本书以后的章节里我们将详细分析成本销量利润关系，成本销量利润关系是管理人员在对业务运营状况进行财务评估时所必经的一个评估过程。由于旅游接待业市场灵活多变、竞争激烈的特点，因此必须仔细研究成本数量关系，以便能在会计结算期内较早地进行调整。

（五）可控费用和不可控费用

对一家企业来讲，良好的管理之所以至关重要，原因就在于可控费用要占到一个普通饭店运营成本的50%以上。当然，其他管理也是非常必要的，但都远不及控制重要。50%的运营成本直接由管理人员控制。可控成本由以下元素构成，但并不局限于以下要素：工资、员工福利、直接营业费用、营销、能源和设备、管理费用和综合费用、维修和维护。正是由于管理工作对以上资源的使用起到强有力的影响，所以它们被认为是属于可控费用。

不可控费用也是企业运营中产生的费用，但在大多数情况下，业主或企业管理人员对这些费用只能加以确认而不能进行控制。不可控费用包括租金、折旧和财产税等，所有这些费用完全是在不同于管理工作的另一层面，因此管理人员无法对这些费用直接管理以获得更多的利润。

（六）经营预算

预算是企业制定并将依据其实施营业活动的标准，它是比较实际运作与计划活动的主要工具。通过把实际运作情况与预算中制定的标准相对照，我们可以评估企业的整体运作情况。如果实际运作被认为大大偏离计划标准，我们就必须采取措施来予以矫正。

三、管理人员的素质

缺乏经验的管理人员经常会提出这样的问题，即如何才能完成所有自己应该做的工作。其实，一家旅游接待企业的管理人员就好比马戏团里的杂耍师，要在同一时间必须管理各种各样的活动。就像杂耍师偶尔也会接不住某个球一样，管理人员也会顾此失彼。但是，众所周知，演出必须进行下去。正如杂耍师一样，管理人员必须以最快速度把球捡起并把它归位，使之与其他球一起正常运转。而不同于杂耍师的是，演出没有结尾，管理人员必须一直表演下去。能接受所有可控任务是管理人员的责任这一事实是成为一个成功经理的关键所在。

在管理旅游接待企业控制职能的过程中，管理人员必须理解并具有以下三大管理素质：

1. 职业素养
2. 有效的时间管理
3. 承担责任

为了控制业务程序，管理人员从上任伊始就必须以最高水准的职业素养来管理一家企业。管理人员必须以很高的职业素养来对待客人，对待手下员工更应如此。职业素养指的是拥有适合某一领域并体现其价值的标准和社会地位。有些管理人员总是试图与员工建立良好的关系，但有时会很难摆平职业责任与友谊之间的关系。如果一个管理人员能够始终以非常高的职业素养来对待员工，他就会与员工们融洽相处。有些年轻的经理与员工成为了朋友，当这些既是朋友又是员工的人经常迟到或犯一些小错误时，年轻的经理就会感到对其难以规劝。作为管理人员的朋友，员工不应该做任何会招致麻烦的事情。基于某种原因，许多管理人员不理解这里面蕴涵的道理。朋友应该帮助你成功，而不是阻碍你成功。如果管理人员不明白这其中的道理，那么在他的“朋友”仍然受雇时，他最好是去另寻出路。有关职业精神及在控制功能方面重要性的话题贯穿本书，因为它是许多新管理人员忽视它而失败的主要原因。由于不能有效地管理员工，许多新的管理人员离开了这个行业。

管理人员还必须明了管理自己时间的重要性。管理人员的时间从未被列入可控财产清单内，但它却是最需要控制的重要资源之一。随着人力资源成本的不断增加，管理人员浪费不起时间，这一点在其他行业也是如此，而在旅游接待行业更为突出。时间是有限的、不可更新的财产，哪个管理人员也浪费不起。如果一个管理人员在不断地玩球，又停下来浪费时间，那么所有的球都会落到地上。什么是浪费时间呢？与客人交谈不是浪费时间；与员工打招呼，问他周末是否愉快也不是浪费时间。没有计划通常导致时间的浪费；工作时间与员工称兄道弟亲密交谈可以说是浪费时间。管理人员应该花时间计划好自己一天或一周的工作，然后尽可能地按计划行事。如果不是由于客人改变决定或发生一些意料之外的事件，管理人员却经常不得不作出最后一分钟决定的话，那么他可能在管理时间方面存在着问题。如果员工经常向管理人员提出一些工作程序方面的问题，那么员工可能缺乏有效的培训，结果是占用或浪费了宝贵的时间。员工应该知道自己该干什么，只有在工作程序出现了意外的变化时才需要请示管理人员。如果员工得到良好培训，他们就知道自己该做什么，就不会提出一些有关工作程序方面的问题来浪费管理人员的时间了。员工应该有权处理日常事物，而不必事事请示管理人员。

管理人员的工作职责就是他们必须担负并承担责任。当一个员工接受管理职位时，他的薪水通常也会相应地增加。实际上，员工承担额外责任是会得到报酬的。承担管理责任亦即意味着承担了确保完成任务的责任。业主或股东不喜欢听到这样的话："我叫他做的"或"没有人告诉我"。当员工升为管理人员时，他也就被安排在某个职位上，在这个职位上他必须确保任务圆满完成。管理人员也必须学会提出问题，这样他就会变得消息灵通并使其员工了解情况。知道正在发生的事情是管理人员的一项主要责任。

如果管理人员拥有并能够表现出这些素质的话，那么他将会发现管理变得容易多了。管理人员必须时刻准备担负起责任并为之努力，而不是去回避问题或回避会产生问题的局势，给予管理人员报酬就是为了让他控制好决定一个企业成功或失败的经营程序。

四、控制定义

控制可以定义为是对企业资源进行必要的限制和确定会计责任。不管人们如何给控制下定义，我们都必须接受这样一个现实，即控制涵盖企业的所有方面。在旅游接待业中，业主和企业家主要可能参与的工作是制定各项计划。第一线的管理人员更多地则是参与日常的管理控制活动。管理人员必须计划、指导和协调所有的经营程序，但是如果经营和资源得不到良好的控制，所有的一切都会丧失。

控制是一个由 4 个环节组成的循环周期，请参看图 1–1。

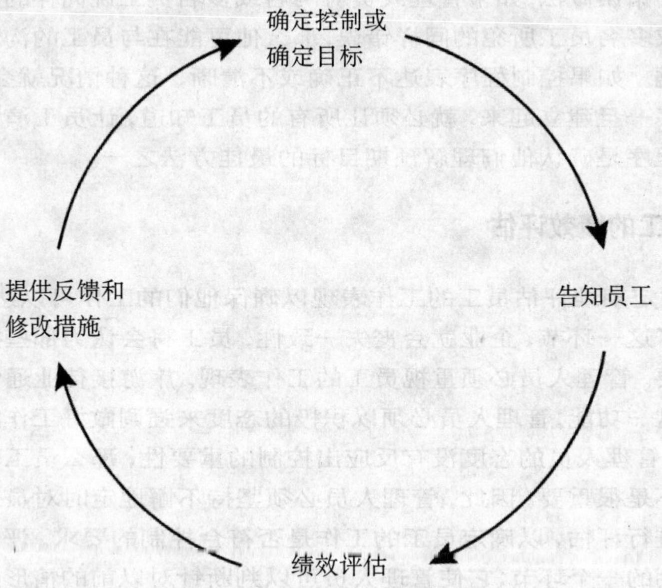

图 1–1 管理中的控制周期

（一）建立控制或确定目标

当建立控制或确定目标时，这些目标必须是可衡量的。员工必须能够判断自己是否在正确地执行这些任务以及自己应该完成的目标是什么，如有可能，所有的控制程序都应以文字的形式表达出来，可采用业务手册、标准指南或预算等形式。

（二）让员工心中有数

员工必须接受适当的培训，这样他们的工作才能符合标准。大多数的情况是，员工常常并不清楚自己应达到的预期目标，因为管理人员没有向他们解释清楚。必须通过培训或其他标准经营程序让员工了解应达到的标准或目标，必须使员工知道衡量是否达到预期目标的标准。虽然这是控制周期中最重要的环节之一，但却常常被视为是理所当然之事。应该让员工了解正确的控制程序，否则他们可能会模仿其他员工的错误做法。如果管理人员对两名或多名员工说同样的话或纠正两名或多名员工所犯的同样错误，那么他可能在与员工的沟通方面出了问题。如果控制程序表达不正确或不清晰，这种情况就会出现。控制程序一旦建立起来，就必须让所有的员工知道，让员工演示一下正确的程序是确认他们理解预期目标的最佳方法之一。

（三）员工的绩效评估

必须定期地评估员工的工作表现以确保他们的工作可以达标，如果省略了这一环节，企业就会丧失一致性，员工将会认为那些控制程序不重要。管理人员必须重视员工的工作表现。旅游接待业通常涉及到态度这一功能。管理人员必须以积极的态度来强调做好工作的重要性。如果管理人员的态度没有反应出控制的重要性，那么员工就会认为控制不是很重要。因此，管理人员必须坚持不懈地定时对员工的工作表现进行评估，以确定员工的工作是否符合控制的要求。评估也是控制周期的一个环节，它使管理人员可以判断针对以前的情形所采取的改进措施是否奏效。

（四）提供信息反馈和补救措施

为了使控制周期产生效力，员工必须能够得到有关自己工作的信息反馈。一般说来，只有当员工工作出现差错时，管理人员才会提供有关的意见。如果管理人员希望员工保持良好的工作状态的话，也应该给他们提供积极的信息反馈，以起到提高工作绩效的作用。因此，对员工工作的评估结果一出来，就必须提供积极或消极的信息反馈。另外，越早提供信息反馈越好。由于能对一家旅游接待企业产生影响的外界因素很多，所以如果信息反馈提供得不及时或缺乏连续性的话，那么企业就没有足够的时间来进行调整。如在星期二已有迹象表明可能达不到本周预定的销售额，那么管理人员就应该采取措施来控制所有其他可控费用或制定新的计划来增加销售额。如果到了星期五或星期六才采取行动来降低人工成本和其他可控成本的话，那就为时太晚了。

在向员工提供信息反馈时，管理人员正好有机会指导员工采取必要的补救措施。但是，信息反馈是一个双向沟通的过程，有效的沟通使员工能够提供信息反馈与建议来改善企业的经营。管理人员与员工进行公开交流的意愿将会提高企业的办事效率，使员工对企业产生一种积极的态度。这样，合理化的建议和反馈就可以作为新的控制方法，并返回到控制周期的第一阶段。

五、控制什么

每个旅游接待企业都会面临这样一个重要问题："控制什么？"。很显然，由于一家旅游企业的主要成本为人工、食品和饮料，所以管理人员想了解和控制这些费用的话，就必须监控这三项成本。食品和饮料的综合成本是餐饮企业两大高成本之一，不控制销售成本会使任何一家餐饮企业处于明显的竞争劣势。控制销售成本往往决定着一个企业的生存，而且对其赢利能力产生深远的影响。监控需要坚持不懈地对整个控制过程进行监督和管理。

在对食品、饮料和人工成本进行监控时，应该仔细检查采购、储存、加工和服务的全部过程。必须按规格采购货物，价格必须是最适宜的。库存必须降到最低以预防浪费和偷窃，同时也防止资金占压而不能用来赚取更多收益。此外，在进行加工和提供服务阶段，必须不折不扣地执行所有的标准以预防浪费，确保产品质量始终如一，确保客人感到满意。管理人员必须时刻保持清醒和警觉，他们应该来回走动，观察制作过程，与客人交谈以及依据已建标准对结果进行评估。

管理人员应该经常向员工提供反馈意见，而无论这些反馈是好是坏。员工也有必要了解自己的工作是否符合标准，是否按预期目标完成了任务。监控的结果应该总能提供某种反馈意见，如果不提供建设性的反馈意见，那么就很容易再犯错误。如果管理人员没有把积极的反馈提供给员工，员工就会认为没人在意，错误就会开始出现。管理人员有责任进行监控，必须把意见反馈给员工，这样员工的错误就可以及时得以纠正，好的工作习惯就得以延续。

必须控制资源以维护企业的有效运营，同时，控制措施也必须具备成本效益。有必要指出，控制作为一种管理功能，其涉及范围远不止控制成本。管理人员要想经营一个成功的企业，他们必须能够控制企业本身，如果管理人员有能力控制企业，那么他们就极有可能控制不同的成本。当然，经营一家企业在很大程度上与管理人员的职业素养和敬业态度密切相关。管理人员可以命令员工清点货物和储存货物，但是员工是否主动做这项工作乃取决于他们是否意识到这项工作的重要性。成功的控制也与管理人员如何给员工灌输控制的重要性密切相关。最简单的解释就是，管理人员在需要控制的时候就能够控制，这意味着管理人员要拿出实际行动而不是空谈。平衡数字对于控制来说是基本的、重要的，但平衡的数字并不保证问题已得到了控制。除非这个企业所遵循的是杜绝浪费，视产品为金钱，以及恪守经营必须遵守成本效益的原则，否则成本控制也就变得名存实亡了。这就是为什么许多企业的业务计划看起来非常美妙，而一旦计划付诸实施，经营就会出现失败的原因。控制成本不仅仅是指员工在没有管理人员直接监督的情况下清点和储存货物，同时也包括员工具有可以督促自己采取必要措施来清点和储存货物的意识。所以，管理人员必须表现出这样一种态度，即他们希望能够有效地经营本旅游接待企业，并把控制成本作为经营程序的一种有效的手段。

对于控制过程来讲，向客人提供优质服务，以促使客人进行更多消费并使他们以后还会再来，如同储存牛排一样同等重要。一家企业可以把牛排储存起来并且标注说明，但是如果由于劣质的服务而无人点牛排，那么这家企业就会因销售额不足而使人工成本上升。这说明，所有的业务程序都会影响成本控制。管理人员必须具备职业素养，以重视职业素养和效率的态度才能控制成本，管理人员一旦从这个角度出发，明白了所有的经营程序都对控制产生影响，才可能会去探讨应该控制什么这个话题。

六、ABCD分类

有些企业采用ABCD分类储存货物。为了便于识别，他们把产品放入不同的分类。归入A类的属于最需要控制的货物，归入D类的是最少需要控制的货物。如高于某一标准的高价酒就应归入A类，应储存在酒窖的贵重酒储存室里。即便使用这种方法，管理人员或业主还必须决定哪类货物应归入哪一类。价格低于这个标准的酒就会归入B类，这些酒可以储存在上了锁的酒窖里。应根据以下因素来为货物分类：类型、地点、使用程度、被偷窃或浪费的可能性、对客人和员工是否方便。下面表1–5显示的是一个牛排储藏间的ABCD分类。

表1–5　牛排储藏间的分类

A类	B类	C类	D类
每瓶售价超过\$1000的葡萄酒	每瓶售价介于\$1000～\$500的葡萄酒	每瓶售价介于\$500～\$100的葡萄酒	每瓶售价低于\$100的葡萄酒
产于日本神户的牛肉	上等牛排	所有其他的牛肉和猪肉	其他各类
	大龙虾	其他鱼	
		家禽	
		干货	

（一）企业类型

如果是赌场，管理人员将会对辅币、现金以及使用硬币的老虎机采取很高的安全防范措施。如果是牛排餐厅，管理的重点就是保障肉类和贵重酒类的安全。一家经营快餐的企业要有一定量的储备，也就是说在下一次采购前手头应随时备有一定数量的汉堡肉饼或其他肉类。高成本的物品通常也需要有最大程度的控制，所以企业类型将决定最需要控制哪些物品。

（二）企业所在的地点

企业所在的地点也会决定哪些物品最需要控制以及需要多大程度的控制。一家出售白酒和高级葡萄酒的商店可能不用担心获得产品的途径，但可能会担心被抢劫。所以，企业所在的地点决定控制程度，在有些情况下决定控制类型。一个行事比较谨慎的人在作出决定之前，必须考虑地点和当地的人口统计数据。

（三）使用程度

使用程度也是一个决定因素。为方便起见，负责牛排餐厅的管理人员必须储备大量的上等牛排。作为一个控制过程，厨师从储藏间取出一定量的牛排时必须签上自己的名字，之后将对这些物品负有责任。但是必须记住，控制还必须具备成本效率。使用程度将决定获得适量高价产品的难易程度，对那些容易获得的产品的控制程度可能会小一些，但这并不减少责任或妨碍管理人员对大量的库存物品实施严格的安全保障和控制。以酒吧里的威士忌为例，为了方便吧台服务员取酒，酒吧里可能放有一瓶或几瓶这种昂贵的威士忌酒，但其他的库存酒必须加上双重锁。双重锁制是指在已上锁的原储藏区里面的储存间或储存柜上再上一把锁，库存人员可以打开第一把锁，但只有某些特定的人才可以打开内部储存间或储存柜上的锁。当然，服务员仍必须对放在酒吧里的酒负责。

（四）便利

使用程度决定产品在需要时是否能够易于获得。管理人员并不想在不必要的情况下给客人或员工带来不方便。如果客人在一家高级餐厅要了一瓶好酒，他不应看到服务员追着经理要酒窖的钥匙，这样企业就有可能失去客人。此外，这种作法也会降低提供服务的速度，因为它毕竟要占用员工一定的时间。所以，成本效率是应该控制什么和控制程度大小这个问题的关键，而责任经常以锁和钥匙来替代。如果员工可以拿到一个产品，那么管理人员应该认为这个员工是负有责任的。进行调整总是较为困难的，所以应从一开始就实行控制程序，而不要等事情已失去控制时再去采取措施，这一点非常重要。

（五）内部机制

总是会有一些意想不到的事情使企业损失产品、金钱或销售额，内部进行的一些活动应该能提供一种责任途径。内部控制和责任应该适用于产品的采购、销售和向客人提交产品以及最后的收款等各个环节。内部控制机制应在业务控制周期的每一步都规定责任，例如采购回来一箱25根的小羊排后，就要制定一种办法来核对发票、验收单、加工单和客人消费结算单，以便确认采购回来的25根小羊排的确货已收到、加工完毕、完成销售以及收回钱款。为使内部机制产生效力，管理人员应举例说明并向员工阐明其重要性。内部机制依赖于管理人员和员工的共同参与和互相合作。

七、持久力

许多企业经得住时间考验的原因是因为它们满足了客人的某一需求并且经营良好。由于旅游接待企业的边际利润很小，所以管理人员必须做到不浪费任何资源，并作出合理的经营决策。支撑一家企业能在旅游接待行业持久经营的活动有三个，这三大活动同时又是企业良好经营的结果。这三大活动是：

1．满足需求

2．保持竞争力

3．控制成本

一个旅游接待企业要生存下去，就必须不断满足需求，包括不断变换菜单和不断改进服务方式。当多米诺比萨店进入比萨饼市场并占据一部分市场份额后，必胜客意识到自己必须发展外送比萨饼业务。多米诺比萨店开发的送货系统是改进客户服务、寻求竞争优势的一种途径。为了保持竞争力，必胜客别无选择，只能也开展送货业务。麦当劳和汉堡大王的竞争结果是都提供早餐服务。邻州有经营彩票的那些州会考虑经营自己的彩票。要想在某一行业呆下去，保持竞争力是必须具备的条件。

有些企业把效率和控制作为自己的竞争优势。麦当劳在每个出口都放置垃圾箱，麦当劳通过让客人自己清理桌子的方法使大家都成为它的员工，它是首批通过让客人参与过程来削减人工成本的企业之一。麦当劳通过削减成本、生产客人都能买得起产品的方法，通过高质量的产品和敏捷而高效的服务来一直不断地满足客人的需求，以保持竞争力。满足需求、保持竞争力和控制成本是企业保持持久的关键。

计划、组织、指导和控制，所有这些基本的管理职能都适用于旅游接待企业，但其中控制职能的重要性是无与伦比的。由于大部分企业只有较小的边际利润，所以控制成本是旅游接待企业的根本，主要成本中的丝毫偏差都会使一个企业由成功走向失败。

八、企业倒闭

旅游接待企业倒闭的原因多种多样，从事这一行业惨遭失败的人很难一下子总结出失败的原因。如果在制定企业规划时采取稳妥扎实的步骤，那么许多失败是完全可以避免的。在制定企业规划时，如果按适当的调研程序进行调研便会发现其中的一些问题，并提出其他一些备选计划来解决或避免一些潜在的问题。当然，也不能过分夸大一份周密的商业计划的重要性。通过采访几家著名的贷款机构，我们可以确定几项导致企业倒闭的原因，其中最主要的原因如下：

* 缺乏流动资金
* 管理人员经验不足
* 无法控制业务程序
* 竞争
* 员工偷窃
* 地理位置欠佳
* 错误的理念
* 库存管理欠佳
* 不良信贷行为
* 个人收入过高

* 错误的态度
* 缺乏自知之明
* 不切实际的期望
* 缺乏计划性

(一) 缺乏流动资金

流动资金的缺乏是导致众多企业失败的主要原因。客人人数的不可预测性加上必要的维修和隐性成本使许多企业丧失偿付能力。有些企业没有考虑到这样一个事实，即生命周期曲线对所有企业的发展都会产生影响。

正如图 1−2 所示，许多规划良好的企业都有一个正常的发展模式，这个正常模式使企业的发展经历四个阶段：形成期、发展期、成熟期和衰退期。不作早期计划和不理解这个生命周期就会使企业在成熟期和衰退期倒闭。

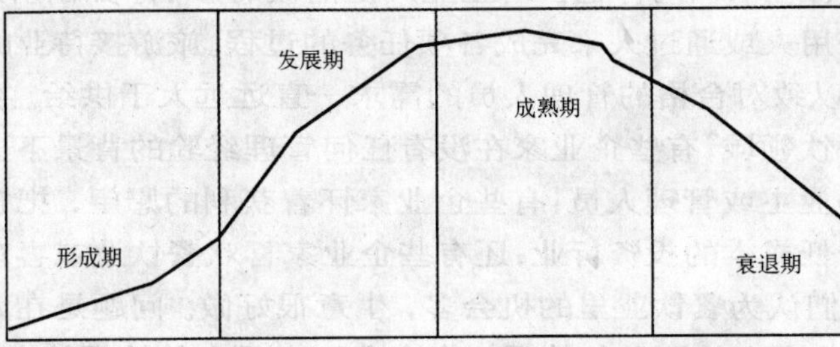

图 1−2 企业生命周期

许多旅游接待企业为开展业务在形成期和发展期制定了杰出的商业计划，但是对成熟期和衰退期的计划却没有做好，主要问题是许多企业对发展期的错误认识。当一个企业初创时，它的成长期和蜜月期一般都不会维持很长时间。如果创建企业的商业计划经过调研并周密制作的话，企业就会在财务方面拥有一个良好的开端。实际上在许多情况下，企业在头一两年的状况可能会好于预期，业主们经常会误解这个良好的开端。有些业主在成长期过度支出或从企业中抽资过多，这是因为他们认为销售额还会持续增长。有些业主不仅不为成熟期以及可能的销售下滑制定计划，反而认为销售额还将持续增长，所以开始在各个方面都扩大规模，他们的观点是越大越好。由于这种错误的理念，一旦出现收入或支出方面的意外变化，许多企业就无法完成自己的财务目标。

对所有的业务活动来说，想方设法预测出隐性成本是一大难题。因为服务业劳动力密集程度非常高，又必须处理大量的易坏食品，对隐性成本的预测是颇具挑战性的。与制造业不同的是，服务业的库存产品无法一直保存直到售出。如果冰箱或其他设备需要维修或更换，那么就不能推延采取行动的时间。如果企业食品用完了，又不能立刻到主要供应商那里取货，那么只好到当地零售店用高价购买，这又将损失掉一块利润。不考虑成熟期和衰退期将会使企业在应对不可遇见的市场变化和其他不可预见的事件时措手不及。

（二）管理人员经验不足

缺乏管理培训同样也会对企业产生消极的影响。如前所述，管理被认为是用人或通过人来完成各项任务的过程。旅游接待业的发展如此迅猛，以致对合格的管理人员的需求一直远远大于供给。在旅游接待业的餐饮领域，有些企业家在没有任何管理经验的背景下进入这个行业成为业主或管理人员；有些企业家怀着获利的愿望，把餐饮业看作是一个低成本的投资行业；还有些企业家喜欢餐饮业或喜欢与人打交道，他们认为餐饮业里的机会多，生意很好做。问题是在大多数情况下，这些个人并不具备管理一个企业所必须有的管理技术。管理技巧和人际关系技巧在旅游接待行业尤其重要。

（三）无法控制业务程序

管理技巧非常重要，控制是一项管理职能。管理人员应从做生意的角度来理解企业，以便作出有效的商业决策。具备善于处理人际关系的管理技巧很重要，它能满足客人和员工的需要，但是为了保持赢利能力和竞争优势，管理人员必须作出明智的商业决策。从生意的角度来讲，管理人员必须能在业务经营可承受的基础上建立控制标准，并具有使企业按控制标准运营的管理技巧。有些旅游接待企业可能也曾制定了出色的计划，但在计划付诸实施时却缺少管理技巧，以致未能按计划大纲和程序进行有效的控制，这在领导、预测销售、保持会计账册和程序等方面尤其如此。

（四）竞争

旅游接待业的竞争非常激烈，企业除非具有竞争优势，否则会感到很难生存下去。竞争优势可以通过服务、质量、效率、与众不同的特色、产品、定价或以上诸方面兼而有之等方式来获得。随着世界进入21世纪，客人在不断地追求最大限度的物有所值。形形色色的旅游接待和相关服务企业都必须有能力拓展出一套独具特色的竞争优势，使客人自己作出乐于惠顾而不他投的决定。那些成功的企业就是那些使自己与众不同的企业。价值取向将在决策中起到极为重要的作用。平平庸庸将使企业无法在这一竞争激烈的行业中生存下去，一个生产平庸产品、提供平庸服务的企业是不能产生足够的销售额来使企业维持成本效率的。有许多成功的夫妻店式企业，但大多数这样的企业仅仅是因为营业主自己愿意投入大量的时间才得以维持生存。也有一些为保住市场份额而硬撑着的特许经营企业，但是最终要作为一个整体的公司来保持赢利能力，这些企业还会倒闭。

从长远来看，只有那些坚持把服务和效率良好结合起来的企业才能够获利。特色和定价作为一种竞争优势只能帮得了一时，一旦其他企业以更为公道的价格推出同样的产品，那这种竞争优势就不复存在了。物有所值的感受与服务和质量的关系比与价格的关系更为密切。为了在旅游接待行业中具有竞争力，就必须为产品或服务制定适应某种需求的商业计划。如果一个企业愿意提供优质的产品和优质的服务，并能有效地控制业务运营，那它的经营就会有利可图了。

（五）员工偷窃

员工偷窃和企业倒闭之间的关系早有定论。对于旅游接待行业中经营饮食和娱乐的企业来说，偷窃更是个问题。由于旅游接待行业的产品具有易消费的特点，所以员工偷窃物品是一个很严重的问题。旅游接待企业感到比较棘手的是既要控制偷窃行为又要便于员工取放物品，以便提高为客人服务的水准。由于旅游接待企业的利润较小，在为客人提供服务和控制库存之间寻求平衡的努力使得一些企业面临失败。随着科技的进步，企业将不得不采用先进的技术来加强会计责任。

（六）地理位置欠佳

地点必须与产品相配，人口统计数据必须与企业相协调才能有助于企业成功。人们已经意识到时间的重要性。目前的情况是一个家庭中有两名成员工作才能维持舒适的生活，这使得人们真正地珍视时间。质量时间这个词已成为我们这个社会中的一个重要词语。随着人口数量的不断增加，人们上下班所花的时间越来越多，企业不可能期望顾客驾车行驶很长距离来购买它的产品，即使最忠诚的客人也会舍去品位而选择方便。只有独具鲜明的特色才能使大众不再考虑距离的远近。像拉斯维加斯这样的地方就在一直不断地制造特色，吸引顾客。当赌场在美国遍地开花时，拉斯维加斯就提供世界上任何地方都无法与之媲美的各种歌舞表演来吸引顾客。一个企业要想取得成功，如果没有几种特别吸引人的特色，那就应该具有足够的人口优势。

即使人口数量方面没有问题，选址方面的一些问题也会妨碍一个企业的成功。人们喜欢在其他餐馆附近或其他可以产生人流的休闲活动场所附近开设餐馆。如果当地的市场已经饱和，那么企业就只能在当地现有的销售额中抢占一部分份额。新的企业还会面临与现有的价格和服务进行竞争的困难。

在选址方面，进出是否方便也是一个重要因素。如果进出有问题，那就会减少客人的人数。因此选址时，必须把高速公路、主要干道和单行道等因素都考虑进去。此外，停车和安全也是重要因素。所有以上因素在选址过程中都起着重要的作用。为挑选到最合适的地点，就必须进行调查研究。撕毁租约比较困难，而且在许多时候，一个企业负担不起搬迁的费用。有几家大公司在这方面付出了昂贵的代价，他们理所当然地认为自己神通广大，可以在任何地方开店，顾客自然会慕名而来，结果却远非如此。

（七）错误的理念

有些企业家是带着实现某种愿望的想法从事某项经营活动的，他们认为如果一直坚持自己的想法并且做好，客人肯定会来的。事实上，在一个企业家看来是很重要的想法却不一定能够满足某种市场需求，或者可能是没有足够的市场需求来支持这种产品或服务。为实现某一梦想而设计的一套业务理念是一回事，而满足大众愿望获得更大成功则是另外一回事，这一直是众多餐馆成功或失败的分水岭。当然，有一些企业家的确成功地实现了自己的愿望，他们提供的产品和服务正好满足了某个细分市场，那么他们的做法就能奏效。而在另一方面，许多的人在这方面的尝试宣告失败，虽然每个人都希望从自己所做的工作中获得最大的快乐，但如果它们没有满足大众的需求，那么客人就不会买账。企业家可能认为自己持有的理念是完美的，但在付诸实际行动之前，必须搞清楚它是否真的有市场需求。

还应记住，在旅游接待行业，理念之间可能会互相重叠，企业必须取得经营许可证才能实施整个理念。如果一个企业开了一家餐馆，想销售含酒精饮料，而同样的东西在当地酒吧或附近小酒店就有出售，那么所产生的问题就会是：这家餐馆是否能够在当地销售含酒精的饮料。企业可以为餐馆取得经营许可证，但可能办不下来出售酒类的许可证，这就会影响餐馆的销售额。例如，卖比萨饼但不带啤酒可能效益就不佳。换句话说，开一家在店内就餐的比萨饼店这个理念可能很不错，但是如果不能出售啤酒，它可能就吸引不到足够的客源来维持饼店的生存。令人吃惊的是，许多公司屡犯此类错误。因此，企业在打算开设一家店铺之前，必须核对许可证的各种要求，如果企业做不到这一点，就会发现自己正在因为达不到销售额而致使生意走向失败，这一点在企业开始开设不同分店时尤为重要。每个城市、每个地区、每个州的法律和经营许可都可能各不相同。

（八）库存管理欠佳

库存管理的几个方面可以导致企业倒闭，不清楚订货的数量会导致存货短缺，进而导致客人不再来此消费的严重后果；库存产品太多会导致产品损坏、变质，最后不得不扔掉；库存中的非易坏品也会因陈旧或过期而逐渐失去价值。库存太多将会占用本可以更有效利用的空间，库存太多也会占压资金，而这些资金本可以用于现金折扣或干脆放在银行里生息。太多库存的主要问题之一是可能引起员工的浪费行为和偷窃行为。无力控制库存的企业经常因浪费和偷窃而引发财务问题。库存就是金钱，如果企业不控制库存，那它就控制不了金钱，企业就会倒闭。

（九）不良信贷行为

许多旅游接待企业接受信用卡、订购单和其他非现金支付方式。赌场也会采用其他的赊欠形式。如果在提供信贷方面的经营决策不完善，旅游接待企业很容易倒闭。再者，旅游接待企业是劳动力高度密集型企业，餐馆服务员、客房服务员以及其他人员都要领取薪酬。应收账款不能用于支付薪酬，企业必须备有现金以支付员工的薪酬，同时还要预留必要的储备金以购入新货物。

（十）个人收入过高

在商业计划中应该规定可以动用的企业收入金额，这一金额一旦确定下来，就决不能再动用更多的备用现金。在为企业做计划时，应该明白这样一点，即正常的生命周期曲线显示，企业在起步阶段销售额将会越来越大，之后销售额又会越来越少。有些业主误解了这种起始增长迹象，他们认为增长会无限期持续下去，所以他们从企业中抽走大量收入。当销售额越来越少时，手头就没有足够的现金来维持业务运营或获取现金折扣，更不用说支付巨额的员工薪酬了。没有维持业务运转的资金，企业就会面临倒闭。

（十一）错误的态度

本书将多次提及态度这个问题。对任何一个行业来说，以积极的态度对待员工和客人十分重要，尤其对于旅游接待行业的生存更为重要。不太积极的态度最终会传达给客人。管理人员或业主对业务、员工和客人必须抱有积极热情的态度，不管愿意与否，管理人员都应该做出榜样。如果管理人员或业主表现出一种消极的态度，那么员工最终会把它传递给客人。消极的态度将赶走客人，导致销售额下降。企业最难做的一件事就是扭转不断下降的趋势，这一点对于边际利润很小的旅游接待行业就显得更具挑战性。能增加销售额的是金钱和积极的态度。金钱可以用来做广告，吸引客人光顾，而员工积极的态度可以使客人重新光顾。没有金钱和积极的态度，管理人员恐怕将无法扭转局势。

（十二）缺乏自知之明

许多人都想成为业主或管理人员，并为之努力奋斗。在旅游接待行业，管理人员首先必须是一个善于人际交往的人。所谓善于人际交往是指他应该具备处理好人际关系的技巧。作为这个行业的一名业主或管理人员，重要的是他不仅要是一个善于人际交往的人，他还要具备快速独立思考的能力。管理人员必须能够在与客人以及员工保持良好关系的同时，还可以处理许多其他的重要事情。作为一个管理人员，他不能对任何方面掉以轻心，也决不能让“某一个球”从手上掉下来。管理人员不能因为太关注某个重要的厨房问题而以很粗鲁的态度对待客人或员工。管理人员必须能够解决问题，能够针对任何危机作出处理决定，并且能够在客人或员工面前表现出一副镇定自若的神态。如果业主或管理人员不是一位善于与人打交道的人，且没有能力迅速作出必要的调整，那么企业就会陷入混乱。一旦这种事情发生，企业必然走向倒闭。只有那些正在亲身经历此类事件的人才能真正知道自己是否具有足够的能力和魅力来完成那些随时必须完成的管理工作。做一个这样的自我评估是很重要的，即你是否能够胜任旅游接待企业管理人员这一角色。“对自己要诚实”。虽然旅游接待业是最具回报的行业之一，但是一个人只有他本人才知道自己是否有愿望和有能力来同时管理好众多的事务。管理人员应该做大量的工作，同时又要向客人和员工展示真心的微笑。如果管理人员做不到这些，那么他就不能管理好企业。

（十三）不切实际的期望

太多的人抱着不切实际的期望进入旅游接待行业或其他行业。赢得利润需要时间。在进入任何生意之前，最好先斟酌一下投资的可能性，不要盲目进入。除了赌场之外，旅游接待行业的其他业务所产生的利润率并没有想像的那么多。有些投资者抱着很快就能赚到钱的心态进入旅游接待行业，有些则是崇尚那种西装革履、发号施令的氛围而进入旅游接待行业的，他们没有意识到还会有员工连日不来上班，自己得亲自烹调食物、做床或操作现金收款机的时候。业主或管理人员这些不切实际的期望会使他们失去动力并放弃生意。一旦业主或管理人员失去动力，就很难保证员工还有积极性。领导者失去动力就会导致员工丧失积极性，这一点客人很快就会感觉到，企业就会因此而走向倒闭。

（十四）缺乏计划性

大多数企业倒闭的原因归咎于没有计划或计划不得力。制定商业计划并不是说为获得银行贷款而把许多东西罗列在一起，它需要做大量的调研，并把从其他企业获得的信息集中起来，任何可能发生的事情都必须考虑进去。许多的旅游接待企业没有做好周密计划。一些“夫妻店”型的企业只是围绕着基本算数来制定规划，他们主要考虑的只是提供产品或提供服务的成本以及这些产品和服务的销售价格，而这些实际上只是商业计划中的一小部分。令人感到悲哀的一个事实是，一些大型企业也忽视计划的重要性。商业计划必须涉及竞争对手的类型、市场份额，最重要的是，产品是否能满足某种市场需求。以上部分需要额外的调研，而许多企业家在做这方面的专业分析时都是匆匆忙忙的，有些企业家在进入某一行业时甚至未做任何计划。没有良好的计划，企业几乎都会以失败告终。

九、小结

鉴于许多旅游接待企业倒闭的原因，本章试图向管理人员提出一些中肯的意见，以防止类似事件的再度发生。一个企业要想成功，最重要的是从一开始就制定良好的商业计划，一旦企业投入运营，又能努力坚持按照计划行事。旅游接待行业有四大重要细分市场：餐饮、旅游、住宿和娱乐。所有这些类别的企业都必须受到持续的监控。用来评估这些经营活动的要素包括损益表和成本销量关系。许多企业采用统一的会计制度，这主要是因为在用国家标准进行对比时比较容易操作。

在用国家标准进行对比时，最需要考虑的是以下一些主要成本：食品成本、饮料成本和人工成本。企业要生存下去，必须坚持不懈地控制这些成本以及其他可控费用。

通过分析一些企业失败和另一些企业成功的原因，管理人员和业主就能够避免致使企业倒闭的一些主要陷阱，从而获得成功。

复习题

1．为控制成本，旅游接待业的财务报告应该________提交评估。

(1) 每半月一次

(2) 每年一次

(3) 每月一次

(4) 只要可能，时间越短越好

2．以下哪一项可用于评估过程？

(1) 统一的会计制度

(2) 国家标准

(3) 成本－销量－利润关系

(4) 以上都正确

3．旅游接待业中管理控制职能的三大素质分别是______。

(1) 动机、职业素养和衡量

(2) 有效的时间管理、职业素养和承担责任

(3) 守时的员工、有效的时间和动机

(4) 承担责任、动机和职业素养

4．可控制费用在一般旅游接待企业的管理成本中至少占______？

(1) 20%

(2) 30%

(3) 40%

(4) 50%

5．如果管理人员在工作中进行时间管理，他就不会______。

(1) 与客人交谈

(2) 与员工称兄道弟

(3) 参与员工的绩效评估

(4) 浪费时间培训员工

6. 管理人员应该在什么时候提供反馈?

(1) 只有在出现错误时

(2) 如果某个员工做对某事

(3) 评估完成后最短时间内

(4) 2项和3项

7. 许多新的管理人员对旅游接待行业感到不满意，这是因为______。

(1) 薪水不够

(2) 他们不想调动

(3) 他们没有足够的责任感

(4) 他们没有能力管理

8. 大多数企业倒闭是因为______。

(1) 错误的态度

(2) 缺乏计划

(3) 不切实际的期望

(4) 不良的信贷行为

9. 一个企业要想继续生存下去，它应该______。

(1) 满足需求

(2) 降低成本

(3) 保持竞争力

(4) 以上各项都正确

10. 控制周期应包括______。

(1) 建立控制

(2) 让员工心中有数

(3) 评估员工的绩效

(4) 以上各项都正确

11. 为什么职业素养对管理企业很重要?

12. 阐述四步控制周期的意义。

13．说出生命周期曲线图所涉及的活动。

14．为什么理解国家标准很重要？

测试题

1．列出企业倒闭的五个主要原因。

2．列出两个帮助企业生存下去的活动。

3．列出旅游接待企业的管理人员在履行控制职能时必须具备的三项重要素质。

4．哪些是旅游接待行业的主要细分市场？

案例分析

案例分析饭店是一家坐落在大城市市中心并拥有700间客房的会议中心。这家饭店拥有多个不同风格的餐厅。模特餐馆是一家经营大陆式烹饪的高级餐馆，其最低消费价从12.95美元 到24.95美元不等，提供午餐和晚餐，每周营业7天。你刚刚受聘为这家餐馆的经理，你直接向餐饮部总监汇报工作。这家餐馆收入一直较为稳定，但长期处于亏本状态。餐饮总监聘用你的目的是期望你能扭转局势。你认识到必须尽快去做两件事情：一件事是评估部门的财务状况，另一件事是召集员工开会。在针对以上两项任务所采取的措施中，请论述以下两个问题：

1．列出你准备用于判断部门财务状况的五个评估项目。

2．列出你准备与员工讨论的六个项目。

第二章

控制职能

关键词

商业计划	加工与制作	验收
发放	定价	销售控制和现金控制
市场调研	采购	服务
菜单		储存

学习目标

在学完本章以后，你应该能够：

* 描述商业计划的优点
* 解释市场调研的重要性
* 描述特色经营的重要性
* 解释经营宗旨对管理人员、员工和客人的重要性

* 解释确定目的和目标的重要性
* 确定和解释控制周期的不同环节
* 解释采购中应注意的四个问题

一个企业要想成功，就必须运用控制的管理职能。本章旨在围绕以下各项来给控制做出定义：确定必须遵循的标准；让员工了解这些标准；把实际业务程序与这些标准加以比较；提供信息反馈；如有必要就采取补救措施。这是一个持续性的过程，决不能在制定标准后就将其遗忘在一边。管理人员必须监督、改进并控制控制周期各个环节中的所有经营程序（参阅图 2-1）。

为对经营业务实行控制，企业首先必须确定自己从事什么业务。换言之，商业计划是控制周期的第一个步骤。这可能是一个艰难的过程，因为一些企业实行多元化经营，很难确定哪一项才是企业的主要经营方向。多元化经营具有许多优势，但是员工必须了解企业的总体任务和目标，这样企业才能有一个共同的目标。有些旅游接待企业的业务类型很难分辨，如多米诺店是经营比萨饼还是在提供外卖业务呢？还是两者兼而有之？是什么吸引客人购买他们的产品？哪一项对其生存更为重要：是制作出产品并准时送达还是制作高质量的产品？客人是注重比萨饼的质量还是图外卖的便利呢？管理人员和员工必须知道自己所从事的业务，然后才能制定相应的宗旨、目的和目标。当一个企业扩展领域太多时，控制就会变得较为困难。为提高服务能力，为使管理人员便于控制，员工和管理人员必须为同一个目的和目标工作，而要达到这一点只能通过制定切实可行的商业计划和良好的经营宗旨来实现。

一、商业计划：企业分析

企业在制定商业计划之前，必须首先完成必要的准备工作，否则商业计划还未付诸实施就注定了会失败。业主应该为企业制定切合实际的计划，并让管理人员去控制业务程序。如果计划不切实可行，企业就不可能有效运转。企业要想成功，就必须制定一个成功的计划。在制定计划时，管理人员必须清楚自己是在满足一种需求。不能说

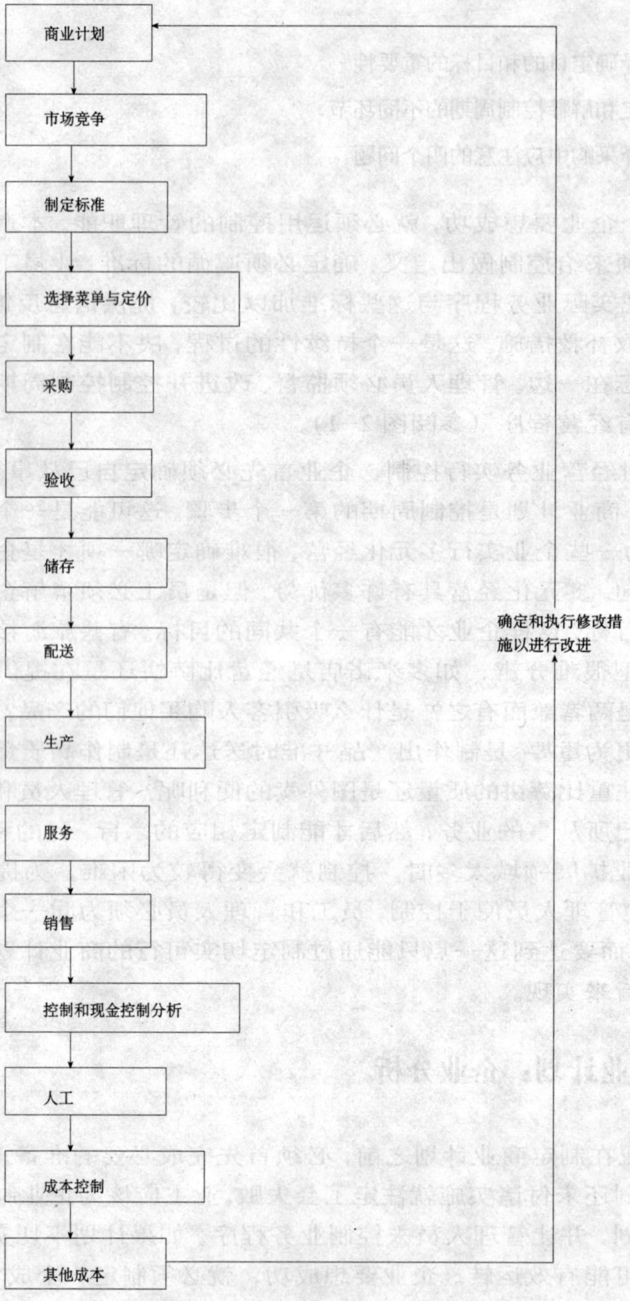

图 2-1　旅游接待企业的控制周期

某个企业开始营业了，客人自然而然就会前来，或者说客人就有能力在此消费。如果一个想法不是满足某种需求或具有一定的特色，那就很难说这个想法能够奏效。要想建立一个成功的企业，就应从制定行之有效的商业计划开始。

因此，第一步是市场调研，看自己的想法是否将满足某种需求。换句话说，就是判断该想法是否有成功的可能性。市场调研包括对地理位置和人口统计数据方面的调查，以确定一个产品或一种服务是否有市场存在，这包括从整体上评估市场和竞争对手。任何企业在开业之前都必须进行市场调研，否则就可能遭遇失败。如果高销售额还不足以支付不可控费用，那就不能期望管理人员能够控制成本。要想房子长久，就不要用纸牌搭建。任何企业在制定商业计划、作出最后决定前都必须进行市场调研，采访尽可能多的目标客人。

如果企业的建立不是为了取得成本效益，那么谁也不能控制成本。制定商业计划不是一个简单的过程，必须深思熟虑，它包括确定经营宗旨、目的和目标。另外，团队观念、组织结构和部门管理也都很重要。

管理人员和业主必须明白，由于环境的变化，即使最行之有效的商业计划也会过时，客源、技术、竞争等方面的变化以及诸如骨干员工的流失等内部因素都可能会迫使企业修改商业计划。管理人员必须洞悉本企业、本企业所在的行业和市场的任何变化，如果发生有可能影响执行商业计划的风云变幻，就有必要相应调整商业计划。

（一）经营宗旨

商业计划的一部分涉及企业的经营宗旨，拥有一个简明扼要阐述业务性质和预期的经营宗旨非常重要，条理清晰、内容精确的经营宗旨可以为管理人员和员工指明努力的方向。一个良好的、易明白、易接受的经营宗旨具有多个优点。对管理人员、员工和客人来说，一个良好的经营宗旨有以下三大优点：

1. 为管理人员评估自我表现和评估经营活动提供了一个标准。如果经营宗旨要求在提供优质产品的同时还要提供优质服务，那么管理人员就可以判断是否达到了标准。

2．为员工指出了共同的目的和目标。为了增加企业的凝聚力，员工必须有共同的目标。如果企业的目标是为客人提供出色的服务，那么当所有员工都朝同一方向努力时就可以实现这个目标。

3．为客人提供了企业的价值观、准则和预期标准。由于了解这些企业的预期标准，客人就会识别某个品牌或某种特许经营。

图 2-2 描述的是案例分析饭店的经营宗旨。

案例分析饭店的经营宗旨

争取成为世界一流的饭店
不断努力、不断提高
为客人、员工和股东提供优质服务
为了实现这个使命

客人

需要不断地提高产品和服务水平，
为我们的客人提供一流的享受。

员工

团队精神、积极参与、正直诚实、
勇于负责将是我们日常工作的座右铭。

股东

我们保证竭尽全力为客人提供优质产品、优质服务，
为我们自己创造良好的工作环境以提高工作效率，
增强赢利能力，为股东创造更多的财富。

图 2-2 案例分析饭店经营宗旨的样本

（二）目的和目标

一个企业必须制定目的和目标来支持商业计划和经营宗旨。目的和目标必须做到既可行又节省成本，否则就不会得到管理人员和员工的支持。目标的制定必须使利润达到最大化，如果目标制定得不合理，员工就不会有积极性，就不会竭尽所能地工作，还会产生这样的想法，即“我为什么要费劲呢，反正我也达不到这个目标。”如果允许这种想法出现或存在，那就会出现员工变得难以控制的局面。应该用书面的目的和目标来调动员工的积极性，促使他们想要控制成本并获得成功。

（三）授权和参与：团队观念

要想实现目的和目标，以员工的授权和参与为表现方式的团队观念非常重要。授权将引发员工更多地参与和树立团队观念，团队比个人更容易完成目的和目标。当员工以团队的形式工作时，他们更希望一起获得成功，更希望企业获得成功。当政策和程序被不折不扣地执行时，控制和责任方式就更易于被接受。一旦企业内部树立起团队精神，员工更倾向于成为团队的一员。日本的公司致力于在企业内部树立团队精神，这就是许多日本企业成功的原因。当员工互相依赖、互相支持时，所有的政策实行起来都会更为顺利。另外，如果团队精神发挥良好，也会少一些管理和监督控制。

（四）组织结构

组织结构是团队关系的一种体现。许多旅游接待企业的组织结构都很扁平，即便是组织结构层次较多，所有经营程序上的事务最终也是由总经理负责。一般说来，在所有旅游接待企业里，总经理负责执行企业政策和实施控制程序。较大的企业或特许经营企业可能沿袭以前已制定好的政策和控制程序。由于旅游接待行业劳动力密集程度高，所以管理人员有责任确保成本控制活动每一天都得到落实与遵守。如果企业较大，部门较多，控制成本和经营预算的方法可以由总部确定，但在所有的组织结构中，部门经理负责会计程序的执行和监督。

（五）部门管理

如果一个旅游接待企业较大并且下设多个部门，那么成本控制就成为部门经理的责任。虽然各个部门都可以对成本因素和业务程序进行严格监督，但总经理对此负有最终责任。如果部门经理没有执行正确的程序就会产生问题，因为部门经理比总经理更经常地接触日常事务，所以他们对自己所属的部门更为了解，他们能以更细微的方式控制和监督日常业务。

部门经理在部门中的领导形象非常重要，如果他们对企业经营持积极态度，并支持管理成本控制的各种方式方法，那么这个部门的所有成员就更有可能支持成本控制程序。在另一方面，如果部门经理不支持成本控制工作，那么该部门的成员也会争相仿效，很快就会出现一些不关心成本控制的非正式小团体。不管总经理如何努力为员工树立一个积极的榜样，这种事情还是有可能发生的。由于部门经理影响的重要性，所以应坚持不懈地向部门经理灌输加强成本控制的重要性，应花费更多的时间来说服部门经理相信企业的大气候和文化氛围也是一项控制成本。大企业的总经理不能掉以轻心，以为部门经理有工作守则可以遵循，所以像控制成本这些重要的事情他们自然会努力去做。总经理必须要进行“走动式管理”（简称MBWA）。某个部门若对控制资源满不在乎，这很快就会传染到另一部门。日本的一些公司向许多国家派遣管理人员来监督业务程序，每年公司都要召回这些管理人员重新培训。他们要保证尽管每个人所处地方不同，但经营业务和指导业务程序的方法是始终保持一致的，公司不希望那些管理人员自行其是。正因如此，大型旅游接待企业的管理人员需要经常举行例会和开展讨论，以确保企业文化得以保持。

二、市场、竞争和经济学：外部环境分析

在确定企业需要注意的内部因素之后，还应注意以下宏观环境：总体市场、竞争以及经济理论如何影响控制职能。

（一）市场

旅游接待市场竞争激烈，每一家企业都在不断寻求新的优势和特色。正如建立企业前要进行调研一样，企业一旦建立起来，也一定不要忽视营销审计的重要性。营销审计迫使企业使用核对清单来检查自己的经营状况，来确定与竞争对手相比时自己所处的位置。寻求一种能保持竞争力的途径是一项非常艰巨的任务。对许多企业来说，只有两条路可走：独具特色或成本控制。

如果一家企业能够确定某种差异性，找到一种独一无二并非常诱人的特色的话，那么这家企业就能赢得市场份额。管理人员和企业计划人员选择这一途径是明智的，即使企业存在已有时日，开发出某种差异性是有百利而无一害的，要不然客人为什么会经常去某一饭店而舍弃其他饭店呢？差异性的形式可以多种多样，既可以是服务、产品、分量，也可以是一个特别的主题。差异性是任何一种使企业有别于竞争对手的活动或特色。

如果做不到独具特色，那么企业就得在成本控制方面强于其所有竞争对手。麦当劳在成本控制上做得相当出色，所以它一直占有竞争优势。这可能是赢得竞争优势较为困难的一个途径，但是通过重视成本效益和良好经营，一个企业就有可能在其他企业都面临失败的时候却获得成功。大多数企业要想保持竞争力，就必须在控制成本方面有所建树。

（二）竞争对手

为了跟上市场的变化，随时了解竞争的趋势，企业必须持续不断地审视环境。对环境的观察审视是一件很费时的工作，因为要对大量的信息进行分析和评估，从中找出正在出现的趋势，从而制定出相应的方案。社会趋势和人口统计数据上的变化会导致对某一产品或服务需求的减少，如果竞争对手比较适应这些变化，那么他们就会作出迅速反应并且很快赢得较大的市场份额。因此，企业极有必要知道自己的竞争对手是谁，竞争对手在干什么，以及这些活动将会如何影响自己。企业必须不断地大量搜集竞争对手的信息，不仅应看竞争对手的报纸广告和广告传单，还应偶尔拜访竞争对手，购买竞争对手的产品以作出真实的、有意义的判断。

一旦竞争对手有什么风吹草动，企业就应针对可能出现的情况制定出几套对应方案。如一家餐馆打算推出一种特别午餐或特价午餐，这很可能会影响到另一家餐馆的生意，那么这第二家餐馆的管理人员就应准备好对应的方案，可能也准备推出一种特别午餐，或寻求其他方法来应付可能出现的销售额减少的问题，也可以只是减少产品的数量以及人工的数量来防止损失。通过仔细斟酌不同的方案，该餐馆就会做好准备以应对竞争对手所要采取的行动。这就是为什么要不断地观察环境、了解竞争趋势的原因所在。

有时，企业想判断一下自己的潜力，一种方法是分析自己的优势、劣势、机会和威胁（简称为SWOT）。与外界环境相比，优势和劣势较多地存在于内部过程，而机遇和威胁则与外部活动的关系更为密切。优势可能是与成本优势、竞争技巧、产品革新技术等有关，而劣势可能是不良的市场形象、缺乏管理深度和管理人才，以及单位总成本高于主要竞争对手等。潜在的机遇可能存在于新的服务客源，进入新的市场或新的细分市场，扩大产品系列；潜在的外部威胁可能是替代产品销售额上升、市场增长放缓，客人要求与口味发生变化，所有这些分析都有助于评估企业的营业状况。

（三）经济学

供求法则决定着一个企业的成败。如果更多的企业重视供求关系的基本法则，那么它们当中的许多企业就不会试图开展新的业务。在任何一个有人口居住的地区里，可支配收入都是有一定限度的，因此所有的企业都不得不与业已存在的以及将要开业的企业共同分享这一市场。许多个人是怀着创建一家可以赚大钱企业的梦想进入旅游接待业市场的。如果没有具有优势的特色，一家企业在任何一个有可自由支配收入的居民区里只能占到很少的市场份额，如果所获得的市场份额不足以抵消成本并创造利润，那么该企业就无法生存。

在设计菜单时也应该考虑基本的经济法则。当供应不足时，价格会上升；当供应充足时，价格会下降，因此管理人员应该作出相应的调整。加利福尼亚的大雨会影响莴苣的产量，造成供应短缺，莴苣的价格就会上扬。需求旺盛时，价格上升；需求衰减时，价格下滑。根据需求法则，同一种商品，人们在其价格低时购买的数量要高于其价格高的时候。因此，价格越低，购买数量越大。在设计菜单和定价时，必须考虑以上因素以及其他因素。

企业一旦能够全面地审视局势，就可以开始进入控制周期的其他环节了。每个环节都同等重要，如果忽视了其中一个环节，其消极影响就会弥漫开来，逐渐影响到整个经营活动。下面我们将对每个环节加以简要的探讨并在以后的章节中做更进一步的阐述。

三、制定标准

制定标准是控制周期的一个重要环节，我们将在本书的第三章里进一步阐述制定标准的过程和重要性。如果没有标准，员工对控制成本就无据可依，也很难保持经营的一致性。必须制定标准并遵照执行，以便企业充分利用资源。即使企业成功了，如果没有标准，企业也难以衡量其成功。标准是企业坚持成本控制并保持一致性的基础。

四、选择菜单与定价

完成了对公司或行业的分析后，下一步工作就是确定菜单了。每一件工作都以菜单为起点，因为菜单是所有要遵循的控制规则的基础。菜单是企业的设计蓝图。有了使命并且确定了餐馆的主题，接下来的就是通过设计菜单来完成这幅蓝图。这一点同样适用于饭店、大型度假村、俱乐部和赌场。菜单的重要性怎么强调也不过分。没有菜单，就很难采购到合适的设备，难以预测食品的成本，并且无法准确地安排劳动力。很难想像企业在了解到菜单的重要性之后，仍然会在没有一份详细可行的菜单的情况下开张营业。必须在制定出菜单之后才能作出其他重要的决定。

一旦确定了菜单，就可以采购一定数量和型号的设备了。一方面，企业不想购买不必要的设备；另一方面，企业也想购买那些具备必要生产能力的设备；如果菜单上没有油炸食品，为什么要买深底煎锅呢？同样，如果产品需要油炸并且已经预测出销售水平，那么需要多大的煎锅呢？菜单确定不下来，那么有关采购这些以及其他设备的决定都将无法做出。如果设备短缺，就无法达到质量控制标准，客人人数将会开始减少。

由于采购在总花费中占有很大比例，所以如果没有菜单，一个企业就不能精确估算出所要采购食品和货物的数量，因此也不能精确估算产品的销售成本。许多失败的企业可能会回过头来说，如果他们制定了一个很好的菜单，他们本可以更精确地预算出成本。如果他们制定了一个很好的菜单，他们本可以预见到企业在以后会遇到许多困难。从这里很容易看到，在制作菜单时所犯的一个错误是如何影响到企业各个领域的。

正如没有菜单就无法断定菜品的正确成本一样，对于人工成本道理也是一样的。菜单上的菜品、准备这些菜品所需要的设备和所需要的服务量共同决定所需劳动力的数量。由于旅游接待业劳动力密集程度很高，劳动力成本占销售额的25%至60%，所以精确的预测非常必要。

菜单决定营业地点以及所需设备，地点、设备和服务类型将影响劳动力数量。所有这些东西都将影响价格，而价格必须能抵消费用并产生利润，因此菜单决定所有活动的标准。如果在制定任何一个领域的标准时出现错误，管理人员将难以控制企业业务，所有这些活动都依赖于有效的菜单。我们将在本书的第四章详细探讨菜单的整体概念，并在第五章详细阐述定价问题。

五、采购

一旦作出决定要开设某项业务，产品类型、产品质量、所提供的服务以及其便利与否将决定所需购买产品的质量、数量及类型。采购中的一个主要问题是，并非总要购买便宜的产品，而是购买符合最低质量要求的产品。关键词是“符合”和“要求”。

由于企业经营成本的很大比例出现在采购过程当中，所以控制这个过程经常决定着一个企业的成功与失败。在采购过程中，管理工作主要指控制四大问题：质量、数量、时间和价格。

为保证这些问题得到妥善解决，旅游接待企业就必须制定好书面的标准化采购细则。采购细则要作为处理日常工作的一个直接方式，它应详细列出企业想要购买的每一项物品。餐饮企业应该规定所有食品细则；住宿业应该对毛巾、床单及其他物品规定细则。本书第六章将进一步阐述采购问题。

（一）质量

为了达到控制成本的目的，应该尽量避免采购那些超过质量要求的货物。如果一般的青菜豆放入炖肉中就能给这道菜增加一点颜色的话，那就没有必要采购特级青菜豆，因为青菜豆并不是炖肉这道菜的主要配料，没有必要要求其长短大小一致；如果一个企业采购青菜豆是用来作为一道蔬菜，那么就应考虑其颜色和长短一致。如果一个企业为饭店采购毛巾，那就要保证毛巾的质量要经得起500次洗涤，否则就会需要经常购买毛巾，花费更多的资源。

请记住，明文规定的质量标准对控制成本非常必要，因为标准上出现错误的代价会是十分昂贵的。如为某个大型活动订购了一种食品，为了保证新鲜度，该食品在最后一分钟送达，却发现其样式、大小或形状不符合要求，其结果是该企业将会既失去客人又失去收入。又如，一个企业并不需要50磅的薄片美国奶酪，它实际上需要的是莫泽雷勒碎干酪。像火腿和奶酪这样的食品在形状、样式和大小方面种类非常繁杂。为了控制采购成本，必须要达到可接受的最低预期标准。

（二）数量

为满足客人的需求，企业要保证产品随时都有，存货短缺会使企业失去客人。如果客人绕道而来，专门到某一家企业购买一种特殊产品，而这种产品已经售完，那么这家企业就可能会永远失去这些客人。虽然企业可能想通过采购符合最低质量要求的合格货物来控制成本，但同时也需要有一个能提供足够数量货物的可靠供应商。为确保产品充足供应，企业往往会不得不购入质量过高的货物，虽然这可能是一种应急的做法，但它经常是企业生存所必须考虑的问题。

（三）时间

如果在需要的时候采购不到货物，那么企业就会无货可卖。企业在挑选供货商时要小心谨慎，警惕那些为了获得第一笔生意而声称能够满足所有需求的供应商，应该与能在任何时间都能提供货物的供货商打交道。时间是双方的问题，不仅企业希望货物能准时提供，货物也需要及时定购。不准时订购货物的代价高昂，而且会大大增加采购成本。每当供应商必须打破计划向企业供货时，企业就必然要增加花费，因没有准时定购货物而动用空运或其他特别服务和运输的花费是十分高昂的。当应该订购货物时，最好了解标准库存，即一直应该保持的库存水平。手头必须有一定数量的存货，除非有特殊场合或事件需要调整订货数量外，一般订货的数量应为所需数量与已有数量的差额。如果管理人员一直等到最后一分钟才订货，或者供货商在最后一分钟才通知企业下订单，那么都会产生错误。在没有检查标准库存、实际库存和特别要求的情况下匆匆忙忙订货，就有可能导致订货数量太多或不足，长此下去将增加企业的花费。无论何时都应该记住，只要一发出订货单就等于钱已花出，企业的生存也就依赖于对这些支出的控制。当订货时，管理人员必须实施控制，作出最具成本效益的决定。

（四）价格

企业在试图获得最低价格的努力中，必须考虑质量、数量和时间。管理人员希望能以最低的价格获取符合最低质量要求的货物，而且数量适宜、订货及时、送货准时，管理人员希望所有这些活动都能以最低的可接受的价格持续进行。在此，最关键的词语是“持续”。供货商经常为赢得第一笔生意而报低价，或在规格和数量标准方面作出很多承诺，一旦他们拿到了合同，价格就会慢慢上涨，质量和一致性就会下降。管理人员必须不断地了解市场，以保证采购具备成本效益。采购不是一件简单的事情，在许多旅游接待企业中，采购要占到经营成本的35%。正由于比重较大，所以管理人员必须对控制周期中的采购环节进行控制。

六、验收

货物一旦采购完毕，控制周期的下一步就是验收货物。在质量上符合规格要求、在数量上符合所需的货物必须按所要求的价格准时验收。为确保在验收过程中控制得到很好执行，必须要求验收货物的人员持有一份订货清单，准备好验货设备并具有验收货物所需的知识。验收人员必须持有一份规格明细单，以检验货物的质量、样式、形状和大小是否正确。验收人员还应持有一份订货清单，以核对数量是否正确、交货是否及时，以及价格是否符合双方的议定价。除非业主自己亲自验收货物，否则一定要确保订购货物和准备货物的人员不是同一人，这一点非常重要。如果业主不亲自验收货物，以上任务必须分开，否则可能会出现员工互相勾结的情况。

验收人员必须配备一些设备，如备有温度计以检查食品的温度，因为如果食品的温度超出要求的温度范围，食品就应该退回。验收人员应该备有秤以便于确定货物的重量，同时还应对在控制周期的这一环节容易出现的问题非常熟悉。一品脱水重1磅，送货的卡车司机很容易用1品脱水来换下16盎司的肉。在1磅肉上面洒上16盎司的水，然后把肉放在冷藏车上，一小时以后当肉被运到要货企业时，管理人员验收的就会是一箱肉加上1磅冰块。如果在验收过程中发现一箱肉有冰块，要么是用水作了替代品，要么就是肉的温度曾经超出冰点又被重新冷冻过。无论哪种情况，都必须找出出现冰块的原因。如果在海产品中发现冰块，验收者更要查找原因，因为海产品在解冻后再冷冻，客人吃后就会非常不舒适。本书第七章将详细阐述验收控制功能。

七、储存

必须尽快储存货物以防变质和偷窃。不要把货物随便放在一边，因为它们很容易丢失。在准备要储存的货物时，必须在货物表面附上标签。附上标签是指在货物上拴上标签牌或布带，上面标上验收日期、货物成本、重量或数量，以及可以用来控制货物的其他信息，这样就使“先进先出”的程序可以很好地进行。最重要的是，附上标签迫使验收人员和库管人员不得不称一下货物重量或清点一下货物数量。另外，在附上标签时价格打在了物品上，这对于控制来讲有两点好处：一是管理人员能够强化货物就是金钱的意识和理解力；二是使库存过程变得简单，因为当提取库存或延长库存时，货物的价格是现成的。

为了达到控制的目的，所有储存的货物在库房里都应有特定的位置。货架上要贴上标签，这样价格较高的物品就容易识别，再把它们放在离门较远的地方以防偷窃。贵重物品千万不要放在离库房门较近的地方。

只有被授权的员工才可以进入库房，决不能允许送货人员进入库房，他们可能会抵抗不住诱惑而在出门时把货箱中的物品拿走。因此，不要允许送货人员去库房存放货物，库房不用时一定要锁好。

八、发放

无论何时需要发放库存货物，提货人都必须提交提货申请单。在所有的企业里，当发放库存货物时必须签单，如果不为出库货物签单，这些货物就有可能会失踪并且也没有办法再找回来。花上几分钟时间为出库货物签上名字和日期、对控制过程来说是颇为值得的。如果企业较大，应使用提货申请单，即使是最小的企业，也要对出库物品加以记录。

在发放库存货物程序中另一个经常被忽视的问题是已经发出但并未使用的物品。从库中拿出的物品应该在某份制作清单上有所反映，未经使用的物品应返还库房。如果经常不对未经使用的物品加以记录，那么这些物品最后就会丢失或被注销。管理人员应该做实物清点并把客人的账单和出库的贵重物品数量加以比较，以确定物品是否已售出，这尤其适用于那些客人先付账的大型企业。如一场宴会订购500块牛排，钱款已照订单交纳，但实际上只消费了450块牛排，这并不意味着另外50块牛排就不需要记账了。已经付款的客人可以要求把剩下的牛排打包带回家；或者如果这50块牛排还没有制作，那就应该被返回库房，而不应该把剩余的牛排送给员工。把食品送给员工是一种不良的做法，因为员工可能会就此开始不经请示擅自拿走剩余食品，一段时间以后，他们甚至会开始通过准备过量食品而故意制造出剩余食品。如果允许这种情况出现，那么最终管理人员将无法辨别出哪些是已售出物品，哪些是剩余物品。已出库但未使用的物品应该重新入库。我们在本书的第八章将详细阐述储存和发放库存货物的问题。

九、制作

制作过程和准备过程可以说是控制周期中最难的环节，本书第九章将对其进行详细阐述。制作至少要做到合格，否则前面过程所付出的辛苦就会付之东流。即使采购了最好的肉，也经过了验收过程，并被发送到了厨房，但是如果烹饪时间过长或火温太高，那么这道菜可能就被糟蹋了。

如果有人无意中在一个菜品中放了太多的盐，那么这个菜品也就报废了。如果土豆放在自动去皮器上的时间太长，那么可用部分可能也会被削掉了。像胡箩卜和葱头这样的产品，如果尾部去掉太多，那么可用部分也就会损失掉。一年下来，这些被浪费掉的可用部分加起来就会价值成百上千美金。如果一位客人因为喜欢某一道菜的口味而频繁光顾这家餐厅，结果却发现这道菜味道跟以前不一样了，那么这家餐厅可能就会永远失去这位客人。为了防止在加工过程中浪费食品，企业就必须用烹饪标准来保持食品的同一性。仅仅就因为忘了添加适量的配料，或由于使用了枯萎或干瘪的配料就可能会破坏一道菜的品尝价值。菜品在加工、制作和成品期间必须严格监控，以确保厨房工作人员不至于克扣分量、欺骗客人，并将克扣下来的食品带回家或出售。有的时候，管理人员必须要称一称牛排的重量，以确保客人确实享用了菜谱中规定的盎司量。管理人员还必须查看客房，搞清是否所有的每日配给都已发放到位，并确保客房工作人员不把这些物品私自带回家。在产品的制作过程中，酒吧服务员因其所处的位置更易于浪费和偷窃物品与金钱。

这些浪费和偷窃行为减少了销售额并增加了需要补充货物的费用，从而使企业蒙受货币资源损失。有时，仅仅通过清点数量就能发现问题。每隔一段时间，管理人员就应该清点一下所服务客人的数量，并同已使用的产品数量进行比较。管理人员一般会注意从后门出去的产品，防止这种形式的偷窃是正确的。但是，还应注意很多偷窃事件的发生是由于使用人、验货人和送货人三方互相勾结，有时产品可能根本就没有进入企业。

互相勾结可能表现为产品根本没有进入企业，或用不够标准的产品来以次充好。如果一位验收人员每周多订购20磅牛排，并与卡车司机订立同盟，合谋把牛排售往他处，那么这位验收人员要么是虚填提货申请单来冲兑账面数目，要么就与厨师合谋来冲兑数目。如果管理人员也参与到合谋中去，那么业主就更难察觉偷窃事件。防止互相勾结的最好办法，就是让不同的人负责控制周期的各个环节，管理人员应该尽最大努力让更多的人分管不同的事情。

十、服务

对于管理人员来说，控制服务可能也是一项颇为困难的任务，因为服务与加工制作过程一样也是属于劳动力密集型的工作。我们将在本书的第十章讨论服务这个问题。要想控制服务过程，让员工得到正确的培训非常重要。如前所述，控制在很大程度上依赖于观念。管理人员应让员工懂得劣质服务是不能被容忍的。正是在控制周期的这个环节中，管理人员再次有机会来做示范。应该告诉员工让忠实的客人再光顾本店要比吸引新客人容易得多。如果销售额的减少是因为劣质服务的缘故，那么这种情况也会殃及其他，人工成本和产品成本仍然需要支付。劣质服务会使企业永远失去来自于固定客人的销售收入。一旦销售额下跌，管理人员就可能会无法支付可控成本和不可控成本。

在经营一家饮食企业的过程中，管理人员必须监控客人消费结算单以确定哪个服务员没有做足够的推销或提供了劣质服务，应对那些提供了优质服务的员工进行奖励。企业要想生存下去，就应鼓励员工的积极工作表现。

在控制服务以防客人流失和销售额下降的同时，管理人员还要确定他们的员工不会营私舞弊。餐饮行业的员工营私舞弊的做法可能是会多次利用客人的一张消费结算单来点菜，把菜和饮料端给客人，但把钱款放进了自己的腰包。在赌场里，员工可能会使用代金券来替代辅币，然后再把辅币卖掉。酒吧服务员可玩的花样很多，他们可以带入自己的饮料卖给客人，或是给客人倒酒时缺斤少两。因为制作和服务环节的劳动力密集程度很高，所以管理人员必须实行有力的控制程序。员工应该意识到管理人员控制着一切。从不休假或请假的员工可能偷窃过物品，他们不想在自己不在的时候因销售额有所出入而被管理人员察觉。管理人员应该在酒吧很忙的某个晚上亲自站台一个小时，看看销售额是否会大幅上升。管理人员必须监控员工的活动，管理人员可通过经常使用"便衣稽查"来促使员工保持诚实，诚实的员工一般不会反感监控和评估。

十一、销售控制和现金控制分析

我们将在本书的第十一章详细阐述财务分析和财务报表，但是在本章我们还是要强调一下现金控制的重要性。现金控制是企业得以生存的根本。管理人员必须以书面的形式来记录款项多出或短缺的情况，管理人员不能因懒惰而允许收银员自行结算现金收款机里多收的或短缺的款项。大型旅游接待企业的管理人员可以指派一名主管负责此项工作，但即使如此，在出现款项多出或短缺时也应该同时有两个人在场，另外还应该坚持对此类事情加以记录。如果员工知道每次交易都有记录的话，他们就不太可能利用此种方式来进行偷窃。员工利用取消点菜和多收客人费用的办法偷窃50至100美元易如反掌。在繁忙的晚间营业时间，仅仅通过一笔大的多出款项，员工就可以把50 美元揣入兜中。如果类似情况不断发生，那就应该换一个新的收银员，并且在很多情况下，最好换一个新的经理。

有些地区在雨季或暴风雨时会出现电流增大现象，可能会使一些设备系统遭到损坏。所以，一定要备有备份收支凭单簿，这样即使现金收款机或销售终端设备（简称POS系统）不能正常工作时，从客人处收到的现金也可以进入系统。业主应该知道不诚实的管理人员会在生意特别忙的15分钟或半小时切断收款机电源，这样他们就可以在此段时间内出售产品，而销售情况根本不进入POS系统。所有在POS系统没有工作时的交易都应随后输入该系统，并在交易跟踪带上注明并解释所发生的情况。如果此类情况频繁出现，管理人员或业主有必要开展调查。

十二、人工成本控制

人工成本的控制和分析对旅游接待企业来说是最为重要的。员工培训是一项非做不可的工作，怎么强调培训对于控制的重要性也不过分。培训和职位轮换是企业保持一致性、连续性和生存的基础。由于旅游接待业劳动力密集程度非常高，所以应对控制劳动力这个问题给以特别的关注。在一个会计结算期内，只要人工成本有一到两个百分点与实际情况有出入，就会带来一定的损失。管理人员不能允许员工提前10至15分钟上班，也不能允许员工推迟10至15分钟下班。预防此类事件的一种做法是利用电子化设备、自动计时钟、现金收款机和ＰＯＳ系统等。另一种方法是让员工把自己的考勤卡交给管理人员，这样管理人员就可以给他们签到和签出。如果管理人员对员工出勤问题不加以管理，那么员工不仅会早到晚归，而且会替其他员工签到和签出。

所有的加班都应有书面说明，以防止管理人员因懒散而没有安排好工作，这样做还可以减少出现让企业吃亏的假公济私的情况。管理人员应该坚持填写书面报告，解释加班的原因并核对考勤卡，检查是否是同一员工所为，还能从中发现其他一些问题。

“幽灵员工”也可能是一个问题，尤其是较为偏僻的地方。管理人员把自己亲朋好友的名字填在工资单上，其实这些人从未在该企业做过什么工作。多数情况下，这些名字在工资单上出现的时间不超过一个星期。如果这些人在工资单上的工作时间太长，事情就会败露。管理人员应该按职位说明员工的工作。如果一个经理手下的员工流失率很高，并且员工在工作很短的时间后就被解聘的话，那么管理人员就应对此展开调查。

随着科技的进步，管理人员对各种资源的管理变得较容易了，但是责任不能完全代替控制。永远值得牢记的是，数字不会说谎，但说谎者会编数字。无论何时，只要涉及到金钱，一些员工就会为了一己私利而钻控制系统的空子，因而业主和管理人员必须实施控制并监控控制系统。管理人员应该向员工灌输这样一种态度，即控制成本事关企业的生存问题。管理人员必须不断地例行核查、检查和监控经营程序，以确定这种态度是否得以贯彻。即使制定了最好的控制方案，如果不能做到经常监控经营程序，业主和管理人员也不可能知道是否有人钻了空子。

十三、其他成本

是否有能力控制一个企业的全部活动是控制过程中最具有挑战性的。管理人员总能对上账面数字，保持平衡收支，但并不能找出企业销售额下降的原因，因而随时注意日常活动的每个细节将有助于管理人员成功地控制资源。如供100人用餐大概要消耗40磅烤牛肉。一位管理人员订购了40磅烤牛肉，发票和其他财务单据可能也相符。企业可能真的接待了100位客人，客人消费结算单将会反映出这一点。但是，不能因为所有这些活动都相符就认为客人确实消费了所有这40磅烤牛肉，这是控制中难以管理的一个方面。确保完全按程序行事是一项较为困难的管理任务，而这一点正是必须加以控制的。假设有100位客人，厨师应向每位客人提供6盎司的烤牛肉，而实际重量只有5盎司，那么另外的100盎司就可能被厨师拿回家了，而所有的票据上的数字可能都刚好对上。管理人员觉察此类问题的惟一途径就是发现生意一直在下降。如果此类偷窃事件发生，要想再把那些已经感到扫兴的客人争取回来，恐怕决非易事。客人可能不会抱怨分量变小，但他们可能从此就不再光顾该店。管理人员必须随时了解这些控制因素，这也是本书为旅游接待控制提供更为切实可行方法的原因。管理人员应该懂得，即使所有数字都能平衡并且企业也正在赚钱，但是仍有许多其他的活动必须得到控制。通过控制所有的成本，企业才能最大限度地赚取利润。

十四、控制中的数学：分数、小数、比率和百分比

正如第一章所述，控制涉及到数字。虽然在控制中一般不会用到高等数学或微积分，管理中每天都会与分数、小数、比率和百分比打交道。一份馅饼是1/6，这就涉及到分数。自制的伏特加酒库存为2.6，这就涉及到小数，即表示手中还有两瓶半多一点。在某个饭店，每个

客房服务员负责14个房间，即比率为1∶14。某个乡村俱乐部的餐馆所报的食品成本为44%，这就又涉及到百分比。数字每天都以这4种形式出现。所以要想懂得控制，就必须能够熟练掌握这些数字的表达方式。

当使用标准食谱换算来招待一定数量的客人时，控制中最常使用的是分数。分数被广泛应用于分蛋糕、馅饼等甜点类的食品，也常用于加工制作，比如1/2杯油或1/3勺的肉豆寇。把化学试剂混合用于洗涤时也会用到分数，如3/4杯漂白剂。分数帮助面包师把面团分成等份，一个分数是一个整体中的一份或几个相等的份数。如果一块蛋糕被分成8份，那么一份就是1/8，5份就是5/8。同样，如果一块馅饼被分成6份，那么3份是3/6或1/2，6份就是6/6或整个一块。一个分数前面的那个数字或上面的数字叫做分子，后面的那个数字或下面的数字叫做分母。

当分子比分母小时，如5/8，3/8或2/7，这样的分数叫做真分数；当分子比分母大时，这样的分数叫做假分数。一个假分数等于一个整数加上一个分数，或一个带分数。如5/3是个假分数，可以被表示为带分数：$1\frac{2}{3}$

3/3+2/3，分子是3和2，和为5。由于3/3实际是一个整数，所以这个数字可表达为1和2/3，而不是5/3。

与分数可以分成许多份不同，小数是以10为基本单位的。因此，十进制小数就是分母为10或10 的倍数的分数，如：

9/10，27/100，533/1000，9873/10000

但是，我们不使用十进小数表达这些数字，这就引进了小数点(.)。这样，以上数字就可表示为0.9，0.27， 0.533 和0.9873。所以，半瓶就可表示为5/10或0.5。要想把一个十进制小数表示为小数，可先写出分子的数字，然后数一数分母中零的个数，然后按零的个数点上小数点。如把9/10转换成小数，先写出9，然后数一数分母中零的个数（数字10含有1个零），把小数点点在9的左边（一个数位）。要转换9/100，则先写出9，在这个数字中分母有两个零，而分子（9）只有一位数，所以要根据零的个数加上小数点，就得先在9的左边加上一个零，然后再点上小数点，结果为0.09。

小数数字在小数点两边分布。小数点左边为1或称为个位、列，每向左移一列就是增加一个10的倍数。例如：

千位	百位	十位	个位	小数点
1000	100	10	1	(.)

如果列向小数点右边移动，那么每移动一位就是紧靠其左边的这个列上数字的十分之一。这样，1的十分之一是1/10。1/10的十分之一是1/100，1/100的十分之一是1/1000。使用分数还是很简单的，只要记住把小数点划出来，把所有数字和十进制小数放入正确的数位。

比率是两个数量的相对大小，它是一个数字除以另一个数字的商。我们还是看刚才那个例子，一个客房服务员负责14个房间，这个比率可以表示为14除以1，所得商为14，书面形式为14∶1或1∶14。比率广泛应用于配备职员和食品制作。另外，当清洁人员用水稀释浓缩化学剂时也是天天用到比率这个词。

在4种数字表达法中，百分比是旅游接待业中运用最为广泛的词。正如前文所述，它常用来表达比例，如食品成本百分比、饮料成本百分比、利润率等。对于目前正在或以前曾从事过旅游接待业的人员来说，经常听到这样的说法“我们的人工成本超标达48%，我们必须将其压缩到控制范围之内”。百分比（%）指的是每一百个中的一个。那么，75%的客人指的是100个客人中有75 个，这样整体就是100。又如，50磅的蒸汽船碟装牛腱子肉代表一个整体，那么几份加起来有5磅，表示这个整体的一部分，用分数表达就是5/50，或简化为1/10。把普通分数转化为百分比，就用分子除以分母，得数为0.1。因为百分比表示是一百份，所以当使用百分比符号时，小数点就应右移两位，变成10%。这样，1/10这个分数用小数表示为0.1，用百分比表示为10%。

由于控制职能需要依赖像分数、小数、比率和百分比这些计量形式来表达其结果，所以掌握并能熟练运用这些数字就显得至关重要了。

十五、小结

对一个新的管理人员来说，对一个企业进行分析研究可以说是一个重要的过程，这需要制定一个全面的商业计划以检验目的和目标是否切实可行，并有助于实现企业宗旨。一个企业应该坚持培养团队精神并授权于员工，这将发展一种企业文化，使得员工运用主动权来实现企业的目的和目标。

管理人员必须能预见到影响经营程序的市场、竞争对手和经济方面的因素，这三个方面的任何变化都可能会给企业带来危机，也可能带来成功的机会。从菜单选择到控制成本，应该对每一个过程或区域不断地进行评估，在这个过程中，管理人员对赢利和控制起着举足轻重的影响。

复习题

1. 经营宗旨为管理人员、员工和客人提供的三大贡献为______。

(1) 标准、共同目标和企业的价值观

(2) 企业的价值观、标准和培训

(3) 标准、共同目标和培训

(4) 领导水平、共同目标和企业的价值观

2. 企业要想成功，就必须有______计划。

(1) 可行的

(2) 现实的

(3) 尽可能详细的

(4) 充分的

3. 为了对企业进行控制，你应该首先确立______。

(1) 你所从事的行业

(2) 企业目的

(3) 企业目标

(4) 以上各项都对

4. 权利下放将使员工更多地参与______。

(1) 树立团队观念

(2) 完成目的和目标

(3) 建立不需要多少监督的工作场所

(4) 以上各项

5．目的和目标必须是______。

(1) 可行的和具有成本效率的

(2) 理想的

(3) 想像中的

(4) 经常改变的

6．许多旅游接待企业的组织结构非常______。

(1) 平

(2) 高

(3) 大

(4) 小

7．营销审核必须______完成。

(1) 在进入行业的头几天里

(2) 在开业前

(3) 在企业建立起来以后

(4) 作为原始计划过程的一部分

8．控制周期从______开始。

(1) 制定标准

(2) 验收

(3) 储存

(4) 菜单

9． 在制定菜单时，应考虑经济学的哪个基本规律？

(1) 供应短缺时，价格趋于上涨

(2) 供应充足时，价格趋于上涨

(3) 价格上涨时，人们实际购买数量多

(4) 价格越高，需求数量越多

10．菜单控制是指除______以外的所有各项。

(1) 准备采购的设备

(2) 人工成本

(3) 管理技巧

(4) 地点选择

11．作为一家拥有100个座位、高档五星级餐馆的经理，你正在开发新的业务。

(1) 阐述你的经营宗旨

(2) 为你的餐馆确定四个目的

(3) 为你的餐馆确定四个目标

(4) 阐述了解周围竞争环境的重要性

测试题

1．列举能够影响一家拥有300个座位的家庭餐馆市场竞争的因素，并解释你的对应办法。

2．列举与产品储存有关的四个重要因素。

3． 当试图获得最低价格时，必须考虑哪三个因素？

4．为什么应该将服务包括在控制周期之中？

案例分析

案例分析饭店正打算开设一家拥有100个座位、中等价位的普通餐厅。饭店经理建议你来担任这个新餐厅的总经理，让你全权负责确定餐厅的主题和经营类型。在了解到控制职能的困难程度后，请你为这家新餐厅确定一个控制周期。在确定控制周期的主要环节后，请你列出每个环节应注意的两项事宜，并解释你认为这些事宜将有助于新餐厅成功的原因。

第三章

制定标准

关键词语

采购量
可达到的
妥协
反馈
隐性成本
劳动密集型
目标
经营成本
主要成本
收入中心
菜肴分量
标准化食谱
标准
支持中心
流动率
可用部分

学习目标

在学习完本章之后，你应该能够：

* 解释企业标准的概念和制定标准的目的
* 描述贯穿整个制定标准过程中的四个主要构成部分

* 简述餐饮经营中需要制定标准的八个主要方面。
* 解释与标准化食谱和成本相关的采购量（AP）和可用部分（UP）
* 评估劳动力和设备标准在成本控制全过程中的重要性
* 简述成本控制中所有行动计划的五个主要步骤
* 为衡量标准制定一个初步的审计程序

标准是一种可用来参照比较的模式或方法，制定标准的目的是为了控制、衡量生产效率以及整个企业的效率。对于旅游接待企业来说，制定标准就是要确定使用有限的资源来获得预期的销售收益，这些资源包括食品、饮料和人工等主要的成本项目。就赌场而言，它还包括对设备的使用。制定标准的目的是为了给员工指明工作方向、作出有效的业务决策和评估员工的工作表现。

一个企业要想获得成功，就必须为员工制定一定的标准，这一点非常重要。如果员工没有具体的参照物，不知道什么是可接受的、什么是应该完成的以及从责任和激励的角度讲为什么必须完成某项任务，那么就无法要求员工去实现销售或降低成本。经常出现的情况是，管理人员和员工得到一些较为模糊的指令，而后又会因为没有完成这些表述不清的目标而受到惩罚。在任何企业，尤其是旅游接待这种劳动密集型的行业，必须制定标准，否则就无法确定正确的成本。如同目标一样，所制定的标准若要得以有效实施，就必须是可以衡量的。

一、制定标准的指导原则

优秀的标准是由什么构成的呢？标准必须涉及到一个企业的方方面面。这就是说，标准是为所有的收入中心（revenue centre）和支持中心（support centre）制定的。尽管诸如餐饮部和礼品店等收入中心主要负责销售，但是客房部和其他支持中心也在负责控制人工、安全以及产品的用途。为了使标准具有成效，制定标准必须遵循以下四项指导原则：

1．标准必须是可以衡量的。
2．如果标准无法达到，那么必须重新评估这些标准。

3. 如果标准已经达到，企业应考虑是否可以将其提高。

4. 要使标准产生效果，员工必须能够接收到信息反馈。

（一）标准的可衡量性

实施控制过程之前必须制定标准，标准与目标一样必须是可衡量的。如果不给管理人员提供某种指导使他们了解到确实可以增加销售额的话，那么就不应该要求他们去增加销售额。提出在下一个会计结算期内销售额应该增加2%或5%的目标，也许可以为一位经理提供一种衡量手段来确定他是否能够完成这个目标，这样就可以根据该位经理完成任务的情况来对他的工作进行评估。在要求员工为客人提供更好的服务时，道理也是一样的。如何衡量呢？如果管理人员要求为客人提供更好的服务，以便在下个月里使客人的投诉数量减少10%的话，那么可以通过清点客人意见卡的数量来确定是否达到了目标。制定可衡量的标准可以提供一个系统的方法来向员工提供信息反馈。如果所制定的标准不可衡量，那么所采取的行动也就无法比较。

（二）标准的可达到性

标准除了可以衡量可以量化外，还应该可以达到。标准制定得太高则有可能无法达到，或者说在现有资源条件下无法达到这种标准。当不能达到预算标准时，业主们经常采用的三种方法是：提高价格、减少分量和降低产品质量。但是在采取以上行动前，管理人员应该确保降低标准不会损害企业的财务稳定性。要达到某个标准的简单办法是找到一个代用产品，复杂的办法则是通过完成营销审核来确定企业在市场的地位。但是，一旦制定了标准，企业就应尽最大努力来实现所规定的目标。

（三）标准的改进

已经达标并不意味着不能提高这些标准了。如果一家企业正在赢利，那么新的标准有可能会带来更多的利润。假如一家企业目前的利润率是15%并且没有采取评估与控制措施，那么管理人员就无法知道企业的利润率是否可以达到16%或17%。达到既定的标准并不一定意味着赢利已经达到了顶点。有些企业由于选址好、产品独特而赢利，但是由于缺乏标准和控制，它们的投资并没有得到最大的回报。因此，企业应该不断寻求各种方法来改进经营程序并减少不必要的成本。

（四）信息反馈

应该让员工了解自己的工作表现以及企业的经营状况，如果没有恰当的反馈，员工要么会认为标准没那么重要，要么会认为自己对企业的贡献不那么重要。由于想法可以变成行动，所以不管是否已经达到标准，管理人员都应把工作进展情况告诉员工，并征求他们对改进经营程序的意见。

二、与标准相关的事项

在制定标准时，企业必须考虑到运营费用和所要获得的利润，必须懂得标准的制定必须以运营费用和执行标准部门的预期利润为基础。至于某类企业的平均食品成本、平均人工成本到底应该是多少这个问题，长期以来人们一直争论不休。虽然说主要成本百分比的行业标准相差不会太大，但它们也不可能把每个企业的种种细微差别都考虑进去，两家企业可能在许多方面相同，但在相关成本方面却会差异很大，企业可能在以下方面表现出不同：

1. 企业可能已成立较长时间，拥有自己的资产，租金可能不是一项必要费用。
2. 由于地点和劳动力市场的缘故，人工成本差异巨大。
3. 两家企业的菜单可能相同，但由于地区人口分布不同，受欢迎的菜肴可能完全不同，这一点可能对食品成本的百分比产生重大影响。
4. 在不同地区，应季菜的食品成本会相差很大。

由于以上及其他因素，每个企业的标准必须以各自的运营成本为基础，企业的各个部门也应制定各自的标准。小企业也许可以合并其人工成本，而大企业的不同部门劳动力密集程度可能会更高。如果不给各个部门制定标准，那么管理人员就有可能不知道什么地方没有达到标准。同样必须牢记的是，任何成本的百分比标准仅仅是一个指标，如果不与美元币值综合起来考虑，它并不能反映有关企业的信息。每个企业都希望自己的成本百分比更低。但最低的成本百分比总是0%，它同时也意味着企业关张。企业没有一定的成本是不可能有效运营的。

三、制定餐饮经营标准

在旅游接待行业，食品、饮料、人工被认为是主要成本，许多连锁企业对这些成本都制定了严格的标准。为了制定出标准化的成本百分比，必须对这些标准精确计算。要算出食品成本百分比，就要用食品成本除以食品售价。如一道鸡肉主菜的成本是4 美元，售价是10美元，那么这道菜的食品成本百分比就可以这样计算：

$$\text{食品成本\%} = \frac{\text{食品成本（\$）}}{\text{食品售价（\$）}}$$

$$\text{食品成本\%（鸡肉主菜）} = \frac{\$4.00}{\$10.00} = 40\%$$

用同样的公式也可计算出饮料的成本百分比，即用饮料成本除以饮料售价。如一份鸡尾酒成本是1 美元，售价是4美元，那么饮料成本百分比则为：

$$\text{饮料成本\%} = \frac{\text{饮料成本(\$)}}{\text{饮料售价(\$)}}$$

$$\text{饮料成本\%（鸡尾酒）} = \frac{\$1.00}{\$4.00} = 25\%$$

运用这种计算方式可以得出一个百分比，可用来与标准加以比较。常犯的错误是用总销售额来确定食品和饮料的成本百分比。正确的成本百分比应该用食品成本除以食品销售额，饮料成本除以饮料销售额。

在给餐饮企业制定标准时必须考虑到八个方面，这八个方面请参阅图3–1。在每一个方面，管理人员都必须制定符合上文已提到的四个准则，即：可衡量性、可达到性、改进和信息反馈。

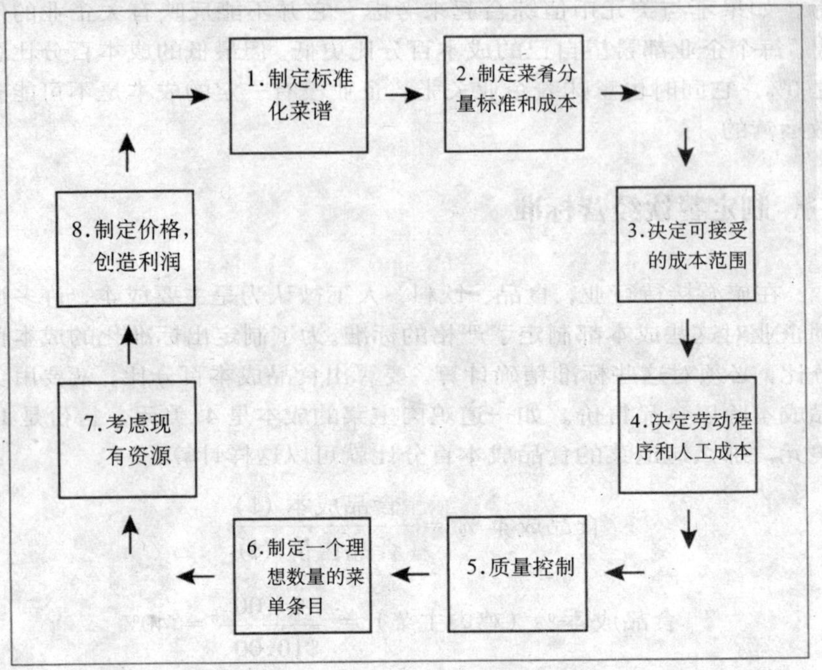

图 3-1　为餐饮企业制定标准

(一) 制定标准化菜谱

制定标准化菜谱是保持产品同一性的基础。设计出正确的菜谱对餐饮企业的管理政策来说非常重要，管理人员必须对每一道菜、每一种饮料都制定菜谱。没有标准化的菜谱，客人就会不满意、不高兴，企业也无法控制成本。一个典型的标准菜谱应包含下列各项：

* 菜名
* 出菜量
* 原料
* 加工程序
* 加工方法
* 分量大小

表3-1是一个标准化菜谱样本，有些菜谱可能还包括所需设备的图表或加工方法的示意图。

表3-1　标准化菜谱

菜名全称：斯莫克伊·乔的去皮干豌豆汤　　加工用锅/型号：10夸脱汤锅
菜名简称：去皮干豌豆汤　　上菜用锅：10夸脱汤锅
出处（来源）：斯莫克伊·乔的小餐馆　　上菜用盘碟：10盎司碗
经理：格雷格·沃森　　分量：8盎司
星期/日期：星期一/1998年12月21日　　烹调时间/适中：2小时

配料	加大量	加工方法	时间	设备
分量数目：30				
准备：		准备好所有配料和设备。	20分钟	10夸脱汤锅
咸猪肉，剁碎	14盎司	用油快炸一下咸猪肉		
油	1.5盎司	加洋葱和芹菜。		
洋葱，蛋黄，剁碎	18盎司	用油煎一下，一直到洋葱变成透明色。		
芹菜，剁碎 大蒜，剁碎	6盎司 1勺	加入大蒜，油煎到发出香味烘烤一下，不要烤焦。		
面粉，通用型	4.5盎司	加面粉做成乳酪面粉糊。		
汤底 鸡 水	6盎司 240盎司	加入水和鸡，开始炖汤。		
豌豆，绿色， 去皮，干的	2磅	加入去皮豌豆。		
猪肉，火腿，烟熏的	$1\frac{3}{4}$磅	加入火腿肉。	炖汤$1\frac{1}{2}$小时	
干月桂叶	3	加入干月桂叶，再炖半小时。 拿出火腿，去掉干月桂叶。 清理好火腿再放回汤中。		
加工和盛放程序： 油炸面包小块	7-10份	适当加热一下汤，用8盎司汤勺盛到10盎司的碗中，上面放上油炸面包小块。	45分钟	8盎司汤勺

标准化菜谱在出菜的数量和质量上始终是一致的。即使是不同的厨师当班也无关紧要，只要他们使用相同的标准化菜谱和按照说明去做，那他们生产出的产品就应该是相同的。标准化菜谱还指出了生产所需分量而需要的食品原料的多少。能够把供少量客人就餐用的菜谱转换成供大型宴会使用的菜谱是非常重要的，如要把供8人食用的标准化菜谱转换成供80人食用的菜谱，就必须对所有的原料进行精确地换算，这样最后出来的产品仍能保持同样的质量，并且能控制在实际产品生产成本之内。

一个企业如果不使用标准化菜谱，它还会遇到一系列的问题，剩余食品就是其中一个主要问题。员工可能为了防止某个产品被用完而过多准备，或者如果员工被允许可以把多余的食品带回家，员工就会故意制造剩余食品。即使剩余食品可以继续出售，但是也会发生变质，容易被客人识别出来。所以，预防浪费也是让员工知道并了解标准化菜谱的价值、用法及如何换算的一个原因。

（二）确定菜肴分量和成本

必须制定菜肴的分量和成本以确定其实际成本。采购量（AP）和出菜量（UP）可以完全不同，而这一点会改变整个企业的总成本。

要确定某个菜肴的分量和成本，首先需要参考根据蔬菜或肉类产品的出菜量的估计值而得出的出菜表或计算一下估计值。表3–2提供了一些蔬菜的采购价和出菜价。如莴苣不可能100%都用来制作成品。根据美国农业部提供的数据，每一磅莴苣都有5%的损耗（约1盎司），因此如果需要出菜量为两磅的净莴苣，那么就需要采购两磅零两盎司的莴苣，以备5%的损耗。因为产品的质量在一年中随季节的不同而不同，所以产品的损耗率也随之而变动。

就肉类这种价格较高的产品而言，采购量和出菜量显得更为重要。对于火鸡三明治来说，以下两种哪个更具成本效率：是出菜率82%或损耗率为18%的未烹饪火鸡胸脯肉呢？还是出菜率95%的更贵的火鸡卷呢？尽管本书在“采购”一章将详细讲述采购量和出菜量的计算方法，但在此需要说明的是，这些数字会因员工手艺水平的高低而有所出入。因此，管理人员希望能够执行自己计算出来的采购量和出菜量。

表 3-2 采购量和出菜量的分析

新鲜蔬菜的出菜量		
蔬菜	浪费 (%=盎司每磅)	生产一磅可用菜量 所需的采购量
卷心菜	20%=3.25盎司	20盎司
胡萝卜	20%=3.25盎司	20盎司
芹菜	11%=2盎司	18.25盎司
黄瓜	3%=0.5盎司	17.75盎司
大蒜	13%=2.25盎司	18.50盎司
莴苣，卷心莴苣	5%=1盎司	17盎司
洋葱	10%=1.75盎司	18盎司
胡椒粉，木藜芦	18%=3盎司	19.75盎司
小萝卜	10%=1.75盎司	21.50盎司
菠菜	28%=4.5盎司	22.50盎司
番茄	9%=1.5盎司	17.75盎司

资料来源：根据USDA美国农业手册数据计算得出
*精确到0.25盎司

(三) 确定可接受的成本范围

一旦某一产品的采购量和出菜量确定下来以后，只要菜单和其他制作程序不变，那么管理人员就能确定该产品的成本系数。必须制定一个可接受的食品分量和可接受的食品成本范围的标准。由于一个菜单就是一个销售组合，因此所有食品的大概成本百分比是可以计算出来的。如果销售额有增加，那么食品成本或百分比的增加也就不值得惊慌了，但是管理人员还是应该检查一下利润的情况。如果一个企业想把跟踪食品成本作为一项例行工作，那么就应该确定一套清楚无误的标准。本书后面章节将讨论为获得收益最大化而确立成本标准的程序。

(四) 确定劳动程序和人工成本

在为企业制定标准时需要考虑的另一个问题就是人工成本，标准化菜谱可以使企业能够跟踪并削减人工成本。由于饮食服务业是一个人员流失率极高的行业，所以业主或经营者在确定菜谱时，应该时刻不忘人工成本和人员流失率这两个概念。标准化的菜谱可以使管理人员在不降低产品质量的前提下，使用技术水平更低的员工；同时，如果管理人员因为人员流失而遇到员工人手不足时，这些员工也较容易顶替。标准还应提到员工是否具备制作产品的技巧和菜单内容，是否允许员工有时间制作全部产品这两点。在给产品制作制定标准时，经营者必须意识到如果员工紧张忙碌起来时，厨房就可能变成一个危险的区域。所以，制定的标准一方面要保证工作圆满完成，另一方面也要考虑到员工的安全和劳动生产率。

（五）质量控制

必须对标准进行评估以确保向所有的客人提供最佳的产品和服务。如果企业在制定标准时考虑的仅仅是赢利，那么该企业就有可能会提供劣质产品和劣质服务。以客人为中心是全面质量管理的基础。期望赢利是企业存在的原因，但是企业的第一目标必须是能够生存下去，然后才可能赢利，优质的产品和服务会带来更多的利润。一个企业如果一味追逐利润而放弃对质量和服务的追求，那么它就会面临失败。像可口可乐和麦当劳这样的公司之所以能够在激烈的市场竞争中生存并蓬勃发展的原因之一，就是它们把质量和服务放在赢利之上，而且做得相当出色。

（六）制定理想的菜单条目数量

在菜单上罗列太多的菜品会使企业看不到自己的目标和期望。菜单上的菜品越多，变质、浪费和偷窃的可能性就越大。不仅仅是食品变质、浪费和偷窃会使企业失去金钱，并且还存在着降低质量的可能性，质量下降会对销售额和财务业绩产生消极影响。在确定菜单的菜品数量时必须记住，要在不同口味与众多选择中寻求平衡，以获得一个有利可图的销售组合。因此，菜单的菜品数量应该尽可能最小化，但又应兼顾口味、利润和最大销售额。

（七）可以获得的资源

在为任何企业制定标准时，都应考虑可以获得的资源数量。一个企业必须具备生产产品的设备和劳动技巧，在这些领域也许只能获得一定数量的资源，因此应该在制定标准之前努力弄清每个领域里的资源情况，因而有些菜品可不上菜单，而有些菜品由于资源有限不能制作。如果现有设备只能加工一定数量的产品，那么企业就只能生产这么多产品，并只能获得一定量的利润。

（八）制定可以带来利润的价格

标准制定完毕以后就可以确定产品的价格与服务了，本书的第四章将详细阐述产品和服务的正确定价以及确定价格的不同方法。价格只要稍做改动就有可能引起客人的不快，所以必须仔细考虑这个问题。最关键的是，针对餐饮产品的标准化菜谱应该有利于效率和产品的一致性，这在预测成本和控制成本时最为重要。

四、制定劳动标准

确定提供服务或制作产品所需劳动力的数量有助于正确地制定产品和服务的价格。必须为所有服务和生产制定劳动标准，尤其是为可能消耗大量时间的生产或这些活动的交付方式制定劳动标准。如果一个产品或一项服务需要大量的准备工作，那么必须确定出生产这一产品的标准劳动时间。

有些产品的制作需要大量的劳动力，因而知道制作这些产品所需要的时间是非常重要的，这样所定的价格才能准确地反映出所消耗的资源数量。同样，其他因素所消耗的时间也非常重要，如从储存间取货所用的时间，在生产过程中所有这些程序都会消耗大量时间。如果客房送餐服务需要花费很长的时间，客人就会感到厌烦。一般说来，旅游者都很疲倦，他们希望提供的服务越快越好。应该制定一些标准让客人知道提供产品或服务的最短时间或最长时间。时间与动作研究是用来制定这些标准的一种方法，本书第十三章和第十四章将详细讲述制定劳动标准的全过程。当标准制定完毕并有效传达给员工后，就可以估算适当的成本并提供满意的服务了。

五、制定设备和用具标准

正确的设备标准能加强菜单的效果，并使员工遵守其标准。应该制定一个标准来说明烹调某种菜肴或上某道菜时应使用哪种设备。设备不仅仅包括像炉子、冰箱和冰柜这些大型设备，还包括像上菜用具、瓷器、玻璃杯和餐具等小型物件。这些小而重要的物件必须精心挑选，以增加菜的颜色、高度或吸引力，同时有助于计量分量。如孩子用的菜单上可能会有一道现场制作的冰淇淋作为甜点，它被精致地放置在圣代玻璃杯中，根据菜谱其分量应为4盎司或半杯。这道甜点已被定好价，放在带有小帐篷的桌子上以待销售。这道甜点的所有成本都经过了精心计算，但是由于疏忽，该餐厅没有大小合适的冰淇淋勺，因此服务员就用16号勺来盛冰淇淋。由于一勺看起来有些少，所以服务员又添加了一些，使冰淇淋显得高高的，很有诱惑力。在这个例子中，菜谱标准和成本都已制定，但是没有制定计量设备的标准。由于计量4盎司的量用了大小不合适的勺子，所以这道甜点的成本增加了。由于分量增加，所以销售毛利就减少了，那么利润也相应降低。因此，这个例子说明合适的设备很重要。这个问题同样适用于经营饮料的企业。如果使用了不合适的玻璃器皿盛装饮料，酒的味道可能会被冲淡，饮料的调制方法也改变了。而且由于调酒用的饮料量的增加，饮料的成本也会增加。

一个良好的商业计划应规定保持企业正常高效运营所需设备的具体型号。设备标准包含设备的预期用途和使用能力，因此在开设餐馆时，建议在确定菜谱以后再采购设备。如果企业先采购了设备，却发现它与所定的菜谱不符或所购设备能力不足，那么这些设备就派不上用场，这恐怕是任何企业都负担不起的。如果购买一家现成的餐馆，那么应该记住，菜单上的菜品必须与现有厨房的设备相符，否则就可能需要重新修订菜单。当菜单改变时，企业的经营宗旨和理念也会随之改变。如果菜单不合适，设备也难以创造出利润，所以必须首先确定能提供预期服务的具体设备。

为了做到最大限度地使用设备，企业一旦选定了合适的设备，就必须制定设备的使用标准以充分发挥设备的生产能力，这是个被业主或管理人员经常忽视的问题。应该有这样一条标准，即某项任务如果小型设备能够完成就不要使用大型设备。如果成本价值分析（cost-value analysis）显示某件产品或某项服务可以通过其他途径更有效地获得，那么就不必购买这套设备。成本价值分析显示，使用看门的工人清洗地毯更节省成本，那就不应购买专门的地毯清洗设备。如果有已切好的优质肉片，而且比自己加工所需要的成本还要便宜，那就没有必要购买肉类切片机。

如果需要使用不同的机器，那么应该制定一个标准来控制使用时间。饭店宴会厅的早餐工作人员一上班就应把盘碟保温器和食品保温器打开，将早餐食品放置在热盘子中或放置在保温器中就能保证供应热气腾腾早餐饭菜了。另一方面，厨房早餐工作人员应该在接近中午时才打开深底煎锅来准备午餐饭菜中的炸土豆条。如果在同一时间打开所有的设备，容易造成用电过多，有些公用事业公司要对此额外收费。有些厨房工作人员习惯一上班就把所有的烤炉、炉箱、深底煎锅等都打开，这样在需要使用这些设备的时候它们都是热的。但这不仅是一种潜在的事故隐患，还浪费了能源并减少了设备的使用寿命。如果把一个设备打开却并不使用，或前一班的员工忘了关电源，那么就会发生危险。如果制定了设备的使用标准，那么就可以减少能源成本和更新设备的成本。因此，制定设备的使用标准和维护标准对于预防事故、最大限度地使用设备尤为重要。

设备和用具的摆放要做到拿用方便，能最大程度地节省人工和时间。人工是旅游接待业中的一项主要成本因素。对于赌场来说，管理人员应把某个设备，如零钱兑换机放置在使用最方便的地方。应该制定标准来使每个设备的投资都能获得最大的回报。对饭店来讲，管理人员应把设备放在客房里最方便、最美观的地方。对餐饮企业来讲，管理人员不仅要使设备便于使用，还要易于清洗。如果员工得从厨房的一头走到另一头才能取到两件产品来完成某个任务，那么就应考虑移动其中一个产品的位置。一个最明显的情况是，当客人希望把食品拿走或把剩余饭菜带回家时，收银员或在前台的服务员得走到里面去取装外带食物的食品盒，许多餐馆没有把这些食品盒放在最需要的地方，优质服务就在服务员去取食品盒并让客人等待的这个过程中丧失殆尽了。

还应制定对供应品的使用标准。对旅游接待企业来说，供应品使用不当会产生隐性成本。应做到专物专用，员工应该清楚这些程序。如果允许员工用桌布或餐巾来擦拭溅出的饭菜汤汁，那么这些污渍就可能留在桌布或餐巾上而无法洗去，最后只好将这些物品替换掉。如果不要求员工在清理餐桌上的剩余饭菜和餐具时小心谨慎，那么一些器皿就会连同杯子、茶托一起被扔进垃圾桶。在一些高级餐馆，这些产品的替换要花费很多的钱，因此必须建立标准程序来说明如何使用这些产品。

六、行业标准

如前所述，不同的因素决定每个企业的标准也不尽相同。一个企业总是可以拿自己与另一个企业比较来衡量自己的经营状况，但是管理人员却需要拿“苹果与苹果”比较，“橘子与橘子”比较。管理人员可以参考旅游接待业的许多出版物来评估本企业的业绩（参阅表3–3）。由于这些标准经常细分为销售量、资产价值或地理位置等，所以比较显得较有意义。

表3–3　有关行业标准的一些出版物

行业细分	出版刊物	出版商
饭　店	接待指导	普华永道事务所
饭　店	饭店业和住宿业趋势概述和预测	PKF咨询顾问公司
饭　店	美国住宿年鉴	贝尔和斯特恩股份有限公司
餐　馆	餐馆业经营报告	德劳以特和塔奇，全国餐馆协会
俱乐部	乡村和城市俱乐部	PKF国际公司

七、行动计划

在制定出标准以后，必须加以执行并经常进行衡量和比较，还必须采取补救措施并对这些过程进行评估。如果这些责任程序得不到贯彻落实，那么标准可能是制定了但不会得到充分的执行。因此，可以采用五个步骤来指导行动计划：

1．执行标准
2．标准的衡量：审计
3．反馈
4．补救措施
5．改进

（一）执行标准

许多企业都制定了出色的政策和程序手册，但是它们并没有被执行。作为业主或经营者，必须确保标准得以执行，这就是说要参与日常的经营活动。更重要的是，执行标准意味着确保业主／经营者和管理人员要以身作则，无论何时，只要参与日常经营活动就必须严格遵循正确的程序和标准，不要在员工面前违规行事，因为这样做会损害标准的权威性。一旦管理人员由于人员短缺或其他原因而不执行标准或允许员工忽视某个标准，那么这个标准就会变得不那么重要，所以必须执行标准并不断加以强化。

（二）标准的衡量：审计

一旦管理人员执行了标准，就必须对其表现进行衡量来检查是否达到了标准，经常而不断地衡量标准非常重要。同其他行业一样，对于旅游接待业来说，如果管理人员一直到情况无法控制时才采取行动，那么他在作出调整时不可能不影响到产品服务的质量。如果在生意清淡时，比如每周的前几天，管理人员允许人工成本高过平均值，那么当周末销售量增加时，企业就得承受较高的人工成本百分比。因此，管理人员必须不断地评估日常经营活动，以避免发生意外或出现无法纠正的情形。

衡量标准必须满足两个条件。第一，衡量标准的人必须充分理解标准并知道如何进行衡量，如在进行库存清点时，客人餐桌上的调味品、色拉盘里的薄饼干、打开的容器等产品应计入期末存货呢？还是应计入储存室里的物品呢？如果这些物品本周由一个人清点，下周再由另一人清点，那么食品成本就有可能不准确。不同的人遵循不同的程序：一个人可能清点和称量了所有物品，而另一个人可能只清点和称量了储存室里的物品，因此负责衡量标准的人必须充分理解标准，并知道如何衡量这些标准。第二，标准必须易于衡量，否则就无法进行经常性的衡量。器皿、设备和会计文件必须按照正确的程序摆放，而且必须适宜快速方便的衡量，员工或管理人员否则会抱怨花在衡量上的时间太多。对一个企业来讲，更为重要的是要花时间去经常检查标准以确保它们得以达到，而不是花时间来处理由于分量不足或没有按已定标准制作产品而引发的客人投诉。

衡量标准的最好方法是进行审计。审计就是为企业各部门制定的一套标准，客房审计可能包括如何打扫和整理客房的标准；餐饮审计可能包括对食品的恰当验收和储存。验收食品的标准包括以下几个问题：

* 是否保存了分开的验收记录？
* 是否按照书面采购单 / 价格 / 品牌 / 大小核对了所有的到货？
* 是否检查瓶装货物的泄露及破损情况？是否核对了瓶子的数量？
* 谁是验收员？
* 所有的发票是否都已登录——货物、价格、单位？

如果所列标准与审计项目相同，那么衡量标准仅仅是通过简单的分析来完成一个核对清单。如上文所述，管理人员让这些程序越容易使用和遵循，那么这些程序就会越被更多地使用和遵循。

在衡量和比较标准时，管理人员应该牢记他们是在比较具有共同属性的活动。当管理人员比较会计账目时，他们要确保是在比较同一时间长度的会计结算周期。如当管理人员比较一个月与另一个月的销售额时，如果前一个月有四个周末而后一个月有五个周末，那么他们就有可能会犯错误。因为旅游接待业的大宗销售额出现在周末，所以一个月可能比另一个月看起来要强得多。如果管理人员比较的会计结算周期始于一周的同一天，并同时向后延伸四周，那么对所有的销售额易于进行精确对比，所做的分析不仅仅是比较美元币值，还比较了统一的百分比。

（三）反馈

一旦完成了对标准的衡量工作，管理人员就应该对结果进行比较，看是否达到了标准，并把结果反馈给工作人员——员工和经理。这一点必须作为例行公事长期坚持下去，以培养良好的工作习惯。强调标准反馈的重要性，使工作人员及时的改进成为可能。

（四）改进措施

在对标准的执行情况进行比较后，管理人员必须采取一些改进措施。对于一些微小的差异可以不需要采取什么措施，或只需要进行跟踪监督，而对大的差异需要立刻引起注意并加以改正。许多旅游接待企业在食品、饮料和人工这三大主要成本方面的标准会出现一些波动，而对赌场来说，这也可能是设备使用不当的结果。

如果是餐饮方面的问题，那可能是库存不完善、分量太大甚至是偷窃行为导致的。员工偷窃或客人偷窃会增加食品成本，也可能是价格上涨而管理人员没有注意或不知道。无论何种原因，都必须进行调整或修正。

如果是劳动标准方面出现了前后不一致的问题，那么就应该查一下记录、时间表和销售额。劳动力问题可能是由不合适的时间安排引起的，也可能是员工为多增加工时的故意行为。管理人员不能允许员工在考勤卡上早打上10至15分钟，或在考勤卡上打上下班时间以前聊天，因为这样员工的时间表就会多出时间。有些旅游接待企业有几百名员工，小型快餐服务企业也有20名以上员工，在时间表上增加了这些时间量就会导致人工成本的大幅增加。

对于赌场来说，机器操作失误可能导致无法创造应得的利润。由于管理人员对每台机器都有一定量的收入预期，如果机器操作不当，那么这份收入就会失去。如客人一直给投币老虎机投币，而老虎机根本不接受，立刻又将硬币吐出来，那么客人就会离开这台老虎机。这个问题也许很简单，没准就是该机器脏了，但是如果不加以纠正，企业就会继续失去投资收益。

一旦管理人员发现某个标准没有被达到，就应该立刻采取措施予以纠正，即必须调整业务程序以确保标准得以达到。修改标准应总被视为最后的措施。如果企业的生存是基于某一套成本百分比，那么标准就不是那么容易修改的了。制定标准的一个目的就是计算企业的预期财务收入，如果边际利润不足以维持企业的生存，那就不应该修改标准，最好再重新评估一下过程，而不要调整预定的标准。

（五）改进

如果达到了标准，管理人员应该看一看是否还有可能提高标准以获得最大效率。骄傲自满不会给员工带来挑战，而且还会妨碍企业形成自己的竞争优势。在旅游接待行业，标准常常给企业带来一种竞争优势。

一旦改变或提高了某一标准，就必须对其进行评估，以确定所作的改变是否可行。这是一种系统方法，因为某个区域的标准变动会给另一区域带来一些问题。为减少偷窃而采取的一些措施可能会降低向客人提供服务的效率，如员工要花额外的时间去请求允许兑换个人支票或去拿取一瓶酒的钥匙，这都可能会引起客人的不满并导致销售收入减少。

由于一个部门的变动会对另一部门的结果产生影响，所以有必要要求员工提供反馈意见，并随时留意客人的意见。标准能为企业指出发展方向，企业要想成功就必须努力执行这些标准。

八、小结

企业必须制定标准来为员工提供努力的方向和为控制提供依据。制定标准的目的是控制和衡量企业的生产效率和企业的总体效率。制定旅游接待行业的标准包括确定可以通过利用有限资源获得的预期收益。制定标准使一个企业有能力确定可利用的资源以及可预期的结果。

必须为企业的各个部门制定标准，其中包括收入中心和支持中心。标准要有成效，就必须具备可衡量性和可达到性。必须提供信息反馈以便能够有效地执行标准，同时还应该不断地检查是否需要改进标准。

在制定标准时，企业必须考虑某项具体经营活动的经营费用和利润目标。标准必须有助于企业弥补所有的成本，包括主要成本和隐性成本。有必要为所有资源制定标准——食品、饮料、人工、设备以及供应品。

如果要达到食品、饮料和人工标准，设备和供应品必须放置在最能省时省工的地方。另外，合适的设备能提高产品质量，有助于维持主要成本。对餐饮部门来说，设备能使分量、口味和美感保持一致；对其他部门来说，合适的设备对减少维修、维护和更新成本也非常重要。

标准建立起来后必须加以实施，并经常进行商讨和比较，以便采取必要的措施予以修正。一个企业如果没有合适的标准就无法有效地运营。

复习题

1．所有下列各项都是制定标准的主要构成部分，除了______。

(1) 标准必须是可衡量的

(2) 标准必须由员工制定

(3) 如果标准不能达到，就应该重新评估

(4) 如果标准达到了，企业还应该确定其是否还可改进

2．制定标准的目的是______。

(1) 让客人知道菜单上有些什么

(2) 告知员工菜单上有些什么

(3) 告知员工如何制作菜单上的菜肴

(4) 增加菜单上的品种

3．标准化的菜谱______。

(1) 确定了质量与同一性

(2) 减少菜单上菜肴的成本

(3) 允许使用技术不熟练人员

(4) 允许菜从头开始准备

4．确定出菜量成本______。

(1) 使管理人员知道某道菜的准确成本

(2) 有助于确定菜的销售成本

(3) 使管理人员知道应订购多少

(4) 以上各项都对

5．为什么正确换算标准化菜谱很重要？

(1) 节省去储存室的路程

(2) 减少产品的成本

(3) 防止准备过量

(4) 二项和三项都对

6．如果达不到标准，业主／经营者可以选择______。

(1) 提高价格

(2) 减少分量

(3) 采购低质量产品

(4) 以上答案都对

7．一旦达到标准，管理人员应该______。

(1) 因为保持和达到标准而给员工增加工资

(2) 通过提高标准来改进成本

(3) 通过降低价格来提供更好的服务

(4) 确保每条标准都具备成本效率

8．为什么两个规模和菜单都相同的特许经营企业成本会不同？

(1) 其中一个企业可能不得不更多地注意安全

(2) 由于地址和就业市场不同，人工成本可能相差很大

(3) 由于当地人口分布的不同，受欢迎的菜可能迥然不同

(4) 以上答案都对

9．必须制定标准的惟一目的就是______。

(1) 获取利润

(2) 提供优质产品和优质服务

(3) 能在业内待下去

(4) 二项和三项都对

10．必须制定使用设备的标准，因为______。

(1) 管理人员必须知道设备的能力

(2) 管理人员可以决定什么时候接通设备

(3) 可以在确定菜单之前采购设备

(4) 一项和二项都对

11．制定标准的目的是什么？

12．描述标准化菜谱的重要性。

13．解释采购量、出菜量与标准化菜谱和成本之间的关系。

14．描述制定标准全过程中四个主要构成部分。

测试题

1．列出在制定餐饮企业标准时需要考虑的八个方面。

2．列出一个典型的标准化菜谱应包括的类别。

3．描述人工及设备标准在全面成本控制过程中的重要性。

4．什么是成本控制过程中的五个步骤？

案例分析

在建立了控制周期，并对你朋友的新餐馆提出一些建议之后，你要为模特餐馆制定一些衡量标准。你深知标准将有助于你评估餐馆的效率。

正如本书前几章所述，验收标准包含下列问题：

* 是否保存了分开的验收记录？
* 是否按照书面采购单／价格／品牌／大小核对了所有的到货？
* 是否检查瓶装货物的泄露及破损情况？是否核对了瓶子的数量？
* 谁是验收员？
* 所有的发票是否都已登录——物品、价格、单位？

假使你的餐馆就是我们的案例饭店，不同的方面需要独立进行审计。首先，总经理将集中精力处理以下六个方面：

1．食品制作

2．食品采购

3．人工——服务员

4．人工——厨房员工

5．人工——勤杂工

6．客人意见卡

为以上方面各提出三个审计问题。

第四章

菜单——控制成本的工具

关键词

点菜菜单	有限菜单	选址
循环菜单	神奇数字	套餐菜单
人口统计数据	重大事件	广告的真实性
劳动力技能	非用餐期菜单	种类与吸引力

学习目标

在学习完本章以后，你应该能够：

* 讨论菜单在选址和人口统计数据方面的重要性
* 讨论菜单与设备要求之间关系的重要性
* 讨论劳动力市场、天气和重大事件如何影响菜单菜品的确定
* 描述种类和吸引力在菜单中的重要性
* 描述在制定菜单时影响广告真实性的因素

在制定了经营宗旨和明确了要从事的经营业务类型之后，就可以制定菜单了。已确定菜品和服务的菜单是所有企业经营活动的推动力，餐饮业运用菜单向公众推出可以享受到的菜品和服务，其他类型的服务企业可以使用宣传册或其他方式来列举所能提供的产品和服务。制定菜单必须小心谨慎，这一点非常重要。管理人员在设计菜单时，必须清楚需要考虑的控制因素。因此，本章将探讨在菜单设计和控制过程中需要考虑的事项及制约因素。

一、在设计菜单时应该考虑的因素

菜单的设计是在控制过程中应该首先考虑的问题。由于菜单在餐饮业中不可缺少，所以它在整个经营过程中扮演着行动计划和销售工具的角色。必须将菜单视为企业主要的控制文件，在确定菜单时所作出的决定将关系到企业经营的成败。由于菜单起着作为整个企业标准的作用，所以为了保持这个标准，就必须对与菜单有关的行为实施控制。在控制成本时，应牢记任何在采购中节约下来的钱都直接成为了赢利，所以在选择菜单条目时必须仔细斟酌。应该通过菜单的制作来避免在采购菜单物品阶段和经营初始阶段可能造成的钱财浪费。由于菜单是用来控制一个企业的主要文件，所以在制定菜单时必须考虑以下因素：

* 选址
* 人口统计数据
* 设备
* 价格
* 菜品的可获性
* 劳动力市场
* 重大事件
* 竞争对手
* 菜单条目的数量

这些因素非常重要，因为这些因素中的大多数都是影响企业经营活动外部环境的一部分。

(一) 选址

仅选址一项就常常能决定一个企业经营的成败。是否可以在某个地点合法制作或合法销售产品,当地的客人群体是否认同为他们提供的产品和服务,这些都是企业必须加以考虑的问题。此外,还要考虑开办企业所需要办理的营业执照以及企业是否可以出售酒精类饮料等问题。许多企业在投资之后才发现由于领不到营业执照,因而不能按原计划展开经营活动。由于企业必须通过长期的经营成功才能获得投资收益,所以非常有必要了解一下企业计划开展经营活动的地方是否会被重新划分区域或需要重新建设。便利、安全以及员工和客人的安全对一个企业的长期成功是至关重要的,如果能够进行充分的计划,那么就可以避免此类错误以及其他代价昂贵的错误。

(二) 人口统计数据

所设计的菜单类型应该与一个地区的人口统计数据相吻合。在一个有着好几所学校、许多儿童和年轻人的地方开一家带有拱顶的比萨饼屋也许是一个很理想的项目,但是在一个以退休人员为主的社区开这样一家店就有可能是一个重大的错误。如果打算在一个商业区开一家餐饮店并希望能够招徕大量的午餐生意,那么首先就要花力气去了解当地公司和企业的状况。如果某个大公司正打算关闭某个部门、放慢发展速度或正在淘汰一个产品,那么这个地区的人口统计数据可能会发生重大变化。制定一个适合当地人口统计数据的最具成本效益的菜单时,还应当留心当地人口统计数据可能产生变化的迹象。缩小规模已成为当今商业环境中的一个普遍现象,所以企业一定要对市场的长期稳定性进行调查研究。

(三) 设备

设备的选择不应以典型的餐饮企业所拥有的设备为依据。不能因为附近的一家餐馆有回转烤炉,你也必须购买一个。不同类型企业所需设备类型可以差别很大,许多具有社会事业性质的大型企业根本没有什么炉子或加热设备。设备的选择应考虑到所要加工食品的类型、数量以及所要达到的质量,购买了不需要的设备会占压可以用于投资其他项目的资金。

预期的生意额可以决定一个设备所应有的能力和使用期限。许多企业，尤其是一些小型企业，试图把非商业用途冰箱和其他家用厨房设备用于商业用途，这是非常错误的。在计划购买设备时，菜单条目和预期的生意额是必须考虑的因素。现有的设备类型将决定可以接受的经营类型和生意额。如果制作烘烤食品的炉子不足以满足所需数量，那么就会影响服务质量，进而导致利润的减少。在接收设备之前，必须了解其生产能力，购买设备必须满足菜单对质量、数量和一致性的要求。

（四）价格

价格的制定必须能够抵补成本并产生利润。企业的类型和所处的地理位置在确定价格水准方面起着非常重要的作用。必须充分评估价格，然后再将其印制到菜单上，因为提价必然会引起客人的不满。制定价格时还应考虑留有足够的利润空间以抵消隐性成本。无论企业的商业计划如何周密，总会出现一些意想不到的维修及其他突发事件。所以，企业应该小心谨慎地制定价格以抵补不可预见的成本。本书的第五章将详细探讨制定价格的各种方法。

（五）菜品的可获性

在制定菜单时，必须确认菜单上的菜品客人是可以点得到并且负担得起的。有些菜品在某些季节里价格可能会上涨，非时令菜价格的上涨将会大大增加那个时期的食品成本，企业如果不考虑价格上涨的因素就可能无法抵补开支。如有可能，可以考虑把一些时令菜和本地菜添加到菜单上，因为这些菜在一年的某些时节价格并不很贵。

天气可能会影响某些产品的可获性和销售。无论是刮风下雨还是阳光灿烂，客人们都可能希望点某些菜品。但是在下雨的时候，一些菜品的销量又会减少。有些产品在天冷时可能比天热时卖得好或者正好相反，因此菜单条目和价格必须考虑到这些时候销售波动的情况。一个企业如果没有把这些销售额上的变化都考虑进去的话，它可能就会面临失败。在制定经营预算和制定价格时，企业必须考虑到可能产生的销售变化。持续的恶劣天气会产生消极影响，但是如果企业计划得当的话，一年中这样的天气造成的影响还是可以预料到的。一些企业的失败是因为它们的计划没有考虑到天气变化造成的销售波动。

（六）劳动力市场

在制定一个菜单时，企业必须了解加工菜单条目上的菜品所应具备的技术水平，还需要计算劳动力市场的工资水平。如果不易找到有技术的劳动力或劳动力价格太高，那么就不要制定那些要求具有相关技术劳动力的菜单。一个地区的劳动力成本可能会远远高出另一个地区的劳动力成本。企业如果想挽留员工或预防员工流失率过高的话，就得支付较高的报酬。工会制度可能会使局面更为复杂。由于劳动力成本是企业经营的主要成本之一，所以在开设新的企业之前必须完成对劳动力市场和劳动力成本的评估。

（七）重大事件

一个地区发生重大事件的数量会对一个企业的成败产生影响。如果企业的销售额在事件发生期间迅速增长，那么企业就可能希望制定较低的菜单价格以便增加一年里其他时段的竞争优势。如果事件发生期间销售额下降，那么在制定价格时就要把这些差额考虑进去。重大事件对旅游接待企业既会产生积极影响，也会产生消极影响。事件的策划者在计划过程中往往没有把当地的企业考虑进去。正因如此，企业可能会出现销售额下降的问题。因此，企业必须制定应急计划，并告知员工如何应付这些变化。

（八）竞争对手

竞争对手的数量和类型是影响菜单制作的额外因素。在制定菜单时，企业必须考虑自己的成本，同时又要保持竞争力。在制定菜单和评估对手时必须小心翼翼。每个企业都是独一无二的，其菜单必须有一定程度的不同才能创造利润。应该对竞争对手进行考虑和评估，但不应成为制定菜单时需要考虑的惟一因素。菜单要符合当地的人口统计需求，要能够产生利润。

（九）菜单条目的数量

在大多数情况下，菜单条目最好是保持最小的数量。问题是企业总是试图通过准备太多的菜品来创造利润。菜单条目的“魔术数量”应该是既可以安全控制，又能最大程度地使客人满意并创造出最大利润的数量，菜单条目太多会导致浪费、偷窃和质量下降。管理人员必须在客人满意度、卫生、劳动力技术、标准服务和利润之间寻求到平衡才能确定这个“魔术数量”。企业有时不得不提供一些赢利少于其他菜肴的菜单条目，但是如果不能保证制作、保存、上菜安全的话，那就不要把这个菜品写上菜单。员工应该在不降低质量的前提下，有能力制作所有的菜单菜品。菜单应该体现企业的特色，如果企业依靠的是某一特色的话，那么太多的菜单菜品就会削弱其竞争优势。一旦菜单投入使用，管理人员就应该定期进行菜单分析，以检查菜单是否符合控制程序标准。

二、菜单的构成

就菜单结构而言，重点是控制，而不是制作、营养价值或美学价值。菜单的设计要在易于管理卫生、控制钱款的同时增加利润。最成功的企业是那些菜单菜品有限的企业，也有一些成功企业的菜单菜品繁多，还有一些企业通过提供大份额的菜肴而获得成功。在大多数情况下，菜单的结构决定于当地客人的喜好。由于越来越多的客人时间有限，又越来越注重营养，一个新的企业想通过提供大份额菜肴这种手段来取得成功已变得越来越不容易了。改变菜单上的价格也不失为一种考虑，由于菜单将起到一个企业销售工具的作用，所以制作菜单时，菜单的价格和结构要能吸引客人的目光。

（一）菜单条目的位置

菜单条目在菜单上的排列方式上非常关键。客人一般只扫视一两分钟就开始点菜。由于客人作出选择的时间很短，所以餐馆一般把最赚钱的菜肴书写在最醒目的位置。图4-1是客人在看单页、双页或三页菜单时目光的移动模式。

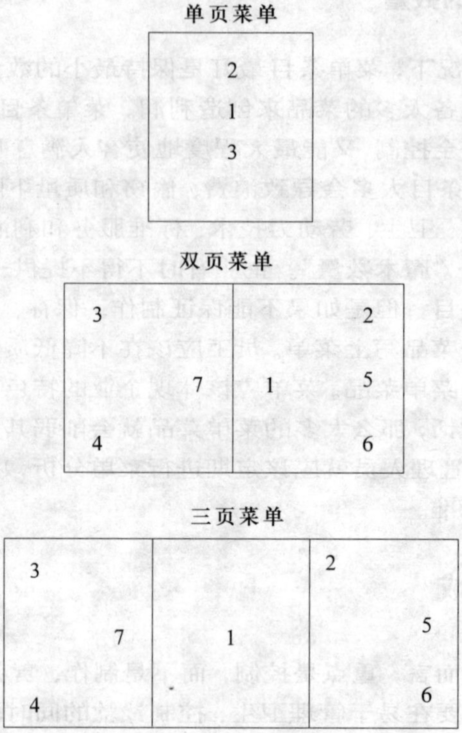

图 4-1　菜单——目光移动模式

正如示意图所示，客人的目光一般是从菜单的中间部分开始，先向右移，然后再向左移。除了目光移动模式外，给菜单条目加边框、印成不同的字体或大小、在条目边上加上图形指示都会引起客人对这些菜的注意。一个运动酒吧可以在足球赛季把那些最赚钱的酒水标上足球标记，到了篮球赛季再把足球换成篮球，以此来吸引客人。经营烧烤菜肴的餐馆可以舍弃简单线条，改用绳子、篱笆等图案把最赚钱的菜肴框起来以突出主题。以上仅是使菜单看起来更醒目、更吸引客人的几种方法。另外我们还发现，如果把一些条目放在某一个目录下，那么客人倾向于点菜单上的第一道菜或最后一道菜。所以，为了最大限度地利用这种自然目光移动模式，企业应该把利润最高的菜肴放在菜单的第一个或最后一个，而不是中间位置。

（二）开胃品和汤

在菜单中列开胃品和汤时，开胃品和汤的分量适当少一些倒不失为一个好主意，这样客人就可以充分享受随后的菜肴了。有些企业把开胃品和汤的分量做得太大，以至于它们本身都成了一道主菜，有些回头客可能就不会再点这些菜了，原因是他们不想吃得太饱而无法享受主菜或不想浪费食物。更糟糕的是，有些回头客可能只点开胃品，而开胃品的价格一般都低于主菜的价格。无论哪一种情况，企业的销售额都会蒙受损失。

一般说来，汤的分量不应超过6～8盎司，开胃品应该名副其实起到开胃的作用。如果把汤作为主菜来上，那么分量应在12～16 盎司为宜。如果把蒜味明虾作为一道开胃品，那么2～3只大虾或5～6只中虾就足够了，5～6只大虾再加上一些蔬菜、面食足以构成一道主菜了。如果减少开胃品和汤的分量或降低其价格使得客人愿意点这些菜，那么企业将会受益不浅。

（三）色拉

除肉食外，色拉恐怕是制作成本最高的菜了。由于容易变质，这道菜肴不像其他产品那样容易保存或重新制作，色拉很容易失去新鲜度。对于色拉的订购和储存必须加以控制。很多时候，员工在色拉上放了太多的调料而造成了许多的浪费。现在客人越来越注重健康，那么当客人退回这些放了太多调料的色拉时，只好将这些色拉扔掉。放了太多调料不仅造成了浪费，而且还会赶跑客人。色拉的温度也很重要。如果凉拌色拉上菜时不凉，这道菜就会失去鲜脆，并会引起客人的不满。像发黄的莴苣不应该端上餐桌。对一些企业来讲，这可能微不足道，但对客人来讲这无疑是一道逐客令，而且还会对其他菜品的新鲜度产生怀疑。浪费导致收入减少，客人的不满导致失去销售额，这些看起来微不足道的细节是导致成本升高的原因。无论管理人员在平衡数字方面技艺有多么高超，但是如果他不能控制住这些微小细节，那么就会失去利润。

（四）主菜

主菜的上菜、制作和分份必须既能够使客人感到满意又能够保持控制。为易于控制和保持菜品的一致性，应该事先把菜品分好分量。通过清点销售额并将其与库存相比较，就可以对预先分份实行充分控制。对于没有预先分份的菜品应该进行监控以确保客人确实享受到应得的数量和分量。主菜在食品成本中占到很大的百分比，因此对于分量的大小必须加以控制。管理人员应该坚持做到在菜品离开厨房或端上餐桌时进行观察和监督，以验证分量是否合适。

（五）淀粉和蔬菜

由于淀粉和蔬菜所需烹饪的时间较短，所以为预防出现剩余应该小批量使用，多出来的淀粉和蔬菜可以用于其他菜品。所以，应该制定一个应急计划以充分利用其价值，否则没有经验的员工就会把这些食品扔掉。如果剩余食品仍保持适当的温度可以用于下一餐的话，这样就会给企业节省一些开支。管理人员应起到榜样的作用，如果员工看见管理人员浪费食品，他们就会浪费得更多。管理人员一般对扔掉剩余的肉类食品较为关心，还应关心所有的食品。在保留剩余食品时，首先应考虑客人的安全，如果食品是安全的就可以再利用。

（六）甜点和面包

食品的温度是否适宜、外表是否引人注目大大关系到客人对食品的接受程度和销售额，这一点对甜点和面包来说更是如此。如果面包端上桌时是热的或温热的，就突出了食品的新鲜程度，这样的食品就容易被客人接受，那么就为这一餐的其他菜肴的被接受程度定下了良好的基调。许多企业没有认识到这些细节的重要性。员工不要销售那些手感已变凉的面包，但是这一点对三明治面包就不太适用。用于制作冷三明治的面包手感应是凉爽的，而像果仁巧克力小方块蛋糕和苹果馅饼这一类的甜点最好还是保持微热。任何活动中最重要的两幕是开头和结尾，微热的面包或凉爽的杂拌虾为一餐饭提供一个美好的开端，而微热的馅饼或冰凉的冰淇淋又给一餐划上了一个令人满意的句号。努力使客人满意，因为它将给企业带来回头客。

（七）饮料

在控制饮料成本、创造利润时所要考虑的问题是：多少将被认为是过量。现在盛装饮料的容器都比以前要大得多，企业在使客人购买这些饮品并赚取利润的同时，不应该让客人过量饮用，这一点对含酒精类饮料和非酒精类饮料都同样适用。服务员应该询问客人是否还要添加冰镇饮料，而不应不加询问地只管添加，这样不仅造成浪费，还可能会使客人喝饱而不再消费甜点或其他食品。爱喝咖啡的人都能识别咖啡的新鲜度，由于喝咖啡是一餐的临近结束部分，所以一定要随时保证咖啡是热的和新鲜的。不要把咖啡盛装在有疵点或污点的杯子和托碟里，这会使原来应是美好经历的就餐给客人留下不好的回忆。如果咖啡倒得太满或溅到了托碟上，就应该换掉杯子和托碟，不应该让客人担心咖啡溅到衣服上。一个美好的结束对任何一餐饭都非常重要。

至于含酒精类饮料，由于涉及面太广，一时很难在此讲清。当创利额达到很大数字时，企业应把精力集中在市场选择上而不是数量上。如果能发展一两种能产生很大创利额的独具特色的饮料，那会比多卖出些饮料更有利可图。

三、菜单的类型

（一）点菜菜单

本章节主要从各种菜单可能会出现的控制问题出发来讨论菜单的类型。点菜菜单把主菜和配菜分开，如炸鸡排被列在主菜部分，而面食和蔬菜则被分开单列（参阅表4-1）。如果某些配菜已经制作而客人没有点，那么点菜菜单就会产生控制问题。如果客人不介意并能够等待配菜的话，那将是一件好事。因为提供好几种配菜供客人选择会很花费时间和人工，因此在准备给客人提供多项选择时，管理人员应该做到心中有数，有些餐馆就是由于准备的食物产品太多而使卫生条件变差。

表4-1　点菜菜单

主　菜
烤鸡胸
煸炒牛肉
烟熏鲶鱼
炖小牛肘
炸鸡排
面　食
米肉饭
菰米
土豆泥
烤土豆
双次烤土豆
蔬　菜
各种时令菜
香豌豆花
花茎甘蓝
鲜玉米
玉米棒
加糖胡萝卜
光滑密生西葫芦
黄南瓜

（二）套餐菜单

套餐菜单有时也称整套菜单，它在提供主菜的同时提供开胃品、汤或色拉（参阅表4-2），其价格通常包含甜点、茶、咖啡和非酒精类饮料的价格。套餐菜单在给客人物有所值感觉的同时，也给偷窃创造了机会。当一个企业一直在大量供应相同产品时，有些厨房的工作人员可能就会开始克扣分量，把食品带回家，原因是这些食品的价格在供餐期间已被计算在内了，因此管理人员必须随时监控分量。信任员工很重要，但是不要创造容易偷窃的环境也非常重要。管理人员应该让员工知道，管理人员会按照标准对所上的菜进行现场检查。

表4-2 套餐菜单

开 胃 品

豆类乳酪馅饼

一种淡味蔬菜馅饼，上面浇上调味酱。

汤

奇妙蘑菇汤

奶味野生蘑菇汤加少许雪利酒

色 拉

胡萝卜、松果、橄榄、

意大利熏火腿拼盘。上菜时配上

甜辣醋油沙司调料。

主 菜

意大利扁面条

面条浇上辣味番茄大蒜调味汁，

上面放上虾、河蚌、扇贝和螃蟹肉。

$20 .95

保罗帕尔马干酪炸鸡胸

嫩鸡胸片裹上用脱脂乳制成的

意大利干酪后在火上嫩煎。配以阿尔

弗雷白脱奶油面和焗过的蔬菜

$18.95

宵夜小牛肉

烤小牛肉腰肉，配以奶油胡椒调料。

与意大利扁面条和混合南瓜馅同上。

$24.95

甜点

意大利冰淇淋

悬钩子糖浆，芒果或柠檬

菜价含开胃品、汤或色拉、主菜和甜点

（三）有限菜单

对于有限菜单的控制主要考虑的是维持控制标准和控制质量。客人对有限菜单的预期有三个，即速度、一致性和质量。当一个企业选择提供有限菜单时，客人期望得到的是优质和同一的菜品并上菜迅速，能否具备这一能力是提供快速服务的餐馆生存下去的关键所在。管理人员必须满足客人的三个期望，同时又要努力将成本控制在经营预算的成本标准之内。

（四）循环菜单

循环菜单如果制定合适的话，有助于控制剩余产品。循环菜单更易于计划剩余食品的利用，而这一点应该是所有供餐系统的组成部分。可以利用一些没有使用的食品为下一餐事先准备少量的菜，如上一餐供应的是烤牛肉，那么下一餐就可以供应热的烤牛肉三明治来作为一种补充；剩余的意式面条调味酱可以用于下一餐的肉辣酱，剩余的意式面食可用于下一餐做汤；剩余的猪肉最好切碎用来做肉炒饭。循环菜单使管理人员能够利用这种方式来控制食品的流动。如果在书写循环菜单时考虑到以上过程，那就会减少浪费，而常规菜单就很难处理这一问题，即把剩余食品用作常规菜单的特殊用料。虽然管理人员应该对产品进行恰当预测和控制以减少剩余，但难免会出现比预测销售额少的情况，那样就会有剩余食品出现，循环菜单可以做到事先计划和使用剩余食品。表4–3是一个循环菜单样本。

表4–3　循环菜单

星期一	星期二	星期三	星期四	星期五
色拉拼盘或	薄烤饼	色拉拼盘	大餐或墨	色拉拼盘或
索尔斯伯利	炒蛋	小圆面包配	西哥玉米	奶酪比萨饼
牛肉饼或牛	香肠肉饼	红辣椒或	色拉配配料	或香肠比萨饼
排条配肉汁	土豆煎饼配酱	汉堡包配配料	墨西哥玉米	意大利玉米
土豆泥	各种水果	炒牛颈肉配酱	面豆卷	色拉什锦
胡萝卜沙司	果汁	冰水果	西班牙什锦	冰水果
冰水果	自制饼干	果汁	菜饭	果汁
多谷物卷	牛奶	牛奶	冰水果	
牛奶			果汁	
			牛奶	

（五）非用餐期菜单

非用餐期菜单是增加销售额、协助管理人员控制劳动力使用的极佳工具。非用餐期一般指下午2：00-5：00，是为老年客人提供服务的极好时段，因为老年客人不喜欢吃得太晚，不愿天黑以后出来就餐。这个生意较为清淡的时段是用特殊菜单和特殊价格吸引这些老年客人的极佳时段。由于他们中的许多人属于某个俱乐部或协会，所以也许会给企业带来额外的生意。非用餐期菜单还给管理人员提供了一种有效利用剩余食品、充分利用员工的途径，因为员工即便在生意清淡时段也必须在岗位上。非用餐期是突出介绍特价菜或特色菜的极佳时机，一个非用餐期菜单应该由那些迅速快捷、易于准备的菜品构成。使用这个菜单的大部分客人是不愿意花费很多时间或金钱的，因此控制时间和人工是使用这种类型菜单的主要考虑因素。

四、其他需要考虑的因素

（一）菜单指数

菜单指数可以用来评估和确定菜肴受欢迎的程度，又称为菜单组合或菜单工程。菜单指数追踪每一道菜肴的销售额，这个过程有助于未来计划的制定，可以帮助管理人员确定哪些菜肴应从菜单上去掉，哪些菜肴只应在某个时段出现在菜单上，这样可以有效地控制剩余食品。即使一个企业很成功，有着很长的经营历史，但不时地确定菜单指数仍不失为一种良好的做法，因为随着时间的推移，当地的人口结构也会发生变化。由于人口结构上出现变化，原来最受欢迎的菜肴也可能失去其原有的荣耀。

（二）营养和健康

由于人们越来越意识到健康饮食的重要性，所以管理人员制定的菜单应该给客人提供多种多样的健康菜肴。控制过程就是要厨房工作人员在制作这些菜肴时不要改变餐饮企业宣传的食盐、卡路里和脂肪含量，这些过去一直是健康机构或疗养院关心的问题，现在许多餐饮企业都制定了低盐、低脂的菜单。

甚至一些航空公司也已开始提供健康菜单。如大陆航空公司已经采用非脂肪含量达99%的三明治和胡萝卜来代替原来的火腿、奶酪三明治和土豆片。1998年7月1日，大陆航空公司提供26种特殊配餐，其中包括10种满足特殊饮食要求的配餐，如不含乳糖和高蛋白的高纤维食品。

管理人员必须确保制作过程严格按食谱进行。由于有些客人不能吃乳糖，有些客人不能吃水生贝壳类动物食品，有些客人需要减少食盐的摄入量，有的客人对味精过敏，所以厨房工作人员应按标准食谱操作，这样服务员就可以告诉客人产品的构成成分。如果客人询问某一道菜是否含有以上某种成分时，服务员的正确回答是非常重要的。管理人员必须向厨房工作人员和服务员强调对这一问题的重要性。如果有什么作料被其他作料代替了，服务员应告诉客人。管理人员不希望有客人在自己的餐馆吃饭时吃出病来。

（三）就餐时间

必须制定就餐时间和营业时间以获得最大销售额和保持竞争优势。菜品的制作应以能在就餐时段保持新鲜为宜，提供自助餐的企业尤其应该注意保证食品的安全和外表的新鲜度。有些调料和肉汁需要不断地搅拌，特别是肉制品，如果摆放的时间太长，容易失去水分变干或失去外表的新鲜感。管理人员必须注意在就餐时间临近结束时对员工的控制，以确保他们不会停止供餐和过早地开始清理。清理和停止供餐过早有损客人的利益，而且看起来像是对最后一批客人下逐客令。管理人员在一天的最后供餐时段尤应重视对这个过程的控制，不应允许员工过早清洗设备，如清洗焗烤架。如果营业时间的最后一分钟又有客人来时，不应该被告知焗烤架已经清洗干净而有些菜肴不能制作。规定的就餐时间应严格执行，管理人员允许员工过早地清理是错误的。

（四）卫生与安全

卫生与安全应被管理人员视为一个需要经常重视的问题。管理人员可以推迟维修一个暂不使用的设备的时间，但是卫生和安全上的任何一点缺陷都应做到随时发现随时处理。管理人员在处理员工这方面的问题时要讲究策略，一方面不应让员工因此而感到尴尬，另一方面，管理人员在卫生和安全方面发现任何一个操作或程序上的问题都应该随时随地进行现场纠错，管理人员应该带头做出榜样。管理人员在特别繁忙的时段或是特殊大型活动期间应该时刻保持警惕，确保不出现卫生和安全问题。

对安全隐患必须迅速作出处理。安全隐患不仅会造成人员伤害，还会导致一些其他问题。如果一个客人生病或受了伤，不仅会导致客人本人的不满，而且还会被传扬出去，甚或招来法律诉讼。员工受伤则会导致休假。不论哪一种情形，生病或受伤都会使企业蒙受损失。员工必须接受培训，知道如何正确处理食品和操作设备。食品的储存应保证食用安全。员工操作和清洗设备的时候应遵循正确的程序和使用正确的用具，同时操作程序、清洗程序、清洗设备和设施的使用应该方便员工操作与拿放。所有员工都应接受安全和卫生方面的培训，对所学过的程序要熟练掌握和运用。

（五）种类与吸引力

管理人员在制作菜单时，既要注意把菜单的种类和吸引力结合起来，又要注意不要搞得过于复杂。食品的制作应注意搭配和摆放以期达到良好的视觉效果，并给人一种物有所值的感觉。管理人员应该避免犯这样的错误，即给客人上色彩搭配单一的菜肴，因为它毫无视觉魅力。如果面食是土豆泥加奶油肉汁，蔬菜是菜花、烤鱼或去皮鸡胸是主菜，那么不用说，这道菜看起来非常平淡无奇，虽然吃起来味道好极了。如果紫色或深蓝色这样的深色糖霜洒在蛋糕上，客人就会被这些颜色吓跑，因为蛋糕上的糖霜一般都采用淡蓝色或明亮主色。如果管理人员手下的员工都是一些缺乏经验的员工，那么管理人员就得经常注意纠正这类搭配失当的错误，所以管理人员应培训员工掌握食品搭配的程序。

（六）广告的真实性

确保菜单上的菜品与所做的广告宣传一致是管理人员的一项责

任。为了避免产品名称的拼写错误，产品名称应该直接从产品标签上摘录，拼写错误经常出现在含酒精饮料和进口产品上。很多食品来自于不同的国家，有些食品的拼写与它们的读音迥然不同。

还必须重视产品的规格。如果菜单上有冰淇淋一项，那么该产品就应含有足够的油脂而名副其实。从重量上来看，冰淇淋应该含大约8%～12%的非油脂牛奶固形物，很多软质产品因为没有足够的油脂而不能称为真正意义上的冰淇淋。只有用葡萄做的白兰地才可真正称为白兰地。如果使用了桃子等其他果品，那么该水果的名称就应标出来。比如说用桃子做出来的白兰地，应该称之为桃子白兰地。如果一家企业在广告上宣传的产品是缅因州大龙虾，那么大龙虾应确实来自于缅因州。红色大马哈鱼经常被用来替代红鲷鱼，这一类的做法是不道德的，应该避免。还应记住的是，在给组合菜品命名时，应该把在菜品中占比例较大的物品的名称放在最前头。如一道有火腿、豌豆的菜中，豌豆所占数量最大，那么这道菜在菜单上就应写作“豌豆火腿”而不是“火腿豌豆”。像“猪肉豌豆”这些已流行了很长时间的产品名称可以沿袭以前的称谓，但新产品就不应该这么做了。

（七）员工的制作能力

制定食谱时应考虑劳动力技术。一个企业要想保持产品和服务的一致性，员工的技术非常重要。对于旅游接待企业来说，标准食谱及程序应有明文规定，这样可以利于培训和招收不熟练的员工。由于旅游接待企业员工的流失率较大，所以劳动力技术会影响菜单的结构。管理人员不能制定那些过分依赖一两个员工技术的菜单，一旦某个员工决定离职，企业的经营也不会受到影响。

（八）设备的生产能力

正如必须考虑劳动力技术一样，设备的生产能力也应列在考虑之列。如果有一份大型企业宴会订单，那么管理人员在敲定某个菜单前必须对设备的生产能力心中有数。如果订单上有好几种烘烤产品，如土豆、鸡和特别甜点，企业可能没有足够的烤炉来完成任务，水壶和其他设备也可能出现同样问题。供众人就餐时最难保鲜的菜品之一是篮装鸡，这道菜传统上是由半只炸鸡和炸土豆条构成，一般餐馆可能无法使两者都保持新鲜，尤其是需求数量较大时，因为需要使用大型炸锅，一般餐馆一般不具备这一设备。清楚设备的制作能力可以使管理人员避免盲目接受订单。一个企业如果没有圆满完成一个有多人就餐的订单，那么就很容易失去许多笔未来的生意。来自客人的负面口头宣传可能会极大地影响企业以后的生意。

（九）空间的使用与分配

管理人员应该关心的问题是让客人能够坐在自己认为舒适的地方。如果是为了节省劳动力让服务员少走一些路，把就餐区分成若干个小区也是可行的，但同时还应该让客人有权选择自己的座位，这一点很重要。人们对座位的选择各有喜好，它会大大影响人们对此次就餐的满意程度。如果管理人员为加快服务速度或节省劳力，把某一区域进行分块划区可能会节省成本，但如果仅是为了便利这个目的而这么做是不可取的。如果发现还有多余空间，那就应该看一看这个空间是否能够更有效地利用。一个企业如果对某一空间付了租金、装了空调，却将其荒废不用，则是一种不具有成本效益的做法。另外，还要避免使那些暂时不用的区域成为“垃圾场”，因为这些地方容易滋生蚊蝇、藏匿老鼠一类的啮齿动物。

（十）厨房的布局与设计

布局应该考虑时间、人员活动以及设备的挪动。评估一家餐厅的瓶颈问题、事故隐患区、时间与动作等因素时，容易延缓制作流程的瓶颈问题可能只需要挪动某个设备或对某个程序稍加变动就可以得到解决。很多瓶颈问题要么浪费劳力，要么容易给食品或员工带来安全隐患，检查一下布局使其能够保证生产和程序的流畅。听取一下厨房工作人员的意见，确定如何重新安置设备或产品才能使工作流程更为流畅，实际做这些工作的员工对如何提高生产力和服务水平有着非常好的建议。

（十一）服务能力

正如设备有其能力也有其寿命或局限性一样，服务设施和服务人员也是如此。餐饮企业无法销售某些菜品是因为它们没有能力将这些菜品的新鲜度保持到送上餐桌。应该了解上菜的正确程序，了解所使用的容器和器皿的正确使用方法。提供安全食品是一项最重要的控制职能，它始终应该是管理人员关注的头等大事。虽然创造利润是企业一直不断追求的目标，但是始终应该将提供安全食品放在首位。

（十二）计算机在制定菜单中的应用

计算机在制定菜单过程中起着非常重要的作用，现有的软件可以换算食谱、提供替换菜品、列出卡路里含量、计算出菜品和份额的成本，并能协助维持库存和预购货物。对于大型医疗保健机构来说，使用计算机制定菜单来满足饮食控制已经成为一项必须做的工作。计算机不仅能分析产品和菜谱的卡路里含量，而且在必须替换菜品时还可以很快提供菜品成分的变化情况。

从成本控制角度来看，计算机是追踪产品成本和使用的一个得力助手。虽然计算机不能实地清点货物，但是它却有助于减轻实物盘存的工作量并且可以持续地记录货物的用途。

计算机有助于控制成本，但却无法代替人脑。控制成本是一项必须不断重视的管理职能，计算机能够帮助管理人员使控制任务和会计责任更加容易和准确。

五、小结

菜单是一家旅游餐饮企业的行动计划。由于菜单对于一个企业的生存如此重要，所以对保持菜单一致性的程序必须加以控制。

选址、人口统计数据、设备、劳动力和其他方面都依赖于菜单。菜单的结构必须能够起到营销的作用，它的设计要使菜品的制作和服务能够达到最佳质量。每种菜单类型都有其需要控制的独特的环境。

管理人员选择菜单时要使其既能为大众所接受，又要能创造出最大的利润。

在增加销售和控制成本的同时，管理人员必须确保营养标准和卫生标准得到执行。应该增加产品的品种以实现企业的目的和目标，在创造利润的过程中不应降低卫生条件、质量和服务水平。

在制定菜单时，应该考虑设备的能力和服务能力。管理人员对质量和一致性的控制应贯穿整个制作过程，质量和一致性方面的任何下降都会减少销售额。

为应付业务上的一些突发事件，应该制定一些应急计划。计算机应该被用作确定整个经营过程会计责任的一个追踪工具。

复习题

1．在制定菜单时，应该考虑的重大决定包括除了________以外的所有因素。

(1) 劳动力市场

(2) 天气

(3) 制服

(4) 价格

2．选址过程中的问题包括__________。

(1) 改变区域

(2) 重建

(3) 营业执照

(4) 以上所有各项

3．一个地区的人口统计数据可以迅速改变，如________。

(1) 天气发生变化

(2) 附近一个公司搬走

(3) 一个学校开学

(4) 一项和三项

4．以下陈述均与采购餐饮企业的设备有关，除了________。

(1) 非商业性设备价格不贵，长期以往将节约资金

(2) 购买不需要的设备会占压资金

(3) 必须预测经营收入

(4) 采购设备必须满足质量、数量和同一性的要求

5. 在定价时，应考虑下列哪一项？

(1) 成本范围

(2) 企业所处地址

(3) 意料之外的维修

(4) 以上各项

6. 制定菜单时，哪一项最重要？

(1) 产品应该在不同市场存在。

(2) 产品应随时可以食用。

(3) 应考虑到季节产品的价格变动。

(4) 菜单上有无肉类菜肴。

7. 在菜单结构中，劳动力是一个重要因素，因为__________。

(1) 有这么多菜单条目

(2) 所有餐厅都要求厨师接受过高级培训

(3) 劳动力占成本的大部分比例

(4) 菜单规定所需劳动力技巧类型

8. 一个地区的天气会影响某些产品的销售，如__________。

(1) 天气太冷

(2) 天气太热

(3) 雨天太多

(4) 以上所有各项

9. 以下有关重大事件的说法哪一种是对的？

(1) 重大事件总是引起销售额下降。

(2) 重大事件总是引起销售额增加。

(3) 重大事件对销售额产生积极影响，也会产生消极影响。

(4) 以上各项全对

10．哪种类型的菜单更利于处理剩余产品？

(1) 循环菜单

(2) 非用餐期菜单

(3) 点菜菜单

(4) 以上各项全对

11．从本章所探讨的菜单类型中选出两种，并为每种类型制定一个菜单。列出在控制制作、保持和服务过程中每种菜单可能会出现的三个问题。

12．列出在设计菜单时与人口统计数据和选址有关的五个因素。

13．至少列出在一年中不同时段中供求会有所不同的五种产品。

14．列出你所在地区发生的五个重大事件，并解释其中两个事件是如何对以下企业产生积极或消极影响的：(1) 提供全面服务的饭店；(2) 提供有限服务的饭店；(3) 提供全面服务的餐馆；(4) 提供快餐服务的餐馆。

测试题

1．列出与制定循环菜单有关的五个需要考虑的因素和／或五个限制因素。

2．解释制定菜单指数的重要性。

3．说出与饮料销售、服务和控制有关的四个考虑因素。

4．为什么品种和诱惑在菜单设计中如此重要，管理人员能控制哪些活动以确保做到这一点？

案例分析

你正在有效经营着案例分析饭店里的模特餐厅，你的朋友给你打电话，希望给他一些建议。有一个位于某商业社区的小型饭店的老板，这家饭店拥有150间客房，这个商业社区目前还没有经营餐饮企业。这位老板刚刚接到上级的通知，饭店将购买位于其边上的一块空地来建一家独立餐馆为饭店客人和社区提供服务，餐馆将容纳大约300位客人。你的朋友的任务是给这家餐馆制定菜单，他现在就以下问题征求你的意见和看法：

* 菜单类型和菜单条目：什么类型和为什么？
* 经营时间：什么时间和为什么？
* 所需厨房设备：哪些设备以及什么时候决定？
* 他应该向上级询问的其他问题。

第五章

定 价

关键词

收支均衡点	加价	加价率
成本	菜单组合	利润
固定成本	净利润	总成本
隐性成本	经营费用	可变成本

学习目标

在学完本章以后，你应该能够：

* 解释定价的理由
* 解释影响菜单价格的因素
* 建立收支均衡点和盈亏额
* 预算菜单成本来确定边际贡献

* 探讨非餐饮产品或服务的成本和定价
* 探讨理想成本或标准成本的使用
* 解释正规和非正规的定价方法
* 描述计算机在旅游业中的应用并探讨其在成本控制中的作用

劳动力的构成正在不断地发生变化。与过去相比，妇女在劳动力中所占的比例要大得多,出现这种现象的一个原因是双职工收入的家庭越来越多。由于一个家庭中的两位成员都要工作，所以越来越多的人愿意花钱购买服务。同时由于劳动力中购买服务人数的增加，这些服务的价格在某种程度上倒是降低了。价格仍必须坚持合理性，但服务和质量已成为更加关键的因素。人们越来越忙，当他们需要某些产品时更乐意去购买，并希望这些产品达到预期的质量。因此，现在有些人已把价格作为自己购物时第三位考虑的重点。那些以前在购物上依次考虑价格、质量和服务的人现在追求更高的生活方式，其兴趣已转变为服务、质量和价格。人们对便利的重视已超过了对价格的重视,这一点可以从日趋增加的提供外卖服务的餐饮企业数量上得到证实。价格是重要的，但现在人们希望无论何时只要自己有需要，就能够购买到产品。

一、影响菜单价格的因素

一个企业在制定价格和试图创造利润时,一般依赖于以下三种定价方法中的一种或多种：通过批量销售获利、效仿竞争对手以及声望定价。所有企业在制定价格时都试图获得最大利润，并把损失减至最低。

（一）制定价格：规模销售获利、效仿竞争对手和声望定价法

制定批量价格来创造利润是价格制定中最普通的决定因素。绝大多数企业，包括一些大型连锁餐馆都以此为目标来制定价格。在价格制定中，运用批量销售这个竞争策略可以使企业长时期地创造利润。绝大多数快餐馆的经营都是以获得最大销售量为基础的。

很多企业制定价格时都参考竞争对手的价格，但是如果定价仅仅

是为了竞争则总是危险的。有些企业采用了一种被认为是针对市场精英的声望定价法，这种定价法强调的是质量、保障与专有性。这种独家经营的企业在大城市或价格昂贵的旅游度假胜地较为常见。

（二）人口统计数据和服务类型

一个地区的人口统计数据、服务水平、提供的产品都对定价起着重要的作用。一个地区的人口统计数据不只限于人口、家庭收入、年龄、职业等。除了人口统计数据外，以下三种服务类型也对定价产生一定的影响：快餐服务和自助餐服务型；一般餐桌服务型或称中档餐桌服务型；豪华服务型或称高档服务型、高级服务型。快速服务或批量集中销售型餐馆一般在定价时加价较小，他们的经营理念是通过数量规模和控制成本来创造利润。这种类型的餐馆一般说来价格是最低的，它们通过使用普通成品的办法来保持低价格，同时也减少了浪费。另外，这些餐馆通过招用只接受过很少培训的非熟练员工来减少人工成本。快速服务餐馆难以控制的原因是边际利润微薄和员工大都是饮食服务业的新手。

一般餐馆或中档餐馆的全职员工较多，而且菜单上的菜肴品种也较多。这类餐馆较难控制的原因在于员工和菜肴的品种都比较多，所以在定价时采取多种策略。很多快餐服务餐馆是连锁餐馆，其价格相对接近竞争对手的价格。有些餐馆可能也有几种不同的价格范围，并可以根据当地客人结构的不同作适当调整，这种类型餐馆所面临的几个主要控制问题是库存产品数量较大、种类繁多，必须对偷窃和损坏进行持续监督。

豪华餐馆或高档餐馆、高级餐馆说明了这样一个事实，即只要其价值能被认同，实际上就可以任意定价。高级餐馆必须地处大都市，有足够的人口基数来支持其所定的价格。客人由于某种特殊的情况会光临一家高级餐馆，但餐馆要长期经营下去，仅靠这一点是不够的，这些餐馆必须以无可挑剔的服务来保持自己的市场份额，即对服务和质量的重视要远远超出对价格的重视。虽然高级餐馆的定价一般要比另外两种餐馆的定价要容易一些，但对服务和质量的控制是管理人员应予以高度重视的问题。

二、收支均衡点分析

如前所述，影响菜单定价的因素很多。但是从严格的收支均衡分析角度来看，一个企业要想获得成功，其价格就必须抵消所有成本并创造利润，需要考虑的三个成本因素是：

1. 固定成本：无论销售额是增加还是减少，固定成本一直保持不变。

2. 可变成本：它随着销售额的增加而增加，随着销售额的减少而减少。

3. 总成本：等于固定成本加上可变成本。

在定价时，必须计算收支均衡点。收支均衡表示着利润和销量之间的关系。

（一）成本分类

所有的成本都可以划分为固定成本和可变成本两大类，但并非所有成本都这么容易分类，这样的成本称为半可变成本或混合成本，人工成本就是其中一个例子。一个餐馆午餐时虽然只有5位客人，但不可能只安排一名员工去负责领位、点菜、烹饪、收银、收拾餐桌和清洗工作，这其中涉及到最基本量的固定人工成本。

饭店的情况也是如此，不管来了1位客人还是100位客人，前台都必须配备最基本量的工作人员。最基本量的固定员工可以在一定限度内提供高效的服务，但当客人数量增加时，员工的数量也应相应增加，这就是可变成本部分。在计算收支均衡时，半可变成本或混合成本要么计入可变成本要么计入固定成本，业主／经营者必须决定哪一个项目应该放入哪一类。

被划分为固定成本的项目包括：

* 租金
* 利息
* 折旧和摊提
* 保险
* 不动产税和个人财产税

被划分为可变成本的项目包括：

* 人工
* 食品
* 饮料
* 水电供应收费
* 员工工作餐
* 员工福利
* 公用事业费
* 维修

以上项目在损益表里的列项如表 5-1。

（二）公式

企业在把所有的财务信息划分为销售额、可变成本（variable costs）和固定成本（fixed costs）后，就可以很容易地计算收支平衡点。根据提供的信息类型，计算收支平衡点的公式有好几种，其中最简便的一种是下列公式：

$$收支均衡=\frac{固定成本}{1-\frac{可变成本}{总销售额}} \quad 或 \quad \frac{固定成本}{1-可变成本百分比}$$

1 - 可变成本百分比又称为贡献百分比（contribution margin），之所以这样称呼，是因为销售额"贡献"出了这笔钱来抵消被划分为可变成本的所有费用。所以，计算收支均衡的简写公式就可表达为：

$$收支均衡=\frac{FC}{1-VC\%} \quad 或 \quad \frac{FC}{CM\%}$$

边际贡献是销售额与可变成本的差。如某个客房的销售价是 100 美元，与销售该客房有关的可变成本是 20 美元，那么边际贡献就是 80 美元（100 美元 - 20 美元）。

表 5-1　固定成本和可变成本分类

损益表		
销售额		
食品	$ 434 365.00	72.00%
饮料	166 243.00	28.00%
总销售额	600 608.00	100.00%
销售成本		
食品	$ 172 020.00	28.64%-VC
饮料	24 203.00	4.03%-VC
总销售成本	196 223.00	32.67%
毛利	$ 404 385.00	
可控费用		
直接工资	$ 156 158.25	26.00%-VC
休假应计工资	9 609.75	1.60%-FC
管理工资	15 015.25	2.50%-FC
员工工作餐	1 501.50	0.25%-VC
员工福利	12 733.00	2.10%-VC
公用事业费	12 012.00	2.00%-VC
维修费	9 609.75	1.60%-VC
本地广告	9 009.00	1.50%-FC
娱乐费	7 808.00	1.30%-VC
使用费用		
租金	$ 30 030.50	5.00%-FC
利息	3 003.00	0.50%-FC
折旧和摊提	17 417.75	2.90%-FC
保险	6 006.00	1.00%-FC
不动产税和个人财产税	10 811.00	1.80%-FC
税前净利润或净亏损	$ 103 660.25	17.26%
总可变成本	$ 396 045.50	
总固定成本	$ 100 902.25	
总成本	$ 496 947.75	

如果某道海鲜主菜的售价是18美元，与销售和加工该道菜相关的可变成本是7美元，那么边际贡献就是11美元（18美元－7美元）。在客房这个例子中，边际贡献百分比的计算公式如下：

$$边际贡献百分比 = \frac{边际贡献（\$）}{销售额（\$）}$$

$$= \frac{80}{100}$$

$$= 80\%$$

同样，该道海鲜主菜的边际贡献百分比的计算公式如下：

$$边际贡献百分比 = \frac{边际贡献（\$）}{销售额（\$）}$$

$$= \frac{11}{18}$$

$$= 61.11\%$$

一旦企业达到了收支均衡，额外的销售收入并非是100%的利润，认识到这一点非常重要。一个企业只有在超过收支均衡点后才能创造利润，但是达到收支均衡点之后所获得的销售额并非流进收益表成为净利润，利润是成本与达到收支均衡点之后所得销售额的差。

管理人员要想能够控制经营程序，就必须对自己的收支均衡点做到心中有数，这对预算、预测和日常决策很有裨益。把表5-2作为一个指导标准可以准确计算一个企业的收支均衡点以及盈利和亏损金额。计算收支均衡时存在的一个问题是有少数企业把他们所有的可变成本都计算在内。即使管理人员可以用收支均衡来评估一个企业的定价结构，也应力图用边际利润来抵消隐性成本。菜单越大，员工就越多，那么企业规模也就越大，隐性成本的可能性也就随之越大。

表5-2　计算收支均衡点的步骤

利用表5-1提供的信息：

1．销售总额是$600 608.00

2．可变成本是销售总额的65.94%（或0.6594）

3．固定成本是$100 902.25

第1步

销售总额×可变成本百分数＝可变成本

$600 608 × 0.6594=$396 040.91

第2步

销售总额－可变成本＝边际贡献

$600 608 － $3960 40.91=$204 567.09

第3步

边际贡献÷销售总额＝边际贡献百分数

$204 567.09 ÷ $600 608=34.06%(或0.3406)

第4步

固定成本÷边际贡献百分数＝收支均衡点

$100 902.25 ÷ 0.3406=$292 248.53

第5步

销售总额－收支均衡点＝超过或低于收支均衡点的销售额

$600 608 － $292 248.53=$308 359.47

第6步

超过或低于收支均衡点的销售额×毛利百分数＝利润或亏损

$308 359.47 × 0.3406=$105 027（大约整数）

（三）隐性成本

隐性成本及其在成本控制中的重要作用将贯穿于本书的讲解之中。隐性成本是经营中的合理成本，但是在很多情况下，管理人员没有把它们当作额外成本。隐性成本的存在是多种活动的结果。在一个企业的计划阶段，隐性成本经常没有被提到，大多数的业务计划都忽略了隐性成本。由于旅游接待业是一个劳动密集型行业，边际利润微薄，市场波动幅度大，所以不计入隐性成本可以说是一个很严重的问题。隐性成本可以定义为增加可变成本或出乎意料减少销售收入、导致利润下降的任何活动。为了使收支均衡点的计算尽可能的精确，即使很少的隐性成本百分比也应计入在内。管理人员应该确定这个小量百分比，并把它看作是可变成本。

那种认为旅游接待业中不存在隐性成本的看法是错误的。如某年加利福尼亚州的雨水较多，叶用莴苣的价格就可能会上涨4倍，如果某个企业的食品主要依赖于莴苣，那这种情况就可能会大大减少企业的利润，管理人员是根本无力控制类似事件的。如果管理人员在生意繁忙阶段发现叶用莴苣已经用完，而不得不到当地的食品杂货店高价购买的话，那么该企业就产生了额外成本。这种情况的出现可能是企业缺乏计划，也可能是销售量出乎意料的增加。无论是哪种情况，这种情形将产生隐性成本，并将降低利润。

三、预算菜单成本

预算成本是制定合适的价格和正确的菜单组合的基础，为使企业能够创造利润，预算成本的工作必须在定价之前完成。正是在这个阶段需要考虑制作一道菜肴的各个方面，管理人员必须知道所有产品的配料成本和人工成本。由于有些菜肴所需的劳动力密集程度远远高于其他菜肴，所以必须给予这些产品特别的关注，以便精确计算出它们的边际贡献。同样，一些微小的细节，如外观和装饰也会增加某个特定产品的成本，这就是菜单结构如此重要的原因。一个菜单在设计上应做到有策略，应通过引导让客人注意那些管理人员希望出售的、在定价上可产生最大边际贡献的菜肴。在制作菜单时，管理人员和业主应该记住，大多数客人希望服务人员能够推荐一些菜肴，这使得为增加销售额而进行预算菜单成本和确定菜单的工作更为重要。使预算菜单成本达到尽可能精确的方法之一是使用标准菜谱。

（一）标准菜谱

标准菜谱是为菜肴确定合适价格必不可少的依据。一个企业应该对生产一种产品所需要的原料非常清楚，要做到这一点，只有把菜谱标准化并严格执行。对管理人员而言，要让员工始终如一地按照菜谱制作菜肴是一个长期的工作。通过使用标准化菜谱，企业可以准确地知道制作一道菜的费用，可以准确地计算出这个特定菜谱可以供多少客人享用。使用标准化菜谱的优点：

* 保持菜品的一致性
* 可控制劳动力成本
* 有效的工作安排
* 预先确定菜品的成本

菜肴的味道、结构和外观上的一致性是一个餐饮企业取得成功的重要因素，很多餐饮企业靠的是某几种特殊产品或某几个特殊菜谱。这些企业可能由于产品的独一无二而取得成功，但是仍有必要给这些产品制定一些标准，制作这些产品的程序也应该有明文规定。另外，由于标准菜谱提供了明确的指令，所以管理人员可以培训非熟练技巧员工。厨师不一定需要时刻在场，因为员工已经按标准化菜谱的指令接受过培训，这使工作安排具有很大的灵活性。由于标准化菜谱已写明配料用量，所以就很容易计算出产品的精确费用。如果没有标准说明多少大米能产出100份4盎司的米饭，那么没有经验的厨房工作人员在用米时就会超出实际需要量，这样既浪费了产品又增加了成本。

表5–3 标准菜谱样本

肉饼			大约50份
配料	量	市价	小计
肉馅	14磅	\$1.15／磅	\$16.10
洋葱	13磅	0.15／磅	0.45
大蒜	1/2 盎司	1.52／磅	0.047
色拉油	1/2 杯	0.7／夸脱	0.087
面包屑	2磅	0.36／磅	0.72
牛奶	$1\frac{1}{2}$品脱	1.65／加仑	0.309
鸡蛋	8 枚	0.84／打	0.56
胡椒	1/4 盎司	1.18／磅	0.018
盐	1盎司	1.16／磅	0.01

总成本 \$18.301

每份(净)成本 \$0.366

为做到精确地定价，管理人员必须对生产一个产品的成本有一个切合实际的想法，这就是有必要使用标准化菜谱以便保持制作菜谱成本一致的原因。为确定一个标准菜谱的成本，管理人员可以通过使用每个配料的市场价算出这个配料在菜谱中的成本，然后得出一个总成本，再用总成本除以该菜谱产出的份数从而计算出每份的单位成本。表5–3是一个已算出成本的标准菜谱样本。

（二）特色产品与打折产品

给特色产品和打折产品定价可以提供一个创造利润的机会。如果一家企业能用低成本食品或时令食品创建出一个特色菜品，那么这个菜品就可以带来很大的边际贡献。有人已经使用洋葱、价格较便宜的奶酪和各种各样的饮料制作出特色菜了。使一道菜表面上看起来与其他菜全然不同就可以创造出一种特色菜品。管理人员应努力开发一些特色菜，因为与众不同可以创造出竞争优势，如通过使用特殊的食品盛放容器或奇特的上菜方式也可以创造出特色菜肴。一旦某道菜肴成了特色菜肴，那么它的价格就可以超出其正常售价。如把香蕉裹上玉米粉油炸一下，盛装在一个盘子里，边上再配以巧克力糖浆和两勺冰淇淋，这道菜花费并不大，但由于其别具匠心的展示方式，这道菜就可以作为餐馆的特色甜点，根据餐馆不同的地理位置和服务类型，这道甜点的标价可以在3.50～9美元之间。

打折也是创造销售收入的一种途径，同时也是对定价的一种挑战。打折的形式通常有现金折扣、交易折扣和数量折扣。在餐饮行业，打折产品提供了通过出售特价菜而在其他方面创造收入的机会。对饭店来说，打折可能会使客人延长逗留时间；对旅行和旅游行业来说，打折可能会使客人人数大量增加。打折通常是指销售价格下降。可以采取打折的方式来处理剩余产品，或者处理那些如果留在库房就会贬值的产品。另一方面，打折还可以作为一种促销手段。从创利角度来看，每一个机会都不应该放过。管理人员在降低价格时应该小心谨慎，应该确保打折从长期利益角度看是有成本效益的。当管理人员试图运用打折来增加销售额时，应该考虑到其他可变成本可能也增加了。既要控制又要平衡成本与价格是一项艰巨的工作。

对于餐饮行业来说，使用特价销售的方法是存在一定危险性的。

特价菜或销售价格低于成本的廉价菜品有可能从长期来看是不具成本效益的。把某个产品的售价降到成本线以下不一定就能增加其他产品的销售额，或带来长期的生意并足以抵消额外可变成本，因为客人外出就餐时购买的产品数量是有限的，因此特价商品的售价至少应抵消产品的成本价。记住以下这一点是明智的，即无论何时，只要销售额大幅增加，可变成本也会相应增加。由于打折通常意味着降低产品的价格，所以必须考虑可变成本。因此，需要通过大量的策划来评估和控制成本以及确定打折的幅度。

四、非餐饮产品与服务的成本

虽然食品和饮料的定价和成本非常重要，但是本书主要探讨食品、饮料和劳动力的成本控制，也为旅游接待行业中其他出售餐饮产品的利润中心制定价格，这些企业可能拥有餐饮设施但同时也必须为其所提供的其他服务制定价格，这种类型的企业有饭店、乡村俱乐部和私人俱乐部。饭店和俱乐部既要给餐饮产品制定价格也要给非餐饮活动制定价格。

（一）客房

客房价格通常比餐饮产品价格更能为饭店带来更大的边际利润，因为饭店用于维修住宿产品的成本经常要比用于经营餐饮产品的成本低。过去，很多饭店从餐饮经营中赚取的钱要多于从客房赚取的钱。以前在饭店进餐是一种不同寻常的经历，即便是现在，在欧洲和亚洲的很多饭店仍是如此，但是在大多数的美国饭店这种趋势已发生了很大的变化。现在绝大多数饭店的客房所创造的利润大大高于餐饮部门。虽然这些饭店仍希望餐饮部门能够创造更多的利润，但是这方面的利润现在只占较小的百分比。由于增加了赌场，客房所赚取的利润百分比现在呈下降态势。客房的定价必须合适，许多大型饭店甚至聘请收益管理公司来定价以期获取最大利润。

（二）会员费

应该为作为创造收益另一种途径的会员费制定恰当的价格。乡村俱乐部和私人俱乐部通常运用会员费这一形式来限制入会人数和弥补其他活动的成本。如果一个乡村俱乐部开设了一家高级餐馆但没有足够的客人以抵消所有开支，那它就会把这多余的成本计入会费。经常光顾高级餐馆的客人人数有限，因而无法通过把菜品的价格定得很高来获利。收取会员费的企业在成本控制上所面临的一个主要问题是会员通常是记账就餐，月底才付款，这就减少了现金流量，并使俱乐部无法充分进行诸如购物现金折扣之类的促销活动。此外，当俱乐部等待月底从会员那里收账时，员工月中的工资还必须照发，因此如何平衡现金流量可以说是俱乐部管理者必须控制的一个棘手程序。

五、理想成本

为有效地处理成本问题，企业需要制定理想成本或标准成本。所有卓有成效的企业都有一个标准成本，即产品和服务的理想成本。拿实际成本与标准成本比较可以得知企业的经营效率，如果菜单上某一菜肴在采购、验收、储存、加工和服务这一系列的控制过程中都达到了标准，那么给该菜肴制定的成本就一定也达到了。如果出于某种原因某个标准在控制过程中没有达到，那该产品的实际成本可能就达不到已制定的标准成本。

（一）理想成本与实际成本

一个企业必须努力使自己的实际成本尽可能地接近理想成本，由于存在溢出、加工损耗、缩水等因素，所以要做到这一点可以说是困难不少。但是，必须尽一切努力来最大程度提高其出材潜力。通过发掘一个产品的出材潜力，产品的实际成本就会接近理想成本。某餐馆的一瓶威士忌酒成本是 6 美元，如果这瓶酒所产出的份数达到最大量，那么这瓶酒的销售额就达到了创造出这些销售额的理想成本。但是如果允许溢出或蒸发，或允许免费饮用并且不计账的话，那么销售额就会减少，并会增加达到这一销售量的成本百分比。管理人员应该竭尽全力地评估出一些标准，这样就可以制定出标准成本。理想成本给管理人员提供了一个衡量实际成本的尺度。

（二）允许偏差的幅度

有必要制定允许实际成本与标准成本之间出现偏差的幅度，这样管理人员就会知道监督什么和什么时候去监督以及什么时候采取行动。如果饮料标准成本是26%，实际成本为26.9%，那就没有必要采取行动，但是仍需要对成本增加情况进行监督。如果饮料标准成本已确定为26%，而在近两个会计结算期内，实际成本为27.5%，企业就不能容忍这个增幅而必须采取行动了。每个企业能够容忍的成本波动幅度不尽相同，应该制定标准，同时也应该确定采取纠正措施前可以容忍的偏差幅度。如果不迅速查明发生小幅度偏差的原因，那么对有些企业来说，这种小幅度的偏差可能会带来毁灭性的灾难。改动标准以缩小偏差应该被视为最后才应该采取的行动，一般1.0%至1.5%是餐饮企业可容忍的偏差幅度。

六、定价的方法

菜肴的定价方式多种多样。给菜单定价是一项非常耗时的工作，因此必须从长计议，而且菜单价格必须足以抵消所有成本并创造利润，因此为制定价格花费一些时间和精力是非常值得的。菜单工程应该在定价之前启动，菜单工程是评估目前和未来菜单定价、菜单设计和菜单内容的一种手段，其目的是为了获得最大利润。菜单工程要注重客人的需求、菜单组合分析以及每道菜肴为菜单带来的边际贡献。

修改菜单价格可以说是很困难的，因为当客人发现价格上调时会很不高兴，改变菜单价格最好是在印制新菜单时进行。值得注意的是，不要用改正带或涂改液改动菜单价格，这种做法既引人注目又不够专业。有时管理人员出于成本增加的原因，想删掉菜单上的某个菜品，但又想在今后某个时候把它作为一项特色菜肴再添上，并标上更高的价格。妥善的办法是改善产品的外观，起个新名字并标上新价格。提高价格决非易事，但总还是可以做到的，这就要求管理人员必须找到既可以提高价格又不会降低价值的办法。

(一) BCG矩阵

在评估一个旅游接待企业的菜单组合或收入中心时，可以使用BCG矩阵。资产组合矩阵是20世纪70年代早期波士顿咨询集团公司(the Boston Consulting Group)研究出来的，常以两行两列矩阵方式来表示一个企业的战略业务单元。旅游接待企业可以使用BCG矩阵来绘制一下自己的业务活动。饭店和赌场可以用它来表示不同的收入中心，餐饮服务企业可以用它来表示菜单上不同的产品。在这个由两行两列组成的矩阵中，水平轴线表示市场份额，垂直轴线表示市场的预期增长（参阅图5-1）。

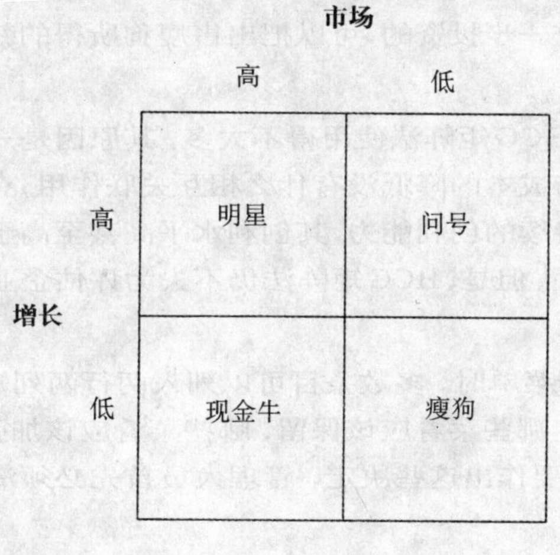

图5-1　BCG矩阵

该矩阵表示四个业务群，若从菜单这个例子来看，表示的是四种销售活动类型：

1. 现金牛（低增长、高市场份额）。属于这一类型的产品可以带来大量现金收入，但未来增长前景有限。
2. 明星（高增长、高市场份额）。这类产品市场发展速度迅猛，并占有市场很大份额，可能会带来良性现金流量，也可能不会，主要依赖于是否有开设新工厂、购买新设备或开发新产品的投资需求。

3. 问号（高增长、低市场份额）。这类产品是高风险投机产品，可能赚取高额利润，但市场份额较小。

4. 瘦狗（低增长、低市场份额）。这类产品带来不了多少现金，但也不需要多少现金，未来增长似乎没有什么前景。

BCG的研究指出那些牺牲短期利润赢得市场份额的企业能获得最大的长期利润（现金牛），所以管理人员对"奶牛"应最大限度地挤奶，把新奶牛投资限制在最低维持水平，并把奶牛所创造的大量现金投资于明星。对明星的大量投资应付高额股息（红利），随着市场的成熟和增长的减缓，明星应该最终发展成现金牛。问号是最难解决的方面，有些应该卖掉或放弃，有些应该转入明星。问号是有风险的，所以管理人员应只保留有限的几个投机类型。至于瘦狗，谈不上什么战略问题，只要有机会就应该尽早把它们卖掉或进行清算，没有可值得公司保留或进一步投资的，可以把出售瘦狗所得的款项来购买或资助问号。

最近几年，BCG矩阵法使用得不太多，其原因是一些企业发现市场份额的增长与成本的降低没有什么相互关联作用，有些被视为瘦狗的业务呈现出持续的创利能力，其创利水平高甚至高于拥有主要市场份额的竞争对手。但是，BCG矩阵法仍不失为评估企业收入活动的一个有用的概念。

在评估一个菜单时，多数条目可以列入两行两列矩阵，这可以帮助管理人员决定哪些菜肴应该保留，哪些菜肴应该加强，哪些菜肴应该恢复。当然，要作出这些决定，管理人员首先必须清楚每个菜肴的边际贡献。

（二）边际贡献

如前所述，在评估边际贡献时，一个为大家所接受的观点是销售额中的每一元钱都被划分成两个部分，一部分用来抵消与所出售产品有关的可变成本，另一部分用来抵消固定成本并提供利润。依据这种观点，销售收入减去可变成本后所得的款项数量就应该被定义为边际贡献；当销售收入抵消所有可变成本和所有固定成本之后所余的收入就是利润，或者说抵消了固定成本之后就达到了收支均衡点。

管理人员应该清楚，在给一个菜肴定价时，它的可变成本决不能超过价格。在给菜单定价时，边际贡献必须抵消固定成本，而且当与其他产品合并起来考虑时，价格必须定在超出收支均衡点后再加上一部分的价位上，否则就是亏本销售或成本销售。亏本销售是指产品的定价低于成本，成本销售是指产品的定价等于成本，这些方法对一个餐饮企业来说是危险的，这是因为由于客人只能消费一定数量的商品，一个菜单无力重新组合足够的超过收支均衡点的菜肴。

（三）非正规方法

给菜单定价的一个非正规方法是模仿竞争对手的菜单定价，初次涉足餐饮业的企业经常采用这一方法，但是简单地模仿竞争对手的定价可能会是一个很大的错误。一个企业应该留心其竞争对手的定价，但不应该让竞争对手来支配自己的定价。一些企业试图按照行业领导者的做法来给自己的产品定价，这也不是一个成功的计划，因为行业领导者拥有自己的优势，比如其购买力就超过其他企业，企业如模仿行业领导者的做法给产品定价，其结果也不理想。

另一种非正规方法是按市场所能承受的程度定价，即价格要做到合理。如果价格完全不合常理，又有竞争对手以较低价格进入市场，那么客人就不会对这个企业产生忠诚感，就会舍你而去。建立客人的忠诚感是企业长期规划和成功的基础。应该让客人感觉到定价是合乎常理的。什么样的定价才是合理的决定于企业的类型、菜单、服务、人口统计数据以及是否存在竞争对手。

（四）正规方法

餐饮服务业给菜单定价的方法有好几种，大多数方法是密切相关的。本书将讨论在旅游接待行业中最常用的四种方法：

1．引申食品成本百分比
2．定价系数或加价或乘（倍）数
3．食品和人工合并成本
4．实际成本定价法

在讨论定价时，要用到基本商品方程式：

售价
－ 成本
加价（毛利或边际贡献）
－ 经营费用
＝ 净利润或净亏损

管理人员在决定销售价格时，必须知道成本、加价、加价率、经营费用、净利润和预期净利润率。成本是企业购买产品的价格，加价常被称为毛利或边际贡献，是产品成本与售价的差额。如一个产品的成本是1.00美元，加价率是75%，那么售价就应是4.00美元($1.00 × 100% ÷ 1 − 75%，或者 $1.00 × 100% ÷ 25%)。加价率可以基于售价的成本百分比。加价必须足以抵消经营费用，并有剩余作为净利润。经营费用是一个企业日常运营的成本花费，如租金和公用事业费用。净利润是支付完经营费用之后剩余的款项数量，净利润以售价为基础。在制定价格时，主要考虑的问题是产品应该加价多少，应该利用哪些程序来确定这个数量。

引申食品成本百分比：很多企业运用引申食品成本百分比来定价，因为这种方法虽然简单却相当精确。管理人员确定一个预期加价率，然后用产品的成本金额除以预期加价率，就得出了该产品的价格。如某个产品的成本是2.5美元，预期加价率是36%，那么售价就应该是2.5 ÷ 0.36，由此得出这个菜单价格大约是6.95美元。由于这种定价法提供了一种快速定价所有菜肴的简易方式，所以比其他方法更多地被采用。

定价系数：定价系数又称加价或乘数，是与引申食品成本百分比密切相连的一种方法。这种方法是把确定的食品成本百分比分成100份，从而得出一个系数。如果一个企业的食品成本百分比是40%，那么系数就是2.5。

食品原料成本乘以定价系数就可得出销售价格。如某道主菜的价格是3美元，系数是2.5，那售价就应是7.50美元。与引申食品成本百分比方法一样，这种方法因为简便易算也常被用来确定菜单的价格。

食品和人工合并成本：由于旅游接待业属于劳动力密集型行业，

所以在给产品定价时必须优先考虑人工成本，这部分成本被认为是主要成本。这一点对于大型企业来说更是如此，因为它们的菜单涉及很多修饰点缀及其他装饰性的展示，这些很耗时间。使用食品和人工合并成本方法可以使企业能够计入一些具体的人工活动成本。如一项经营活动需要36%的食品成本和28%的人工成本，那么食品和人工合并成本就是64%。如果这个产品的食品成本是2.50美元，人工成本是1.50美元，那么把两项成本合并起来再除以合并成本百分比，即可得出该产品的售价[(\$2.50+\$1.50)÷0.64=\$6.25]。这种方法适用于那些想把食品和人工成本都包含在售价中的企业。

实际成本定价法：实际成本定价法是保证定价过程必须包含某一特定利润率的一种较为实际的方法。运用实际成本定价法，企业可以把已确定的食品成本（2.50美元）、人工成本（1.50美元）、经营成本（1.10美元）以及规定利润率（10%）放在一起来计算产品的售价：

(\$2.50+\$1.50+\$1.10）=\$5.10（合并成本）

\$5.10 ÷(1 − 10%)=\$5.10 ÷ 90%=\$5.70（售价）

实际成本法使企业在定价时计入了利润，把利润看作是一种经营成本，不失为一种稳妥的经营技巧。

无论采用哪种方法定价，都要让价格不仅能抵消所有成本，还要让企业有利润可赚。如果起初的价格定得不够高，可能就会丧失利润；如果再试图提高价格，那就需要付出昂贵的代价。

（五）约数和字体大小

不管是采用正规定价还是非正规定价法，为了确保企业制定的价格最大化，有两点在此值得一提。第一是约数，这一点尤其适用于通过公式计算出数字来定价的正规方法。通常，通过公式计算出来的价格都不是整数，约数策略建议当菜价低于5.00美元时，采用0.25美元的增量，如2.27美元可以约算为 2.50美元或2.25美元，这主要取决于企业对客人支付能力的估计。约数策略还建议当菜价高于5.00美元时，使用0.5～0.95美元的增量。

菜单价格的字体大小同样影响客人对价格的认知，如客人可能会认为$3.95比 $3.95要贵，这并不是价格本身造成的，因为这两个数字是一样的，只是两者字体大小不同。因此，在有些菜单上，我们会发现菜肴名称及其介绍性文字的字体比价格的字体要大。

七、成本价格与利润

一个企业的经营要做到具有成本效益并达到利润最大化，就得尽量用最少的钱去购买优质产品。一旦某个产品的购买价格较高，那么定价也应该相应较高，否则所有的辛苦都会付之东流。最重要的是，如果一个产品的定价不合适，那么其潜在的利润就会消失。

（一）正确计算成本

尽量以最低的价格来采购产品，因而必须监督采购成本以确保购买到最低价格的产品，除非最低价格以上的产品并不带来额外成本。对产品的同一性和可靠性的要求可能会使成本偏高，但仍要把追求最低成本作为理想的目标。另外有一点也很重要，即在计算一个产品的采购成本时必须考虑到该产品的出菜量，这样才能为该产品定出正确的价格。

（二）精确制定价格

制定价格不是随随便便就可完成的工作，必须兼顾所有的成本，并制定出一个有效的菜单组合。对菜单组合的分析可以帮助企业判断菜单上的哪些菜肴正在出售，以及它们与其他菜肴呈现什么样的相对比例关系，这使得企业能够了解到客人对每个菜肴的需求程度。必须考虑菜单组合和客人需求，从而确保价格合理有效。菜单组合可以使企业分散成本，而不会使某些菜肴定价太高使客人难以接受。有时客人的需求也可使企业把某些菜肴的价格定得很高。企业既要创造利润又要留住客人，就必须寻找到二者之间的平衡点。

（三）适当的控制

利润是定价时需要考虑的主要问题，夫妻店或家庭店常犯的一个主要错误是低估了创造一定利润所需要的人工和投资成本。同样，旅游接待业在产品和服务上所花费的时间、精力和金钱也很容易被低估。在给客人提供大型设施报价时，不仅牵涉到开办舞会及使用众多设备，大量的劳动量也是必须要考虑到的。应该懂得，人工成本不仅包含在加工食品产品上，而且还体现在提供这些产品的服务之中。企业可以因客人使用宴会厅而收取一定的钱款，也可以选择直接在餐饮价格上加上开办舞会的成本。不管使用哪种定价法，企业如果想创造较多的利润，就必须考虑所用的人工成本。

八、计算机化

计算机的使用给管理人员提供了一种迅速而有效地对照标准判断控制情况的工具。在旅游接待行业，及时地评估和对照标准是很必要的，对人工成本来说更是如此。调整人工必须迅速而快捷。通过每小时了解现金收款机的情况，管理人员可以作一些节约成本的调整。

（一）电子表格

对于拥有众多部门的大型企业来说，经常需要把财务信息和其他数学分析情况呈送到公司办公室，毫无疑问，这项工作的计算机化会大大减少出错的机率。用过去的老办法呈送财务信息，总会出现处理失当、放错位置或文件丢失等情况。通过使用整套的电子表格、电子邮件或因特网，企业就可以防止此类错误。但是，不要忘记古谚语“一个纸篓放进，一个纸篓拿出”。当一个企业有两名或两名以上人员负责往电子表格软件里输入信息而互相又缺乏沟通时，也会出现失误。企业出现的错误和疏忽超出本身允许的范围时，必然造成人工的浪费。通过使用更精确的数据，企业的定价可以做到体现所有成本并创造利润。

（二）数据库

数据库软件作为一种控制工具目前还没有得到充分利用。关于产品、价格、销售额、员工和客人的历史数据是企业的宝贵财富。数据库软件计算菜单价格指数的能力，以及查看何时及何种产品被出售的能力有助于企业生产规划的实现。生产规划可以预防浪费并减少存货短缺的机率，管理人员据此可以迅速判断什么时候某些菜肴的成本可以达到最低，并计划将来如何充分利用这一点。

管理人员有必要清楚某些员工当班时的销售额和销售成本，这是个经常容易被忽视的控制因素。在餐饮业，虽然不是所有的员工都浪费或偷窃，但他们中的许多人确实是这样的。在很多时候，如果管理人员给酒吧服务员放一晚假，由自己来替班，可能就会发现当天晚上的销售额增加了不少。食品在加工和销售过程中也会出现同样的情况。通过把销售记录和员工工作日程表保留在数据库中，管理人员可能会发现当某些员工当班时，他们在给某一标准数量客人提供服务时，某些产品的使用数量相当的大，这要么是浪费造成的，要么是偷窃造成的，无论哪种原因都给企业造成了收入损失，数据库程序可以迅速提供相关信息。

历史文件可以在给客人提供服务方面充当一个优秀的工具。由于数据库能够储存大量的信息，所以可被用来预测客人需求。每个人都想有一种特殊感，如能记住某一客人喜欢无烟房间或喜欢某一牌子的葡萄酒，企业就能留住客人。记住客人的生日和纪念日也非常重要，这样的企业就更容易达到预算要求和其他控制标准。建立和维持控制是重要的，但必须能带来销售收入。当产生了销售收入时，维持一个基本的客人群体显得至关重要。

数据库能够提供比较和相互参照，这尤其给旅游接待业的管理人员带来诸多益处。迅速比较价格和评估某一特定菜单组合的成本，这将有助于企业制定有效价格，而菜肴的有效价格将给企业带来利润的最大化。

（三）业主软件

业主软件是建立控制、保持一致性的另一种手段。通过使用业主软件，企业可以剪裁信息以适应自己的要求。这种类型的软件可以防止因管理人员的调动或内部换岗而造成控制系统的停顿。业主软件最重要的特征之一是能把控制要点存入系统以保护企业。

计算机并不能代替实际控制经营活动的管理人员，数字可以平衡，但只有通过实际管理，管理人员才能知道企业是否充分利用了资源，客人是否得到了他们所购买的产品质量和数量以及应享受的服务。

九、小结

影响菜单价格的活动多种多样。管理人员应以认真的态度制定出最具成本效益的价格。必须对菜单进行预先成本计算，并建立出标准菜单以确保长期经营的一致性。如果在采购、验收、储存、生产和服务等环节做不到一致，那么已确定的价格也不会带来利润。特色产品和折扣产品可以增加销售额。发挥时令产品的优势，同时又有助于预防可能发生的浪费和损坏。

对非餐饮产品和其他利润中心也必须做到正确定价。客房价格和会员费能增加一个企业的总体收入。客房价格可以因特殊事件或特殊时段作适当调整以达到增加收入的目的。由于增长是偶尔出现，因此可以通过调整会员费的方式来平衡成本。

实际成本应尽可能接近理想成本，它们之间可容忍偏差的幅度应尽量降至最低。为充分考虑可容忍偏差的幅度和最大程度体现定价工作的价值，应对不同的定价方法进行评估。为了追求最大利润，必须彻底评估和平衡成本与定价。

计算机化和软件的出现应促使管理人员上网工作以节约时间、增强精确度。但是，管理人员也应该知道计算机的使用并不意味着就没有必要对产品和其他资源进行实物清点，通常数字可能与实际经营情况有出入。

制定价格需要花费很多的时间，必须把这项工作看作是企业获得成功的最基本要素之一。价格必须尽可能精确，能够抵消所有的成本。隐性成本和意外成本是新企业面临的主要问题。

复习题

1. 客人过去首先考虑的是价格，然后是质量和服务，现在________。

(1) 只要价格合理

(2) 价格仍是最重要的

(3) 质量不是最重要的

(4) 价格、质量、品牌是最重要的

2. 制定菜单价格时，主要考虑的两点分别是________。

(1) 价格必须一致和便宜

(2) 价格不应随季节变动或在会计结算期内提高

(3) 价格必须抵消所有成本并创造利润

(4) 价格必须体现菜肴的质量和可获性

3. 菜单必须预先计算成本，目的是为了确定________。

(1) 菜肴的受欢迎程度

(2) 边际贡献

(3) 产品的必要质量

(4) 什么时候有产品出售

4. 什么是夫妻店最常用的定价方法？

(1) 非正规方法

(2) 正规方法

(3) 食品和人工合并成本

(4) 实际成本定价法

5. 与非计算机化的电子表格过账相关的一个主要问题是________。

(1) 计入贷方欠货单

(2) 比较价格

(3) 双重付款

(4) 检查质量

6. 计算收支均衡点的公式是________。

(1) 用1除以固定成本再减去可变成本百分比

(2) 用1除以可变成本再减去固定成本百分比

(3) 销售额除以固定成本

(4) 1除以可变成本再加上固定成本百分比

7. 使用业主软件的主要原因之一是__________。

(1) 可以在任何一家计算机软件店买到

(2) 容易学

(3) 比许多软件要便宜得多

(4) 可以用来进行额外控制

8. 改变菜单价格的最佳方法之一是__________。

(1) 把新价格贴在旧价格上面

(2) 删掉这道菜肴，再重新标上高价放入菜单

(3) 用涂改液覆盖旧价格

(4) 只改变美元部分

9. 在确定收支均衡点时，可以被划分为可变成本的是__________。

(1) 人工

(2) 租金

(3) 利息

(4) 保险

10. 特色产品可以通过______________来增加销售额。

(1) 与众不同

(2) 使用廉价产品以高价出售

(3) 使用特殊盛装器皿

(4) 以上答案都对

11. 说出影响菜单定价的三种服务类型。

12. 解释定价的四种正规方法。

13. 列举几个隐性成本的例子，并解释它们在菜单定价中十分重要的原因。

14. Premiere饭店餐饮部经理预测4月份的销售额是8000美元、薪水支出是300美元、一般管理费用是8000美元、食品成本是25%，成本收支均衡点应为多少美元?

15. 接第14题，如果平均账单餐费是25美元，Premiere饭店需要接纳多少客人才能达到收支均衡？另外，以消费收入80 000美元的水平能获得多少利润?

16. 说出使用标准菜谱的四个优点。

17. 阐述计算机的使用在菜单定价中的作用，尤其是使用电子表格、数据库和业主软件所起的作用。

测试题

1. 说出并解释定价中的每一种正规和非正规方法。
2. 哪些人口统计数据因素会影响菜单的定价?
3. 说出理想成本的定义,并解释如何运用理想成本和实际成本概念来诊断一个旅游接待企业的健康状况和经营效率。
4. 列出五个混合成本的例子,并解释定价为什么不能单纯地被划分为固定成本或可变成本。
5. 如果平均账单餐费是12美元，可变成本是25%，那么一家酒吧和烧烤店要接待多少客人才能抵消每年250 000美元的固定成本?
6. 梦幻饭店每月的固定成本是100 000美元，日平均房价是100 000美元，拥有客房80套，客房入住率是65%。如果可变成本是30%，那么3月份(共31天)的收入均衡点是多少（客房数量）?

案例分析

案例分析饭店注意到夏季的周末生意比较清淡，为了做到定价合理并达到利润最大化，该饭店打算推出周末组合套餐活动，其中包括周五晚餐、周六3餐和餐间茶、周日早餐和午餐。目标客人主要是度蜜月的新婚夫妇和躲开孩子烦扰的夫妻。业主想在午餐和晚餐时让客人消费葡萄酒，因而把食品成本定为35%～40%，饮料成本不超过20%。

首先，给周五晚上的第一餐设计一个菜单，开出开胃品、汤和沙拉、主菜和甜点的单子，然后写出一个主菜的标准菜谱或计算主菜成本，最后确定主菜列入点菜菜单上的销售价格，预计食品成本是35%。

第六章

采购职能

关键词

采购量	采购卡	标准产出量
商业采购	采购即用品	不道德的行为
消费采购	采购策略	单位价格
价格分析	规格	可用量

本章学习目标

在学习完本章以后，你应该能够：

* 解释制定规格的重要性
* 解释企业不应试图超过其确定的质量水准的原因
* 解释确定企业需求的重要性
* 描述采购中的各种选择

* 解释制定采购策略的重要性
* 确定一项产品的标准产出量
* 确定每磅成品的成本
* 解释比较品牌的必要性
* 解释比较供应商的必要性
* 解释采购职能对于利润的总体重要性

为了在采购的过程中控制成本，企业必须认识到商业采购与消费采购之间的区别。大多数小型旅游接待企业都没有充分理解商业采购与消费采购的主要区别。大多数经理往往不承认，甚至没有考虑到这种区别，他们每天都亲自去采购，所以认为自己非常熟悉采购过程并且掌握了采购技巧。

个体消费者购物的特点是只着眼于其小小的购物篮，他们没有力量去影响产品的价格、营销的方式，或者供应商所选定的生产厂家，这是因为个体消费者的全部生意仅仅占供应商销售总额中很小的一部分。然而，在大多数的旅游接待企业进行采购时，情况就有所不同了。大多数旅游接待企业采购的规模都很大，并且在很多情况下有着很强的专门性。大规模的采购涉及到大笔的资金，因此商业采购者与个体消费者相比，具有更多的讨价还价的实力。虽然对于商业采购者来说这是件好事，但是也存在着出现各种错误与合谋欺诈的机会与诱因，所以管理人员必须了解采购控制过程中各种错综复杂的情况。

一、采购职能的重要性

任何企业的管理人员都必须懂得控制采购职能的重要性。无数企业失败的原因就在于没有理解“重要的不是你赚了多少钱，而是你花了多少钱”这句箴言的真正含义。如果一家企业的净利润率只有5%左右，那么从理论上讲，该企业需要完成大约1000美元的销售额才能实现50美元的净利润。完成1000美元的销售额实属不易，更不用说这其中所花费的各种成本了，如设备的损耗等。但是，如果在采购的过程中能够节省出50美元的话，那么这笔节余就可以直接成为利润。赢利难度之大仅仅是证明采购职能非常重要的众多原因之一。

采购职能对于一家企业的生存和成功非常重要，因此经理、采购人员和接收人员都应该接受过良好的培训。但是很多经理培训项目通常都忽视了对采购任务的培训。经理们通常在接受了与经营程序相关的培训之后，可能会在一年内采购数以百万美元的产品，而如果他们根本没有接受过采购职能方面培训的话，他们就会处于那些与其做交易的供应商的控制之中。

公司及其所有者应该让经理们意识到采购过程的重要性，并且要求他们对所要采购的产品和设备有深入细致的了解，还应该使他们了解产品的来源、价格、季节性质量以及可能的替代品。公司所有者必须意识到，经理们在进行采购时花的是公司的资金，因此严格地培训经理们是审慎明智的。

（一）控制采购职能

在控制采购职能的过程中，管理人员的首要任务是先采购对于企业经营必不可少的产品，这样可以避免资金被那些不错但并非绝对必需的产品所套住。企业应该定期采购对于经营来说必不可少的产品，在一个财会核算期内，大批量购买的产品的价格变动会导致可控费用的显著变化。因此，管理人员应该确定某些预订产品规格的一致性。正如在第二章中所讲述的那样，规格应包括质量、数量、时间和价格等四个方面。

（二）质量规格

必须指出的是，就采购职能而言质量是相对的。餐饮企业只需要采购在质量上符合菜单规格或者经营计划要求的产品。采购超过所需质量标准的产品应该被视为是一种资源上的浪费，如用上等肉块做成的汉堡包不仅口感较差而且价格不菲。产品原材料的成本越高，并不意味着制作出来的成品的质量就会越好。老牛肉通常价格较低，但用来做汤和炖菜味道却更好。熟透的西红柿与刚熟的西红柿相比，价格更高，变质更快。因此，不应采购熟透的西红柿来用于烹饪，因为用这种西红柿做成的西红柿酱不是最经济的。如果经理们没有意识到此类细节，那么他们在采购时就会浪费资金。

在制定质量规格时必须考虑许多因素，其中一些最重要的因素包括：

* 颜色
* 形状、类型 、长度
* 年代
* 理想的成熟度
* 大小
* 品牌
* 地区

在采购某些产品时，将所需要的颜色告知供应商是极其重要的。如制作咖喱鸡蛋时，需要用白色的胡椒粉而不是黑色的胡椒粉。在制作苹果派时，苹果的品种非常重要而颜色则无关紧要；可是当把苹果放置在客房的果篮中时，苹果的颜色和大小就变得重要了；而制作蜜饯苹果则需要苹果具有特定的形状、大小和颜色。

管理人员在订购与日常所需类型不同的产品时必须仔细小心，如某一家餐馆接到一份特殊午餐订单要求制作三明治，但是由于该餐馆没有向供应商确切说明所需西红柿的类型，因而可能收到50磅的樱桃西红柿而不是用于制作三明治的西红柿，供应商可能以为该餐馆订购的西红柿是用于色拉自助餐的。

加工过的肉类可以有各种各样的大小、重量和形状；送来的火鸡既有可能是成块的也有可能是整鸡。在订购这些食品时，必须先仔细地查看食谱，以确保订购到最为适合、最具成本效益的食品。

许多餐饮企业的管理人员没有意识到为特定的菜肴订购特定类型原材料的复杂性。并不是任何类型的马铃薯都可以用来做优质的薯条，正如不是任何类型的马铃薯都可以用来做优质的烤马铃薯一样。如果食品原材料使用不当，企业供应的产品达不到客人可以接受的标准，会使客人感到不满意并最终导致销售额的减少。

一位餐馆的经理经营的是一家中等规模并提供餐桌服务的餐馆，一道叫做虾色拉的开胃菜很受欢迎，这道菜中有6只大虾，重约半磅，所以4.95美元的价格非常实惠。这6只大虾的成本超过了价格的50%，其中还不包括与之一起供应的色拉酱、装饰菜、饼干和黄油的成本，这样高的成本肯定影响餐馆的赢利能力。

要求经理们评估产品必须让他们尽可能多地了解产品，并通过品尝来确定其初始质量和持久质量。一些菜肴需要即时消费，如果为了用于大型宴会必须存放一段时间的话，那么这些菜肴的质量很快就会变差。如烤马铃薯的原料类型选择不当，就会成为此类菜肴之一。

产品品牌在质量规格中也同样重要。同样是10号罐头，某一种品牌可能比其他品牌装有更多可用量的西红柿，所以必须进行开罐检测和价值分析。如果与其他品牌相比，一种品牌可以多供应一份或两份食物并且一星期销售此类食物较多份的话，那么日积月累就可以节约出一大笔的开支。

订购酒精饮料时，产品的地区和年代可以反映出口味和价格的重大差别。一定要订购正确的产品，特别是当某一宴会要求该产品时，如不要用葡萄汽酒来代替香槟酒，或者用波旁酒代替威士忌。如果客人想喝的是朗姆酒加可口可乐或者波旁酒加可口可乐，不要在客人不知道的情况下随意地更换其他品牌的可乐。为客人上蛋黄酱和色拉调味料时也是如此。这些产品的口味截然不同。替代品的价格可能相对较低，但最终产品的口味和质量会由于使用了替代品而不尽如人意。

在采购职能中控制质量需要重视细节，在采购过程中节约大笔资金绝对值得付出这样的努力。不仅如此，经理们也可以省去很多的烦恼，不必担心在重要宴会即将开始之前收到不符合要求的产品。客人预订宴会时就期望一切都能准备就绪。重要的宴会还为餐饮企业开拓新业务创造了极好的机会。

（三）数量规格

正如必须在质量过高或者过低之间寻求平衡一样，数量也是如此，既不能过多也不能过少，最理想的情况是售完每份成品并收到即时购进的货物。无论选择哪一个供应商，都必须确保能够获得所需数量的产品，以避免发生缺货的情况。最低的报价不一定是最理想的报价。供应商也许能够一直供应符合质量要求的产品，但是企业正常的经营要求既要保证产品的数量也要保证产品的质量。向不同的供应商购买相同的产品然后均摊成本的做法是不明智的，因为当企业总是向供应商订购少量或部分的所需产品时，供应商有可能不愿意提供所需要的数量，此外企业还在与多个供应商打交道时浪费了太多的时间。如果旅游接待企业没有制定出具体的采购程序策略，那么在采购过程中就容易出现错误。

（四）时间和价格规格

时间和价格规格与质量和数量规格同样的重要，在不同的时间以不同的数量购买的不同质量的产品，其成本也将不同。时间规格包括三个方面：

1. 企业能够在有需要时而不是在供应商觉得方便的时候订购产品。
2. 供应商必须确保接到订单后有货可供，以避免企业出现缺货或使用替代品的情况出现。
3. 供应商必须能够在指定的时间发送货物。

价格取决于质量、数量和时间。价格波动在采购过程中始终存在，供求关系法则决定价格。在某些季节，一些食品供应充足，因而成本较低；而在其他时间里，这些产品的供应相对不足，但需求仍旧很高，旅游接待企业将不得不以较高的价格购买这些产品。因此，采购员有必要了解企业所使用产品的可获性以及不同供应商的价格结构。采取竞标的方式进行采购对企业有利。大多数供应商是诚实可靠的，向采购员提供的价格清单也是准确无误的。但有些供应商可能起初以低价迎合采购者的价格要求，然后在做回头生意时提高价格。

二、采购策略

为了尽可能有效地控制成本，经理和采购员必须制定策略以保护自己的企业。采购策略可以使企业的各级采购人员了解企业的需求，并运用这些策略使企业得以控制和降低成本。没有制定采购策略将会使企业支出过度，甚至陷入财务困境。商业支出也像个人支出一样会出现过度的情况，必须实行一定的策略以使企业决策的机会成本能够最大限度地有利于企业。

在制定采购策略时，经理必须首先确定企业的需求以避免采购过量而造成利润损失。为了防止浪费及控制成本，必须详细地确定需求。在旅游接待业中，一些企业远离公司总部，业务主管与公司所有者无法经常视察这些偏远的企业。一份具体的需求清单可以使管理人员获得代理人的批准进行间接的采购，这样就可以更进一步地减少资源的浪费。

明确企业的需求之后，经理应该制定控制成本的策略。以下是一些有助于在采购过程中控制成本的策略：

* 采购效益最大化
* 比较供应商
* 比较品牌
* 比较产出量
* 利用具有成本效益的各种折扣
* 运用单位价格比较不同的包装
* 采购适量的存货
* 采购节省人工的产品
* 比较现金采购与赊购
* 比较利率
* 仔细阅读和理解合同
* 警惕那些看起来“合算的交易”
* 以符合道德标准的方式与知名商家进行交易

（一）采购效益最大化

为了实现采购效益最大化，经理必须评估所有可能的选择，是否有可能与在同一城市或周边地区的另一个经营单位进行合作采购，或者与其他的旅游接待企业建立合作采购关系。同一行业中的不同企业之间存在着竞争，但竞争却不能成为企业在采购过程中节省资金的障碍。大规模的采购能够以较低的成本获得企业需要的产品，大规模的采购还可以使供应商不必在同一个地区奔波数次，企业可以通过帮助供应商缩减成本来增强自身讨价还价的实力。买方如果采用有效的采购程序，卖方将会给予更优惠的价格，并提供更优质的服务。

(二) 比较供应商

采购经理在与供应商打交道时必须清楚产品的供求关系。由于购买力或专营性等原因，一些供应商可能会以大大低于其他供应商的成本获得某些产品。尽管企业都愿以最低的价格采购产品，但是经理仍必须比较各供应商，因为有时价格最低的产品不一定能够保证产品的质量和稳定性。

同时还需要比较供应商的经营标准。如果供应商没有实行完善的卫生措施，买方得到的产品可能是即将变质，或者被虫害和微生物污染的。必须评估供应商的送货方式以判断他是否能够及时地送货上门，是否在整个运输过程中能按照规定的温度保存产品。经理们必须明白货比三家的重要性，产品质量低劣、短缺、缺乏稳定性等原因都会使企业失去客人。尽管州立法规和联邦法规都有助于监督商家的行为，但是仍然有必要仔细地评估和比较所有的供应商。

(三) 比较品牌

正如需要比较各供应商一样，也必须对产品的品牌加以比较。如果仅仅根据品牌进行采购，企业往往经常会浪费很多的资金。经理们必须比较相似的产品以确定这些产品是否符合需要、质量是否一致，以及是否能够达到使用目的，要品尝以确定哪一种品牌的味道最令人满意，也可以使用符合目的和质量要求的替代品牌。

在一些情况下，不仅为了保证菜肴的味道而且为了保鲜，必须精心准备原材料。如果菜肴的保鲜不是主要的问题，那么就不必要求使用某一特殊的品牌。然而在承办宴会和酒席的过程中，经常需要将食品放置在保温器中以便稍后供应给客人，如一些品牌的马铃薯与其他品牌的马铃薯相比在烘烤之后能够保存较长的时间，还有一些品牌的马铃薯可以做出味道极佳的法式炸薯条。因此，有必要先了解产品的用途，然后再确定应该订购哪一种产品。

不仅有必要确定是否需要某一种特殊品牌的产品，而且还必须在可能的情况下进行价格分析。“一分钱一分货”的理论不一定总是正确的。你可以用不同的价格购买许多不同品牌的阿司匹林，结果却发现不管是名牌还是普通品牌，它们的效用基本上是相同的。品牌意味着产品的稳定性，但是只有在特殊要求下才有必要使用品牌产品。如果一家企业只使用名牌产品，那么该企业可以选择的供应商可能会十分有限，这就会提高采购的价格。

（四）比较产出量

了解原材料的标准产出量是十分必要的。了解标准产出量可以使经理订购适量的产品并且辨别产品的定价是否合理。产品的实际采购重量（as purchased ，AP）与可用分量（usable portion，UP）是两个完全不同的概念。产品在剔除杂质和烹调过程中的损耗会增加成品菜的成本。如 9磅猪里脊肉的每磅价格是4.85美元，有15盎司会在去骨和剔除肥油的过程中损耗掉，在烤制过程中还会缩减24盎司，一道3盎司重的猪里脊肉菜的成本计算公式如下：

$4.85	每磅价格
× 9	实际采购磅数（AP）
$43.65	总成本

每盎司采购价格：$4.85 ÷ 16= $0.3031

这道3盎司重的菜的成本：$0.3031 × 3 ＝$0.9094或$0.91（约等于）

16	每磅16盎司
× 9	采购磅数
144	采购盎司数

144	采购盎司数
− 39	损失盎司数（去骨、剔除肥油15盎司，烤制缩减24盎司）
105	可用盎司数（Usable Portion）

$43.65	总成本
105	可用盎司数
$0.416	每盎司熟肉的成本

\$0.416	每盎司成本
× 3	每份食物的盎司数
\$1.248	每道3盎司菜的成本

鉴于产品的损耗，一份3盎司菜肴的成本是1.25美元而不是0.91美元，两者相差37.36%。

（五）利用具有成本效益的各种折扣

绝大多数美国家庭都懂得折扣的重要性。人们利用当地周日报纸中的优惠券购买商品可以省下不少的钱。同样，供应商在推销产品时也会向旅游接待企业推出优惠价。企业采购不愿意仅局限于某一种品牌而放弃不利用折扣的机会。如果企业没有与任何供应商订立采购产品的合同，那么利用折扣将是明智之举。虽然折扣在经济上非常有利，但仍需要确保维持产品的质量和稳定性。

（六）运用单位价格比较不同的包装

评估品牌或产品时，应该比较单位价格，这类似于前面讨论过的实际采购量与可用量。同样的产品采用不同的包装或容器时，每盎司的价格可能会相差一两美分。每日使用量也会对决策过程产生一定的影响，有些使用方便的产品非常重要，即使价格高一些也无妨，因为在使用过程中节省的劳力足可以抵消多付出的成本。如在宴会上需要四罐一加仑的色拉调味料，而在餐馆则需要独立瓶装的色拉调味料。把瓶装的色拉调味料倒进碗中，再放在宴会的餐桌上是毫无意义的做法，这会使成本提高，因为打开一个个的瓶子要比打开一加仑的罐子需要使用更多的人工，这就是企业为什么在评估单位价格时必须考虑人工和产品使用情况的原因。

（七）采购适量的存货

库存和存货占用的资金是在评估折扣和单位价格时必须考虑的两个重要因素。大量的存货会增加浪费、盗窃和食品变质的可能性，但企业又不应陷入缺货的困境，因为这可能会使企业失去客人。每个企业都必须努力拥有恰好的存货以避免出现缺货的情况。储备存货的方式包括及时进货法、经济数量订购法和简单标准存货量法。对于大多数旅游接待企业来说，标准存货量法是一种很有效的方法。

标准存货量(par stock level)是指在下一次订货到达前，为维持企业有效经营所需要的每件产品的存货量。确定标准存货量是为了防止库存过多或库存缺货，同时也为了计算客人的平均人数和产品的平均用量。如表6-1为一家餐馆为一道8盎司重的鸡肉菜所需要的冻鸡胸肉确定的标准存货量。这家餐馆每星期三订货并要求星期四送货，平均每天销售30份鸡肉主菜。如果考虑到5%的安全系数，那么该餐馆每星期就要订购110.25磅的冻鸡胸肉作为标准存货量。

表6-1 确定冻鸡胸肉标准存货量

第一步

每星期用量

30份 × 7天 ＝ 210份

第二步

确定安全系数，比如说5%

210 × 5% ＝ 10.5 份

第三步

确定标准存货量

210.0	预计点菜份数
+ 10.5	安全系数份数
220.5	点菜份数或221份8盎司鸡肉菜

标准存货量在一年的不同时间里会有所变化，因此需要清楚那些是销量不理想的产品。大量的存货意味着占用了本可以放在金融机构里获得利息的资金，如果企业采购某种产品的规模很大，并且在一年的某些时候该种产品的销量有所下降，那么就应该相应地减少其库存量。对于餐饮企业来说，在生意清淡时期某种产品的需求量会降低，因此有必要减少这种产品的库存量。

(八) 采购节省人工的产品

无论何时作出采购决定,都必须进行价值分析以确定这项采购对于人工的影响。如企业是应该购买切片机然后投入人工将胡萝卜按菜单要求切片呢? 还是应该直接从产品经销商那里采购已切成片的胡萝卜? 旅游接待业属于劳动密集性的产业,降低人工成本可以为企业带来竞争优势。所采购设备的型号甚至设备的放置地点都可能提高或降低人工成本。在不影响产品或服务的质量情况下,应该首先考虑设备的质量及其对人工成本的影响。

(九) 比较现金采购与赊购

企业进行采购时必须决定是支付现金还是赊账。企业必须牢记,缺少周转资金是导致旅游接待企业经营失败的主要原因之一。供应商通常允许企业在15～30天内支付所欠款项而不收取任何利息。如果企业能够利用现金创造出高于利息成本的利润,那么以赊账的方式支付可能更具成本效益。企业无论何时决定进行赊账而不是支付现金,都应该认真地权衡这样做的利弊。企业必须充分了解使用现金或赊账的机会成本。一般以赊账的方式进行采购时,企业通常要支付较高的价格,而使用现金支付可以获得一定的价格优惠。

(十) 比较利率

如果企业决定采用赊账的方式,那么就必须仔细计算所需支付的利息。企业必须进行分析研究,以确定是向供应商赊账有利还是向金融机构贷款更为明智。另外,企业还必须评估赊账的期限。如果企业只在短期内使用资金,那么就可能获得较低的利率。由于利率会产生变化,所以企业很有必要评估利率和资金的可获性。

(十一) 仔细阅读和理解合同

由于利率和资金的可获性会产生波动,所以签订合同的个人应该充分了解情况。采购人员如果没有得到授权或者不理解合同的条款就不应该签订合同或签收产品。在旅游接待业经常出现这样的情况,即产品被送到时在场的任何人都可以进行签收。由于这种不良的经营做法，使产品有时没有经过严格地检查或者在没有预订的情况下就被接收。一些销售人员会利用采购经理的经验不足而声称企业可以在一段时间内免费试用某一产品，但是没有告诉如果不遵守某些合同条款的话，企业就需要支付货款。如果经理允许任何人都可以签收货物，或者经理看不懂自己所签署的合同的话，那么就会出现其他不道德的行为。

（十二）警惕那些看起来“合算的交易”

接收那些并未订购的产品以及品尝或试用产品都可能会花费企业的资金。要警惕那些看起来非常合算的交易，因为事实往往并非如此。由于旅游接待企业的经理要与大量的雇员和顾客打交道，有时会由于太忙而思考有失缜密，一些不讲道德的销售人员就会趁机说服经理采购或试用企业并不需要的产品。经理应该坚持要求销售人员来访前先预约，因为许多销售人员都有意地选择不合时宜的时候前来以便利用此类机会。在采购过程中浪费的资金无论多小，都会影响到成本并因此而影响到利润。

（十三）以符合道德标准的方式与知名商家进行交易

在采购过程中，卖方和买方都有可能出现不道德的行为。要让各级采购人员认识到任何时候都必须维护企业的利益。由于在这一领域中很容易出现不道德行为与合谋欺诈，所以应该有一些规章制度和程序来限制这些不道德的行为，如制定出书面的道德准则要求，在遇到难以处理的问题时有所依据。

其他的商业机构、各种社会关系和政府机构也可以帮助企业作出正确的商业决策。随着科学技术日益发展，逐渐地出现了各种各样节省资金、时间和人工的装置，而行业展览又为企业提供了大量有关的信息。

在采购任何产品之前，管理人员应该与商业方面的专家进行交谈，有关供应商、设备或产品的额外信息可以防止企业犯付出昂贵代价的错误。

在作出任何重大采购决定之前，都应该仔细阅读政府组织和私人机构的各种报告。企业还应借助独立的检测机构，如保险商检验所(Underwriters Laboratories，UL)。保险商检验所是一个专门检测产品的防电防火安全性能的机构，通过该机构检测的产品将被授予"UL"标志。餐饮企业应该寻求经国家卫生基金会批准使用的设备，该组织可以为设备评定卫生等级，还可以帮助企业采购信誉良好的产品。

一旦制定了采购策略，管理人员就必须确保这些策略的实施。采购策略就是一些必须控制的标准，用来控制采购成本并使企业可以长期获利。

三、采购系统

除了制定采购策略之外，采购过程中的成本控制还包括考虑一些基本的选择问题。每一次采购通常都会有一种或几种选择，这些选择一般围绕着以下几方面：

* 是否有可能制造这种产品而不是采购这种产品？
* 是否需要采购某一特定品牌的产品？
* 是否可能推迟采购？
* 是否应该支付现金？
* 就价格、质量、稳定性和服务等而言，哪个供应商更值得信赖？

（一）采购即用品

对于大型餐饮企业的所有者和经理来说，即用品是一个令人头疼的问题，原因在于这些即用品通常价值不高并且无需入库。即用品有可能是一些专门用于某一宴会的特色产品，但是由于它们立即就被使用，所以并不记入存货账簿。如果即用品没有使完，那么剩余部分很容易就会被浪费掉或被雇员拿走。即用品可能是食品，也可能是办公室用品或其他干货。有些厨房员工或经理为个人使用而订购即用品，并声称这些产品是用来做装饰菜的，或是其他一些无法解释清楚的用途。由于即用品不必入库，所以其用途很快就无人所知了。

有关采购即用品的另外一个问题就是如何使用企业采购卡。企业采购卡是企业发给履行采购职能的个人的信用卡，目的是为了降低采购低价即用品的管理成本，但是仍然存在采购卡失控的风险。为了控制采购卡的使用，一些企业限制了每张卡的交易次数、交易类型以及交易金额，而对于那些地理分布很广、有着众多分店的企业来说，即使采取了这些限制也仍然很难控制，因此确保采购卡不被滥用已成为企业对各地分店管理控制的一个问题了。

（二）购买方式

在采购过程中，控制成本对维持总成本和最大限度地获取利润都是十分必要的。企业必须对购买方式进行评估，以确定哪一种方式对于企业及其所需产品是最好的。应该予以评估的一些购买方式包括：

* 成本加成购买
* 招标购买
* 无存货采购
* 长期订单
* 合作购买
* 全套采购

成本加成购买是一种竞争性的产品采购方式，这种购买方式是买方以高于供应商所付成本一定比例的价格购买产品。成本加成购买方式通常只适用于大型企业，但供应商并不总是愿意采用这种方式，因为供应商不得不向买方提供成本信息，这种方式使得买方对产品成本有了更好的了解。

招标购买方式对于供应商的吸引力低于成本加成购买。成本加成购买可以使企业了解供应商的产品成本，而招标购买则可以使买方获得最低价。如采用招标购买方式的旅游接待企业发布关于所需产品的通告，其中包括产品的规格、所需数量以及其他细节，卖方也以书面形式作出回应，说明自己产品的价格和销售条件。竞标通常以公开的方式进行，出价最低的供应商将获得这份合同。招标购买方式往往需要达成长期的价格协议，这对供应商不利，在农产品市场上尤其如此，因为天气变化可能引起农产品价格的剧烈变动。一旦接受了标价，经理就应该谨防虚报低价的情况发生，即供应商起初为了获得招标而报出低价，之后又尽力提高产品价格或者降低产品质量。

许多国际企业和国内企业现都采用无存货采购方式，这种购买方式经常被用来采购大批量的产品。产品或者全部被运送到企业那里，或者存放在供应商那里，在企业需要时再由供应商按照所需数量进行发送。这种远期买入的形式对于进行国际间采购的企业或拥有自己的产品供应来源的企业是十分便利的。当买方预期某一产品的价格会大幅度地提高或者这种产品的货源会变得十分有限时，那么就可以采用无存货采购这种购买方式。

长期订单是一种便捷的产品采购方式，它把管理存货的一部分人工成本转移到了卖方。采用这种购买方式时，只需企业派一位司机开车到供应商那里取回存货，将企业产品补足到标准存货量，这种方式通常适用于肉类和面包等产品。从控制的角度出发，管理人员不仅要监测产品的新鲜度还要继续评估标准存货量。

由于旅游接待业具有极强的竞争性，所以一般不采用合作购买这种方式，但坐落在小城镇并向相同的供应商进行采购的企业可以考虑进行合作购买以降低成本。合作购买方式可以使几家小型企业联合起来增强自身的购买力从而获得低价。建立这样的采购系统可能要进行很多的协调工作，但是如果最终的结果能降低成本而又不影响产品质量的话，那么企业就应该考虑采用合作购买方式。

旅游接待企业现正开始习惯全套采购所带来的便利。由一家供应商提供所有的产品可以降低订购成本并减少文书工作量。然而这种方式也存在一定的不利因素，其中包括缺少选择产品的灵活性以及产品间的比较，旅游接待企业从全套采购方式中真正获得的只是便利。管理人员采购前应该比较不同供应商的价格，然后与主要的供应商就价格进行洽谈。

四、采购家具、室内固定装置和设备

家具、室内固定装置和设备的采购是很难控制的一个领域。这些耐用品看起来好像不会构成什么重大的控制问题，但事实恰恰相反。由于这些物品的成本较高，所以对经理和业主来说控制好这些商品的采购是一个大问题。在采购大件贵重物品时，经理除了考虑质量，而且还要对业主说明采购这些物品的原因。

如果一个地区经理管理着5～6家企业并且劝说业主更换桌椅或照明设施，业主要认真考虑这个提议了，因为这些物品的更换会给偷窃、合谋欺诈以及其他不道德的行为创造机会，如：

* 更换或丢弃仍可使用的设备
* 丢弃零部件仍可利用的设备
* 不恰当地处理旧设备
* 故意地损坏或弄坏设备
* 丢弃容易修理的设备
* 采购不符合标准的设备

对于旧设备来说，说明其去向很重要。旧的设备经常被堆放在仓库中或者被随便地扔掉，如果被替代的旧设备仍然可以使用，那么就应把旧设备运送到其他单位继续使用或者卖给旧设备经营公司。除非达成了某种以旧换新的交易，否则不应把旧设备交给运送新设备的人员。企业出售旧设备所获得的任何款项都应该属于企业。

设备有时会被故意损坏或者被弄得无法操作，有些经理为了获得新的设备也许会采取这种做法，雇员也会因为不愿再使用或清洁某种设备而将设备弄得无法操作。申请采购贵重商品的经理必须用书面形式以充分的理由说明采购的必要性。

设备维修也是一种形式的采购。业主应该确定维修是否有必要以及将由哪家公司进行维修。防止不合格维修服务的办法就是使用服务合同，也可以让竞标中取胜的维修公司来进行维修，同时保留其他维修公司的报价以确保企业雇用是最具成本效益的维修公司。

五、采购低价物品

由于重大采购的成本牵涉到企业的财政投入，所以要进行核查是必不可少的，但不要认为采购低价的物品就毋需担心了。因为旅游接待企业的产品很容易就被消费掉，而且还存在着偷窃问题，因此经理不能对低价物品的采购不重视。所有的采购都是重要的，只不过是价格有高有低而已。

六、小结

采购职能是极其重要的，在此过程中节约出的任何资金都直接成为利润。鉴于采购职能的重要性，管理培训计划应该重视这一方面的培训。

在进行采购之前，企业必须首先确定经营需要，然后制定采购策略为采购工作提供指导。应该注意采购效益的最大化，对供应商和品牌进行比较及对折扣的利用。此外，还必须对单位定价、存货数量、省工设施和融资因素等进行分析。在采购过程中，必须强调讲求道德行为的重要性，这一点对采购昂贵的设备或者对设备进行维修时很重要。

经理必须对采购过程中出现有几种产品可供选择的情况进行评估，而且无论价格多么便宜也不应购买任何不必要的产品。

经理必须懂得采购职能与创造利润之间的密切联系，如果在采购过程中浪费了资金，就必须以大量的销售额来弥补这一损失。经理还必须意识到在采购过程中会出现偷窃与合谋欺诈行为。

复习题

1．在采购产品时，有哪些可以用来降低成本的方法？

(1) 合作购买

(2) 大批量采购

(3) 比较供应商

(4) 以上所有各项

2．哪一种偷窃方式最容易在采购过程中发生并且难以察觉？

(1) 订购不符合尺寸的产品

(2) 订购质量较低的产品

(3) 采购量过少

(4) 采购量过多

3．在餐饮企业中，谁应该参与制定产品的规格？

(1) 厨师、经理和接收人员

(2) 厨师、经理和服务员

(3) 厨师、接收人员和服务员

(4) 经理、厨师和库房人员

4. 从仓库提取货物时使用什么样的单据?

(1) 发票

(2) 验收单

(3) 提货申请单

(4) 贷记通知单

5. 在采购大批量产品时应该获得多少个招标申请?

(1) 1个也不需要

(2) 至少1个

(3) 至少2个

(4) 至少3个

6. 在采购鲜鱼时，最重要的考虑因素是______。

(1) 大小

(2) 数量

(3) 质量

(4) 价格

7. 在制订产品价格时都应该考虑哪些因素?

(1) 运输

(2) 时间

(3) 品牌名称

(4) 以上所有各项

8. 如果客人所点的酒餐馆已卖完，经理不应该采取以下哪项措施?

(1) 派雇员到酒店去买酒

(2) 联系供应商

(3) 向顾客说明已无存货

(4) 询问顾客是否愿意更换另一种酒

9. 在使用方便食品之前，管理人员必须______。

(1) 品尝该食品

(2) 就该食品向供应商提出一些相关的问题

(3) 进行价值分析

(4) 向客人提供样品

10. 成品价格(UP price)通常______采购价格(AP price)。

(1) 等于

(2) 高于

(3) 低于

(4) 不可比较

11. 从本章所讨论的采购策略中选择五项进行描述，说明你如何使用这五项策略来确保完成采购过程。

12. 说明烹饪和剔除杂物如何增加产品的价格。

13. 列举五个最知名的品牌，并与其他品牌知名度较低或一般的品牌加以比较。

14. 列举将苹果用于水果拼盘时需要遵循的五项规定。

15. 确定并解释使采购职能发挥最大作用的五种购买方式。

16. 说出供应商与经理在采购过程中可能会出现的一种合谋欺诈方式。

测试题

假设你在一家中等价位饭店中拥有一个可容纳300人就餐并提供全套服务的餐厅，请完成以下的考试题：

1. 列举你要求你的经理遵循的五项采购策略。
2. 如果有人向你申请采购自动土豆削皮机，在批准该申请之前你会采取什么行动？
3. 说出为合谋欺诈大开方便之门的采购的两个方面。
4. 如果有一种产品厨房每星期都大批量地使用，那么在改换其品牌之前你会采取什么行动？
5. 进入厨房的什么物品会被认为是即用品？
6. 列举在作出采购决定之前需要进行价值分析的三种情形。

案例分析

案例分析饭店拥有一个向客人出售酒精饮料的大堂酒吧。作为这家饭店的餐厅经理，你同时还负责这个大堂酒吧的经营。你提出一份申请，要求为大堂酒吧更换椅子，并希望在一星期两次的欢乐时光中为客人提供免费小吃。你认为尽管该酒吧现有的椅子虽然状况良好，但是坐起来很不舒服，所以客人停留的时间不长。此外你还认为如果在饮酒时供应免费的小吃，那么会有更多的人在星期一和星期四下班之后前来光顾。

你意识到这只是一个简单的申请，但同时也意识到该项采购将直接影响利润。

1．你将如何确定大堂酒吧椅子的规格？具体的规格是什么？

2．在知道免费供应小吃食品的前提下，制定一天的小吃菜单，并确定其总体的质量规格。

3．请解释你将采用什么方式来采购椅子和小吃。

第七章

验收货物

关键词

空单验收	先进先出	验收报告
合谋欺诈	内部资源互用	验收工具
信用说明	订货单	加贴标签

学习目标

在学习完本章之后，你应该能够：

* 解释收货区域布局和位置的重要性
* 理解培训验收人员的重要性
* 确定验收中所需要的设备清单
* 列举在验收过程中应该采用的程序
* 列出在验收过程中应该使用的表格和票据

* 建立办理信用记录的程序
* 描述确保安全验收的措施
* 描述在验收过程中可以用来检验各种货物质量的方法
* 解释送货时间的重要性
* 描述在怀疑有人合谋欺诈时所需要采取的程序
* 解释评估和验收非食品货物的重要性

一、验收过程的概述

在完成采购所需货物之后，控制环节中的下一个步骤就是要确保准确无误地接收到货物，并且要求这些货物在数量、质量、送货时间和价格等方面都符合要求。为了控制验收过程，负责验收货物的人员必须准备有关的表格与单据、验收设备并接受过必要的培训。验收人员必须有一份货物规格的副本，以便核对货物的质量、种类、形状和尺寸大小。同样，验收人员还需要有一份订货单的副本，来比较货物的质量、数量以及已谈妥的价格。验收过程是企业的部分资产易受损失的阶段。采购货物、验收货物和储存货物的不能是同一个人，否则企业的控制标准会受到影响。

即使是从声誉极佳的供应商那里订购货物，也必须防止一些送货人员试图“谋取私利”。如在验收牛排时，验收人员需要检查货箱里第二层和第三层的牛排来确定是否有以次充好的现象。卡车司机可能将质量较好的货物放在最上层，而在下面放一些质量较差的货物。送货司机在运送西红柿和其他农产品时也会这样做，总是将有较次的西红柿放在最底层。因此，验收人员常搬起板条箱来检查是否有西红柿汁渗出的情况发生。必须不遗余力地保护企业的利益不受到损害。

对于验收货物的人员来说，最有效的控制方法就是要求对方提供贷方欠货单。管理人员都懂得，在银行兑换支票时应该清点钱数，如果钱数不对，银行对此要有说法。然而，有些管理人员在核查价值数千美元的货物时却从不清点货物。在有些旅游接待企业的管理人员和员工看来，产品并不等于与货币。验收人员必须把所有的货物都视为等值的货币，因为这些货物属于企业支出的一部分。试想如果一个人在兑换支票时发现钱数少于支票的金额，他肯定要求银行补上差额。然而当送货人员少送了一件货物并承诺下次补上时，一些旅游接待企业的管理人员往往不要求送货人员提供任何书面欠货凭证，尽管没送到的货物价值数百美元。任何时候如果出现货物数目不符的情况时，管理人员必须要求送货人员在贷方欠货单该货物条目上签字。在送货人员离开后，管理人员应该打电话给供货方告知对方有关欠货单事宜和事情的原由。不要将贷方欠货单和订货单以及发票放在一起存档，应该将贷方欠货单单独存放，最好是放在桌子上的文件夹中以免忘记。在供货方补齐货物或者用合格的货物替换完后，方可将贷方欠货单存入普通的文件夹中。

旅游接待的储存室里常堆满了各种错收或不能用的货物。如果供货方运送了不符合规格的货物，应尽量将货物退还给供货方。同样，不用的设备要尽快销售出去。资产搁置不用的年限越长，其可用性越小。旧设备不仅占据了可用空间，而且不能为企业创造任何价值。另一种方法是企业内部资源的相互调配，即在同一企业中，搁置的设备或存货可能刚好为另一部门所需要。内部资源相互调配使两家在地理位置上靠近的特许经销商可以更充分、更有效地利用他们相互之间的资源。如A店缺少法式炸鸡，那么该店就可以打电话给B店，B店可以向A店提供所需要的货品。这种做法能够保证物品的质量，只要财务部门在财务报表中将炸鸡的费用从B店中扣除划到A店即可。

最重要的一点是，不要签收任何没有订购的货物。对照订购单检查所有的货物，比较规格、数量和价格。如果货物的各方面都令人满意，验收合格后就可以签收。如果买方对送货时间有特殊要求，而送货方没有在特定的时间内送到，则需要与供货方和送货人协商。验收人员如果没有充足的时间验收货物，则不应接收货物。确保货物的准确无误是控制环节中不可轻视的一步。偷盗和管理不善通常发生在这一时刻。导致偷盗情况发生的原因有几个方面：验收人员和送货人员能力较弱或者不诚实，或者双方合谋欺诈，也可能是管理人员没有采取恰当的措施保证货物的准确验收。如果企业在验收过程中严格把关的话，那么送货人往往会把质量好的货物送来，因为在那里质量不好的货物会被检查出来并被拒收。如果货物是以40或50件为一捆来订购的，如毛巾等，则验收人员应该抽一捆出来点数、称重，并将此作为验收剩余货物的标准。如果送货人员发现验收方并没有认真清点的意思，结果可能是每一捆毛巾都会少1件或2件。如果送货人每一次都从中取走一两件货物，如各种肉排、毛巾或床单等，则每年会给订货方造成数以百计美元的损失。

（一）验收区的布局

验收区的布局必须便于操作、控制，便于有效地进出存储区，有利于安全并防止食品的变质，必须高度重视验收工作。送货时间的安排必须能够让验收人员在签收前有足够的时间来检查货物。

大规模的验收中由于货物数量大，管理人员可以通过巧妙安装的监视器来监控验收区。目前监视器在许多业务活动中得到普遍使用，经营者发现监视器对防止偷窃起到了很好的威慑作用，如果验收区规模较大，则监视器的使用可以说是物有所值，这已经成为尽可能减少偷窃和保护货物、员工及客人安全的主要方法之一。

（二）验收人员的培训

旅游接待企业必须严格培训验收人员学会判断和检查接收货物的标准与规格，而大多数旅游接待企业都没有意识到安排接受过培训的人员参与采购和验收职能的重要性。旅游接待业经常花费巨额资金来培训经理们掌握经营程序，但是却忽视了对其进行采购与验收方面的基础培训。就饭店经营而言，大约40%的总收入又被重新投入到存货和直接的经营费用之中。如果不对验收人员进行培训，验收人员不会辨认货物及货物的不同等级，一些送货人员以及供应商就会想方设法占些便宜。当然，大多数商人是诚实守信的，然而问题还是时有发生的，所以当货物运送到后，企业都要有合格的验收人员来验收，培训验收人员还要能提出一些有关货物产地等方面的问题，像贝类食物因产地、品种不同会有不同的使用价值，因此它们的价格会因有很大的差异。

（三）验收设备

验收人员必须要有合适的工具和设备，以便能快速地验收货物和恰当地保存货物，此类设备应该放在验收区。由于要尽可能快地储存和保证货物的安全，验收人员不应该奔走于厨房或其他地方之间去取温度计或其他设备。如果验收人员不得不去寻找设备，放在验收区货物的安全就无法得到保障，并且货物的质量也会受到影响。验收人员至少应该拥有以下几种工具：温度计、磅秤、量尺、刀子和剪子。

验收人员必须用温度计来检测食物的温度。对于冷藏和冷冻的食品要检查其是否已解冻了。应该拒收那些温度超过要求的食物。

必须使用磅秤来给货物称重，以确保其重量的准确性。一张电脑打印的标签标明一箱肉重56.38磅，但却不一定准确，就像人一样，电脑也会出错。一张电脑标签并不是百分之百的保证。在一些情况下，只称重量还是不够的，还需要清点数量。如果订购了150只两磅的龙虾，验收员就应该责无旁贷地清点这些龙虾并称其重量。缺少一只龙虾，食物的成本就会有所变化。

同样，验收人员也必须有量尺。像番茄、苹果、橙和土豆之类的食物必须符合预定的尺寸，否则厨房工作人员就不得不用双份来弥补不足的部分。精确的尺寸对于装饰一道菜来讲很重要。另外，还要使用量尺来测量切割的肉片的厚薄。

刀子是用于切开样品检测货物内部是否因受恶劣气候的影响而发生变化的工具，尤其需要切开柠檬、酸橙和桃等几种水果进行检查。

剪子或其他一些合适的工具在开启箱子时会派上用场。没有这些工具，员工就会使用厨房中昂贵的刀具。时间一长，刀刃会遭到损坏。

二、验收过程所涉及的程序

在验收过程中，验收人员应注意一些细节问题。比如，同样货物的价格会因为不同的运送时间而不同。另外，包装方法因地而异，一些货物有可能在运送前就已经不符合标准了。这就要求当货物运达时，验收人员不仅仅只是检查货物的级别是否与预定的相同。

验收人员在验收时应该做好准备，即准备好订货清单并了解货物的规格。要把订货清单和送货员的送货发票加以比较，发现任何差异都必须上报。在检验过所有货物后，验收人员就可以对整批货物进行签收了，然后把所有表格送往采购部。

（一）空单验收

应该使用空单验收，因为空单验收是一种能够确保验收人员对货物进行清点和称重的好方法。当使用这种方法时，验货单上货物数量、规格和备注等部分都空着，要求验收人员去辨别、清点、称重并对货物进行评估（参阅表 7-1）。报告单上也可能略去价格，这样验收人员就不得不去核实，确保所收到的货物的价格无差错。

表 7-1 空单验收报告单

供应商 ________		日 期 ________	
		送货日期 ________	
		销售员 ________	
数量	货物规格	备注	单价

空单验收是一种能保证正确执行验收步骤的方法，但是在验收过程中管理人员的职业素养则更显得重要。在进行与金钱有关的商业活动中，管理人员都应该保持极高的职业素养和对各种细节的高度重视。所有的业务都必须有文字备案，货物的转运也都要有人签字，以避免在具体的交易和运送过程中产生差错。

（二）验收过程中所使用的表格与单据

一旦货物运到，首先要复查所有必要的表格，检查是否有价格、数量或质量方面的差异。若送来的货物与订购的要求不符，验收人员就应提出置疑。一方面这样可以节约时间，另一方面也可以避免不必要的卸下和重新装车的麻烦。如果货物无误到达，就可以卸下货物并进行检查。检查之后，应填写所有的表格。验收员需要携带以下几种表格和单据：

* 标准的购货规格清单
* 订购清单
* 送货发票
* 贷方欠货单
* 验收报告
* 标签

标准的购货规格清单应该能供验收人员快速浏览并作为参考。虽然验收人员对某些货物非常熟悉，但是也必须备有购货规格清单，这是因为某些货物可能是很少订购或只是为了某种特殊场合而订购的；另外一个原因是，厨师或管理人员也有可能对货物的规格作了一些调整，而验收人员可能对调整后的规格不太了解。表7–2就是一张货物规格明细表。

另一份重要的表格是订购清单（purchase order），其作用是注明送货商，记录订购的货物的数量、规格及有关货物的其他信息（参阅表7–3）。验收人员验收时，应将送抵货物的数量和质量与订购清单和验收报告加以比较。

如果存在差异，送货人员应在送货发票上注明并签上自己的名字。如果出现货物短缺的情况，送货人员还应交付贷方欠货单。在审核并确定货物合格后，负责验收和送货的人员都要在送货发票上签字，其中一份由送货员保留作为货物已收到的确认单。验收人员签收完货物后要填写好验收报告，最后连同验收分析报告一起上交财务部门（参阅表7–4）。

表7-2 货物规格明细表

日期________ 页数________

原料编号	品种	类别	供应商	货物代码	包装规格	每包单位数	单价	计量单位	每箱价格	单位价格	现有箱数	单位数量	实价
75	大个白色的生洋葱	农产品	A	75	50/箱	50	1.00	磅	25.00	0.50	0	12	9.01
178	生豆腐、豆干、熏干	农产品	A	178	12/箱	12	1.00	磅	0.00	0.00	3	9	42.63
204	生鲈鱼，平均2～15盎司/条	肉类	B	***	磅	1	1.00	磅	5.95	5.95	15	0	89.25
211	太平洋生鲑鱼，6～8盎司/条	肉类	B	***	磅	1	1.00	磅	2.90	2.90	6	0	17.40
221	优质生牡蛎	肉类	B	***	100/箱	100	1.00	个	9.95	0.10	0	10	0.00
235	生鸡骨头	肉类	C	***	40/箱	40	1.00	磅	6.00	0.15	0	2	0.50
240	生公火鸡，16～20盎司/只	肉类	C	***	磅	1	1.00	磅	0.85	0.85	13	0	11.05
248	生蟹钳，6-盎司/只	肉类	B	***	磅	1	1.00	磅	6.99	6.99	3	0	20.97
267	优质牛肉块	肉类	C	11369	磅	1	1.00	磅	1.29	1.29	10	0	12.90
305	青椒、辣椒	农产品	A	305	磅	1	1.00	磅	3.25	3.25	4	0	13.00
317	白玉米薄饼， 3英寸/张	杂货	D	***	12/箱	12	1.00	张	0.15	0.01	1	0	0.15
348	葡萄果酱	杂货	E	4184461	6/箱	6	1.00	升	28.20	4.70	0	1	4.70
398	袋装冰茶， (96)1盎司	杂货	E	4202255	96/箱	96	1.00	磅	14.76	0.15	3	0	44.28
425	食用油	杂货	C	68368	2/箱	2	2.50	磅	29.41	14.71	2	0	58.82
504	黑胡椒粉，不含杂质	杂货	E	5229323	6/箱	6	1.00	磅	33.08	5.51	0	1	5.52
524	黑巧克力（带花印）	杂货	F	***	4.4/袋	1	4.40	磅	24.21	24.21	3	0	72.63
561	香草奶油点心	杂货	F	***	13.5/箱	1	13.50	磅	32.50	32.50	1	0	32.50
576	饼干（巧克力口味，厚片）	杂货	E	2392355	200/箱	200	1.00	块	30.84	0.15	1	0	30.84
615	奶酪肉馅饼	杂货	E	1614072	800/箱	800	1.00	块	22.50	0.03	3	0	73.26
622	豌豆（冷冻的，煎炒过的）	杂货	E	1399013	12/箱	12	2.00	磅	30.00	2.50	0	1	2.50
708	西班牙香肠	肉类	C	***	2/箱	2	5.00	磅	21.90	10.95	1	0	21.90
726	鹌鹑（半带骨，欧式）	肉类	C	***	24/箱	24	1.00	磅	45.51	1.89	5	0	227.0
739	无头虾（带壳冷冻）盎司	肉类	B	***	磅	1	1.00	磅	6.15	6.15	4	0	24.60
787	去骨生鱼柳	肉类	B	***	磅	1	1.00	磅	10.65	10.65	6	0	63.90
797	大号生青蛙腿	肉类	B	***	磅	1	1.00	磅	4.75	4.75	5	0	23.75
815	猪火腿肉,9～11盎司/块	肉类	C	***	磅	1	1.00	磅	2.19	2.19	104	0	232.5
832	猪火腿肉,9～11盎司/个	肉类	G	832	磅	1	1.00	磅	5.55	5.55	6	0	33.30
849	生菜，甘蓝菜（绿色）	农产品	H	849	24/箱	24	1.00	棵	16.80	0.70	2	6	34.09
999	制作好的软糖	杂货	E	9378365	50/箱	50	1.00	磅	23.45	0.47	1	0	23.47

表7–3　订货清单

日期 ________　部门 ________　账户编号 ________　订货日期 ________

1号供货商 ________　定单号 ________

2号供货商 ________　送货日期 ________

3号供货商 ________

序号	数量	规格	公司报价			均价	总额
			1	2	3		
1							
2							
3							
4							
5							
6							
7							

特殊说明；　小计

运输费

税额

目的和利益；　合计

部门经理（日期）________　采购部经理（日期）________

财务总监（日期）________　部门总经理（日期）________

1—业务部　2—需求部门　3—采购部

表7–4 验收报告

供应商 ______		日期 ______	
______		运送日期 ______	
______		销售员 ______	
数量	货物规格	备注	单价
12箱	番茄汁		11.99
4箱	蛋黄酱	重型的	17.25
6箱	脱脂牛奶		53.70
1盒	奶油夹心酥饼		25.51
12盒	鸡精		62.42
2盒	糖精		14.89
13磅	火腿	圆形	19.37
9磅	火鸡胸脯	熏制	26.91
6箱	9成纯黄油		53.49
36箱	固体黄油		122.06

签收货物之后，要尽可能快地给货物贴上标签并储存好。标签上应该记录货物的价格、送货日期和其他相关信息，如数量或重量等。表7–5是一份肉类品标签的样本，加贴标签的目的在于使先到的货物能先被使用，这样可以防止食物的变质。同时，食物损坏越少，越利于保持储存区域的卫生条件。在货物标签上注明价格不仅可以加快库存速度也能减少偷窃，因为员工知道管理人员通过标签知道货物的数量，所以就不敢轻举妄动了。标出价格同时也可以强化食物就是金钱这一概念。

表7-5　肉类品标签

编号：15900

切割部位 ____________

价值 ____________

重量 ____________

日期 ____________

（三）办理贷方欠货单的程序

正确处理贷方欠货单对防止浪费和偷窃具有非常重要的意义。由于订货或验收的错误，使许多旅游接待业的储存室里都堆满了不能使用的货物。

在出现以下几种情况时应该要求送货人提交贷方欠货单：

* 运送的货物有误
* 送货发票上标明的货物并未运送
* 某类所需货物并未按照总量运送
* 货物因故被拒收

当送货人员说下次会带来优质的货物或贷方欠货单时，管理人员不能因为与送货人员熟悉而不要求任何文字说明就答应他们的承诺。表 7-6 是一份贷方欠货单的样本。

处理贷方欠货单应按照以下步骤：

1．要求送货人员提供贷方欠货单；
2．确保对方准确完整地填写了表格并写明原因；
3．要求送货人员签字；
4．在送货发票上注明贷方欠货单，这样业务部门就不必为这部分货物支付货款了；
5．给送货人员一份贷方欠货单，验收人员保留一份并存放在单独的文件夹中；

6．储存其他的货物；

7．通知送货公司让他们知道这一情况；

8．在供应商运送了相应货物或弥补了差额后，再将送货发票连同贷方记录凭证一起送往业务部门以支付相应的货款。

正如在拒收货物或货物未送到的情况下需要送货人提供贷方欠货单一样，验收人员也应该将误送货物的情况通知供应商。企业只接收

表7-6 贷方欠货单

□ 仅凭提货单
□ 提货单和信用单
□ 仅凭信用单（无需取货单）

日期________ 编号：45215

购货方________

客户编号	发票编号	原始发票日期

货物代码	数量（箱）	包装—尺寸—种类	包装	价格	数量

经办人________ 客户签字________ 日期________

自己已付款的货物，在任何时候都不应保留送发货发票上没有记录的货物。如果出现了误送货物的情况，那么应该将其妥善保存并尽快通知供货商。

三、确保安全验收

货物在验收过程中很容易受损。货物的储存和运输要重视，但是验收过程中货物被偷窃或发生变质的可能性远远大于控制过程中的其他环节，因而更要引起重视。由于货物大都送到厨房的后门或卸货区，所以在夏季冷冻食品或冷藏食品的温度上升得很快，需要尽快地检查和储存冷冻食物和其他易坏食物，这也是送货时间必须安排在验收人员验货时间充裕时原因。在运送前应该清楚库存情况，以便订购恰当数目的货物，绝不应该允许为等候清理储存设备而将新送到的货物放在厨房地板上的现象发生。

在签收货物之后，个别厨房员工、过路人和送货人仍有机会偷窃，所以这时只能允许参与验收的人员处于验收区。有些库房允许送货人员进入储存区，让送货人员把货物搬进仓库，那么是无法防止他们在出来的时候顺手牵羊地拿走点什么的。

（一）检查货物的质量

即使是夫妻店型的小企业，也应该检查货物的质量，确定货物是否送错。如果浆果或其他蔬菜瓜果的包装箱底层有水汽，则货物可能过熟或者已坏。如果送货人员不慎把一箱鸡蛋摔在地上，可能箱子底层的鸡蛋已经被摔坏，因此一定要好好检查这些货物或拒收。由于香蕉、梨和苹果等水果的表皮很容易被损坏，所以一定要小心轻放这些货箱，新鲜的蔬菜瓜果经常被搬动会降低其质量。把冷冻鱼类放进冰柜前必须检查其温度是否低于10华氏度。鱼类和其他肉类不能反复冷冻以防出现食物中毒。检查冷冻食物的结晶度可以反映货物是否已化冻、是否被重新冷冻以及是否被加水来冲抵货物重量。一定要检查有保质期和有色码食物的新鲜度。即使供应商有很好的声誉，但如果送货人员与客户合谋欺诈，也会用陈旧的货物替换较新鲜的货物。

企业如果接收了无法使用的货物，一是增加了食品成本，二是会制作出质量不好的菜品，从而导致企业失去回头客。供应商经常会出现缺货或者替换货物的情况，因此验收人员在接收货物前，必须就任何费用、质量或者数量方面的变化与管理人员进行磋商。

下面是提供全套服务的餐厅经常购买的食品清单，这个清单为验收人员评估货物的质量和保鲜度提供了指南。

1．水果类

苹果——色泽很重要。检查是否腐烂，是否内部呈褐色或者有损坏、擦伤、日灼、农药损伤或某种虫害等。所有的包装箱都应该注明数目和直径。

香蕉——最大的问题就是一旦冷藏，香蕉的成熟过程就停止了。香蕉应该看起来比较新鲜、结实饱满并且果皮厚实。应该检查其大小和成熟度。

草莓——如果包装箱的底部有污渍，可能草莓已经腐坏。重要的一点是，不要大量地购买草莓，而是需要多少购买多少。验收人员一定要检查集装箱是否干净，不要接受过熟的草莓。

樱桃——检查的要点与草莓一样，还要检查是否有蛀虫或者已枯萎。

葡萄——基本上成熟的葡萄质量最好。枯萎表明葡萄已经不新鲜了。葡萄核应该是褐色的而不是绿色的。完全成熟的葡萄应该有绿色的茎而不是褐色的茎。如果晃动一箱葡萄，应该只有几颗葡萄掉下来。

柠檬和酸橙——应该切开一两个尝一尝。

瓜——在每年的某些季节会非常贵，因此必须确保接收最好的货物。很难判断瓜是否熟了。如果没有瓜茎的只有一个完整的茎疤，这表明瓜被摘下来时已经熟了。如果，瓜茎还在上面，则可能没有熟。如西瓜底部的颜色应该是黄色的，敲起来如果有咚咚的响声，则也表明瓜已熟了。

梨——需要仔细地检查，因为梨在成熟后两周才会变甜。梨的评估标准是梨的表皮要呈显著的橘黄色，有光滑、明亮的表面，底部稍微呈现白色。梨的底部应该比较干燥，很饱满，有分量。

2．蔬菜类

芦笋——是一种价格昂贵的蔬菜，所以在验收时需要特别注意。芦笋应该有大约5厘米的白色的茎部分，用于隔离包装箱底部湿的苔藓带来的湿气以保证其质量。但白色茎太长的芦笋质量不好。芦笋应该呈现明亮的绿色，易于咬断和折断。

豆子（青豆或者菜豆）——易咬断，断处明显，没有丝状物。不光滑或有丝状的豆子不应接收。

绿菜花——应该是新鲜、干净且呈现深绿色，有紧凑的芽。如果枯萎或者有黄叶则不能接收。绿菜花的底部应该被修剪得很均匀而且多余的叶子已经被去除。检查是否有菜虫或者灰色的蚜虫。

球芽甘蓝——规范修剪、紧凑、明亮的绿芽是好菜的特征。如果叶子呈黄色、枯萎或者顶部裂开则不能接收。如果芽脏或者叶子的外面有泥，则表明有蚜虫。

圆白菜——易于染上蛀虫。检查其是否有腐叶，叶子是否呈现黄色，或者顶部已破裂。擦干茎部看看是否干燥，如果不干燥则表明已腐败。茎过软的菜质量不好，会造成很大浪费。

胡萝卜——应该至少有近8厘米长，而且直径应该接近2厘米。胡萝卜不应该发蔫或发软，而应该很脆并且一掰就断。

芹菜——折断梗来检测其是否脆。较好的梗一般是15厘米长。枯萎或黄叶表明芹菜已经不新鲜，芹菜过脏也应该拒收。

鲜玉米——外皮应该新鲜呈绿色且不干燥。撕掉外皮可用针刺玉米看是否颗粒的汁很丰富，如果没有汁则玉米已经不新鲜，不能接收这样的玉米。

黄瓜——应该新鲜、发亮、光滑、脆嫩、中型，颜色呈深绿，不应该发蔫。

柿子椒（甜味）——多种颜色混杂。应该拒收过于发软的柿子椒，如果有变色或者凹陷则表明已腐烂。用指甲划一下柿子椒就能测出其脆嫩度。

土豆——通常是批量购买，其原产地决定其用途。如果供应商提供的是代用品，那么验收人员应该知道根据其用途应采用何种类型的代用品。来自华盛顿州、俄勒冈州或者爱德华州的伯班克褐色土豆是用于制作烤土豆、土豆泥和油炸土豆的最好土豆。

番茄——应从味道、结实度和内部特征、色泽和大小来检查。形状也是质量的一个标志。番茄应该光滑，没有腐坏、冻伤、破裂、日灼、伤疤、病毒和虫害。

3．肉类

肉类产品一般而言比其他产品涉及更多的控制。验收人员需要更多地知道订单的规格。应从产品的色泽、外观、含水量、饱满度和骨化程度等方面来评估肉的质量。特别是在验收价格较贵的肉品时，验收人员应该懂得肉的等级、五花肉的不同分类和肥肉颜色的重要性以及其他因素。国家肉品供应协会的指南为肉的切割和质量方面提供了指导，是获得有关肉类规格的最佳信息来源。

（二）送货时间

送货时间必须安排在企业方便的时候，这样可以避免货物送到时验收人员正忙于其他的任务。确定送货时间可以确保订货方提前准备好存储设备能，减少食品损坏或者被盗的可能性。此外，一些供应商会采取一些措施鼓励订货方在生意不忙的时候接收货物，但是如果一家企业愿意并且能够在非送货高峰期接收货物，那么这家企业可以与供应商商谈给予奖励或折扣的问题。另外，供货商应该将货物的送货时间贴在店铺的外面，以便于送货人员查看。

（三）处理合谋欺诈行为的程序

有时送货人员会与订货方员工一起盗用资金或产品，即企业内部有合谋欺诈的活动。当业主针对此类活动发布书面规章制度时，所有的员工都知道业主期望他们遵循某些程序并且企业决不容忍这些活动或行为。一家企业应该根据以下几点来起草书面的规章制度：

* 如果怀疑有合谋欺诈的行为应采用何种程序
* 合谋欺诈是如何影响利润和整个企业的

* 何种行为属于合谋欺诈
* 怎样处置参与合谋欺诈的员工
* 沉默会如何被视为是对合谋欺诈行为的默认

一家企业可以通过发布书面的道德准则和工作指南来减少不道德的行为，使员工的行为可以有章可循。另外，如果员工认识到此类影响企业利润的行为也影响到自己的提升、长工资以及工作的保障时，那么他们有可能会不做并阻止其他员工做不道德的事情。

可以接受的礼物金额和礼物种类也应该规定清楚，以防止管理人员和员工以权谋私。虽然书面的工作指南无法涵盖所有的情况，但是至少应该可以指导员工最日常的工作与行为。以书面的形式来说明业主所期望的行为，能够加强员工对这些工作指南的重视程度。

员工知道自己行为的后果十分必要。如果出现盗窃或者合谋欺诈的行为，企业应该采取"火炉"式纪律措施。这一纪律旨在遏止那些一次也不允许发生的情况，其意思是如果违反纪律就会像碰了火炉一样被灼伤，如员工因偷盗被抓获，则将被解雇。同样，员工也应该知道知情不报是对不道德行为的宽恕。

大多数旅游接待企业都是在利润很小的情况下运营的，如果允许偷窃或者其他不道德的行为发生，则企业可能会破产。如果一家企业要想获得最大限度地产出，就必须对整个经营过程中的每一个环节进行坚持不懈的控制。

（四）非食品类货物

企业还存在着一些与验收非食品类货物有关的问题。如一些纸箱已经存放一段时间了，可能携带有蟑螂，应该在室外打开纸箱。纸质货物存在着的另外一个特殊的问题是，蟑螂在餐巾纸或者面巾纸等货物上排卵。扔掉这些被污染的货物或者支出一定费用来灭绝蟑螂，企业的利润都会减少。

验收非食品类货物的另一个主要问题就是某些物品的全部费用。虽然食品可能很贵，但是设备和清洁用品可能会更贵，管理人员可能被欺骗或诱惑购买了不必要的商品。

浪费或损失资金的可能性很多，因此控制资源变得十分困难。验收人员的专业素养有助于管理人员密切注意开支的情况并确保每一笔资源的花费都能产生最大的效益。为了保护本企业的利益，验收人员必须熟悉业务、忠实于本企业并且十分称职。

四、小结

验收是对比订单检查货物的质量和数量的过程。验收的一个重要方面是确保接收的货物在数量、质量和价格方面与要求相符合。一旦对比结果令人满意，应尽可能快的将货物保护起来以防止腐坏或被盗。需要保存准确和恰当的记录。企业应该雇用有学识的验收人员。培训也非常关键，如果验收人员不知道如何验收货物，也不理解检查货物的重要性，即使规格再详细也是毫无作用的。验收的过程应该尽可能的有效率，验收区的布局应该从控制、安全和便利的角度来设计。

验收人员应该有必要的设备来履行自己的职责，不管规模大小，都应该有具体的验收步骤。验收人员应该熟悉所有的验收单据，应该知道如何办理贷方欠货单。

验收人员必须知道自己在验收过程中保护货物的职责，包括检查货物是否腐坏，保护好货物以防被盗。验收只能安排在验收人员有足够的时间仔细检查和验收货物的时候。

为了使所有的职能和过程都能够有效地运作，一家企业应该像一个团队。对于验收人员和所有有权进入验收区的员工来说，诚实是首要的素质。可能只有当员工懂得盗窃影响企业利润以及他们的工作安全时，他们才会揭发偷盗行为。

复习题

1. 贷方欠货单应该用于除以下______外的所有各项。

(1) 辨别价格增长

(2) 说明产品的短缺

(3) 说明被拒收的货物

(4) 说明丢失的货物

2. 加贴标签可以用于除以下______外的所有各项。

(1) 记录价格

(2) 记录转送

(3) 记录货物接收的日期

(4) 记录货物接收的时间

3. 内部资源互用是为了：

(1) 使供货商需要说明丢失的货物

(2) 将货物从一个店送到同属一家公司的另一个店

(3) 将货物返还给供应商

(4) 让供应商提出购买请求

4. 如果香蕉在运送过程中被卡车司机摔在地上了，验收人员应该______。

(1) 在签收前检查货物

(2) 拒绝接收

(3) 在卖出前确保香蕉都已经擦干净

(4) 尽可能快地吃完这些香蕉

5. 如果送到的冷冻牛排有冰渣，这表明______。

(1) 牛排可能被放置在高于冷冻温度的地方了

(2) 部分牛排可能被人用水换走

(3) 牛排存储的时间可能很长

(4) 以上所有各项

6. 在验收过程中哪种人可能进行盗窃？

(1) 送货人员

(2) 厨房工人

(3) 过路人

(4) 以上所有各项

7. 如果库房里有一些无法使用的设备或者货物，那么管理人员应该采取除以下哪一项以外的所有措施？

(1) 送到另一个连锁店

(2) 作为信用单据退货

(3) 卖掉

(4) 送给某个员工

8．以下哪一项是不好的验收方法?

(1) 还没有检查就签收

(2) 比照订购单检查所有的货品

(3) 检查价格

(4) 以上各项都不是

9．厨房用的刀具不能用来______。

(1) (在验收时) 开启纸箱

(2) 切肉片

(3) 切肉块

(4) 切蔬菜

10． 非食品类供货，如纸类货物和设备等______。

(1) 没有必要像易坏食品那样检查

(2) 只要送到就可以签收

(3) 因为有蟑螂所以要敞开放在外面

(4) 不需要订购单

11．列举你检查包装箱的底部以确保质量的五种货物。

12．列举至少五种验收和送货人员合谋欺诈的方法。

13．分别列举在订购农产品和食品时的具体规格。

14．列举办理贷方欠货单的步骤。

测试题

1．解释加贴标签的重要性。

2．列举两种验收时需要清点的食品。

3．列举五种在验收过程中必须计量的货物。

4．怎样才能知道食品被解冻后再次被冷冻 ?

案例分析

作为模特餐厅的经理，你并不直接订购或接收食品。案例分析饭店的采购总监以及货物验收员已经在他们各自的岗位上工作多年了，他们对待同事都十分和蔼可亲。一天晚上，你和你的配偶在一家高档餐馆用餐。你发现案例分析饭店的货物验收员正在该餐馆里与为饭店运送肉类产品的货车司机一起吃饭。在大约一周以前你看见货车司机从饭店的冰柜里拿出一箱食品放在自己的货车里，对此你感到十分可疑。此时此刻你认出了那位司机。当时你将此事告诉了货物验收员，而货物验收员对你说该司机送错了货物。他还对你说过你应该多关心自己职责范围以内的事情，不要多管闲事。在他们用完餐以后，你看到送货的司机负责结账并给了货物验收员一个白色的信封，对此你感到更加可疑并且十分重视。以下是三种不同的对应办法：

1. 向高层领导汇报此事。
2. 不采取任何行动，除非你再次发现此类情况。
3. 忘掉此事并像货物验收员所建议的那样更多地关心自己的工作任务。

探讨每一种办法的利弊并推荐其中一种办法。

参考文献

L.H. 科茨切瓦 & C. 莱文森 (1988年)《批量食品采购》第三版 纽约：麦克米兰出版发行公司

Kotschevar, L. H. & Levinson, C. (1988). Quantity food purchasing. Third edition, New York: Macmillan, Inc.

J.M. 斯蒂发尼利 (1997年)《采购》纽约：约翰·韦利父子出版发行公司

Stefanelli, J. M. (1997). Purchasing. New York: John Wiley & Sons, Inc

M.C. 瓦佛尔 & F.H. 瓦斯基 (1970年)《专业食品采购员》加利福尼亚 伯克利：麦卡辛出版发行公司

Warfel, M. C. & Waskey, F. H. (1970). The professional food buyer. Berkeley, California: McCutchan Publishing Corporation.

第八章

储存与发放

关键词

条形码	低温冷冻储存	再进货点
冷藏储存	标准存货量	提货申请单
即用品	永续盘存	仓库
干货储存	实物盘存	

学习目标

在学习完本章之后，你应该能够：

* 描述在建立储存设施时必须考虑的六个因素
* 描述与冷藏储存相关的典型因素
* 解释一些与储存啤酒相关的问题
* 解释如何发放提货申请单

* 描述一家企业如何确定再进货点
* 描述永续盘存法
* 解释实物清点的重要性
* 解释记录已发放产品的重要性
* 描述在储藏室里储存产品的正确方法

一、储存职能

储存需求会因储存设施的经营类型不同而有所不同，如仅提供有限菜单的快餐企业与提供全套服务的餐饮企业的储存需求就不尽相同。大型企业和特许经营企业的经营者发现，以优惠价采购大批量的商品并将这些商品储存起来以备后用从经济的角度来看较为合算。企业无论大小，从控制的角度来看，都必须将产品尽快地储存起来以防止食品变质和被窃。管理人员不能容忍员工随便放置食品的做法，因为这样食品容易被偷窃。正确的储存有助于食品的使用，保障食品的安全及保持食品的质量。

正确的储存程序十分重要，因为食品的质量总是在不断地变差和趋于过期。此外，库存意味着现金积压。因此必须重视产品的储存与发放。在建立储存设施和确定相应程序时，必须考虑以下六个因素：

1. 储存设施的地点与布局
2. 温度与湿度控制
3. 产品的安排与置放
4. 标明库存产品的日期与价格
5. 做记录
6. 安全防范

在最初建立储存设施时，为了保证控制程序正常运作，必须重视这六个因素。

（一）储存设施的地点与布局

储存设施的地点与布局应该有利于在接收产品后迅速将其储存。

设施的布局应该确保所有的功能性活动都能够有效地完成，并且不会出现损坏产品的情况。如有可能，储存易坏食品的设施应该设在接收地点与准备制作地点之间，这样可以提高效率并有助于制作流程有序地进行。鉴于人工费用等因素，不宜将太多的时间浪费在去库房提取食品上。

在旅游接待业中，主要有三种基本的储存设施：干货储存、冷藏储存以及低温冷冻储存。储存设施的设计应该便于人员进出和打扫卫生，并有利于空气流通以防止霉变气味的产生，还要安装中央排风换气设备，这也适用于冷藏区域。库房窗户的玻璃应该是不透明的，因为阳光的直射对许多食品的储存有害。

（二）温度与湿度控制

合适的温度与湿度有助于最大限度地延长储存食品使用的期限。食品控制员与存储人员应该定期地查看温度表，干货库房的温度通常保持在华氏 50 度～70 度（摄氏 10 度～21 度）之间。

将食品储存在合适的容器里可以防潮和防止虫害的侵袭。在大多数情况下，所采购的重要食品一般是放在密封的容器里的，但是有些所采购的食品是放在没有密封的容器里的，如纸袋、纸箱和编织袋里，因此很容易受到虫害的侵袭，应该把此类食品放在密封的容器里。至于生熟易坏食品，应该采用最适合其保鲜的方式小心地加以储存。从总体上讲，应该将熟食和已开的罐头食品放在可以密封的不锈钢或塑料容器中进行储存。

应该定期打扫储藏室，不要在员工无事可做的时候才想起来打扫储藏室。应该保持储藏室的清洁卫生，以防止食品变质、发生虫害及出现异味。清洁冷藏室的卫生可以预防变质食品的蔓延，因为即使很少量的变质食品也会产生异味并影响到其他的食品。储藏室要定期的灭虫，以防止鼠类和害虫的繁衍和疾病传播。

只要可行，就应该把不同类型的食品放在不同的储藏室里。冷藏温度是适合大多数易坏食品的最佳温度。储存鸡蛋、黄油、各种肉类、水果和蔬菜的温度一般设定为华氏30度～45度（摄氏零下1度～7度）之间较为安全，这一温度被称为冷藏温度。一旦把食品从冷藏室中取出，最好就不要将其再放回到冷藏室。低温冷冻储藏是将食品放在华氏0度（摄氏零下17度）或0度以下（摄氏零下17度以下）的温度加以储存，大多数食品放在低温冷冻储藏室里的期限一般不超过3个月，低温冷冻食品的冷冻储藏期限不应超过1年，以避免冻坏食品。

农产品需要空气才能较长时间的保鲜，因此应该将农产品放在空气流通良好的地方储存。马铃薯、洋葱、食用油和奶制品等可吸收苹果的气味，而苹果又可吸收其他味道更强的产品的气味。储存葡萄的温度应该在华氏32度～40度（摄氏0度～4度）之间，冷冻会损坏葡萄。如果葡萄发蔫，颜色发暗并且一揪葡萄柄就可以带出果肉的话，这些葡萄可能已遭霜冻了。

适当的温度对于维持非易坏食品的保存期限也十分重要。储存主食或干货的储藏室一般应保持室内温度，虽然这类食品变质的风险并不太大，但所有的食品最终都会变质，适当的温度和湿度可最大限度地延长食品的储存期限。维持冷藏储存、干货储存和低温冷冻储存各自适当的温度和湿度是使食品储存期限最大化的关键，如果库房人员不清楚储存某些食品的最佳温度或湿度，最好问一下供货商。表8-1列出了某些食品的建议温度。

表8-1　食品储存的建议温度

项目	建议的储存温度
苹果	华氏32度～36度（摄氏0度～2度），90%–98%相对湿度
鳄梨	未熟的：华氏45度～50度（摄氏7度～10度），85%～95%相对湿度
	熟的：华氏32度～36度（摄氏0度～2度），90%～98%相对湿度
香蕉	成熟绿色和熟的：华氏60度～65度（摄氏16度～18度），85%～95%相对湿度
甜瓜	华氏32度～36度（摄氏0度～2度），90%～98%相对湿度
杨桃	华氏45度～50度（摄氏7度～10度），85%～95%相对湿度
大枣	华氏32度～36度（摄氏0度～2度），90%～98%相对湿度
费约果	华氏45度～50度（摄氏7度～10度），85%～95%相对湿度
鲜水果块	华氏32度～36度（摄氏0度～2度），90%～98%相对湿度
西柚	华氏45度～50度（摄氏7度～10度），85%～95%相对湿度
西瓜	华氏60度～65度（摄氏16度～18度），85%～95%相对湿度

西番莲	华氏45度～50度（摄氏7度～10度），85%～95%相对湿度
洋蓟	华氏32度～36度（摄氏0度～2度），90%～98%相对湿度
鲜嫩蔬菜	甜菜、白菜、胡萝卜、菜花、玉米、苤蓝、大葱、白萝卜：
	华氏32度～36度（摄氏0度～2度），90%～98%相对湿度
绿皮西葫芦：	华氏45度～50度（摄氏7度～10度），85%～95%相对湿度
绿菜花	华氏32度～36度（摄氏0度～2度），90%～98%相对湿度
圆白菜	华氏32度～36度（摄氏0度～2度），90%～98%相对湿度
中国菜豆	华氏45度～50度（摄氏7度～10度），85%～95%相对湿度
苣荬菜	华氏32度～36度（摄氏0–2度），90%～98%相对湿度
新切的蔬菜	华氏32度～36度（摄氏0度～2度），90%～98%相对湿度
鲜香料	除罗勒以外所有的香料：
	华氏32度～36度（摄氏0度～2度），90%～98%相对湿度
罗勒：	华氏45度～50度（摄氏7度～10度），85%～95%相对湿度
蘑菇	华氏32度～36度（摄氏0度～2度），90%～98%相对湿度
胡椒粉、辣椒	华氏45度～50度（摄氏7度～10度），85%～95%相对湿度
马铃薯	华氏60度～65度（摄氏16度～18度），85%～95%相对湿度

（三）食品的安排与放置

在储藏室里摆放食品的方法是应该将使用最多的食品放在靠近库房门口的地方，价格昂贵的食品应该放在离库房门口远一些的地方以防偷窃。将常用的食品放在门口的附近可以减少为把所需食品搬出储藏室而要花费的时间，从长远的角度来看，这样做可以节省人工。此外，储藏室里每种食品都应该有其固定的位置，这样便于库房人员查找食品并且有助于采用先进先出的程序来保持库存量。

先进先出的程序（first–in first–out procedures）规定新送的货物应放在原有货物的后面，这样可以先使用原有的库存，然后再使用新进的货物，有助于减少食品变质和被污染的可能性。所有储存的食品都应该放置在离地面20厘米的地方，冷藏库里的板架都应该设有小孔以便为易坏食品保持最大限度的空气流动，并使用固定的钢架放置非易坏食品。任何时候都不应把食品放在地上。

如有可能，应该将饮料与食品分开存放，因为这些产品对于湿度、温度以及安全的要求各不相同。由于酒精饮料的敏感度高，酒精饮料容易变质，应该在储藏室内安置温度计。由于湿度的影响，葡萄酒酒瓶的瓶塞以及酒精产品外表的标识有可能会损坏，加之葡萄酒对震动十分敏感，因此存放贵重葡萄酒时应该小心谨慎。此外，要锁上存放烈性酒、啤酒和葡萄酒的储藏室以防偷窃。

管理人员必须按照入库的先后顺序使用库存啤酒，因为啤酒不是放的时间越长越醇。从制作完成到零售之时起，啤酒的质量就开始下降了。普通的啤酒应该放在华氏40度～70度（摄氏4度～21度）之间的温度中储存，扎啤则应该放在华氏36度～38度（摄氏2度～3度）之间的温度中储存。与所有的易坏产品一样，储存的啤酒也必须按照先进先出的程序来使用。

（四）标明库存产品的日期与价格

由于库房人员必须将提货申请单上的提货价格制定成表并且为进货准备库房，所以为产品制作标签就成为一项必不可少的工作。库房人员一接收到货物，必须立即记录货物入库的日期并在其表面或其包装上贴上价格标签。对于需要保留货物记录的库房人员来说，接收过程中的这项工作是非常有必要的。

标明产品的日期与价格有许多的好处，库房人员可以提醒管理人员注意成本的增加，还有助于库房人员按照入库先后顺序使用存货。标明产品的价格则有助于盘点库存并确定食品与饮料的成本。标明产品的日期与价格还可以起到遏制偷窃行为的作用，因为标签表明产品已记录在案，那么员工就不太敢进行偷窃了。

（五）做记录

旅游接待企业接收的产品一般分为两类：即用品（directs）和备用品（stores）。即用品通常是一些价格低廉、易坏并且采购回来就立即使用的食品（如新鲜的农产品、烘烤食品以及奶制品等）。即用食品一般一送到就立刻发送到厨房，因此验收人员或库房人员不保留其储存记录。那些储存时间较长并且不是在采购当天就用的食品被称为备用食品。备用食品一般包括主食、酒精类饮料、肉类以及其他需要存放一段时间的物品。为了便于入账，这些食品在出库使用之前都被看作是库存的一部分，因此在出库之前并不被包括在成本之中，可采用一种方法对出库前的储存食品加以记录。

在餐饮企业，即用食品在进店后就被计入食品成本之中，这些食品被置放在厨房的冰箱或冰柜里并在当天食品准备过程中用完。有时候餐饮企业也会采购足够若干天使用的即用食品，这样做的目的是为了降低采购价或是为了便于记录。如果订购了多于一天所需的即用食品，管理人员必须确保储存好这些食品并将其入账。如果某一种所需食品当天没有使用完的话，那么也应照此办理。必须对没有使用完的食品加以记录，如有可能应把多余的食品交还给库房人员加以保存。

某些监控程序必须到位以确保所需要的即用食品如数使用完毕，这是一项经常被忽视的控制程序。如果为一次特殊宴会预订了500只龙虾，那么就必须有某种检测方法来确定的确烹制了所有的500只龙虾并端上了客人的餐桌。应要求每个班次填写当班的初始存货与结束存货报表来说明较贵重食品的使用情况。虽然大多数即用食品并不很贵，但是仍有必要落实监控程序以防止控制过程出现漏洞。

填写和保存记录对于适当地控制储存食品来说必不可少，无论何时需要从库房里提取某一产品，都应该向库房人员提交提货申请单。表8-2是一份提货申请单的样本。如果库存里没有所需产品或是需要补充某些食品以达到标准存货量，库房人员就应该填写一份采购订单。采购订单应该一份交给供应商，一份交给财务部，一份交给验收人员，一份留在库房里存档或交由提货申请人保管。验收人员应该是财务部的代表并且必须接收所有的进货。验收人员如对进货的数量、质量和价格感到满意，就可在验收单上填写进货的数量与规格，然后通知有关的订货部门，发票则送到业务办公室的审计那里。

表8-2 食品库房提货申请单

日期：______ 所需日期：______ 部门：______ 部门经理：______

提货量	原料	产品细节/种类	发货量	单位成本		单位总量	

（六）安全防范

对于旅游接待企业来讲，产品的安全问题应引起重视，因为旅游业所涉及的是极易消费的产品。库房的存货登记不应该仅由一个人来完成，由两个人来登记存货要比一个人更有利于控制。一个人可以进行盘点并说出存货数量，而另一个人则在存货账簿上加以记录，这样不仅可以节省登记存货的时间，而且可防止偷窃的发生。在盘点存货的过程中，可关闭库房，即不在盘点存货的过程中发放货物，这样也可减少出错或偷窃的可能性。为了便于控制，应该将库房锁好并且只有在库房人员在场的情况下或在指定的时间内一般员工才可以进入库房。库房关闭的时候，应该将其锁好并把其中的一把钥匙交库房主管掌握。除盘点存货之外，库房人员以外的任何人都不得进入储藏室，必须像对待银行金库那样来对待储藏室。对于所有进出的货物都应该有文字记录，没有提货申请单和提货人的签名则不允许任何产品出库房。松散不负责任的手续会使控制系统名存实亡。

备用食品应该总是摆放在同一个位置，这不仅便于库房人员提取物品，而且还可以防止员工将贵重物品放置在较便宜的物品后面以寻找机会将其偷走。确定存货的固定放置地点也可以减少盘点存货时出现计算错误，如果将同一种产品放在若干不同的地点，那么员工行窃的可能性就会大增。此外，应该尽量将贵重物品放在远离库房门口的地方，这样偷窃就不会那么便利容易了。

监控摄像机 库房人员不应将货物放置在容易被偷窃的地方。一旦接收了送货，就应该立即将货物放入适当的储存设施之中，因为食品在交接与入库之间的这段时间最容易被偷。由于此时是最危险的时刻，管理人员须确保食品在最佳时间入库。备用食品的价值越高，所需要采取的防卫程度就越高。现在许多餐饮企业，特别是那些需要监控更多的交接和储存地方的大型餐饮企业，已安装了闭路电视摄像机来监控不同的设施，并直接连接到企业的安保部门。

一旦食品进入库存，就必须采取适当和不间断的安全防范措施，即使是在最小型的夫妻店里，也不允许员工随意挪用食品。

钥匙 为了便于控制，应该将钥匙的数量降至最低的限度，管理人员应该从有效经营和最佳安全的角度来确定钥匙的数量。如果有不止一把钥匙或者更多的人可以接触到惟一的一把钥匙，那么最好建立签入签出记录。另一个方法就是频繁地更换锁具，在可以进入库房的员工离开本企业后应该更换锁具。

也可以使用电子锁，电子锁带有袖珍键盘，需要使用密码和钥匙卡才能打开。此外，电子设施还可以记录下开锁的时间和个人，这可以发现出员工私自进入库房或不规范的行为。如餐馆的老板可以发现大厨在早上4点打开了库房门，因为电子装置记录下了大厨的准入密码。

虹膜识别 虹膜是眼球内部对光敏感的网状薄膜。利用计算机扫描视虹膜来辨别人员的手段可能最终会取代钥匙。研究表明虹膜识别远比指纹更可靠。在采用了这一新手段之后，管理人员将可以比使用钥匙更加安全地控制储存设施以及其他区域。虹膜识别有可能成为未来企业控制所有资源出入的监控手段。

二、发放职能

发放职能对于控制过程的成功至关重要。有两个程序适用于发放，第一个程序与发放过程本身有关，也就是从库房到制作或使用地点的过程。第二个程序涉及与确定所发放的产品成本相关的记录。必须对这两个程序在发放过程中的有效性加以监察，否则产品可能并没有到达它们本应该去的地方，也可能没有任何发放或使用的记录。

（一）发放过程

为了进行有效的控制，发放过程必须始于提货申请单，即说明发放过程的重要表格。应该使用提货申请单来从库房提货，只有收到提货申请单才能交付产品。首先在提货申请单上列出需要从库房提货的品种和数量，这是发放过程的开始；需要使用产品部门的主管应该审查该份申请单并确认所列出的产品数量属实，如果主管确认后将会在该申请单上签名并将其交给库房去发放货物。应该将提货申请单存档以便评估控制程序。

应该提前把提货申请单交给库房人员，以便他们从容地发放货物。为了便于使用人工和控制成本，应该确定从库房出货的具体时间，这样库房人员还可以履行发放货物以外的职责了。这些其他的职责包括打扫库房、清洗冰箱和冰柜、检查货架上的货物、按照日期顺序摆放货物以及做记录。

库房人员负责计算每项提货申请的成本（如所配发货物的总价值等），通过登记每项物品的单位成本并用单位成本乘以所发放物品的单位数量就可以计算出一份提货申请单的总成本。所有的储存货物都应该记录在案或记入存货清单之中，随着物品价格的变化，最近采购物品的价格被记录在永续盘存的档案里，这有助于管理人员确定所售产品的成本。

一旦将提货申请单中所需物品配制完毕并由提货人签完字后，库房人员应该将该申请单的一联送交财务部，这样就可以很容易地辨别和计算每一餐饮点所使用产品的成本。该申请单的另一联应该与所提的货物一起送到提出申请的部门，这样该部门就可以保持记录并核对所提货物。

（二）提货申请单

表8−2和表8−3分别是空白的和填写过的提货申请单的样本。提货申请单是记录所需产品的方式并有助于确定应该收取的实际成本，

这对于有着不同餐饮设施的大型旅游接待企业格外有益。

提货申请单不仅仅用于餐饮企业，所有的管家或客房服务人员都应该填写提货申请单，这样客房部的总监就可以确定所有的物品是否都得到合理的使用。

表8-3 填写并已计算过成本的提货申请单

日期 19××年5月10日 所需日期 19××年5月10日 部门 宴会部 部门经理 D.J.琼斯

提货量	原料（代码）	产品细节/种类	发货量	单位成本		单位总量	
80磅	219	无骨无皮鸡胸	80磅	6	88	550	40
3条	325	牛里脊肉（整条）	3条	50	00	150	00
2箱	004	嫩鸡肉	2箱	5	00	100	00
1箱	214	小蛋奶火腿蛋糕	1箱	15	00	15	00
5磅	159	西班牙辣味香肠	5磅	5	52	27	60
10磅	245	红笛鲷	10磅	2	00	20	00

三、库存

餐饮企业需要对传统的库存管理方法进行重大的改变和改进。当企业的采购与库存管理经常是经理凭借直觉来进行的时候，这一需要便显得格外重要了，因为缺乏经验的经理靠直觉作出的库存决定会给企业造成代价昂贵的损失。

（一）标准存货量

在投入财力建立库存之前，应该首先确定标准存货量（par stock）。标准存货水平也被称为简单平均量，是指在两次送货之间所存有的产品数量。一些食品的标准存货量根据需求和送货的时间会有变化。时令食品因为受欢迎，因此其标准存货水平也应提高。如果两次送货之间的间隔缩短，那么标准存货水平也可以降低。因为有关存货量的各种有利和不利的因素，必须时常地评估标准存货水平以确定存货量是否充足。在确定标准存货水平的过程中，管理人员必须考虑所使用的每种食品的相对数量。

在订购产品以保持标准存货量时，必须估算储存这些产品的成本，较为理想的情形是将存货量保持在最低限度。有时以优惠价购买大批量也许更合算一些，但是必须事先分析一下储存大量的产品是否仍然具有成本效益。影响存货量的因素包括营业额和一些具体食品的使用周转率，销售分析可以使管理人员观察需求变化。就大批量采购而言，销售分析可能表明并非在所有的情况下目前的价格与将来的价格之间都存在着较大的差别。无论何时采购并不需要马上使用的物品时，都必须考虑所花现金的利息、保险费、存储费、人工费用以及可能会出现的浪费和损失等。

（二）订货数量

在进行需求评估和确定标准存货水平后就可以订购产品了。随着产品的不断消耗，必须继续订购来补充用掉的产品。储存周期（storage cycle）中需要继续订购的时刻被称为再订购点（reorder point）。在控制产品的储存量的过程中，确定最有效的再订购点非常必要。再订购点是指所储存的产品在继续订购前可以减少到的单位数量。在为任何一种产品确定再订购点之前，有必要了解其通常的使用量以及送货所需要的时间。如果产品对于经营来说必不可少的话，那么必须再确定一个安全系数以防备送货中出现的耽搁以及使用量的突然增加。永续盘存法中的再订购点与定期盘存法中的预期期末存货相同。由于供应商不愿意拆箱出售某些产品，因此管理人员在订购前必须了解到这些并且整箱地储存这些产品。一旦确定了标准存货量和保险系数，企业就可以确定当某一产品的存货量减少到再订购点时应该再订购的数量。以下的例子显示如何计算使存货量重新达到标准存货量的再订购数量：

	40	标准存货量
−	10	再订购点
=	30	数量
+	5	送货前通常的使用量
=	35	再订购量

在上面的例子中，所需产品的标准存货量为40箱，再订购点确定为10箱，因此所需要再订购的数量是30箱。但是鉴于在订货后到货物送到之前这一期间通常的使用量是5箱，所以需要在30 箱之上再加上5箱的保险系数，因此再订购的总数是35 箱。

（三）定期盘存法

为维持非易坏品存货最常使用的方法就是定期盘存法（periodic inventory）。定期盘存法使管理人员可以确定再投入到存货中去的现金金额，因为产品是根据到下一次订购之前所需要的数量来订购的。这种方法的计算公式如下：

	本阶段所需要的数量
−	目前的存量
+	本阶段结束时到下一次送货期间所需要的数量
=	需要订购的数量

尽管大多数的旅游接待企业都采用这一方法，但是定期盘存法有潜在的问题，因为管理人员通常并不像使用永续盘存法和处理标准存货量时那样仔细考虑所需要的产品数量与必要的安全系数。此外，经理们往往会匆匆行事并在订购时非常随意，没有认真阅读存货报表或对产品的数量进行实物清点，许多餐饮企业失败就是因为缺乏经验的管理人员错误地理解或错误地使用这一方法所致。订购了大于所需产品的数量不仅浪费而且也为员工的偷窃大开了方便之门。与之相反，如果管理人员订购了小于所需产品的数量，那么储存的产品将无法满足客人的需求，因此会使客人感到不满意。

(四) 永续盘存法

一些企业采用永续盘存 (perpetual inventory) 系统，因为该系统有可能消除不断进行实物盘存(physical inventory)的必要性，但对旅游接待企业来说也许并非如此。由于产品的易坏性以及与这些产品的被偷窃，旅游接待企业必须经常进行实物盘存。对于旅游接待企业来说，永续盘存并不是一个效果不好的系统，但是食品的易坏性及其较大的周转率使得经常进行实物盘存很有必要。永续盘存系统有助于确定所采购的数量是否能满足预期的需求但又不会过量，这种方法的运做就像是银行的支票账户，因为产品就像资金一样从一定的余额或库存中减去，因此这一方法有利于减少存货过少或过量的可能性。

在永续盘存法中，所采购产品的数量被记录下来，随着产品被发放出库，所发放的产品数量也被记录下来。通过采用这一程序，可检查永续盘存的记录来确定某一食品在特定时间之内的库存情况，一旦进行实物盘存时，管理人员就可以迅速确定某一产品是否存货过量、过少或丢失。永续盘存记录所保留的信息包括供应商的姓名和地址、某一种食品的最新采购价、标准存货量、再订购点以及再订购数量。

(五) 库存管理

为了加强控制，实物盘存是一项必不可少的工作。实物盘存是旅游接待领域里最常用的存货控制方法，一般是在一段会计结算期结束时要求实地清点存货中的每一项产品。在清点存货之前，最好准备一份产品清单，这样就不会漏掉任何库存产品了。存货清单或记录上应该标明物品在储存室里的具体位置，这样盘点存货的人员就可以有序地工作，从而加快工作的进程。应该派两个员工去进行实物盘点工作，一个人盘点物品，而另一个人把物品数量登记在存货记录上。一旦确定了每一项物品的数量，就可以计算总价值了。实物盘存有助于成本计算，因为一旦确定了期末存货量，就可以计算物品的消耗量了。

期始存货量

\+ 本会计结算期内的采购量

= 总可用量

\- 期末存货量（仍可使用的单位数量）

= 消耗量

有五种确定存货产品价值的方法：实际采购价法（actual purchase price method）、先进先出法(first-in first-out method)、加权平均采购价法（weighted average purchase price method）、最后采购价法(latest purchase price method)和后进先出法(last-in first-out method)。这些计算方法中的每一种都有可能在任何一段时期结束时提供不同的存货价值。为了使控制程序起到作用，管理人员必须确定并坚持不懈地使用其中一种存货价值计算法。使用哪一种存货价值计算方法取决于某些产品的价格是否会大幅度地波动，如果价格基本上稳定，那么使用哪一种计算期末存货价值的方法都不是那么重要了。

实际采购价法正如其名称所显示的那样，要求使用存货的实际价格来确定总价值，这一方法最为准确，但是也非常费时。若要使这一方法计算准确，那么存货中的每一项物品都必须标有价格。如果在某一会计结算期内运送来两批听装番茄酱并且两批货物的价格都不一样，那么就应在一些番茄酱罐头标出一种价格而在另一些番茄酱罐头上标出另一种价格。实际采购价法要求库房人员将所有标签上的价格相加得出总价值。

先进先出法反映物品的最近价格，因此在旅游接待业中颇受欢迎。先进先出意味着储存中的某一食品（如存放最久的食品）应该最先使用或发放出库，这样可以确保存货按照入库的先后顺序出库。如ABC烧烤店在上一个存货／会计结算期内结束时还有10磅鸡胸的存货，在本会计结算期内ABC烧烤店采购鸡胸共4次并在本会计结算期结束时还剩有8磅鸡胸，表8-4显示期末存货价格以及4次采购价格的情况。

表 8–4

	磅	每磅价格
期始存货	10	$ 3.50
第一次采购	20	$ 3.50
第二次采购	25	$ 3.75
第三次采购	30	$ 3.95
第四次采购	5	$ 3.99
期末存货	8	

先进先出法表明，由于ABC烧烤店采购的第一批鸡胸是首先使用的，剩余的8磅鸡胸必然是从最后一次采购中剩下的。而最后一次采购量仅为5磅，所以剩余的8磅鸡胸还差3磅，这3磅鸡胸一定是从第三次采购中剩下的，第三次采购的每磅价格是3.95美元。表8–5计算出期末存货的总值。

表 8–5

磅	每磅价格	计算结果
5	$ 3.99	$ 19.95
3	$ 3.95	$ 11.85
总计		$ 31.80

加权平均采购价法是计算出平均价并用平均价作为期末存货的价格。仍以ABC烧烤店的数据为例，首先就要计算出各种金额（参阅表8–6）。在这个例子中，总共有价值337.20美元的90磅肉，因此用90来除337.20美元得出平均每磅的价格大约是3.75美元。如果期末存货量为8磅的话，那么用3.75美元乘以8就可以得出其价值，也就是30美元。

表 8–6

	磅	每磅价格	计算结果
期始存货	10	$ 3.50	$ 35.00
第一次采购	20	$ 3.50	$ 70.00
第二次采购	25	$ 3.75	$ 93.75
第三次采购	30	$ 3.95	$ 118.50
第四次采购	5	$ 3.99	$ 19.95
总计	90		337.20

最后采购价法也叫最近采购价法，这大概是最简单的方法了，因为它是用最后的采购价格来确定存货价值的。这一方法的依据是，采购的存货数量合适并且存货按照先后顺序出库，因此储存的产品应该都是来自最后一批采购。仍用上例 ABC 烧烤店的数据来计算。如果期末存货为 8 磅肉并且最后的价格为 3.99 美元，那么用 3.99 美元乘以 8 就可以得出期末存货的价值，也就是 31.92 美元。

后进先出法是旅游接待业中使用得最少的一种方法，它是采用最初的价格作为估值的方法。这一方法未得到广泛的使用的原因是最新采购来的存货将会比其他存货先使用或发放出库房，因此企业无法按照存货先后顺序发放货物。仍以 ABC 烧烤店的数据为例，剩余的 8 磅鸡胸应该是来自期始存货，价格为每磅 3.50 美元，用 3.50 美元乘以 8 就可以得出期末存货的价值，即 28 美元。

（六）库存周转

控制库存要求拥有足够的存货以备需要的时候使用。库存管理的难度在于如何掌握好存货过多和存货过少之间的平衡。过多的存货可能会构成一些问题，其中包括：

* 食品变质，因为在使用之前存放的时间太久
* 存货占用了过多的资金

* 支付高出必要的人工成本来处理大量的食品
* 超出必要的空间用于储存
* 为偷窃行为提供可乘之机

为了避免这些问题，餐饮企业应该评估其存货周转率。存货周转率可以用以下的公式来计算：

$$存货周转率=\frac{本会计结算期内所售产品的成本}{平均库存}$$

如果本年度所售食品的成本是50 000美元，并且平均库存是1000美元的话，那么存货周转就是50次。这就是说存货大体上每年更换50次，一年有52个星期，因此50次的存货周转意味着每次旧的存货用完，新的存货送来所花费的时间大约是一个星期多一点。大多数的餐饮企业将这种单一的存货周转数字用于所有的存货，但是一些餐饮企业发现，针对不同类型的产品采用不同的周转率效果更好。如可以将牛排与其他的肉类分开计算周转率，也可以将烈性酒、啤酒和葡萄酒与其他饮料分开计算周转率。一般来说，由于产品的类型不同，各种公认的产品周转率可能差异很大。易坏食品的周转率要远高于非易坏食品。

对于所有企业来说，确定和维持准确数量的存货都是一种挑战，管理人员必须不断地评估存货的使用情况与预期的销售情况。就控制存货资金而言，即使最全面的制作、计划和分销管理系统也可能产生令人失望的结果。传统的衡量存货效果的办法——存货周转已无法满足20世纪90年代物资管理的需要了。由于旅游接待业中的竞争程度，各旅游接待企业在寻求一种更为有效的衡量存货效果和控制库存量的方法了。罗伯特·莫里斯及其同事（Robert Morris and associates）的调研结果显示，在从1996年10月1日到1997年3月31日这段期间内，销售额为2500万美元或以上的快餐馆的平均存货周转率是35%（比率为31.9）。

（七）未使用的产品

尽管储存、盘点和发放是控制过程中的重要组成部分，管理人员仍有必要了解食品在发放出库以后的使用情况。即使所有的账面数字吻合并且从接收和发放的角度来看所有产品的使用情况都有记录，但是管理人员仍然有责任确保食品被使用。发放程序中往往被忽视的另一个重要的方面就是那些预订了但是没有使用的食品，应该把那些提出库房但没有使用的食品送回库房。有时那些没有使用的食品并未被记录下来并且最终不知去向或被注销。管理人员应该进行实物盘点，将客人消费结算单与从库房提出货物的数量加以比较来确定食品是否已经售出，管理人员必须理解这样做的重要性。就贵重物品和大型宴会活动而言，这样做尤其重要，因为客人已经预先支付了宴会所需食品的费用。

（八）条形码

使用条形码加密是在经营过程中用来查找货物的方法。条形码系统源自工业、仓储以及物资处理应用。使用条形码加密的原因是，货物上统一的符号有助于控制与查寻货物，减少人工成本及提高存货的准确性。条形码被印制在成捆的货物上、货物的标签或包装上，为每一件需要查找的货物设定一个号码，然后使用软件设置带有该货物识别密码的标签，这个密码使货物与电子档案相连。电子档案中的信息包括采购日期和成本、使用设备的人员、地点、供应商以及设备的保质期限、升级换代或许可证协议等。

可以改变条形码来满足餐饮企业的特殊需求，如使用者可以设置供内部查找货物的条形码。在制造商提供条形码的时候，使用者可以将其改变以适应自己具体的内部系统，这样就可以对所有进出企业的存货统 地进行扫描、查寻和储存了。

2-D条形码加密是对产品流动实施监控较为精确的手段之一。诸如PDF417、最佳条码（MaxiCode）和数据矩阵（Data Matrix）等条形码是一些使用高新技术的例子，这一技术只需要占用很小的一点地方。这些条形码可以将2500个字压缩在6.5平方厘米或更小的打印符号之中，这些数据可以扫描并且立即显示在店里的终端机上。

传统的条形码技术只能简单地辨别存货的许可牌，它只能将很少的字打印在线性格式里，条形码太长在扫描时，必须使用备有计算机的数据库才能获得有关存货的详细情况。与传统的条形码技术不同，2-D 符号体系是一种小型独立的数据库，但现有两种类型的 2-D 符号体系得到普遍的认可：堆放式符号体系（stacked symbologies）和矩阵式符号体系（matrix sumbologies）。2-D 条形码仍然处于需要得到行业认可的初期，但是不容置疑将会在将来发挥重要的作用。

四、小结

良好的储存对于食品的使用及保鲜十分重要。必须为储存食品加上标签以便于先进先出的程序，还使验收人员和库房人员不得不清点产品并为其称重量。标出存货的价格在两个方面有助于控制程序，可以使员工意识到和理解存货实际上就是现金。

为了加强控制，所有的存货都应该放在储藏室里的具体地方。应该将货架分类并在货架上标出价格，这有助于先进先出的程序，不会将某些货物放在其他货物之后而被遗忘。此类做法也有助于加快库存过程，保持储藏室内的卫生以及辨别高成本的存货，进而避免将这些货物放在靠近库房大门的地方被人偷窃。

决不应该允许送货人员进入库房，因为他们在出来的时候可能会禁不住诱惑而顺手牵羊地拿走一些食品。员工只有经过许可才能进入库房，而在任何时候都应该将库房锁好。

应在收到提货申请单后才能发配货物。为了记录使用情况，应该在有关人员签字以后才能允许其将货物提出库房。没有这些控制措施，货物就有可能丢失并且无法找到。花几分钟时间签名和记录从库房提货的日期对于控制程序来说是很值得一做的事情，即使是最小的企业也需要记录从库房提取的货物。

必须指出的是，在存货出库后，管理人员的控制职能并没有结束，没有使用的物品应该交还给库房人员，库房人员应该将这些物品储存好以备后用或将其退还给供应商来冲抵赊账款项。管理人员必须知道账面上的平衡并不意味着经营过程的成功。管理人员只有通过不断的观察及收集来自客人和员工的反馈才能使控制程序进展顺利。

复习题

1．从控制的角度来看，实物盘点应该______。

(1) 由至少两个员工来进行

(2) 应该每个月进行

(3) 在会计结算期的中期进行

(4) 包括那些预订的物品

2．以下哪一项是确定库存价值的方法？

(1) 后进先出

(2) 先进先出

(3) 实际采购价

(4) 以上所有各项

3．存货过多可能会导致以下那些问题的出现？

(1) 货物的价格可能会提高

(2) 该类货物在市场上供应紧张

(3) 过多的资金会被套在存货账上

(4) 以上所有各项

4．存货周转率可以用______来计算。

(1) 销售额乘以存货数量的方法

(2) 平均库存除所售货物成本的方法

(3) 各期末存货量相加的方法

(4) 平均库存除销售额的方法

5．在建立储存设施时，以下哪一项丨分重要？

(1) 地点

(2) 做记录

(3) 库存类型

(4) 只有1项和2项

6．以下哪一项是为货物标明日期和价格的好处？

(1) 可以知道谁是供应商

(2) 有助于轮流使用存货

(3) 管理人员知道何时需要再订货

(4) 以上所有各项

7. 餐饮企业接收的食品一般分为两类：

(1) 即用食品和备用食品

(2) 即用食品和易坏食品

(3) 备用食品和易坏食品

(4) 冷冻食品和干燥食品

8. 备用食品包括______等食品。

(1) 罐头

(2) 面粉

(3) 食糖

(4) 以上所有各项

9. 标准存货量是______。

(1) 指为一家新餐馆订货的数量

(2) 指两次送货之间的存货量

(3) 由供应商确定的

(4) 指促销期间的存货量

10. 以下哪一项是涉及储存的主要问题？

(1) 货物的安全

(2) 布类物品

(3) 诸如面粉和食糖等大宗的物品

(4) 送货的时间

11. 什么是发放所申请物品的程序？

12. 如果每天使用十磅面粉并且供应商每五天送货一次，那么将怎样确定面粉的平均储存量？

13. 列举可以使用条形码来支持餐饮企业控制职能的五种方法。

14. 你会使用哪些控制程序来确保可以准确地进行实物清点。

测试题

1. 确定库存周转的是什么公式？这样计算有哪些好处？
2. 确定会计结算期内所消费的产品量使用什么公式？
3. 在经营一家高档牛排店的过程中，应该以何种方式将食品储存在冷藏室之中？
4. 阐述如何提交提货申请单及其重要性。

案例分析

案例分析饭店的库房经理告诉你，你的一个厨师上午10点到他那里要求提取一听2.5磅的咖啡。该厨师说咖啡已用完了，但早餐时餐厅人满为患。库房经理向他要提货申请单，该厨师说自己没有时间填写提货申请单但会让班次主管签一张提货申请单，因为这是紧急情况。库房经理对你说，这个厨师几个星期以前就这样做过，只不过所要的是其他的物品。当时该厨师对库房经理说他在早餐后会填一张提货申请单给他，但是两天之后该厨师才把提货申请单交给库房经理。作为餐厅经理，请你写出正确提货申请的程序并让员工仔细阅读以防止以后再出现此类事情。请逐步地详细说明，从评估餐厅的需求到从库房经理那里提取产品这一程序。

参考文献

G. 佛杰 （1996年9月）《2-D条形码：更多的选择，管理库存数据的新途径》《现代材料处理》

Forger, G. (September 1996). 2-D bar codes: More options, new ways to manage inventory data. Modern Material Handling, 51, 37-39.

J.J. 吉奥（1997年2月）《供应商管理库存已成主流》《行业分销》

Keough, J.J. (February 1997). Vendor managed inventory takes center stage. Industrial Distribution, 86, 13.

《餐馆协会年度报表研究》（1997年）费城：罗伯特·莫里斯及其

同事

RMA annual statement studies. (1997). Philadelphia: Robert Morris and Associates.

B. 扎鲁德（1996年5月）《财产追踪》《安全》

Zalud, B. (May 1996). Asset tracking embraces printing, tour improvements. Security, 33 63-64.

第九章

准备与制作

关键词

应急菜单	制作安排表	标准化食谱
剩余食品	食谱的换算	替代品
偷窃行为	食谱产出	时间系列
制作错误	销售记录	通用换算系数

学习目标

在学习完本章之后，你应该能够：

* 列举防止制作过程浪费的方法
* 解释制作过程中预测的重要性
* 描述食谱换算程序
* 解释制作过程中使用各种计量器具的重要性

* 解释如何确定一道菜肴的食物成本
* 解释应该由专人负责准备菜肴的原因
* 解释制作错误如何增加了成本
* 解释制作控制对于成本、时间以及客人感受到的价值的重要意义
* 解释制作安排表的重要性
* 解释替换菜肴的成本关系
* 描述利用剩余食品的有效方法
* 理解应急菜单的重要性
* 列举应该列在厨房制作表上的基本内容
* 描述工具、设备的正确使用及维修的重要性
* 描述在制作过程中偷窃可能发生的方式

准备与制作过程始于菜单所列出菜肴的食谱。正如我们在第三章里讨论过的那样，标准化食谱为制作人员提供了指导性信息及有助于管理人员确定菜肴成本的信息。一份正确的书面食谱可以就菜肴的各种成分、菜肴的要求、准备方法、烹饪温度、烹饪时间、分量、出菜量以及设备提供所有必要的标准。如果根据食谱上一系列标准准备菜肴的话，那么就可以保持菜肴质量的稳定性，从而提高客人的满意度。标准化食谱确定了出菜量以及菜肴色香味的稳定性，因此也有助于确保有效的成本控制。

如有可能，制作过程不应该造成任何形式的浪费。如在切鸡肉和火鸡肉等肉类的过程中，本可以扔掉的边角料如肥肉、肉皮和骨头等应该放进汤锅里熬汤；少量的食品可以用于汤中或配在其他的菜肴里；小面团可以用来做棍型面包或棍型点心；剩余的吐司油炸后可以用来做配菜。刮刀是餐饮企业不可缺少的工具，如果没有各种刮刀，就有可能造成蛋黄酱、芥末、色拉调味酱、调味番茄酱、番茄酱以及需要在拌碗搅拌的食品的浪费。必须不遗余力地用完每一种食品。简言之，精心计划和准备及制作可以为企业节约很多的资金。

一、员工培训

如果员工没有受到过正规的培训，那么在他们准备菜肴的过程中就容易出现浪费现象。应该培训所有的制作人员掌握标准化食谱所要求的技能，其中包括切片、切丁以及装饰菜肴。如果允许员工在准备的过程中自行其是的话，那么菜肴的分量就有可能受到影响。必须培训员工按照标准化食谱的要求把食物切成块、切成片或切成丁。切成块通常是指把食品切成大小一致的小块，而切成丁的意思是将食物切成0.6、0.8或1.9厘米左右的小方块，必须向员工们展示这两种刀功的区别。如果需要把胡萝卜切成片，必须确定切片的厚度以及胡萝卜两头不要的部分。如果是削苹果皮或土豆皮，应该注意观察员工，不要让他们连皮带肉削得过多。在为此类食品削皮的过程中，员工们常常会不认真，因为他们发现连皮带肉削要比单削皮容易得多。重要的是，管理人员不仅要培训员工掌握必要的工作程序，而且要监控或观察他们的工作。

二、制作预测

旅游餐饮企业中最理想的情景就是把厨房中的最后一道菜端到最后一位客人的餐桌上，要取得这样的结果难度很大。但是，在预测制作量时，必须竭尽全力地去争取达到这一结果。预测销售非常困难，但是旅游餐饮企业每天和每个星期都必须作出此类决策。在旅游餐饮业中，预测销售对于成本控制来说至关重要，因为某些食品是不能再放回库里的。必须就制作和人员以及其他事宜作出决策。此类决策需要预测生意量，一般是根据现在出现的情况以及过去出现的情况作出预测。所以，在管理决策过程中时间被认为是最重要的因素之一。因此，有关未来的统计性推论包括一个或一系列基于过去和目前情况的变量。在预测过程中，旅游餐饮企业一般都使用时间系列。时间系列是指把一个或一组变量按照其发生的时间顺序排列的测量顺序，即使用了有组织的程序而不是凭借感觉，这时销售预测往往也非常成功地防止了过多的制作与过多的人工安排。有关预测程序的其他信息将在第十六章里加以讨论。

预测的重要性应该受到重视，但是很少有几家企业理解保留销售记录的重要性。保留准确的销售记录有着若干的好处，从控制的目的出发，销售记录可以提供两类非常有价值的信息：首先，管理人员可以通过评估以前的销售预测来更好地预测将来的销售，其次，从控制的角度来看同样重要的是，管理人员可以评估在某些员工当班时销售的趋势。销售记录可以帮助管理人员发现不同餐饮期间、一周的每一天及季节性活动中的某些销售趋势，这有助于避免使用过多的人工和做出过多的饭菜。如果某些厨房员工或吧台服务员进行偷窃，销售记录往往会显示出在这些员工当班时，销售额下降并且成本会增加。即使员工没有偷窃，销售额的减少也可以表明他们在推荐性销售与服务方面没有其他员工做得那么好。大多数企业主要是将销售记录用于预测目的，但是也可以用于检测的其他方面，如员工的工作表现等。

三、确定分量和食品成本

如果没有准确地预计产出量，就有可能出现制作错误。假如管理人员不知道原材料的实际可用分量，那么就有可能把菜肴的价格定错，如有些食品的成品产出量远低于其购买量。如果未能正确地估算所需要的食品量，那么就有可能把错误的菜肴价格列在菜单上或将错误的价格报给客人。一些菜肴在制作前需要剔除某些杂物或由于在烹饪过程中缩小因此会损失一定的分量。得出正确的成品产出量的公式如下：

$$\text{购买量} = \frac{\text{可用部分}}{1 - \text{损失部分}}$$

如果管理人员希望供应300份6盎司重的猪里脊肉，并在准备、烹饪和分份的过程中损失30%的分量的话，那么所需要的原料购买量可以这样来计算：

$$300\text{人} \times \frac{6\text{盎司}}{\text{人}} \times \frac{1\text{磅}}{16\text{盎司}} = \frac{300 \times 6\text{盎司}}{16} = 112.5\text{磅（成品产出量）}$$

$$\frac{112.5}{1-0.3}=\frac{112.5}{0.7}=161\text{ 磅（大约购买量）}$$

制作人员应该从库存中领取161磅猪里脊肉，这样才能够保证300位客人每人有一份6盎司重的猪里脊肉菜。需要为300位客人准备的食品量（161磅）与所期望但未确定的成品菜菜量（112.5磅）之间的差距相差甚远。确定分量时如出现错误则代价会十分大，因为价格一旦报出或印制在菜单上就难以再提高了。

在开发菜品的过程中，了解食品的价格也十分必要。一道菜的边际贡献以及其他成本因素非常重要，为了正确地为菜品定价，必须了解开发它们的成本。为了确定一道标准化菜肴的成本，应该把所有成分的成本加起来并计算单位成本。如在准备一道可分为100份的菜肴时，应该把所有成分的成本加起来并得出总成本，然后再用100去除以这一总成本得出每份菜的成本。应该确定菜单上每道菜品的原材料成本，如果不清楚原材料成本的话，那么一道菜的价格可能就会定低了，而从长远的角度看这将给企业带来很大的损失，因此一定要根据菜肴原材料的购买量来准确地为菜肴定价。

四、食谱的换算

标准化食谱可以使食品的质量保持稳定性。通常，食谱都规定了具体的产出量，然而常常需要根据所估算的销售情况来增加或减少食谱的产出量。为了保持食品质量的一致性，必须尽量准确地换算出食谱的产出量。如果很随意地改变食谱的话，那么就有可能出现浪费现象并且在一些情况下整个产品都有可能被扔掉。如果企业雇用了缺乏经验的厨师，那么管理人员就要亲自换算食谱并准备若干份菜的菜量，而不是让没有经验的人员去自行其是。事先换算好食品的份数可以节省时间并且避免制作过程中出现错误。

标准化的食谱通常规定按照25份、50份、75份或100份的份数来制作食品。由于企业无法承受浪费，所以必须尽量准确地预测所需供应食品的份数。在改变食谱之前，必须把所有的原料都换算成同样的计量单位并确定一个通用换算系数。换言之，如果一个食谱的计量单位包括磅和盎司的话，那么应该将所有的磅转换成盎司。一旦把所有的原料都转换成同一种计量单位，就可以用每一种原料的分量去乘以通用换算系数，然后再把所有的原料转换成其原来的计量单位。

如果所需食品的份数多于标准食谱规定的产出量的话，那么计算通用换算系数的方法就是用标准食谱所规定的产出量除以所需要的份数，如标准食谱规定的产出量是 50 份的话，那么通用换算系数的计算公式如下：

$$\frac{400\text{（所需食品的份数）}}{50\text{（食谱产出量）}} = 8\text{（通用换算系数）}$$

因此应该将食谱里每一种原料的分量乘以 8，就可以得出应该使用该原料正确的分量了。以上的例子中通用换算系数是一个整数，通用换算系数有时可以带有小数，如果标准食谱的产出量是 50 份并且所需要的食品份数是 440 份的话，那么通用换算系数的计算公式如下：

$$\frac{440\text{（所需食品的份数）}}{50\text{（食谱产出量）}} = 8.8\text{（通用换算系数）}$$

因此这时将食谱里每一种原料的分量乘以 8.8，就可以得出应该使用该原料所需要的分量了。

如果所需要食品的份数少于标准食谱的产出量，即只需要原产出量的一部分就可以了，这时首先把所需要的食品份数放在标准食谱的产出量之上来构成一个分数，然后将该分数约分得出通用换算系数，再用食谱中每一种原料的分量乘以这个约分后的分数，就可以得出需要使用该原料的实际分量了。如标准食谱的产出量是 50 份并且所需要食品的份数是 25 份的话，那么通用换算系数的计算公式如下：

$$\frac{25}{50} = 0.5$$

食谱中每一种原料的分量都应该乘以 0.5。

必须准确地换算食谱，虽然换算的步骤十分简单，但是错误的代价可能非常昂贵。就表9–1的食谱而言，酵母、盐或食糖中的任何计量换算错误会使该产品无法食用。如果盐用得不够的话，那么面包圈顶部就无法变成金黄色而底部却会烤焦；太多的盐则会抑制酵母，使面包圈无法膨胀起来。如果对换算的准确性没有把握的话，最好还是请人来确定一下。

表9–1 食谱换算

96个正餐面包圈所用的原料	60个正餐面包圈所用的原料
10盎司砂糖	$6\frac{1}{4}$盎司砂糖
10盎司氢化起酥油	$6\frac{1}{4}$盎司氢化起酥油
1盎司盐	$\frac{5}{8}$盎司盐
3盎司奶粉	$1\frac{7}{8}$盎司奶粉
4盎司整鸡蛋	$2\frac{1}{2}$盎司整鸡蛋
3磅12盎司面包用面粉	2磅$5\frac{1}{2}$盎司面包用面粉
2磅水	1磅4盎司水
5盎司压缩酵母	$3\frac{1}{8}$盎司压缩酵母

五、各种计量器具

必须培训员工学会使用并掌握各种不同的计量器具。虽然大多数员工都知道什么是长柄勺，但是他们也许不清楚不同形状的长柄勺所能盛放的重量和容积。正确地使用计量器具有助于防止因过多使用而造成的浪费，还可以防止由于用量不当而损坏食品。人们常说，烹饪是一门艺术，而烘烤则是一门科学。事实上，烹饪也是一门科学。如果在准备的过程中没有掌握好正确的原料分量，那么一道菜有可能会太辣、太咸或过于油腻。在烹饪的过程中改变菜肴的构成往往可以掩饰某个错误，但是如果在烘烤期间出现错误，那么有些食品可能就无法吃了。任何错误都会使餐饮企业在时间和钱财方面蒙受损失。非熟练人员在换算计量单位时感到很吃力，钉在或贴在墙上或放在夹子里的换算表，如表9–2和表9–3的那些表格可以为员工提供必要的帮助，让他们把工作做得更好。

表9–2　换算表样品

小数	1餐勺	1杯	1品脱	1夸脱	1加仑	1磅
1	3茶勺	16餐勺	2杯	2品脱	4夸脱	16盎司
$\frac{7}{8}$	$2\frac{1}{2}$茶勺	1杯减2餐勺	$1\frac{3}{4}$杯	$3\frac{1}{2}$杯	3夸脱加1品脱	14盎司
$\frac{3}{4}$	$2\frac{1}{4}$茶勺	12餐勺	$1\frac{1}{2}$杯	3杯	3夸脱	12盎司
$\frac{2}{3}$	2茶勺	10餐勺加2茶勺	$1\frac{1}{3}$杯	$2\frac{2}{3}$杯	2夸脱加$2\frac{2}{3}$杯	$10\frac{2}{3}$盎司
$\frac{5}{8}$	2茶勺(少许)	10餐勺	$1\frac{1}{4}$杯	$2\frac{1}{2}$杯	2夸脱加1品脱	10盎司
$\frac{1}{2}$	$1\frac{1}{2}$茶勺	8餐勺	1杯	2杯	2夸脱	8盎司
$\frac{3}{8}$	$1\frac{1}{8}$茶勺	6餐勺	$\frac{3}{4}$杯	$1\frac{1}{2}$杯	1夸脱加1品脱	6盎司
$\frac{1}{3}$	1茶勺	5餐勺加1茶勺	$\frac{2}{3}$杯	$1\frac{1}{3}$杯	1夸脱加$1\frac{1}{3}$杯	$5\frac{1}{3}$盎司
$\frac{1}{4}$	$\frac{3}{4}$茶勺	4餐勺	$\frac{1}{2}$杯	1杯	1夸脱	4盎司
$\frac{1}{8}$	$\frac{1}{2}$茶勺(少许)	2餐勺	$\frac{1}{4}$杯	$\frac{1}{2}$杯	1品脱	2盎司
$\frac{1}{16}$	$\frac{1}{4}$茶勺(少许)	1餐勺	2餐勺	4餐勺	1杯	1盎司

表9–3　各种长柄勺的重量与容积

长柄勺的型号	相当于餐勺的数量	大约的重量
6	10	6盎司
10	6	4～5盎司
12	5	2.4～3盎司
16	4	2～2.5盎司
20	3	1.74～2盎司
24	$2\frac{2}{3}$	1.5～1.73盎司
30	2	1～1.5盎司

六、制作安排表

旨在控制成本的制作安排表（production schedule）或厨师工作表对于保持食品质量的一致性和预防制作错误来说是必不可少的。制作安排表可以使管理人员估算和最大限度地使用人工、设备以及其他资源。如果需要为一餐饭准备许多烘烤食品，那么餐饮企业的烘烤设施可能无法满足这样的需求，对于炸锅和其他设备来说也是如此。制作安排表有助于管理人员找出这些问题，进而可以作出一些调整。同样，管理人员可以在需要人手的时候安排人员，这样就可以节省工时。如果员工是在固定班次上，管理人员可以在不需要制作的时候安排他们去完成其他的工作任务。

表9-4显示应该包括在制作表中的一些基本信息，具体地说明了需要准备些什么，用什么方法准备以及需要准备多少。为了达到预期的结果，必须根据具体的要求准备食品。如果管理人员仅在制作单上列出炸鸡，传统炸鸡和南方炸鸡的食谱基本相同，而南方炸鸡的食谱多几道工序，不标清楚则厨师最终做出的炸鸡可能并不是客人想要的那种。详细的说明可以避免误解。

表9-4 制作安排表

需要准备的原料	准备方法（每种标准化食谱）	需要准备的分量	班次	人员	剩余量	退回到储存室的原料
胡萝卜	削皮切丝	40磅	1	里基		
大米	蒸	15磅	1	里基		
切达干酪	切成边长2.5厘米大小的方块	20磅	2	比尔		
里脊肉	剔除肉筋与肥肉并切成每份6盎司的肉块	40份	2	杰克		
黄褐色土豆	洗净并用锡纸包好	40个	2	比尔		

在决定准备什么并且需要准备多少的过程中，成本控制是个重要的因素，因此管理人员必须考虑到剩余食品以及储存中的易变质食品的问题。同样，明确规定应该准备菜肴的人员也有助于减少在制作过程中出现错误和造成浪费。

制作过程主要集中在准备、烹饪和出菜等几道工序方面，如果没有具体的人员专门负责每一道菜，就有可能在上述这些工序中出现问题。除非食品必须由不同的人员或不同的班次在不同的时间制成，否则应该只安排一个员工专门负责准备一种食品。如果两个以上的人员参与准备同一种食品的话，那么出现错误的可能性就会增大，可能会将同一种原料重复地放入菜中，或者一个员工认为另外一个员工负责某一道工序而结果是没有任何人去完成这一道工序。如果自始至终都是一个专门的员工来完成制作任务，出现错误的可能性就会小得多。

如果需要准备像鸡肉色拉这样的菜肴而由于交接班或者由于员工之间无法决定由谁来添加哪一种原料，会使得该道菜的原料在室内温度中的时间过长，那么吃这道鸡肉色拉的客人就可能会生病。此外，如果某道菜肴不符合标准或分量不足，管理人员也不知道应该找哪位员工谈话。

制作报表应该记录每道菜剩余的份数。记录剩余饭菜对于控制制作过程来说十分必要，记录相关信息可能有助于管理人员评估剩饭剩菜的原因。如果剩余的菜肴很多，那么有可能是客人不喜欢这道菜或者是准备的份数过多所致。此外，管理人员应该注意任何被客人拒绝或提出更换的饭菜，因为这有助于说明烹饪的水准。如果一位客人退回一道牛排菜，那么管理人员要了解客人退回这道菜的原因。

管理人员应该尽可能地提前安排人将制作安排表张贴出来，这样员工们就可以有时间从库房里把食品拿出并安排好自己的工作。有些食品需要提前一天拿出并放在冰箱冷藏室里解冻。要把那些不需要使用或不需要作为剩余食品使用的食品记录在制作报表上并送回库房，如果不将其及时送回库房，那么这些食品也许会被放错地方或被偷窃或不得不被扔掉。

七、制作错误与浪费

如前所述，制定标准化食谱是为了保持菜肴质量的稳定性及预测产品成本的准确性。如果餐饮企业失去了质量上的稳定性，那么就有可能出现成本增加和客人人数减少的情况。管理人员应该密切注视可能出现的基本制作错误，因为质量的下降可能表明厨房人员没有按照标准化食谱制作菜肴。诸如肉汁中油与面粉的比例不对或者肉汁里出现表明制作时温度过高的黑斑块等情况是很容易注意到的，还应该注意服务员或厨师是否在色拉中放了太多的调料，这些都是管理人员应该找出、评估和纠正的问题。

在制作过程中必须不遗余力地预防浪费。尽管餐饮企业对产品有着严格的规定并且订购了优质原料，但是如果制作人员没有重视这些产品的价值与成本的话，一种产品每天浪费半份的话，那么加起来一年就是180多份。如果这一产品是一种每份卖1.25美元的蔬菜，那么一年就会损失225美元。

（一）沟通

如果沟通渠道不畅，那么就会出现制作错误，因此非常有必要让制作人员了解哪些影响了制作的变化。如果制作人员不知道客人人数增加的话，那么由于准备的食品不足很有可能出现令人尴尬的场面。如果客人人数减了很多但是仍按照事先安排的分量准备食品的话，就不得不将这些食品扔掉。这些成本是无法弥补的了。管理人员与制作人员之间保持通畅无阻的沟通对于成功的成本与浪费控制来说至关重要。

（二）肉类产品

肉类产品构成特殊的制作问题，因为它们是主要的食品成本并且高度易坏。为了制作出标准化的产品，必须严格掌握烹饪肉类的温度。过高的温度会缩小产品的大小与分量并使得肉变老。如果在温度不够热的油里炸鸡的话，那么炸鸡的表面就不会呈深黄色并会吸入太多的油脂；如果油太热的话，那么炸鸡的表面会呈现深黄色但是里面可能没有炸透。如果炸鸡太油，客人可能会要求换另外一只炸鸡；如果炸鸡没有炸透的话，客人可能也会将其退回或者在不知情的情况下吃掉该只炸鸡而生病。准备不当的产品最终会使企业蒙受经济损失并使客人感到不满意。

就去骨以及从骨头上剔肉而言，要向员工示范应该怎样做，因为去骨与去核、削皮的过程相似，也易造成浪费。剔除杂肉时也易造成浪费，因为剔去太多肉的话，那么成菜量就会减少而成本就会增加。

盐也可以毁坏肉类产品，必须教会员工不要在把肉放在铁板上之前或高温下往肉里加盐，因为盐可以使蛋白质变硬。没有经验的厨师常常认为在烤牛排之前往牛排上面撒些盐和胡椒可以使牛排的味道变得更好，事实上，这样做既加大了成本也使牛排变得又硬又老。

不正确的切肉方法也会使优质肉食变得令人没有胃口。如果按着肉的纹而不是逆着肉的纹路切肉，那么一块价格不菲的肉嚼起来就会显得很老，客人也会不喜欢这道菜。低劣的质量会使餐饮企业失去客人，并且随着时间的推移，小小的错误和一点点的浪费积累起来都能造成企业在收入方面很大的损失。

八、制作控制

如果想使食品成本不超出成本标准范围的话，那么就必须保持制作控制。如果不根据食谱和烹饪时间来操作的话，那么就有可能损失价格不菲的原料。做蔬菜时放水太多会使蔬菜失去营养并减少分量。排骨、带骨肉或烤鸡等肉类烹制时间过长，会由于部分肉脱离骨头而损失一定的分量，在这种情况下，不得不准备额外的分量来弥补过长的烹制所造成的损失，这样既费时又费钱。

管理人员必须了解公众对某些产品的口感、味道和外观的固定看法，如果一道菜的味道、口感和外观与标准的菜肴不同时，餐饮企业最好将其称之为本店的特色菜。如可以给一道与大多数标准土豆色拉外观不一样的土豆色拉起一个特别的菜名，如果厨师的名字叫做贝内特，那么就可以将该道土豆色拉称为厨师贝内特式土豆色拉，这可以使客人对该道菜的特别之处有心理准备并且认可。

（一）替代产品的成本关系

餐饮企业总是在寻求降低成本和增加利润的途径。为了增加利润，餐饮企业可以选择以下四种方法中的任何一种：

1. 降低质量
2. 减少分量
3. 提高价格
4. 替换产品

以上任何一种方法都可能会影响质量以及人们对价值的感受。用较低成本的产品来替代较贵的产品质量上存在着差异，客人会注意到由于质量上的变化而使味道变差了的一块肉。如果一家餐饮企业玩价格“游戏”的话，那么供求法则将会发生作用，其结果是客人人数会减少。因此，上述四种控制成本方法之中危害最小的是使用质量相同但价格便宜一些的替代品，如在烘烤食品中使用核桃仁而不是使用山核桃仁；在烹饪菜肴时使用普通的西红柿而不是熟透了的优质西红柿。

一旦某些产品的成本变得过于高时，这时的确需要彻底地改变菜单或者使用替代品。就农副产品而言，的确存在着这种可能性。由于自然的原因，农副产品的市场价格可能会迅速变化。芦笋通常被认为是一种很贵的菜，如果菜单上有用芦笋做的菜，那么管理人员可以将其替换为另一种蔬菜，客人们有时不会注意到这类变化，特别是如果这类变化仅仅是暂时的话，管理人员可以不时地采用这种方法来控制成本。但是，管理人员必须注意不要给制作人员机会，以便经常有意地替换产品来掩饰其偷盗行为。员工使用替代品必须事先得到管理人员的同意并且要有充分的理由。

（二）应急菜单

制作人员必须备有应急菜单，应急菜单可以预防出现食品多余的情况。增加或减少所准备的食品量，这种情况时常会发生。重大的活动以及其他的情况可能会使客人人数大量增加或减少，因此需要备有各种不同的菜单。如果客人人数大幅度的增加，那么企业的设备可能无法满足需求；如果客人人数大量减少，那么准备某些菜肴可能不具有成本效益。管理人员应该能够预测每年重大的活动并根据食品制作与人工需求制定出应急措施以控制成本。如果企业依赖于某些类型的季节性产品，那么就应该备有应急菜单，因为每年季节的变化都有所不同。

（三）剩余食品的利用

即使管理人员会尽全力预测食品销售，但是仍然存在着许多无法预测的不确定因素。前来就餐客人的人数大幅度减少可能会使提供全套服务的餐饮企业剩下大量的食品，管理人员的责任就是防止剩余食品的浪费。在处理剩余食品的过程中，管理人员必须考虑以下四点：

1. 必须在下一餐饭或尽快地使用剩余食品。
2. 必须对剩余食品加热，其内部的温度至少要达到华氏165度（摄氏74度）并且加热的过程不能中断。
3. 管理人员应该要求员工改变剩余食品的外观或结构。
4. 管理人员不能允许员工再次使用剩余食品。

剩余食品处理不当可能会带来潜在的危害，因此管理人员在决定是否出售有疑问的产品时不能仅考虑降低食品成本这一目标。由于食品容易变质，所以应该在下一餐饭期间将剩余食品用完。食品保留的时间越长，就越有可能变质、被污染以及出现细菌繁殖，而所有这些都可以致病。由于剩余食品对健康构成危害，因此应该尽快地在至少华氏165度（摄氏74度）的高温下再次加热。为了安全起见并且也是从谨慎和道德角度考虑，在使用剩余食品的过程中绝不应该只将控制成本视为惟一的重要因素。

如果将剩余食品作为原产品原封不动地供应给客人的话，那么这些产品可能已不具备客人所期望的那种外观与质量了。因此管理人员应该采取措施，改变剩余菜单菜品的外观，如将烤带骨猪肉做成焖带骨猪肉；如果不值得这样做的话，那么把肉剔下来用做猪肉炒饭。鉴于菜单上通常没有使用剩余食品做的菜品，因此可以将其作为特色菜推出。改变外观的产品可以扩充菜单并且有可能受到客人的欢迎。适当地使用剩余食品有助于控制食品成本，但是使用剩余食品是有限度的，剩余食品一旦使用过一次以后，必须将未售出的部分扔掉，决不能再次使用剩余食品来做菜。

如果在一餐饭结束之后出现剩余食品，那么管理人员有责任确定是否食品准备得过多。出现食品剩余通常都是由所预期的销售额减少所致，管理人员必须确定过多的制作是否属于有意的行为，如果管理人员规定员工可以把剩余食品吃掉或带回家去，那么员工可能会有意地多制作食品。为了确保迅速送货而总是需要准备好某些产品的快餐企业经常会遇到此类问题，管理人员必须评估出现剩余食品的原因并努力解决这一问题。

(四) 工具、设备及维修

正如计量器具对于适当的制作程序来说十分重要一样，其他的工具与设备也非常重要。没有合适的工具与设备，制作人员就很难遵循控制标准。此外，如果制作人员工作中必须寻找合适的工具的话，那么他们将喜欢寻求捷径。寻求捷径和使用不适当或有毛病的工具有可能使员工无法完成工作或出现工伤。不锋利的菜刀比锋利的菜刀更容易造成事故，因为用不锋利的菜刀切菜需要使用更大的力气。员工爱用厨房刀具来开罐头和货箱、撬开冻在一起的肉类以及切割货箱的包装带，因此经常把这些刀具折断。应该培养员工学会正确地使用工具与设备，如果员工使用设备去做其用途以外的事情或允许员工滥用设备的话，那么这会给企业造成很大的损失。必须定期地维修设备，不应该把维修视为无事可做时才需要去完成的工作。有关如何清洗设备以及使用何种清洁剂的使用指南应该随手可得，否则员工可能会采用不正确的程序或使用不恰当的清洁剂。必须张贴出任务安排，明确规定应该怎样、何时以及由谁来负责某个设备的清洁工作。

（五）偷窃

如前所述，产品在接收与入库期间最容易失窃。这一期间产品被放在库房外，任何人路过都可以接触到它们。运送人员与接收人员合谋欺诈可能使产品根本无法到达餐饮企业。产品进入库房并且库房具有必要的防卫条件，偷窃产品的可能性就大大降低了。然而，一旦制作过程开始，出现偷窃、浪费以及欺骗行为的可能性又会增加了。制作过程为许多员工提供了偷窃的机会。

虽然偷窃的可能性贯穿于控制的全部过程，但恰恰是在制作与端菜上桌的过程中管理人员必须掌握控制技巧。很多的管理人员认为只要采购与制作的数量一致，那么控制过程就结束了。大多数学生也被灌输了这一观点，认为如果投入与产出一致，那么一切都万事大吉了。如果餐饮企业因为产品失窃以及由此而来的成本增加而不断损失利润的话，那么管理人员可能最终会丢掉饭碗，而餐饮企业可能会破产。

管理人员必须杜绝厨师和服务员将产品吃掉、送人或偷走的行为。管理人员必须遵循并严格执行企业有关上述行为的规定，否则这些行为可能会迅速失控，而这正是许多餐饮企业失败的原因。餐饮企业不允许员工把剩余食品吃掉或带回家，否则不仅员工可能会有意造成食品剩余，而且管理人员也很难确定哪些是真正的剩余食品，哪些是员工有意造成的剩余食品。必须像对待金钱那样对待并重视食品。管理人员一般可以通过计算和比较产品来找出问题，管理人员偶尔也需要计算客人人数并将其与所消费的食品量加以比较。管理人员必须牢记，数字一致并不意味着就不需要实际检查产品数量了。

管理人员必须采取一些基本措施来防止制作人员的偷窃行为，要注意观察携带大型手提包或运动包的员工，因为这些包可以是用来将产品从制作地点拿走的工具。应该注意那些走到停车场自己汽车旁的员工。有必要指定一个停车场以外的吸烟区，这样员工就没有借口走到自己的汽车那里了。必须不定期地检查垃圾，查看员工是否有意无意地丢弃餐具或是否将精心包好的食品置于垃圾之中以便倒垃圾时将其从后门拿走。一旦有持设施钥匙的员工被解雇或辞职，就必须更换相关的锁。

九、饮料调制控制

饮料部是旅游接待企业赢利最多的部门之一，饮料的边际贡献远大于食品或其他产品的边际贡献。由于饮料的边际贡献，包括快餐馆在内的许多餐饮企业都可以降低其他产品的价格。虽然在大多数餐饮企业中冰红茶大概是创利最高的饮料，但是销售酒精饮料的企业可能拥有许多种边际贡献大的酒水。由于酒水的边际贡献相当大，制作酒水的过程对于企业的成功与否非常重要。在大多数提供全套服务的餐馆里，食品大约占销售额的78%，酒水大约占22%，但是酒水的人工成本却低得多。尽管控制饮料的制作过程不像控制食品制作那么困难，但是酒水经营中滥用资金的可能性却大得多。成功的酒水经营要求在调制过程中采取大量的控制。饮品调制过程中重要的方面包括调制表演、质量的稳定性与控制。

调制表演涉及吧台服务员在准备和推销产品的过程中所采用的风格。由于越来越多的人开始有节制地饮酒，吧台服务员无法试图通过多卖酒水来增加销售额，因此惟一的途径就是提高价格或控制成本。推销技巧和调制表演有可能抵消提高酒水价格所造成的负面影响。在吧台服务员表演制作的过程中必须加强监督，不应出现多倒酒水或将酒水撒出的问题，服务员要使用标准的计量单位并且要遵守控制程序和标准。为了表演与推销成功，每份酒水必须使用相应的酒杯，绝不应该使用残破的酒杯，因为这将破坏表演与推销的效果并且对客人的安全构成潜在的威胁。应该使用恰当的搅拌棍、餐巾和杯垫，并且必须使用新鲜的装饰品，绝不可以使用变干或变色的装饰品。应该替换或避免使用任何影响推销或制作表演的产品。

饮料经营的一致性对于客人所感受到的价值来说十分重要，客人希望了解自己每一次点酒水时口味与质量是否都是一致的，如果饮品的质量不一致的话，那么客人可能会投诉或不会再点酒水。一致性是通过使用标准的调制法、计量以及诸如小杯或小量杯等分量控制器具来获得的，一致性也可以使吧台服务员根据规定的质量与成本要求来准备饮品。对于酒水企业来说，质量上的一致性并不像对食品企业那样构成太大的问题，酒水与食品之间的基本区别就在于酒精饮料本身的质量由于法律的约束通常都是一样的，因此在购买酒精饮料的过程中，不必太过于关注控制质量。但是，在调制饮料的过程中质量变得异常重要，客人都期望每份酒水的口味一致。除了某些特色饮品之外，一般的高酒杯都盛有$1\frac{1}{2}$盎司的酒水。如果一家旅游接待企业确定了与通行的标准不同的量杯标准，那么企业自己所确定的标准必须保持一致。为了满足客人对价值的感受，一致性必须是首先要考虑的因素。

酒精产品所带来的大量边际贡献以及预期的收入使得管理人员必须监控所有的饮品经营点。由于吧台服务员和其他服务员进行偷窃变得越来越容易，酒水经营点成为最难管理的领域之一。潜在的收入损失、偷窃的可能性都可能成为问题，因此控制和监督酒精饮料就成为必须要做的事。吧台服务员可能损害企业利润的方法我们将在第十章和第十一章中详细加以探讨。

由于酒精饮料属于旅游接待业中最受管制的产品，所以对酒精饮料的控制程度已加强了。管理人员不仅要防止吧台服务员把自己的酒水带来出售，而且州视察员还有可能前来检查，看酒瓶上有没有州政府的准卖印章或标签。为了防止此类问题和其他问题的发生，应该把用于食品的控制程序同样用在酒类调制方面。正如对食品管理那样，如果需要从库房里取饮品，应该使用书面申请并且在调制过程结束后对所有的产品都能说明去向。管理人员应该了解在吧台服务员当班期间所有酒水的用途。

应该对空酒瓶加以记录来确保遵守州政府的规章制度，并且不会出现往空酒瓶里再装酒的情况。为了控制库存量，应该在需要领取新酒瓶时将空酒瓶送回库房，库房人员应该执行州政府有关处理空酒瓶的要求，一些州法律规定必须将空酒瓶打碎而不是将其扔进垃圾堆。如果不对空酒瓶加以记录，吧台服务员有可能会用空酒瓶装上他们自己带来的酒水出售，因为空酒瓶上有州政府或有关机构的标签或标识。

只要吧台后面的各项工作无法分开的话，监督吧台服务员的工作就是一项重要的任务。在旅游接待业中，没有任何一项工作像吧台服务员那样需要负责接受客人点酒水，又为客人准备酒水，还要确定酒水价格，最后要收钱并将销售额放进现金出纳机中。由于缺少切实可行的办法将这些任务分开，因此必须严密监督酒水经营活动。管理人员有时必须在吧台后面工作一会儿，以便监督那里的活动，此外还可雇用秘密稽查员来监督经营程序。管理人员和秘密稽查员应该一起来确保员工遵守标准的调制法以及其他的标准，并且注视任何需要进一步调查的可疑行为。

十、小结

必须不遗余力地防止在准备与制作过程中出现的浪费现象。标明具体大小、重量与产出量程序的标准化食谱必须到位。在制作的过程中必须拥有适当的器具以确保可以准确地计量各种原料。为了使产品的质量保持一致和节省人工成本，设备必须到位并且保养得当。如果员工使用不合适的设备来完成某项任务，那么就无法保持产品质量的一致性并有可能毁坏机器。

预测必须尽量地准确以防止出现剩余的食品。在制作报表上必须填写所要求的产出量、制作的时间以及负责制作产品的个人。如果剩余的食品仍然符合消费的要求，那么管理人员应该尽快地利用这些食品以防止其质量变差。

必须努力减少因制作错误而造成的浪费。如果不按照标准化食谱制作，在准备和烹饪过程中出错将是不可避免的。如果产品无法再食用或者不受客人的欢迎，那么应该将它们扔掉，这可能是由于制作方面的错误或食谱换算过程中出现的错误造成的。必须认真地对待食谱换算，因为扔掉大量食品而又不得不重做将会造成食品成本和人工成本的双重损失。为了进一步减少制作错误的可能性，应该有一个专门的员工来负责准备一道产品。为了防止制作数量方面的错误，管理人员需要设计出应付某些场合的应急菜单。

为了给产品正确地定价，必须计算出产品确切的原料成本。此外，为了符合标准，必须控制分量，不允许员工背离标准。管理人员必须意识到，用替代产品或原料的做法来降低成本有可能会降低质量。

公众对于某些产品的质量、味道和外观有着相同的看法，如果客人认为一个产品的质量、味道和外观与标准不符，客人人数可能会减少。因此，必须培训管理人员学会辨别和评估标准产品，即使产品属于本企业的特色菜也是如此。

保持产品的一致性和控制分量使得制作过程成为整个控制过程中最为困难的步骤之一，必须通过做记录和注意细节来防止偷窃行为。在制作过程中，存在着利用替代品或使用不正确的分量来进行偷窃的机会，管理人员必须一丝不苟地观察制作人员的工作程序以及客人的反应。如果产品缺乏一致性并且分量不足，那么前面过程中所采用的控制程序都有可能前功尽弃了。买到和接收到了最好的产品并将其配送到厨房，但是如果烹饪的时间过长或者温度过高，那么再好的产品也可能会被做坏。如果不使用刮刀来刮出罐头和罐子里的剩余食品，那么这些可以用于做菜的食品就会被扔掉。放太多的盐可能会毁了一道菜。如果将土豆过长时间地放在自动削皮机里，土豆可能会损失部分的分量。如果把诸如胡萝卜和洋葱等产品的一端过多地削去，那么就会失去一些分量。在准备和制作过程中，管理人员必须不断地监督标准以保证维持食品的一致性并防止浪费现象的发生。

复习题

1．确保产品与就餐经历符合或超过客人期望值的第一个步骤是______。

(1) 制定生产计划

(2) 制定服务程序

(3) 预订产品

(4) 准备产品

2．制作安排表反映出某种预测并用于______。

(1) 为厨师和员工确定制作目标

(2) 确定制作标准

(3) 列出在培训中使用的制作技巧

(4) 告知制作人员新的食谱

3．一位厨师需要为400位客人准备胡萝卜，分量为每位客人4盎司。如果胡萝卜的损耗率为10%的话，那么总共需要准备多少可食用的胡萝卜？

(1) 300磅

(2) 200磅

(3) 400磅

(4) 100磅

4．与第三题相关，总共需要采购多少胡萝卜？

(1) 90.00磅

(2) 110.00磅

(3) 111.11磅

(4) 120.00磅

5．如果标准化的食谱适合100位客人而参加聚会的客人人数为500人，那么换算该食谱的通用换算系数是多少？

(1) 4.00

(2) 1.25

(3) 0.20

(4) 5.00

6．以下哪一项不是应该包括在制作安排表内的相关信息？

(1) 所使用的制作方法

(2) 所要准备的数量

(3) 何时准备食品

(4) 需要准备食品的团体的名称

7．标准化食谱应该用于______。

(1) 饭店的餐厅

(2) 俱乐部的餐厅

(3) 机构内的餐饮设施

(4) 以上所有各项

8．在预测食品制作过程中销售记录可以找出什么？

(1) 某些餐饭期间客人的人数或趋势

(2) 员工的工作表现

(3) 用于食谱换算的通用换算系数

(4) 餐馆的营业时间

9. 以下哪一项可能导致制作错误?

(1) 一周中的一天

(2) 温度

(3) 气候

(4) 所服务的客人人数

10. 以下哪一项是制作过程中的偷窃行为?

(1) 厨师使用不同的计量方法

(2) 厨师在没有得到允许的情况下将食品带回家

(3) 厨师将食品作为员工福利的一部分给予服务员

(4) 厨师与服务员之间的沟通不畅

11. 列举可能导致制作错误的五种行为。

12. 列举制作过程中可能出现偷窃行为的五种方式。

13. 将用于50位客人的食谱转换为用于220位客人的通用换算系数是多少?

14. 在准备母亲节自助午餐的过程中，估计客人的人数为450人。在这450位客人中，预计其中的200位客人吃蒸汽船型碟炖牛腱子肉。该道菜的分量为4盎司，剔除肥油和烹饪的损耗率为25%。需要为此次自助午餐采购多少牛肉?

15. 清洗生菜的损耗率通常为5%。如果每份生菜的分量是6盎司，那么准备60人的宴会需要采购多少生菜?如果加工过的生菜是每磅1.10美元而未加工过的生菜每磅是1美元，那么应该购买加工过的生菜吗?(为了便于计算，可以忽略所涉及的人工。)

测试题

1. 如果需要准备200份6盎司的牛排菜，如果在剔除肥油和烹饪的过程中损耗率为40%的话，运用产出公式来确定制作人员需要从库房提取多少磅牛排。

2．运用食谱换算公式，将以下主食面包的食谱从18盎司换算为8盎司。

1磅4盎司砂糖

1磅 4盎司起酥油

8盎司奶粉

2盎司盐

5盎司整鸡蛋

6盎司酵母

3磅凉水

7磅软面粉

3．描述处理剩余食品时应该坚持的四个重要程序。

4．列举必须由一个员工负责准备一种产品的两个原因。

5．标准化食谱规定制作法式洋葱汤需要使用10磅洋葱片。如果洋葱的损耗率为10%的话，那么需要采购多少磅洋葱？

6．一个会议团体预订了350人的宴会并选择绿皮西葫芦作为其中一种蔬菜。如果需要给每位客人上2盎司绿皮西葫芦，该菜在准备的过程中损耗率为10%的话，那么需要采购多少绿皮西葫芦？

案例分析

作为模特餐厅的经理，你必然十分关注成本控制。当你在厨房巡视时，发现正在制作当日面包圈的面包师并没有计量各种原料，这已经是你第二次看见他没有计量原料了。你第一次见到他这样做时就与他谈过话了，他告诉你他这样做已有两年了，因此不需要使用标准化食谱来制作面包圈。该面包师为人可靠，工作热情很高并且总是随叫随到。他每周只工作五天。你很关注产品的一致性以及这样一个事实，即在该面包师休假的两天里是由一位没有经验的厨师来制作面包圈的。你回到办公室检查了面粉的采购情况，发现该产品浪费很大。你不希望挫伤该面包师的工作积极性，但是你希望他能够计量各种原料，这样你就可以控制所有产品的成本并且在他不当班的时候继续保持产品的一致性。你应该采取哪些措施来使面包圈的准备与制作一致？提出五项建议并解释每项建议的重要性。

第十章

服 务

关键词

酒水控制	客人的期望	质量服务
竞争优势	手持终端服务器	推荐性销售
权力下放	计算机销售系统	

本章学习目标

在学习完本章之后，你应该能够：

* 解释作为竞争优势的服务的重要性
* 描述客人的各种期望
* 讲述确定食品分量的重要要素
* 解释控制调味品的重要性
* 解释运用于服务之中的质量控制的重要性

* 分析权力下放的利与弊
* 讲述针对不同类型服务需要采用不同控制方法的原因
* 讲述一线与二线部门所面临的困难
* 讲述部门内部协调的必要性
* 解释计算机销售系统的重要性
* 解释与酒水经营和控制相关的一些问题

在旅游业中，一家旅游接待企业比另外一家旅游接待企业更加成功的主要原因往往在于差异性与地点。如果一家旅游接待企业的地点很好，它就有可能垄断市场；如果地点不好，它就必须提供若干不同的服务产品以供客人选择。多米诺比萨店推出了快速送餐服务，这使其他几家经营比萨饼生意的企业意识到服务的重要性。快餐店和其他类型的服务设施通过提供送餐服务保持住了他们的市场份额。因此卓越的服务可以带来竞争优势。为了保持这种优势，管理人员必须保持好服务水准的一致性，服务是保持和获得更多市场份额过程中最具成本效益的手段之一。

一、前厅

(一) 质量控制

所有的商业活动都旨在以最好的服务来提供优质产品。如果客人感到满意，那么企业就有可能会更加成功。值得牢记的是，客人对餐饮设施有着基本的期望值并且会认定什么是优质服务。管理人员也许认为服务很好，但是客人的感觉可能却截然不同。

由于旅游接待业属于劳动密集性的产业，因此员工是企业最重要的资源。大多数从事旅游接待的管理人员可能会说旅游接待企业中最重要的是客人。然而，一项经营活动若要成功，管理人员也必须意识到他们的员工在经营活动中即使不是最重要的，至少也应该与客人一样重要。由于服务的质量会在很大程度上影响客人的感受，管理人员必须尽力激励所有的员工提供最优质的服务。卓越的服务可以使一顿普通的饭菜令人难以忘怀。同样，劣质的服务可以使一顿美味佳肴变得索然无味。服务不到位或者员工态度消极都有可能令客人感到扫兴并极大地减少光顾本店的客人人数。

在旅游接待业中，激励员工提供优质服务所面临的困难要远大于其他行业。鉴于从事旅游接待的绝大多数雇员仅能挣最低工资并且许多企业员工的年流失率达到了100%，管理人员必须重视对服务质量的控制。无论在经营的其他方面花费了多少气力，如果员工不能提供优质服务，那么一切努力都将付之东流。因此，经理在管理的过程中必须以身作则，如果经理礼貌地对待客人和下属，员工就会去效仿。为了控制服务过程，管理人员还必须不断地使员工认识到自己在经营中所起的重要作用及向客人提供的服务水准对于企业经营的成功来说所具有的重要性。

（二）客人的期望

客人会根据所光顾餐饮企业的类型对企业的服务水准和服务类型持相应的基本期望值。光顾中等规模餐馆的客人与光顾中等规模饮料店的客人都期望同等水准的服务，当然光顾饮料店的客人会期望能与吧台服务员或其他客人有更多的交流。光顾高档餐馆的客人期待享受到出色的服务，而光顾中等价格餐馆的客人可能仅期望一般性的服务。这在饭店业也是如此，入住度假观光饭店的客人要比入住廉价旅馆的客人期望享有多得多的服务。然而无论光顾哪类旅游接待设施，客人们都期望能够享受到以下具有特色的服务：

* 彬彬有礼
* 迅速及时
* 熟悉业务
* 准确无误
* 诚实可信
* 干净卫生

彬彬有礼 必须培养员工有礼貌地对待客人。“客人永远正确”这一金科玉律并未过时。有时员工们认为礼貌的举止会由于时间的推移而发生变化，因此管理人员不应该认为员工们都知道如何接待客人。客人群体由各种各样的人士构成，这就是员工服务时困难之所在。不仅要培训员工对客人彬彬有礼，而且还必须培养员工为客人进行个性化服务，只有通过这种灵活的方式才能使客人感受到与众不同并满足他们的期望。

服务员在任何情况下都应该礼貌待客，不应该对客人直呼名字，除非客人执意要求使用这种方式。许多客人在读菜单上的菜名或其他词汇时发音可能不太准确，服务员决不可纠正客人的发音，因为这样做会使客人感到窘迫，服务员只有在确认客人点的菜时才可以纠正客人不准确的发音。沟通技巧是礼貌待人的重要组成部分。服务员应该保持与客人的目光接触，避免显得冷漠生硬，应该让客人相信自己正在全神贯注地接受客人点菜并不会出错。接受点菜时出错不仅会浪费客人的时间——因为必须再次将客人的点菜单送到厨房，而且也会使餐馆蒙受损失——因为必须再做一道菜。必须指出的是，服务员良好的体态也十分重要，管理人员在面试应聘服务员时应该留意此类特征。

迅速及时 由于营业中高翻台率可以创造出更多的利润，因此迅速及时的服务非常重要。此外，迅速的服务意味着一同前来就餐的客人可以同时吃上饭，时快时慢或慢慢腾腾的服务会令客人感到扫兴。生意繁忙时，管理人员必须要求服务员告诉客人上菜可能会慢一些，让客人事先了解这一情况以便决定是在此等候还是去光顾另一家餐馆，客人不应在点了菜以后才被告诉需要等待很长时间才能上菜。此外，服务员应在菜一做好就端上餐桌，这样可以保证菜肴的质量。如果客人看见做好的菜放在那里而服务员却站在一边聊天，那么回头客就会减少。

为了提高效率，应建立服务台并且合理地摆放设备，这样可以节省时间，减少不必要的动作。手持服务器正在日益流行，这样既省时省力，也会减少在读点菜单时出错的可能。在餐桌旁用电子服务器接受点菜可使服务员不需要再跑前跑后，奔走于厨房或计算机终端与餐桌之间。

注意细节可能关系到一项服务是否会被认为是优质服务。任何浪费客人时间的做法都会影响客人对服务质量的感受。如果客人在等一道菜时，却被告之做这道菜的原料已用完了，那么该位客人可能会感到很不愉快，因为服务员事先没有讲清楚。如果是两个或更多的客人一起聚餐，直到其他人开始用餐了而其中一人才得知自己点的菜没有了，那么情况会变得特别糟糕。服务人员与制作人员必须相互沟通以防止此类事情发生。菜肴短缺已经够糟糕的了，没有事先告诉客人则是无法容忍的。服务人员必须知道菜单中的变化以及菜单和酒水单上哪些项目最重要，这样当一道菜短缺时，就可以向客人推荐其他的菜肴。当服务员进行推荐性销售或推荐其他餐饮项目时，这样做也同样有益。

熟悉业务 服务人员应该尽可能多地了解菜单的细节、餐馆以及周边的环境。如果客人想要了解特价菜而服务员必须询问其他人，那么说服务员的职业水准和服务质量成问题。由于减肥或健康等原因，客人可能会询问菜肴的成分，这时服务员必须能够提供准确的信息。

服务人员也必须了解周围其他餐饮设施的情况，还应了解附近的银行和自动提款机的位置，也应知道最近的邮局以及最近的州际公路或高速公路出口的编号与名称。

无论客人何时打电话来询问本店的方位与营业时间，接电话的人员都必须提供准确的信息。所有的员工都必须懂得，客人无论是打电话还是开车进入停车场或是进入店堂，对服务的感觉总是从与员工或餐饮设施的最初接触开始的。

准确无误 应该尽力确保准确无误地接受客人点菜，因为这是成功服务必不可少的组成部分。不管出于什么原因将一道菜送回厨房，既浪费了时间又影响了服务质量，因此为纠正点菜中出现的错误花费些时间是合算的。向客人重复他们点的菜是纠正客人错误的一个方法，然而服务员应尽量不要这样做，除非无法确定客人说了些什么。点菜时，服务员应向客人说清诸如烹饪方式等事项以避免出现差错，如客人点了一道鲶鱼菜，而餐馆有不同的做鲶鱼的方法，比如炸鲶鱼或烤鲶鱼，那么服务员应该询问客人希望哪一种做法，不应选择最通常的做法并自以为是地认为这是客人希望的做法。同样，服务员应在客人点菜时告诉他们可以替换一些配菜，这样可以使客人感到自己拥有决定权。菜单某一道菜可能会配炸薯条，但是餐馆也不介意客人将炸薯条替换为烤土豆。

正如准确无误地接受客人点菜十分重要一样，以正确的服务方式上菜也同样非常重要。服务员应该知道不同的菜肴需要怎样端上餐桌并怎样摆放，餐饮企业必须提供培训课程、录像或电影来展示服务员必须做到的每一个服务程序，特别要强调使用正确的方法端送食物和撤换用过的餐具。将这些服务程序拍摄下来十分有用，因为所有的员工都需要观看这些程序，并且随着时间的推移即使最好的员工也可能会养成坏的习惯，让新的服务员观看这些录像则可以确保服务水准。如果把培训与监督工作交给有经验的员工来做，他也许会把一些不良的服务习惯传给新的服务员。

服务员不仅必须使用标准的服务程序而且还必须使用完好的餐具，在任何情况下餐饮企业都不应该使用破损的餐具和杯子，一旦餐具有些磨损或失去了光泽就应该将它们替换掉。

诚实可信 客人期望餐饮服务员诚实可信、举止得体，希望餐馆里的饭菜干净卫生、适合食用，还希望不必担心被宰、被少找钱或成为信用卡诈骗的受害者。虽然管理人员希望所有的员工都诚实可靠，但是在雇用过程中总会出现错误，可能会雇用一个不诚实的人，有些员工可能会从钱柜里拿钱或在信用卡收据上多写小费金额。如果一个服务员总是找错钱或多算钱，管理人员就应该注意他，提出劝告直至警告。如果仍没有改进，就将他替换掉，因为客人可能会将无意的错误视为欺诈行为。

干净卫生 客人对于卫生程度的感受对于餐饮企业经营的成功与否至关重要。一家餐饮店必须看上去干净卫生、闻起来空气清新，员工的举止、服饰和个人卫生也必须得体、干净，修剪过的指甲、整洁的工作服、梳理得当的头发以及总体的个人卫生都会影响到客人对干净程度的感受。食品、工具和设备的外观也是客人关注的地方，如果看到客人在擦拭托盘或在坐下之前掸座椅上的尘屑，管理人员就应该留意了。送回厨房的餐盘里剩下的饭菜过多，这可能表明客人对饭菜或服务感到不满意。管理人员必须时时留意客人的期望并不断激励员工满足客人的期望。

（三）分量控制

读者也许会问道为什么这个题目会出现在本章里，因为食品分量控制已在有关食品准备与制作的第九章里讨论过了。在本章里讨论食品分量控制的原因是因为服务员在服务领域要负责很多种食品的分量。

由于新的设备、新的技术以及新的储存方法，控制食品的分量在餐饮业中已变得比以往更容易了，但是仍然是由客人来决定他们的消费是否物有所值。如果食品分量不符合标准或客人谈论分量不够的话，那么服务员应该告诉厨师和管理人员。如果总是有客人一而再、再而三地抱怨，管理人员就必须调查问题的根源。

如果不遵守标准的食品分量，成本将会超出预算。管理人员必须定期检验食品分量并使员工掌握一道菜的标准分量看上去应该是什么样，切冷食、分烤牛肉、上色拉或色拉调料的活，确保食品分量的一致性可能较困难，但管理人员也必须比较食品分量以确保所需份额与配菜的分量一致，甚至装饰菜的分量都应该一致。有些客人经常光顾某家餐饮设施，他们会注意到饭菜分量是否减少了。

管理人员必须留意员工，不要让他们以减少分量的方式来偷窃食物，餐饮业中大量的偷窃行为都是通过减少食物分量来进行的，管理人员应该不断地检查和评估饭菜的分量并使厨师和服务员知道食物经常受到检查。

管理人员必须防备厨师与服务员相互勾结，以供应较多分量的饭菜来换取客人给予更多小费的做法。有些服务员看到来了一些出手大方的客人，可能会说服厨师做出分量较多的饭菜或要求吧台服务员多倒一些饮料，然后与他们平分小费，而给其他客人饭菜饮料的分量减少。

（四）控制调味品

有些员工认为餐厅里的调味品和客房里的用品（肥皂、洗头水等）值不了多少钱，并且常常把这些物品拿回家。大多数员工并不知道，单独包装或装配的物品很贵。员工们不会将大桶的番茄酱整桶的拿走，但会拿走分量小包装的番茄酱。他们并不知道单独包装同等分量的小包装番茄酱要比大桶的番茄酱贵出很多。如果管理人员向员工说明偷窃这些物品会在相当大的程度上影响到企业的盈亏时，那么就有可能更好地控制这些物品，可以在只有员工出入的地方张贴有关这些物品成本的清单并提示这些物品的丢失是怎样逐渐增加成本的，这不失为一个好方法。

航空公司几年前就已不再在包装食糖时附加餐具了，通过询问乘客是否要加糖的方法每天可以节省不少食糖。应该使餐饮业的员工学会询问客人用餐时是否需要某类配料，如许多客人购买炸薯条时并不需要番茄酱，然而许多快餐店都在每一个外卖食品包里都放进很多小包的番茄酱。同样，如果客人在餐厅购买外卖饭菜时，服务员也应该询问他们是否需要塑料餐具，因为在大多数情况下，客人更喜欢使用自家的餐具。服务员应该学会在给客人上色拉时询问客人希望放多少色拉调味酱，太多的调味酱不仅浪费钱，而且还会使色拉的味道变差。

（五）权力下放

从事旅游接待的员工往往被认为是无技术和没有受过教育的，由于这一消极的偏见，并非所有的管理人员都愿意权力下放。权力下放的概念就是管理人员给予员工决策权，但并不是在员工被雇用以后就立即给予他们这种权力，而是指员工通过培训可以就处理一些日常事物性问题作出决定，而不必每一件事都必须先得到管理人员的同意。随着员工有了更多的锻炼和经验，管理人员会发现员工权限的扩大有利于他们服务质量的提高。两个因素可能会使管理人员愿意将权力下放给员工：第一，旅游接待企业的管理人员通常需要同时处理许多事情，因此有时需要员工迅速作出决定。第二，管理人员认识到员工可能对某一事态的严重性更加了解，因而能够尽快地解决。

支持权力下放的管理人员认为，从长远的角度来看，这样做极具成本效益，通过权力下放员工可以得到更多的锻炼。如果向员工解释清了成本控制的道理，那么他们就不会滥用给予他们的权力。权力下放可以使员工成为企业的重要部分，这样既有助于激励员工，也有助于缓解员工流失问题。此外，权力下放可以使问题迅速得到解决，如果允许服务员当场作出决定，这将提高客人物有所值的感受。

反对权力下放的管理人员则认为，行业内的大多数员工没有能力或不愿意作出决定，员工可能会利用权力下放在一些场合下滥用这一权利。如果允许员工在不通过管理人员的情况下替换客人不满意的饭菜时，那么员工可能会让亲朋好友前来蹭吃。部分管理人员反对权力下放的另一个原因是控制因素，许多管理人员都喜欢每事亲躬，因此觉得难以将权力下放。

无论管理人员赞成还是反对权力下放，问题是旅游接待业的管理人员每天都需要处理大量的事情，如果不能调动员工的积极性，琐碎的管理工作可能会使许多管理人员离开旅游接待行业。由于管理人员必须依赖一定程度上的权力下放来确保经营的成功，解决问题的办法就是在雇用员工时更加仔细地挑选。

（六）服务的类型与控制

不同种类的服务需要不同的控制。如果一家餐馆使用昂贵的瓷器和银制餐具，那么就应该更多地关注这些物品。同样，快餐店应该关注纸制物品，因为快餐店需要使用大量的纸制物品，而有些员工有浪费纸制物品的行为，因为他们认为这些纸制品早晚要被扔掉，如果某一物品是某一旅游接待企业的一项重要成本，那么控制该物品就应该成为关注的重点。

提供全套菜单和餐桌服务的餐馆比其他餐馆在设施上拥有一个更为有利的条件，就是此类餐馆可以出售含酒精的饮料，加价出售的酒类可以在很大程度上弥补企业在其他一些方面出现的问题。酒类的加价一般都很高，可以使提供全套菜单和餐桌服务的餐馆有利可图。在此类餐馆中，葡萄酒在销售总额中占有很大的比例。由于葡萄酒的高额利润率与成本，控制必须非常严格。在高档餐馆里，一些葡萄酒每瓶的售价超过1万美元。同样，由于这类餐馆要使用瓷器餐具、水晶餐具、银制餐具和各种高档肉类食品，控制程序变得格外重要。

提供有限菜单和餐桌服务的餐馆需要控制其他物品。虽然这类餐馆可能没有昂贵的葡萄酒和餐具，但此类餐馆必须更多地重视分量控制以及食品成本。高档餐馆也关注食品成本，但在程度上远不及提供有限菜单和餐桌服务的餐馆，后者通常必须对廉价物品保持更多的控制，因为每一项物品都意味着相当大的成本。快餐店的利润率较低，因此必须对所有的物品实行严格的控制。全服务式餐馆可以使用ABCD分类方法来控制物品，并且对诸如贵重葡萄酒等物品采取更严格的控制。昂贵的物品属于A类，便宜些并需要少一些的物品属于B类，以此类推。快餐店不必采用这种分类来控制物品。有限服务式餐馆面临额外的控制问题：员工太年轻、没经验并且流失率非常高。

自助餐馆最难控制分量标准，尽管此类餐馆可以购买有助于烹制的方便食品，困难在于不诚实并且有经验的厨师和服务员可能会通过调整分量来进行偷窃。同样，在自助餐台工作的服务员，可能会给客人过多或过少分量的饭菜，前者造成浪费，后者使客人感到不快。如果服务员发现饭菜分量不一致或客人由于饭菜的外观而不喜欢吃时，应该告知管理人员。

（七）推荐性销售

推荐性销售对于餐馆经营的成功与否至关重要。推荐性销售是增加销售额的最佳方法之一，因此服务员和所有与客人接触的员工都应采用这一方法。推荐性销售的目的是帮助客人发现自己真正的需求而不是向客人出售他们并不需要的东西，这与上浮式销售十分相似。上浮式销售是鼓励客人购买更贵或更大的物品。必须牢记，使用这些方法时必须考虑到客人真正需求的限度。服务员必须意识到推荐性销售可能会使客人在下一次光顾时尝试某一道菜，但是如果服务员向客人售出了客人不喜欢或无法食用的菜品，那么该客人下次购买同一菜品的潜力就大大地减少了。

由于使用了计算机系统，管理人员控制客人消费结算单和监督服务员的销售工作就变得更加有效率了。管理人员需要知道每位服务员完成了多少次推荐性销售，以及服务员是否在重复使用结算单。服务员与厨师勾结在一起进行偷窃是很难被察觉到的，这是在供应特价午餐和自助餐时容易出现的问题，因为那时饭菜的价格都是一样的并且大多数客人点的都是同样的菜。同一张结算单可能会出示给厨师若干次，并且也向不同的客人出示。如果一份客人消费结算单长时间未收回，管理人员就应该询问服务员了。客人消费结算单属于一种服务控制，不诚实的员工总是试图避开控制措施进行偷窃。

服务员销售额的减少可能是反复多次使用同一份客人消费结算单或不称职或过于懒惰，管理人员通过监控客人消费结算单可以确定服务员中哪些人推销不力或服务得很差，然后与这些员工谈话并向他们解释推荐性销售的重要性。管理人员应鼓励所有员工向客人提供最好的服务，对于那些服务表现出色的员工一定要予以奖励，以便其继续保持下去。对于那些不努力增加销售的员工，管理人员必须重新考虑是否再雇用他们。

（八）供应酒水

就供应酒水而言，产品的质量不像供应饭菜那么重要，但是控制问题仍然至关重要。吧台服务员负责制作、推销和销售他们的饮品，一个员工很难精于所有的工作。由于第三方责任法与酒吧法令，餐饮企业必须通过质量与服务来获取利润，不应将数量视为创收的主要因素，因为人们已经意识到应该有节制地饮酒。吧台服务员在制作和推销饮料方面机会较多，并且可以创造性地开发饮料种类以增加客人的酒水消费。吧台服务员还应该清楚哪些酒类可以带来最大的利润。管理人员对吧台服务员与餐厅服务员的期望是同样的，期望吧台服务员更细心，能记住客人的名字以及他们对不同饮料的偏好。吧台服务员应经常看看报纸、杂志和专业期刊，以便了解并掌握时事动态。虽然吧台服务员不应参与客人之间的谈话，并且避免支持某一方，但是如果知道客人在谈论什么，在客人询问时能对答如流还是很有益的。

必须进行饮料控制以确保经营程序既有效率又有效益，因为对于不诚实的员工来说，存在着许多可以偷窃的机会。管理人员在雇用吧台服务员时必须仔细挑选，认真检查他们的推荐信，包括以前雇主的推荐信，因为他们在工作中会接触现金。管理人员必须尽全力保护企业，这不仅是因为吧台服务员有着不少的偷窃机会，而且还因为第三者责任法。不诚实吧台服务员的做法包括：

* 将自己的酒拿来替换店里的酒
* 为朋友多倒酒水或为客人多倒酒水以期获得小费
* 少倒酒水
* 以普通酒替代名牌酒
* 少报销售额
* 往酒里搀水以谎报库存
* 不关上现金出纳机的柜门
* 将装小费的罐子放在现金出纳机旁

* 虚报酒杯垫
* 将环氧树脂放在小量杯中
* 滥用促销活动
* 取消已准备好出售的酒水

不诚实的吧台服务员通常不只是只采用上述手法中的一种，可能会使用所有可行的办法，这些手法都会减少企业的利润。

如果餐饮企业未将可识别的标签贴在自家酒水的瓶子上，那么吧台服务员可能会毫不犹豫地把自己的酒水带来销售。在本店酒瓶上贴上可辩认的标识至少可以减少甚至阻止服务员私卖酒水的做法。当吧台服务员无法进行私卖活动时，他们可能会用廉价酒或一般的酒来替代客人点的酒，这样做也是不允许的，因为许多客人知道自己点的酒的味道。

不诚实的吧台服务员也有可能多倒或少倒酒水。他们为客人多倒酒水是以期获得小费。如果一位客人看见自己要的一份酒几乎有两份那么多，就会毫不犹豫地多给小费，因为多给小费远比为额外的酒水付账更合算。少倒酒水的做法通常是以备后用，如果一位吧台服务员3次少倒酒水，每次少倒1/4份，那么他可以把出售这3/4份酒水的款项私自留下。因为吧台服务员一般都有计数的办法，如使用鸡尾酒搅拌棍或将10美分的硬币或其他面值的硬币放在现金出纳机放纸币的地方。为了更容易地少倒酒水，有些吧台服务员拿来自己的不锈钢小量杯，杯的底部放置无色的环氧树脂，这使得他们可以当着客人的面少倒酒水而不会被察觉。一些餐饮企业正考虑使用自动倒酒装置，把瓶装饮料通过管子连接在计量器上，当客人点酒水时，吧台服务员按按钮或其他开关，倒酒装置就可流出一定数量的酒水，而一份饮料也会加到酒水销售总额里。如果允许吧台服务员自由地倒酒水，那么很难控制酒水标准。

如果允许吧台服务员不关上现金出纳机，那么少报酒水销售额的情况就有可能发生。因为不需要对销售加以记录，这就像是为偷窃行为发放执照似的。如果允许吧台服务员把装小费的小罐放在现金出纳机旁，同样的事情也会发生。吧台服务员可以将装小费的小罐当作小金库来存放没有记录的销售款项以及出售少倒留存的酒水所获得的款项，因此管理人员必须留意那些没有大量贵重酒水销售的服务员或收银员，因为在一些情况下那些酒水已准备好并端给客人了。如果吧台服务员在停止营业一小时左右之前就将现金出纳机的读数定为结束数，那么这最后一小时的收入就是他自己的纯利润了。管理人员不要让吧台服务员和其他服务人员接触到代金券或酒水账单，因为这些代金券和酒水账单在购买酒水或在以后核对现金出纳机时可以很容易地替代现金。代金券和酒水结账单实际上为没有记录的销售大开了方便之门。

二、二线部门

二线部门并非仅仅指厨房，二线部门包括所有客人看不见的职能部门，如预订、财务、工程维修以及客房管理等部门。因此，二线各部门之间良好的工作关系以及适当的技术支持对于一线提供理想的服务水准来说是必不可少的。

(一) 部门之间的关系

如果要想经营获得成功，那么各部门必须协调其活动。整个企业都必须努力控制成本，沟通渠道必须保持畅通，因为畅通不断的沟通可以防止可能出现的不良服务。整个企业都必须了解客人光顾某一设施的原因，客人的动机包括实现自我的愿望以及社交、生理和心理的需求，服务员就是要满足客人的这些需求。客人走进旅游接待企业寻求就餐或住宿时，通常都感到饥肠辘辘或疲惫不堪，而无论是饥饿还是疲倦都会让人感到不适。在满足这些客人需求的过程中如果部门之间出现沟通问题，那么服务员或前台员工将会遭到投诉，因此所有的部门都必须相互配合以避免出现让客人失望的情况。如厨房应该要求有专人负责，以保证食品可以及时送到。如果一位客人感到饥饿，而此时点菜过程中却出现了差错，客人并不在乎是谁出的错，他只希望能够快些吃上饭。如果一群客人前来参加一次聚会，但是餐馆里却没人知道这件事，那么对于这些客人来说实在是太扫兴了。协调与沟通是避免这类问题的关键。

（二）计算机销售系统

由于有效的计算机销售系统可以提供信息管理，旅游接待企业为了便于控制最好投资购买这样一个计算机销售系统。一些计算机销售系统可以与企业的所有部门连接，如一位客人决定在吃完早饭后再离开饭店，与饭店所有部门相联的计算机销售系统将会允许结算该早餐，因为该客人仍是住店客人。随着计算机销售系统结算完此项销售，该项交易马上记在客人的账上，当客人办理离店手续时，他的早餐费用已加在他的总账单上。但是在另外一种情况下，如果另外一位客人决定早些办理离店手续以避开拥挤的客流，当发现自己还有时间吃早饭时，计算机销售系统则不将他的早餐费用打在他的总账单上，因为此时他已不是住店客人了。

计算机销售系统易于保存销售和库存记录，管理人员也可以保留服务员的销售记录。如果计算机销售系统表明同一员工每周的平均销售额最低并且没有充分的理由，那么应重新培训这位员工或将其解聘。计算机销售系统可以使管理人员了解生意和销售趋势，并且可以将总体销售中某些类型的销售区分开，如将酒精饮料与不含酒精的饮料区分开，将牛排与龙虾和其他食品区分开。在申报系统中可分开的项目越多，就越容易检查出错误或问题。由于计算机销售系统拥有获得各类信息和比较不同成本的能力，因此购买这类系统极具成本效益。

系统中建立的控制越多，该系统可以提供的信息就越多。一些与酒吧相联的系统一般都会包括饮料的类型与品牌，可以将饮料的价格输入该系统，出错的可能性就小多了。许多企业都发现计算机销售系统可以在更大程度上控制经营，因此可以使管理人员有更多的时间与客人在一起。

（三）完成销售

最后印象几乎与第一印象同样重要。为了保持与客人的友好关系和引来回头客，服务员必须让客人感到自己对客人的惠顾十分感激。必须牢记，客人可以光顾任何地方，因此必须要求所有的服务员都感谢客人的惠顾。客人离店时所看到的每一位员工都应表达出这种感激之情，这样做可以强化客人的满意感并且通过客人的再次光顾而增加生意。

（四）员工的偷窃行为

在整个旅游接待业中，员工的偷窃行为对管理人员构成了持续不断的挑战。管理人员一方面要控制质量以防止客人流失与销售滑坡，另一方面也要确保员工不会自行其是。在餐饮业服务员有可能反复多次使用同一份点菜单来点饭菜或酒水；在赌场员工有可能使用代金券来替代辅币，然后再出售辅币；旅行社的职工有可能将客人的航空优惠里程据为已有；吧台服务员有可能玩弄一系列小把戏，如将自己的酒水带来出售或给客人少倒酒水等。

由于餐饮制作与服务属于高度劳动密集型，管理人员必须落实行之有效的控制程序，必须让所有的员工都清楚管理人员对一切情况都了如指掌。如果某些员工从不希望休假，那么管理人员就应想到这些员工可能不想让管理人员注意到销售收入的差异，这也可能表明这些员工有偷窃行为。在生意繁忙的夜晚，管理人员应亲自在吧台里工作一小时以检查销售额是否增加，或打开现金出纳机换上一个新的现金盒来确定是否有人在建小金库，员工所有的活动都必须得到监控并尽快地对错误采取纠正措施，因为一旦成本失控，管理人员就很难将其重新控制。

三、小结

为了控制服务过程，按照企业相关的工作与服务标准培训员工十分重要。控制在很大程度上依赖于观察能力。管理人员必须让员工懂得企业决不会容忍欠佳的服务表现。管理人员必须以身作则。必须使员工明白招徕回头客远比吸引新客人容易得多。如果因服务欠佳而导致销售额减少，其他成本也会受到影响。

服务员不诚实的行为必须得到控制，管理人员必须监控经营中出现的此类行为并不得不雇用秘密稽查员来使员工保持诚实。监控与评估不会令诚实的员工感到不安。无论面试及履历检查多么细致，餐饮业中仍有部分不诚实的员工。出色的员工将他们的一生献给了旅游业，然而也有一些人利用控制系统中的漏洞占便宜。

复习题

1. 以下哪些是客人对服务员的期望?

(1) 彬彬有礼

(2) 准确无误

(3) 迅速及时

(4) 所有上述三项

2. 对客人来说迅速及时意味着________。

(1) 员工按规定的时间下班

(2) 饭菜一做好服务员就将其端上餐桌

(3) 即使客人准备点菜了，服务员还在要求客人先点酒水

(4) 服务员可以回答所有与菜单相关的询问

3. 准确无误对于客人来说意味着________。

(1) 一家餐饮企业正确地得到预订的信息与请求

(2) 一家餐饮企业尽快地得到预订的信息与请求

(3) 服务员知道所有客人的姓名

(4) 服务员总是面带微笑地接待客人

4. 服务员在________可以影响分量控制。

(1) 在端酒水时

(2) 在往色拉上加色拉调味酱时

(3) 在为客人拿面包、饼干和黄油时

(4) 在烹制主菜时

5. 服务员增加销售的最佳方法之一就是________。

(1) 推荐性销售

(2) 为客人提供他们所需要的一切

(3) 向客人出售最容易烹制的菜肴

(4) 往账单里添加一些客人没有点过的菜

6. 饮料方面的优质服务包括________。

(1) 多倒酒以使客人高兴

(2) 为客人提供免费饮料

(3) 及时地为客人准备好他所需要的饮料

(4) 往酒里搀水以使客人少喝些酒精

7．在服务周期的哪一阶段优质服务不很重要？

(1) 客人走进餐厅时

(2) 客人正在享受服务或饭菜时

(3) 客人离店时

(4) 上述三项都很重要

8．在为客人服务的餐饮店里，干净卫生是指________________。

(1) 用于烹制和传送食品的设备

(2) 员工的个人卫生

(3) 装货及垃圾区

(4) 以上所有各项

9． 控制职能对于哪类餐饮企业很重要？

(1) 豪华型的餐饮企业

(2) 中档餐饮企业

(3) 快餐店

(4) 所有类型的餐饮企业

10．如果经理怀疑吧台服务员在进行偷窃，他应该采取什么措施？

(1) 解雇该服务员

(2) 不安排工作，让他休假

(3) 雇用一个值得信任的人监视该服务员

(4) 在该服务员前来工作时检查他的个人物品

11．为什么一些经理赞成权力下放而另一些经理反对权力下放？

12．列举五种确保分量控制持续达到预定标准的方法。

13．列举服务员应该具备的五种品质。

14．阐述如何使服务成为竞争优势。

测试题

1．列举客人对服务员的五种期望。

2．列举吧台服务员偷窃的八种方式。

3．描述服务员如何控制某些食品以便偷窃店里财产的行为。

4．列举服务员使用计算机销售系统提高控制能力的三种方法。

案例分析

模特餐厅的生意一直不错并且你也对经营结果感到满意。因为生意繁忙，你上个月又雇用了几名员工。一天晚上，当你与客人一起参观整个餐厅时，你发现一位客人点的优质牛排似乎比菜单上标出的10盎司分量要少。你在另一张桌旁停下来，询问客人是否对饭菜满意，一位客人抱怨说他的菜不够热。你还注意到就餐的客人在服务员端上面包后还要向其要黄油。在你返回厨房的途中，一位常客向你说他点的饭菜味道好极了。继续朝厨房走去，你看见两位服务员有说有笑地靠墙而站。

一天营业结束后，请分析上述这些活动，并将问题列出来，与服务员和厨师一起讨论并告诉他们你会如何处理每一个问题。

第十一章

销售与现金控制

关键词

银行支票卡	信用卡	丢失的结算单
为部分员工投保	借记卡	款项的多出与短缺
现金库	实际贴现率	报表分析公式
计算机系统	客人消费结算单	取消点菜与多收款项

本章学习目标

在学习完本章之后，你应该能够：

* 列出应该包括在客人消费结算记录上的项目
* 讲述如何处理丢失的客人消费结算单
* 讲述计算机销售系统的作用
* 评估计算机销售系统的利弊

* 讲述支付或结账的三种方法以及每种方法的便利
* 解释旅游接待企业在决定接受哪类信用卡时所应该考虑的标准
* 解释不同类型的信用卡诈骗行为
* 设计防止信用卡诈骗的程序
* 解释为什么应该为一些员工投保
* 解释人工销售系统的不利因素
* 讲述信用卡与赊账卡的区别

由于旅游接待业内的激烈竞争，现金控制必然是所有旅游接待企业无时不刻关注的重点。旅游接待业的利润率并非大到可以容忍任何损失的地步，如果员工通过销售、欺骗和偷窃偷走现金，那么企业在其他方面所采取的防范措施都将会徒劳无功。一家餐饮企业若想保持长久的成功，那么现金控制就必不可少，管理人员必须使员工意识到所有现金处理程序的重要性。就责任而言，管理人员必须以书面的形式记录任何在交易过程中出现的多出或短缺款项问题，不应该表现出漠不关心的态度，也不应该允许员工履行有关处理现金的管理职责。同样，管理人员不应允许收银员自行结算现金出纳机里多收的款项或关闭现金出纳机。

大型旅游接待企业的管理人员可以负责清算多收的款项，但是即使如此，在清算或出现多收款项时应该同时有两个人在场。此外，应该对此类事情加以记录。如果员工知道对每次交易都记录的话，那么他们就不太可能利用现金交易来进行偷窃。所有的偷窃行为都对旅游接待企业非常有害，一旦食品被盗，那么就无法将其出售，一旦销售款项被盗，那么就意味着企业蒙受双重损失，既失去了用于销售的食品又失去了客人支付的现金。因此对任何一家餐饮企业来说，丢失现金比丢失食品意味着蒙受更大的损失，因此管理人员必须努力建立各种必要的现金保护和控制机制。

一、客人消费结算单

员工使用的客人消费结算单非常重要，因此常被视为空白支票。如果缺少某种控制，员工可能会自行其是，将食物免费送人或售出。

因此，如果没有客人消费结算单或书面请求，不要将厨房的食物或酒吧的饮料交给服务员。控制客人消费结算单对于掌握销售情况来说必不可少。

（一）客人消费结算单的类型

由于客人消费结算单属于重要的控制凭据，因此应该避免使用那种可以在商店里购买到的结算单。结算单应该独具特色并为一家旅游接待企业所专用。为了便于入账和查寻，客人消费结算单必须印有序号并且印制在无法涂改的纸张上，因为这样可以降低替换和更改结算单的可能性。用计算机销售系统或电子现金出纳机打出客人消费结算单，这可以为企业提供更多的控制。

应该使用签账单或客人消费结算单记录卡来控制餐饮企业所使用的客人消费结算单，这张记录卡应列出结算单的序号、签发结算单的日期、每天结算单发放和收回的时间以及供员工签入和签出的栏目，每一班次结束时应该将没有使用的结算单收回并在签账单中加以说明。正如表11-1所示，管理人员要填写服务员的姓名、所工作的班次、所发放结算单的起止序号以及日期。服务员负责填写结算单发放和收回的时间、没有使用和遗失的结算单的数量并签上自己的姓名，此种做法可以使员工认识到控制和责任的重要性。

旅游接待企业应该使用双联结算单，这样可以使管理人员在产品的准备和制作过程中加大对其控制的力度。将每张结算单的副联都交到负责制作产品的地点，然后将这些单据锁起来并且在班次或一天营业结束时与结算单正联加以对照。使用这种方法时，如果客人要求添加饭菜或饮料时，则需要另外开一张结算单。一些餐馆仅在涉及贵重食品或饮料时才使用双联结算单，但是为了更好地进行控制，应该全部使用双联结算单。一旦为同一餐桌开出两张不同的结算单并且允许客人在离店时自己将结算单交给收银员并结账，就有可能出现安全问题。客人可能会把金额较多的结算单装进口袋里，只出示金额较少的结算单结账。因此一旦同一桌客人有两张结算单，应在两张结算单上同时加注，这样收银员就知道客人有两张或更多的结算单。

表11-1　结算单记录卡的样本

服务员的姓名	所工作的班次	序号		日期	打印时间	收回时间	未使用结算单的序号	遗失结算单的序号	服务员签名
		最初核查	最后核查						

(二）丢失的客人消费结算单

丢失的客人消费结算单应被视为丢失的资金。丢失的结算单可能已被涂改或替换了，管理人员无法知道结算单上的金额有多少，但是这个问题现在可以通过使用计算机销售系统来加以解决。计算机销售系统可以确保服务员从餐厅直接将客人点的酒水或菜肴传送到酒吧或厨房了。如果客人消费结算单丢失的此类情况经常发生，那么就有可能存在着严重的失控制问题了。旅游接待企业处理客人消费结算单丢失的程序包括：

1. 必须尽力去确定结算单是否仍在店里，有没有可能被错放在厨房的某个地方或折叠起来夹在菜单里了。
2. 负责该丢失结算单的员工应写一份书面报告，陈述自己所知道的一切有关该结算单的情况。
3. 一旦确定客人的消费结算单不在店里，就应该检查现金出纳机打印记录、厨房工作记录以确定点菜单的金额，否则就核对所有的现金来估算结算单的金额。确定结算单的金额可能有助于查清错误或被偷窃的现金金额。
4. 应在当天的销售记录上注明结算单的大体金额和负责该结算单的服务员姓名。

5. 由于无法确定所损失的确切金额，因此必须对该员工给予书面批评，同时也应该告知该员工再次发生此事可能会出现的后果。

6. 如果再次发生此事，应向该员工提出最后警告或将其除名。

管理人员必须制定书面的规章制度，要求员工保存好客人的消费结算单并让员工知道丢失结算单可能会出现的后果，也可以要求员工签署一份表格承认他们知道丢失结算单可能会面临的后果。管理人员花一定时间制定出书面的规章制度，员工会对这些规章制度给予重视的。

二、现金出纳机/计算机销售系统

（一）销售系统的类型

有许多不同类型的销售系统，大多数的销售系统可以用来处理管理人员所需要完成的任何任务，如记录价格和与各个部门保持联系等，一些软件系统还可以查找所销售的菜肴和酒吧所售出的饮料。销售系统可以显示每天的菜谱、销售额、物品库存量和已消耗的物品的数量和成本，每时每刻都可以提供信息，一些销售系统还可以记录考勤以及核实信用卡。有一些销售系统非常复杂，它们甚至可以识别需要再进货的基点并发出购货请求，以使库存重新达到标准存货水准。管理人员必须考虑企业目前和未来的需要，选择可以在最大程度上控制成本的销售系统。

（二）手工销售系统与计算机销售系统

在技术时代里，计算机硬件与软件的成本都已降到人们可以接受的程度了。计算机销售系统的益处远大于手工销售系统，可以使管理人员更有能力来保持控制并降低人工成本。计算机销售系统的速度更快、效率更高，而手工处理销售活动有不少不利因素：

* 由于错读手写数字而可能出现的一些错误
* 在客人离店前没有足够的时间将餐厅或酒吧的客人消费结算单记人客人的总账单内

* 偷窃和诈骗的可能性更大
* 可能会出现计算错误
* 难以评估销售业绩
* 管理人员无法将销售记录与所收现金加以比较
* 无法像计算机销售系统那样迅速核实客人用于付费的支票
* 没有销售小票，所以无法比较销售额以及核查错误
* 由于没有编出菜肴和饮料价格代码，因此可能会出现错误

很显然，手工销售系统是无法与计算机销售系统相比较的，就是最便宜的计算机销售系统也可以提供更多的控制并为管理人员节省大量的时间，因此更具成本效益。此外，由于在高档设施里消费的70%都是用信用卡结算的，因此必须将销售系统与信用卡核实程序连接。如果客人无法便利地使用信用卡或客人的信用卡被拒绝接受，那么企业就会失去一些客源。

如果使用手工销售系统来处理客人消费结算单和其他销售收入的话，那么管理人员应该制定出书面的规章制度，如告诉员工必须使用钢笔而不是铅笔，出现错误时应该在其上面画一条线而不是将错误涂掉，这样客人、经理和审计员就可以清楚所发生的情况。在使用手工销售系统时，还应该将计算单据与总核算单附在一起以确保不会出现计算错误。在班次结束时，应该在负责结算单的员工离开之前核对所有客人的消费结算单，如果结算单出现差错的话，那么立即解决问题就会更容易一些。

计算机销售系统可以提高效率，减少丢失结算单的可能性。服务员将自己的身份识别号码和客人消费结算单的序号输入到计算机销售系统里后，就可以开出一张客人消费结算单。有些计算机销售系统可以自动辨认客人消费结算单序号，所以不需要输入序号，客人所点的菜肴被储存在销售系统里，同时被传送到制作地点并打印在客人消费结算单上，就此成为结算单的副联。尚未结清的客人消费结算单通常包括以下各项：

* 所使用终端的地点
* 服务员的身份识别号码
* 客人消费结算单的识别号码

* 开出客人消费结算单的时间
* 客人点的菜肴
* 所点菜肴的制作方法以及客人的特殊要求
* 客人所点菜肴的价格
* 应付税款
* 总计金额

如果使用计算机销售系统,可以轻而易举地将客人另外点的菜肴加入尚未结清的结算单中。由于所有的菜肴都被编上不同的代码,因此员工在输入客人点的菜时一般不会出现错误。计算机销售系统使管理人员能够随时检查消费结算单、客人取消的点菜或退回的菜肴等情况。

(三)现金库

在一个班次开始时,收银员偶尔还有服务员会领到一个现金库。应该将现金库内现金的金额与面值登记在从上一班次交接过来的现金出纳机票据上,负责核实现金库内现金金额的经理应在该票据上签字。一旦核实了现金库里的现金金额与面值后,使用该现金库的员工必须签字,签字后使用现金库的员工才可以接触到该现金库。在不使用现金库的时候,应该将其锁好。应该交给下一班次一个新的现金库,这样就可以及时处理任何金额不符或上一班次出现的问题。

尽管有某个员工签收并负责现金库,但管理人员仍要对现金库所涉及的交易负责,应该时刻监控现金销售,否则员工有可能会将某次的销售款项窃为己有,然后推说是客人扬长而去或拒不付账。或者员工销毁单据,然后将客人所付款项据为己有,或者员工涂改单据并盗走部分款项。如果管理人员在现金库交接后不太关注,那么此类和其他不诚实的行为就有可能发生。记载星期、日期、餐饮设施的地点、班次以及收银员所接收金额的收银员记录十分有用(参阅表 11-2)。收银员需要登记自己的姓名、签名并记录交接现金库时是否出现多余款项或款项短缺。一些餐馆要求服务员和收银员携带自己的现金库。无论员工使用自己的现金库还是店里的现金库,管理人员都必须仔细监控销售活动并使现金库保持收支平衡以阻止员工的偷窃行为和出错。

表11-2　收银员的记录

星期	日期	餐饮点的位置	班次	所收金额	收银员/经理的姓名	收银员/经理的签名	评语

供收银员和服务员使用的现金库里应装有足够一个班次内找钱所需要的各种面值的现金，这样做十分重要，因为如果收银员和服务员用自己的钱或其他员工的钱来为客人找钱时，就有可能出错。应该在现金库内备有最适合本店菜肴价格的各种面值的现金。

在处理现金时应该注意遵守以下一些基本原则：

* 在每一班次开始之前应该清点现金库并交专人负责
* 在当班期间，应锁好装零钱的盒子并在每次交易之后将现金出纳机的抽屉关好
* 50美元以上面值的钞票应放在现金盒的下面以防止被窃
* 收银员和服务员应避免同时结算两笔账
* 收银员和服务员应提防那些善于利用找钱行骗的“大师们”
* 决不可用员工或管理人员自己的钱来为客人找钱

（四）处理款项的多出与短缺

在每一班次结束的时候，接触现金的员工都必须核对现金库内的现金金额，经理则应该记下销售数额。在清点现金库里的现金之前，不要将销售系统里的销售数额告诉员工，如果员工在清点现金库之前就知道了具体销售数额，他将可能在管理人员不知情的情况下私自冲账，这使得不诚实的员工有机会甚至不必平衡账目就可以欺骗客人和企业。吧台服务员在少给客人倒饮料或采用其他方法为自己捞钱时通常都保持着账面的平衡，他们在将现金库交出之前已计算好自己所捞的钱并把款项取出。一些管理允许员工自行结清现金库，这种做法是绝对不应容忍的。

管理人员应该关注现金库里的款项短缺问题，也应该重视现金库里的款项多出问题。如果现金库里的款项多出了，那么就有可能给一位客人少找钱了。该位客人也许觉得不值一提，所以没说什么，但是他可能会很不高兴，认为这家餐饮企业管理得不好，收银员缺乏培训，因此可能不会再次光顾该店。如果有些客人不太在意找回钱款中的零钱，那么现金库就有可能多出一些小钱，员工应将零钱单独放在一个地方。对于多出的零钱，管理人员应确定一个允许误差限度，如果多出的款项较大，那么就应该引起管理人员的重视。所有多出与短缺的款项都应记录在案，表 11−3 是一份班次报告的样本，该报告可以用于记录多出或短缺的款项。此外，有关处理多出与短缺款项的规定应包括在员工手册之中。

一些餐饮企业采用三个步骤来处理款项的溢缺问题，确定允许误差限度为少于1美元，款项多出或少于5美元以上就属于严重的失误，超过 10 美元就要给予书面批评。如果一位员工超出了允许误差的限度，将会对他提出口头警告；超过 5 美元的多出或短缺款项将被记录在案；3 次超过允许误差限度的员工将会受到书面批评。如果第二次出现款项多出或少于5美元或账面相差10美元时，那么该员工将会受到书面批评。如果受到书面批评的员工再次出错，就可以将其解聘。

表11-3 班次报告样本

日期： 值班经理： 收银员：			
	午餐	晚餐	每天总额
全部支付款项	A	A_1	
上一班次的款项	B	B_1	
小费减去上一班次的款项：A−B=C	C	C_1	
加上营业结束时未用完的结算单	D	D_1	
减去营业开始时未用完的结算单	E	E_1	
毛销售额：A−B+(D−E)=F	F	F_1	
减去税款	G	G_1	
减去账单上的小费	H	H_1	
净销售额：F−G−H=I	I	I_1	
总销售额：I+X=J	J	J_1	
信用卡销售	K	K_1	
美国运通	L	L_1	
维萨和万事达	M	M_1	
发现卡	N	N_1	
信用卡销售总额			
饭店总收费	O	O_1	
部门收费	P	P_1	
饭店客房收费	Q	Q_1	
饭店总收费			
现金核查			
旅行支票			
大面值的钞票			
20美元面值的钞票			
10美元面值的钞票			
5美元面值的钞票			
1美元面值的钞票			
25美分面值的硬币			
10美分面值的硬币			
5美分面值的硬币			
1美分面值的硬币			
现金出纳机里所有的现金收入	R	R_1	
减去开始营业时的金额	S	S_1	
净现金	T	T_1	
现金总收入	U	U_1	
减去付出的小费	V	V_1	
净现金收入	W	W_1	
多出/短缺的现金	X	X_1	
总收入	Y	Y_1	
各笔现金收入的总数	Z	Z_1	

（五）处理交易与现金的结存

管理人员必须确保所有的交易都可以得到合理的解释，并且现金出纳机的数据与每天的小结报告、信用卡收费单据、支票和客人消费结算单的结果一致，如果现金、信用卡、支票和代金券与现金出纳机或销售系统记录的总金额不符，那么管理人员必须查找可能漏掉未报的取消点菜或计算错误。所有的现金收益都应该放进现金袋中，而所有的票据和非现金凭证都应放在另一个袋中。在这些袋子的外面应该留有地方填写收银员的姓名、销售金额以及任何多出或短缺的款项。还应填写一张存款条表明现金和支票的金额，然后根据企业相关的程序结存。

（六）报表与核对

在每一班次和每天营业结束时应该对所有的工作加以比较和核对。在每个班次期间至少应核对一次现金出纳机的账目与实际现金收入，在每天营业结束后都应该结清所有班次的账目，如果账目出现不平衡，那么管理人员就必须确定可能出现问题的方面：取消点菜、结算单、代金券或是现金失窃。管理人员应在结清一天营业的所有账目后才可离店。

当然，核查任务并非每天营业时开始，每天营业结束时停止。由于旅游接待业属于劳动密集型的产业并且市场波动很大，如果存在着问题并不能及时地将其解决，那么就有可能浪费资金或资源。必须将每周的简报与预算计划加以比较，确定在销售、人工成本、食品成本、饮料成本以及其他所有方面是否都进展顺利。如果出现任何重大的变化，都必须立即采取行动。如果变化很大，管理人员必须提出以下的问题：

* 食品成本或饮料成本过高是因为价格提高了呢还是因为员工偷窃造成的？
* 人工成本过高是因为预计的销售额减少所致还是员工瞒报考勤所致？
* 是否所有可控成本都得到了有效的控制？

（七）员工的欺诈与偷窃行为

不诚实员工的欺诈与偷窃行为会使企业既减少收入又失去客源，然而阻止这些行为可能是非常困难的事情。旅游接待业中大量钱财的损失是因食物变质、剩菜剩饭以及员工不熟悉业务造成的。如果再加上不诚实的员工，也就不难理解为什么旅游接待业中经营失败率如此之高。为了减少员工的欺诈行为，旅游接待企业必须采取“火炉政策”，向全体员工明确无误地表明管理人员在处理员工的欺诈、占小便宜和偷窃行为时绝不手软。一旦发现员工有不诚实的行为，就必须将其解聘。

员工可以采用许多种方式在企业内部行窃，如用取消点菜来进行偷窃。在繁忙的晚间营业时间利用取消点菜和多收客人费用的办法偷窃50～100美元可能易如反掌。如果类似的取消点菜不断发生，那么就应该换一个新的收银员。这种通过销售直接偷窃的做法意味着企业遭受双重的损失，这样的情况也会发生在员工少收客人钱的时候。

在雨季和有暴风雪的时候，一些地点可能会出现因用电量过高而停电的情况。因此，餐饮企业必须有备用的客人消费结算单。这样在无法使用现金出纳机或销售系统收取款项时在晚些时候记入该系统。同样，也应在销售记录单上注明交易中断的原因。然而并非所有的停电都有其正常的原因，有些员工可能会在生意繁忙时将电源关掉15分钟或半个小时以在此期间把收益据为已有，因此必须找出每次在营业期间出现断电情况的原因，对此类情况的频繁发生要认真调查。

以下是一些可能导致员工偷窃的现金管理做法与防范方法：

1. 管理人员的工作非常忙，所以把销售系统的钥匙交给某位员工并让他来负责管理交易。除特殊情况外，管理人员决不能让员工接触到钥匙。即使情况特殊，员工需要接触钥匙，也应对此类接触加以限制和记录。
2. 有时销售打印纸带用完了，管理人员也不采取措施，使得交易记录缺乏连续性，甚至有些销售系统里的交易记录也丢失了。管理人员应该检查打印纸带，确保在重新启动现金出纳机时有足够的打印纸带。应该时常检查打印纸带，查看是否存在无销售开机、取消点菜以及对客人的消费结算单优惠等情况。
3. 现金出纳机里安装的报警器是用来提醒管理人员和员工该机正被打开，但是有时管理人员使用钥匙或密码绕过报警系统。管理人员不仅不应该这样做，应将监管现金出纳机视为自己职责的一部分。突检现金出纳机是一种必不可少的做法，可以查出员工是否从现金库里偷钱。

4. 不应该允许员工在自己工作的地点兑换个人支票。
5. 不应将现金出纳机视为存放备用金的地方。备用金一般来说只是一些零散钱，用于支付各种费用，以后还要将备用金补足。小型餐饮企业常常将现金出纳机里的备用金当作零散钱来使用，因而最终无法解释备用金的去向了。
6. 客人应该可以方便地看到放入现金出纳机的销售金额。
7. 销售系统里的销售数额应该与所收到的现金数额一致。
8. 如果一个员工不愿意休假，那么他有可能不希望管理人员注意到销售金额方面所出现的差异，而这种差异可能表明他在偷窃。
9. 营业结束时应将现金出纳机清空并保持打开状态，这样可以避免小偷为了偷钱将其损坏。
10 客人用现金支付了费用，而员工将其拿走，然后声称客人没有结账。

（八）为部分员工投保

管理人员必须意识到不诚实的员工对企业危害很大并且有可能导致企业倒闭。从根本上讲，现金控制旨在维持对资金的控制以及保护资金的安全。更重要的是，现金控制旨在使员工保持诚实。如果有人有偷窃癖，那么很难阻止他们的偷窃行为。无论管理人员采用何种聘用方式，尽最大的努力检查所聘员工的相关材料以及核对过去的录用记录，但是仍会有一些不诚实的人被录用。

如果员工偷窃，投保则可以使企业受到保护。饭店和汽车旅馆里的员工有机会偷盗客人的财产，信用卡、销售收入以及其他类型的资金也有失窃的可能。为了保护自己，旅游接待企业应该为可以接触到属于企业或客人的大量现金或贵重物品的员工投保。为预防员工偷窃财产，企业可以购买额外的保险，购买额外的保险可以防止企业在诸如财产损坏、人员伤亡或员工赔偿等方面的损失。

细致地甄别员工可以避免招聘到不合适的员工。涉及大量现金交易或店内存有大量现款或贵重物品的企业应该为员工投保，无论甄别程序多么有效，使用秘密稽查员仍是监督和评估服务活动的最佳手段。管理人员不断地采用各种控制措施，不诚实的员工仍千方百计地试图钻空子。

（九）客人的偷窃行为

对于旅游接待企业来说，员工的任何偷窃行为都会影响该企业的赢利，即使被偷窃的是食品而不是现金，但食品也有现金价值并且最终还需要补充。不诚实的客人也会偷窃旅游接待企业里的物品，如客人在吃了一顿丰盛的饭菜后抱怨一翻，这样就可以少付一些账。当客人提出不太合乎情理的投诉并希望就此不付账时，管理人员应该记住这些人的模样，因为他们有可能再次使用同一手段来蹭吃。客人也有可能不付账就一走了之或者使用一文不值的支票或偷窃来的信用卡，管理人员必须培训全体员工谨防此类事情的发生。收银台应该设在靠近大门的地方，以防客人吃完饭不付账就离开。

客人也有可能偷窃诸如毛巾、浴衣、烟灰缸、咖啡杯、装饰盘等店内财物。一些客人还偷窃带有企业标识的物品，因此旅游接待企业最好让客人知道这些物品可以在收银台或礼品店里买到，在一定程度上阻止此类偷窃行为。

一些行为不端的客人喜欢在营业繁忙时付账并借此行骗，如果消费结算单上应付的账不到10 美元，那么他可能会向收银员晃一下一张20美元的钞票，然后付一张10美元的钞票。收银员可能会按20美元找给他钱，因为收银员的脑海里已有了20 美元的印象。此种情况很难证明到底是10美元还是20美元，因此要让收银员在收现金的时候警惕此类骗子。

对于管理人员来说，保护旅游接待企业的资源、形象和偿付能力是关注的重点。管理人员必须采取控制措施来防止员工和客人的偷窃行为，必须让员工知道企业不会容忍任何的偷窃行为。必须训练员工安全有效地履行自己的职责，提高警惕防止任何不诚实的行为。应该以书面的形式制定有关使用现金、支票、客人消费结算单、信用卡和其他资源的规章制度，要让员工看到这些规章制度并签字表明自己已知道了这些规章制度。如果管理人员采取了各种控制措施，强调了不同职责的重要性，培训了员工并自身做出榜样，那么大量的欺骗、浪费及不良行为是可以避免的。

二、支付方式

在旅游接待企业购买物品或服务时，客人应该可以使用三种支付方式中的任何一种：现金、支票（个人支票、商业支票或旅行支票）、信用卡，因为支付方式往往决定着客人对旅游接待企业或服务的选择。然而在确定接受哪类支付方式时，企业的现金流量也是必须要考虑的因素。

（一）现金与支票

现金的优势就在于人们普遍接受它并且可以使旅游接待企业保持足够的流动资金。在过去，支票比其他支付形式使用得更为普遍，然而今天支票的使用已远不如从前了。由于信誉问题，一些餐饮企业已不再接受个人支票。为了确保不会接受不良支票，许多旅游接待企业雇用了负责检验核对支票的公司并安装了电子设备，员工只要将支票在相关机器上过一下就可以辨别其真伪。接受一家公司或机构用于某项活动的支票付款方式应该事先得到批准，因为有些非赢利机构是可以免税的，但管理人员必须先得到这些机构的免税账号。旅行支票通常会被企业接受的，因为如果旅行支票丢失或被盗，持有者可以获得近100%的补偿，这使得旅行支票成为既安全又方便的支付方式。如果可以选择的话，大多数旅游接待企业更希望客人支付现金，但是从控制的角度考虑，大多数企业更倾向于接受支票付款形式，因为这是企业控制产出和保持收入记录的最有效的手段。

（二）信用卡

就便利程度而言，信用卡为客人提供了与支票作用相仿的支付手段。在决定接受哪些信用卡时，管理人员必须了解信用卡的运作原理，即信用卡公司发给客人一张信用卡，该位客人在一家旅游餐饮企业进行消费，然后该餐饮企业把这位客人的费用寄给信用卡公司，由信用卡公司支付该项费用，餐饮企业则将该项费用的一定百分比返还给信用卡公司。信用卡公司给持卡人开出账单，然后持卡人与信用卡公司将费用结清。

信用卡的类型 并非所有的信用卡都是一样的。维萨卡和万事达卡属于信用卡，持卡人可享有一定额度的信贷，但是如果未能结清所欠款项则需要支付利息。如美国运通卡一类的赊账卡要求在为期20至30天的结算期截止时付清所有款项，这些赊账卡的优势在于不对消费额度设上限。

银行支票卡正在变得流行起来。银行支票卡使持卡人不必再开支票，因为所欠餐饮企业的款项可以从持卡人的支票账户上直接划走。由于维萨卡和万事达卡等信用卡支持着银行支票卡，那些通常不接受支票的餐饮企业现在可以得到这类信用卡提供的安全保障。就饭店住宿而言，可以根据客人所需住宿的天数从其账户上预先划出住宿费用以及其他杂费，如客房电话费和影视节目付费等。如一位使用银行支票卡的客人入住一家饭店并住宿5天，如果客房的房价为每晚100美元，而饭店有关客人押金的规定是每天的房价再加上25美元的话，那么就应该在该位持卡人的支票账户上预先划出625美元（500美元为住宿费，125美元为杂费）。

借记卡与银行支票卡的运作方式不同。借记卡通常都是由银行发行并用于自动柜员机，许多餐饮企业不接受借记卡，但是一些银行将其银行支票卡与借记卡合二为一，这样客人可以使用同一张卡进行交易了。

应该接受哪些信用卡？在决定接受哪些信用卡的过程中，管理人员必须关注三个因素：

1. 每一种信用卡的可获性及其使用频率。
2. 每一种信用卡的成本或费用。一般餐馆的税前收入大约为4%，而信用卡公司的收费降低了这一百分比。
3. 信用卡公司支付费用所需要花费的时间。

此外也应该考虑其他若干成本因素，但是以上三项是需要从长期角度考虑的主要因素。

由于目前流行着许多种信用卡，如果旅游接待企业涉足国际市场的话，那么选择起来可能会更加困难。尽管迪纳斯俱乐部卡（Diner's Card）在市场所占份额并不大，但被认为是第一个现代的赊账卡。律师弗兰克·X. 麦克纳玛拉（Frank X. McNamara）有一天在一家餐馆里用餐之后，发现自己没有带够钱而无法付账，这样推出迪纳斯俱乐部卡的想法就应运而生了。1958年美国运通卡问世并成为迪纳斯俱乐部卡在旅游接待业中的主要竞争对手。1960年，位于加利福尼亚州的美洲银行推出了美洲银行卡（Bank Americard），后来其他银行获得该卡的特许发行权，现在该卡已成为著名的维萨卡。1970年，万事达卡与万事达赊账卡合二为一，成为万事达国际卡（Master Card International）并成为维萨卡的竞争对手。1985年西尔斯公司（Sears）推出了发现卡（Discover Card）。根据发行量统计，目前在信用卡和赊账卡市场中占主导地位的分别是维萨卡、万事达卡、发现卡和美国运通卡。

信用卡交易量的大小可以反映出人们使用该信用卡的程度。包括1985年问世的发现卡在内的大多数信用卡都在发行总量方面超过了诸如美国运通卡和迪纳斯俱乐部卡等老牌的金融卡。这一事实表明，客人更喜欢使用信用卡而不是赊账卡。信用卡被人们视为一种便利的工具，而赊账卡则通常体现了声望。光顾中档餐馆或自助餐厅的客人期望餐馆接受信用卡；而光顾高档餐馆的客人期望既可以使用信用卡也可以使用赊账卡。在所有信用卡交易当中，59%的交易用于购物，15%用于餐饮消费；而在购物消费过程中，有73%的消费者使用维萨卡、万事达卡、发现卡或美国运通卡。客人所使用的信用卡类型往往取决于他们对声望的需求，这就是一些客人使用金卡或白金卡的原因，因为金卡和白金卡表明持卡人所拥有的信用卡档次更高或享有的信用额度更高。

尽管持有美国运通卡、迪纳斯俱乐部卡和卡特布朗卡（Carte Blanche）等旅游和娱乐卡需要交纳年费，但是许多公司都为其雇员办理此类卡用于交际和出差，因为这些卡可以在全世界通用。旅游接待企业可以接受这些卡，因为它们有助于促销，但是这些卡对于企业来说代价也是较为昂贵的。信用卡公司的收入大多来源于零售贴现率以及持卡人所交的利息，而诸如美国运通卡等赊账卡公司只从接受它们卡的企业那里获得收益。

企业应该确定其目标市场并且评估该目标市场中使用最广泛的信用卡以决定是否接受该信用卡。在签署一项信用卡协议之前，企业必须评估某一信用卡的成本以确定使用该信用卡是否具有成本效益，因此管理人员必须评估实际贴现率。表11－4是企业在评估某一信用卡的实际成本时所使用的报表分析公式。

表11－4　信用卡收费报表分析

所需信息	公式	计算
A．信用卡年销售额	A ＝ 特定（例如：$800 000）	
B．平均每月信用卡销售额	B ＝ A÷12	800 000÷12 ＝ $66 666.67
C．平均每月信用卡交易量	C ＝ 特定（例如：3150次）	
D．平均交易额	D ＝ B÷C	66 666.67÷3150= $21.164
E．贴现率	E ＝ 由信用卡公司确定（例如：2.5%）	2.5÷100 ＝ 0.025
F．报表费	F ＝ 由信用卡公司确定的费用÷B（例如：$20）	20÷66 666.67 ＝ $0.0003
G．交易费	G ＝ 由信用卡公司确定的费用÷D（例如：50美分）	0.50÷21.164 ＝ $0.02363
实际总贴现率	0.0489或4.89%	

一旦了解了实际贴现率，旅游接待企业应该通过谈判来获得最佳报价。如果管理人员决定接受维萨卡，那么应该至少与三家办理维萨卡的公司联系以期为企业获得最好的报价。维萨卡、万事达卡以及发现卡的零售贴现率与各项费用大体上相同，从1.75%到4%不等。贴现率通常都是根据处理与核对手续、平均信用卡交易以及年信用卡销售额来确定的。美国运通卡的贴现率一般高于维萨卡、万事达卡和发现卡的贴现率。

受理信用卡　受理信用卡是指完成信用卡交易的方式，这一过程包括三个步骤：受理、核准与结算，必须对这三个步骤中每一步骤的成本加以评估。受理就是企业为客人开出销售小票的过程；核准就是得到信用卡公司批准以及在消费超过根据信用卡协议事先确定的额度时要求信用卡公司同意的过程；结算就是企业收到应得款项的过程。所有这些活动都可以通过计算机来完成，这也是控制交易、减少诈骗和失误以及保持现金流量的最有效的途径。

企业还必须评估零售贴现率以及其他各项必须支付的费用，是除了涉及购买或租借电子设备开支和手续费以外的费用，其中包括安装费、报表费、程序设计费以及违约金等。

电子设备 除非企业非常小并且业务很少，否则从控制的角度来看，使用电子设备是接受、核准与结算信用卡交易的最安全和最具成本效益的手段。企业可以购买或租用电子设备。管理人员在选择电子设备时应该了解该设备是否具有预设核查装置、小费与服务员身份识别以及其他可以满足本店需要的特殊功能，该设备是否能够升级换代以及可为商家提供何种保障也是必须了解的重要情况，有关安装和维修等事宜也应该了解清楚。

信用卡的标识 一旦企业决定接受某些信用卡，就必须让客人知道可以接受哪些信用卡，应将所接受信用卡的标识展示在店堂的正面以及电话簿黄页里，这样做十分必要，因为客人消费或就餐的决定常常取决于企业是否接受某一具体的信用卡。客人经过某家餐饮企业而没有进去，因为他们没有看到相关的标识并且他们也不喜欢询问。所有的信用卡公司都提供信用卡标识，企业可以把这些标识张贴在窗户、客人消费结算单托盘、菜单夹、饰板和柜台上，但不要破坏了店堂的总体气氛。

信用卡诈骗 绝大多数信用卡诈骗是由于信用卡丢失或被窃造成的。行为不端的个人经常通过邮件来窃取信用卡或以欺骗的手法申请信用卡。许多人的信用卡申请已得到批准，但是许多收到此类广告的人认为这是垃圾邮件并将其扔进垃圾堆，行为不端的人可能会将这些广告从垃圾堆里捡出来，冒用收件人的名义签名并要求更改地址。几个星期以后，行为不端的人就可以得到一张印有他人名字的信用卡，这样他就可以使用别人的信用卡了。

尽管使用了电子设备来核实信用卡，但是员工仍有可能进行欺诈活动。当客人用卡付账时，员工可以开出两张信用卡结算单据并将其中的一张用于下一次的现金交易，有的员工甚至使用无效的信用卡在电子设备上刷卡往自己的账户里存钱。员工也可能提高信用卡结算单据上小费的金额，这种情况往往发生在旅游景区，特别是当员工得知客人只是路过此地的时候。如一群客人中的一位用信用卡结账而其他几位客人用现金留下了小费，如果服务员在信用卡结算单上多加上

5～10美元，一般客人并不会投诉，因为他们觉得不值得为这点钱花很多时间来纠正服务员的不良行为，但是这些额外的5美元或10美元不久就累积成不诚实员工的一笔丰厚的工资外收入。

管理人员必须不遗余力地防止员工利用信用卡进行诈骗，并且必须坚持所有的消费都应该通过电子终端来结算；必须清楚地了解信用卡协议及其消费额度，教会员工注意观察信用卡的截止日期并检查签名笔迹是否不同。

三、小结

偷窃企业的资金和销售收入会减少该企业流动资金并且有可能导致企业破产。客人消费结算单是旅游接待企业控制的主要手段。必须以文字的形式和通过培训使员工认识到客人消费结算单的重要性，并且知道企业不能容忍盗用资金的行为。一家餐饮企业应该评估使用计算机销售系统来控制销售是否具有成本效益。

三种基本的支付方式分别是：现金、支票和信用卡。信用卡、赊账卡、银行支票卡和借记卡之间有着很大的区别。随着人们越来越少地使用个人支票和现金，旅游接待企业要允许客人使用某些类型的信用卡。一旦企业决定接受某一具体的信用卡时，管理人员必须多方接触以期为本企业获得最佳报价。管理人员必须认识到绝大多数经常光顾高档餐馆的客人是使用信用卡来支付其就餐费用的。

复习题

1. 以下哪一项不是旅游接待业中通常使用的支付方式？

(1) 现金

(2) 信用卡

(3) 记在客人账上

(4) 支票

2. 客人消费结算单说明记录应该包括：

(1) 服务员的姓名

(2) 结算单的序号

(3) 服务员的签名

(4) 以上所有各项

3. 以下有关计算机销售系统与手工销售系统的哪句话不正确?

(1) 计算机销售系统不经济

(2) 误读人工销售系统的笔迹有可能会导致点菜中出错

(3) 使用人工销售系统更易于编写销售业绩报告

(4) 使用人工销售系统时不需要销售记录单

4. 计算机销售系统可以将什么信息自动出现在客人消费结算单上?

(1) 服务员身份号码

(2) 计算出的纳税金额

(3) 所点的菜肴及其价格

(4) 以上所有各项

5. 计算机销售系统所记录的销售金额应该与__________一致。

(1) 现金柜里所有的现金、赊欠金额和支票总金额

(2) 减去营业开始时的金额后现金柜里所有的现金、赊欠金额和支票总金额

(3) 所有取消的点菜金额

(4) 当天使用的客人消费结算单数量

6. 以下哪一项是良好的找钱程序?

(1) 面值五美元以上的钞票应该放在现金盒的下面

(2) 为了提供更快捷的服务出纳员应该同时为三位客人结账

(3) 出纳员可以使用自己的钱而不必为到处找管理人员要零钱而浪费时间

(4) 在每一班次期间应将放小费的盒子锁好

7. 如果现金、信用卡收据、支票以及代金券与现金出纳机的记录不符，管理人员必须检查__________。

(1) 食品的质量

(2) 所收现金的总数

(3) 没有汇报的错误或取消的点菜

(4) 存结单

8. 在决定接受何种信用卡时管理人员应该考虑的最重要因素是:

(1) 实际贴现率

(2) 报表费

(3) 每一交易的成本

(4) 企业的营业额

9．在接受信用卡时所采用的三个步骤的正确顺序是：

(1) 结算、核对、接受

(2) 核对、结算、接受

(3) 接受、核对、结算

(4) 核对、接受、结算

10．正确的做法是为____________投保。

(1) 接触现金的员工

(2) 所有的服务员

(3) 在本店工作五年以上的员工

(4) 所有的员工

11．详细说明在决定接受某些信用卡或其他卡时必须考虑的因素。

12．详细说明客人消费结算单丢失的两个原因。

13．列举十种现金交易中可能使用的欺诈手段。

14．列举五种旅游接待企业愿意使用计算机销售系统而不使用人工现金出纳机的原因。

15．假设你的企业平均每月信用卡销售额为6万美元，平均每月使用信用卡的交易为2800次，如果A公司提议收取3%的贴现率，每份报表和每项交易分别收费30美元和50美分；B公司建议收取2.5%的贴现率，每份报表和每项交易分别收费10美元和75美分，那么你会选择哪家信用卡公司？计算两种信用卡的实际贴现率。

测试题

1．确定信用卡贴现率的有哪三种因素？

2．共有哪三种支付方式并说明客人是如何受惠于每种支付方式的？

3．为什么说为部分员工投保是十分重要的？

4．一家餐馆的年信用卡销售额为50万美元，每月使用信用卡的交易为3000

次。如果X公司提议收取2%的贴现率，每项交易和每份报表分别收费50美分和40美元；Y公司建议收取3%的贴现率，每项交易和每份报表分别收费25美分和20美元，那么哪家信用卡公司的报价更好一些呢？

案例分析

模特餐馆的一位女服务员丢失了一张客人消费结算单，这已是本周第二次发生此事了。这位女服务员已在这家餐馆工作三年了，在过去也曾经两三次丢失过结算单。该服务员工作很有效率并且待客热情友好。你可以感觉到许多本地客人是为了她和她的服务才经常光顾本店的。但你意识到企业无法承受结算单不断丢失所造成的损失。每次你与她谈论丢失的结算单时，她总是说一定是客人把结算单拿走了。作为该餐馆的经理，你现在就制定控制结算单的书面规定，其中应包括以下两点：

* 开出和收回客人消费结算单的程序
* 员工丢失客人消费结算单应负的责任

第十二章

销售分析

关键词

边际贡献	计算客人人数	产品受欢迎的程度
正式沟通	非正式沟通	宣传
客人的评议	菜单组合	座位周转率

本章学习目标

在学习完本章之后，你应该能够：

* 解释获得信息的必要性
* 解释控制信息的重要性
* 解释为什么说培训必须是一种持续的过程
* 描述了解平均客人消费结算单的重要性
* 解释需要计算客人人数的原因

* 解释计算座位周转之间时间的重要性
* 描述特色菜定价理念的重要性
* 理解奖励业绩突出员工的原因

一、相关的信息

随着当今的技术进步，计算机和因特网使人们更加容易地获取信息，信息本身已经不像过去那样为企业带来竞争优势。但是，如果使用得当和及时的话，信息仍然可以为企业提供战略优势并且帮助管理人员保持住具有竞争力的地位。那些希望获得有关市场条件信息的管理人员可以通过预测市场变化和及时的调整来保持竞争优势，一旦信息在手，就可以制定战略计划来保持或提高自己的市场份额。管理人员应该找出以下有关收集和利用信息的答案：

* 我需要哪些信息？
* 我怎样获得这些信息？
* 我希望别人了解哪些信息？
* 我怎样传递这些信息？

（一）我需要什么样的信息

由于可获得的信息太多，管理人员必须确定自己真正需要哪些信息。信息可以帮助管理人员迅速分析背离了标准的行为，进而控制经营程序，但是太多的信息也会使管理人员陷入与经营活动无关的数据泥潭之中。管理人员需要的是可以有助于履行好自己职责的信息，如果所获得的信息无助于管理人员履行好职责以及有效地管理好企业，那么这些信息可能只会浪费宝贵的时间。管理人员应该懂得哪些信息对成本和销售等项目的控制有影响，销售报告、成本报告以及员工工资单对于优秀的管理人员来说都是必不可少的信息。

（二）我怎样获得这些信息

大多数机构所使用的绝大多数信息都来自计算机上的应用软件，如数据库管理程序。有了这些程序，管理人员不必翻查成堆的资料就可以找到解决问题的答案或找出问题的根源，可以迅速地确定不同的方案并评估这些方案，确定各种可能出现的意外情况，并根据财政数据选择一种方案。管理信息系统(Management Information System)的定义有若干个，但实际上这是一个可以定期为管理人员提供所需信息的系统。电子现金出纳机和计算机销售系统以系统性的顺序和分类提供信息，这与管理信息系统的作用是一致的。管理信息系统提供的是有用的信息而不是原始信息。在旅游接待业，管理人员需要有序的信息，这样成本控制措施才能得到落实。获取信息的方法也必须一致，这样管理人员在向企业的业主、高层管理人员和员工传递信息时，每个人都懂得该信息的意思。

由于旅游接待业管理人员所使用的绝大多数信息均来自计算机销售系统，所以一定要保证企业选择可以提供所需信息的系统。如计算机销售系统可以保存原始数据，管理人员可以根据这些数据预测生产和销售，可以消除一些根据凭空想像作出的决定。自助类型餐馆的管理人员可以根据以往的销售情况来确定每种食品需要准备多少，现在可不必查阅档案柜里的资料，只要将日期和菜单输入销售系统数据库就可以获得相关的信息。计算机可以比人工预测更加准确地作出建议，这样可以加强控制、减少浪费，从而有可能降低可控成本。

在前面的章节中我们提到过一些可以提供有关旅游接待业信息的出版物，这些出版物和因特网网址可以提供研究数据、统计数据与平均数以及旅游行业信息。如全国餐馆协会的网址(www.restaurant.org)为公众提供了有关餐饮行业趋势及研究数据等，还有许多其他的网址对餐饮业经营者有帮助。本章后附有一份有关旅游接待协会与公司网址的名单。

(三) 我希望别人了解哪些信息

控制信息是十分必要的，但这并不意味着管理人员可以歪曲事实或欺骗公众和员工。在与员工和公众打交道时，诚实与坦率永远是最好的方式。信息具有的强大影响力，企业需要对不同的信息加以控制。时机的选择在生意中也是同样的重要，选择适当时机发布信息可以强化其作用。此外，对信息的传播也应该加以限制以避免信息过度(information overload)。就信息而言，并不一定是越多越好，太多的信息可能会让管理人员感到不知所措，而其中有些信息可能没有多少价值。

信息的相关性、准确性、完整性、可靠性和及时性非常重要，但是即使信息能够达到这些标准，我们也必须牢记，额外的信息意味着额外的成本。有些人认为新的信息最好，他们总根据最新的信息来购物或作决定。他们根据新的信息购买新设备，事实上市场检验一下这些新产品而不是急匆匆地作决定可能更明智一些。高层管理人员不必急于告诉低级管理人员可能会购买哪些新的设备，以免过于仓促地购买了这些设备。

有些类型的信息需要共享，如让员工知道餐饮部门的每件小餐具的成本是个好主意，这样员工就会知道如果自己“不小心”把一个汤勺扔进垃圾桶但又没将其捡回来的话，那么日积月累就会给企业造成一定的经济损失，即小小的错误和漫不经心的行为会造成企业很大的损失。又如，让员工知道企业实现了销售目标同样是个好主意，实现销售靠的是员工集体的努力，而不仅仅是管理人员的努力。

管理人员可能希望公众知道一些有关企业的信息，但是有些信息公众可能不感兴趣或者知道了反而会对企业造成危害。如果公众知道企业遇到财政困难这些情况，那么销售就会减少。

可以利用信息来获得竞争优势。与人工评估信息相比，计算机销售系统可以有效地评估原始数据。但信息系统带来的竞争优势并非永久性的优势，因为其他企业也会利用信息借鉴或改进其产品和服务。

（四）我怎样传递这些信息

企业希望公众接受的信息是那些用于宣传的信息，这就是“我希望别人了解哪些信息”这一问题的重要原因。广告使人们了解了产品或服务，而销售推广可以使客人作出反应。宣传与其他促销技巧相比具有更多的可信性，所以旅游接待企业常运用公关作为向公众传递信息的手段。这类信息有可能生产积极的和具有成本效益的结果，而这些结果可以通过卓越的服务以及客人的感谢信来表现。

在向员工传递信息的过程中，管理人员可以运用不同的技巧。为了达到控制的目的，管理人员也许不会让员工知道销售某些产品的利润情况，但是管理人员可以采用正式和非正式的沟通技巧使员工了解情况。就正式沟通而言，管理人员可以采用开会等方式，有关客人意见卡的会议可带来巨大的反馈。管理人员也可以采用了解“小道消息”的方法，知道了小道消息可以使管理人员了解员工关心的事情。

管理人员可以利用广告宣传来传递信息并吸引客人。在通过广告增加销售的过程中，管理人员切忌采用仓促或随意的方式，做广告必须针对目标市场。广告必须具有成本效益，在做销售分析时要检测发放优惠券或使用报纸广告是否可以吸引足够多的新客人？这种做广告和促销的方法是否有利可图？一份本社区的报纸可能远比全市的报纸更具成本效益，而无线电广播的作用则可能更大。播放电视广告必须选择好时间，这样才能有效地影响到目标市场。

二、销售分析与定价

销售分析披露出的信息可以帮助管理人员评估客人对菜单上的菜肴及服务和活动的偏好，从而有助于管理人员确定各种价格。如果价格反映出了客人所认可的价值，客人就会感到满意。管理人员会发现以下问题有助于获取这一类信息。

* 谁是目标客人？
* 本餐饮企业属于哪种类型，地理位置在哪里？
* 竞争对手的价格是多少？
* 准备和制作产品或服务的成本是多少？
* 管理人员希望实现多少利润？

（一）谁是目标客人

知道经常惠顾本店的客人类型可以使管理人员对市场的偏好和需求做到心中有数。根据市场的承受能力确定价格并非总是可取，了解客人的消费习惯有助于管理人员恰当地为产品定价。了解客人也可以使管理人员更好地理解客人所感受的物有所值和所期待的服务水准。此外，如果考虑到客人的文化习俗和人口地理因素，管理人员还可以确定客人的饮食习惯并因此而推动销售。

（二）本餐饮企业属于哪种类型，地理位置在哪里

在确定菜单组合与价格的过程中，餐饮企业的类型和地理位置起着重要的作用。在制定菜单组合、定价和考虑餐饮企业的地理位置时，管理人员必须重视可控成本与不可控成本。位于郊区超大型商业中心、市中心或办公大楼里的餐饮企业的租金可能会非常昂贵，因此菜单价格不得不定得高一些以补偿较高的固定成本支出。高档餐饮企业的价格定高一些，可以吸引某一特殊客人群体。一个地区的人口构成也十分重要，餐馆菜肴的价格必须让本地的一些客人以及本地以外的一些客人可以接受，否则他们就会由于价格方面的原因望而却步。如果管理人员认为某一地区可以支持高价位，那么餐馆的设施、产品和服务都必须反映出这一点；如果目标市场中的绝大多数客人是学生，那么价格就必须定得可以让学生接受；如果老年人经常光顾某一餐馆，那么定价就必须针对依靠固定收入生活的老人。

（三）竞争对手的价格是多少

管理人员不能忽视竞争对手，必须收集有关本地区竞争对手的活动与价格方面的信息。行业增长以及产品与服务差异等因素有可能决定旅游接待企业内各企业之间的竞争的激烈程度，价格的确定必须基于企业运营的成本之上，但是如果竞争对手推出很低的价位，那么管理人员必须找出办法使自己的产品或服务具有不同的特色。同时，也必须了解竞争对手新的生产方法或交付产品的方式，因为这往往是对手降价的原因。

（四）准备和制作产品或服务的成本是多少

了解产品的实际成本有助于确定所售商品的成本、损失的人工及其他可控支出。如果想准确地完成销售分析，那么必须先获得有关实际成本的情况，实际成本可以提供有关准备和制作不同菜肴所需费用的真实数据。确定旅游接待业实际成本的问题在于最常使用的成本数据总是平均成本，然而平均成本、潜在成本和实际成本之间的差异可能是较大的。所准备的菜肴无论是为了大型宴会还是正常营业的一部分，都需要确定制作它们的实际成本，这样可以防止定错菜肴或服务

的价格，使旅游接待企业避免蒙受金钱方面的损失。

(五) 管理人员希望实现多少利润

在决定菜单价格的过程中，管理人员必须确定需要创造多少利润才能使投资得到足够的回报。夫妻店的经营者往往把经营后剩余的金额视为利润。如果没考虑隐形成本并且利润很低的话，那么这样的结果会令人感到十分沮丧。连锁企业通常把利润视为成本，采用这一方法，就可以事先确定企业所希望实现的利润与销售目标。如果小型餐饮企业经营者也采用这一方法，那么他们对生意成功的可能性从一开始就会有一种更现实的看法了。

三、销售或菜单组合分析

了解企业的哪项产品有销路及可以为企业带来多少利润，有助于企业获得所希望实现的利润。产品的边际贡献和受欢迎程度是相互关联的。如饭店的套间可以带来较高的边际贡献，但是如果所有的客人都希望入住套间的话，那么该饭店就会遇到问题，因为该饭店只有5%的客房是套间。同样，如果一家餐馆的菜单上有一道菜在过去的5个月里都没有被客人点过，那么继续保留这道菜对该餐馆来说可能毫无益处，特别是如果该道菜的制作成本昂贵并且该餐馆必须储有原材料以备某一天会有客人点这道菜的话。

(一) 确定每道菜肴的边际贡献

边际贡献是指从销售额中减去各种成本之后所剩下的金额。边际贡献是成功的菜单组合的关键，必须制定出可以带来边际贡献最大化的销售组合，同时也应能让客人接受并且认为价格合理。为了正确地制定菜单价格，必须了解每道菜的边际贡献。快餐业通过销售推广制定出非常出色的菜单组合，而其他餐饮企业需要更多地关注边际贡献而不是产品中各种成分的成本，缺乏经验的餐饮经营者往往在这一点上出错。尽管成本完全不同，但是牛排通常可以比鸡肉带来大得多的边际贡献。表12－1是一份有关意大利式面条晚餐和龙虾晚餐的边际贡献分析表，它表明出售一份龙虾晚餐获得的边际贡献的确大于出售约8份意大利式面条晚餐获得的边际贡献。

表12－1 边际贡献分析

	龙虾晚餐	意大利式面条晚餐
销售价格	\$25.00	\$3.75
食品成本	8.00	1.50
边际贡献	\$17.00	\$2.25
边际优势	\$17.00：\$2.25 ＝ 17 ÷ 2.25 ＝ 7.56倍	

（二）确定菜肴受欢迎的程度

如果知道哪些菜肴受客人的欢迎，那么管理人员就可以更成功地出售这些菜肴并控制成本。有关菜肴受欢迎的信息可以从电子现金出纳机或销售终端系统中获得，不受客人欢迎的菜肴应该从菜单上撤下，除非这些菜的边际贡献很大或者是为了适应某些客人的需要，如那些需要低脂肪和低热量菜肴的客人。如果需要保留一道不太受客人欢迎的菜，那么就应该尽力改变这道菜，好让它得到大多数客人的喜爱；如果一道菜的人工成本很高，那么管理人员就应该考虑调整制作程序，因为最低工资法表明人工成本将来还会继续攀升。管理人员必须懂得一道菜或一种饮料受欢迎的程度是相对的，但这并不意味着保留某一不太受客人欢迎的菜或饮料就不具有成本效益。如果给某一产品加价很高或其边际贡献很大，那么一旦出售这一产品就会产生足够的利润。如高档葡萄酒的价格非常高，即使只是偶尔出售一两瓶，也是值得将其保留在库存之中的。

（三）特价菜

餐饮企业总是力图推出特价菜。对于餐饮企业来说，可以通过制定销售组合的方法来推出特价菜，可以将特价菜的价格定得很低，但是可以用抬高其他菜肴的价格来弥补推出特价菜造成的损失。餐饮企业在推出特价菜时必须小心谨慎，因为特价菜——价格虽低廉但未必能带来额外销售额的菜肴——从长远的角度看有可能使企业赔钱。就特价商品而言，餐馆与杂货店不同，因为很难指望客人会点很多其他菜来弥补特价菜给企业的损失，除非一道前来就餐的客人很多。同样必须牢记的是，促销价难以在很大程度上影响消费者，不断运用低价的做法可能会使客人认为该道菜就应该低价出售。价格总是客人衡量产品质量以及餐饮企业质量的指标。旅游接待业的经营者们也必须记住，大多数客人对于产品质量的感受与价格相关，因此定价过低的产品会被认为是廉价的或低质的，而定价过高的产品又会被认为是太贵的或奢侈的。

四、检查服务人员的工作表现

任何销售分析如果缺少检查销售人员的业绩都是不完整的，服务员就是旅游接待业的销售主力。尽管管理人员和市场营销人员工作非常出色，把客人吸引到了餐饮设施，但要靠服务员通过建议性销售增加客人的消费，通过优质的服务赢得回头客。因此，对于任何一家旅游接待企业来说，服务员的作用是非常重要的。

（一）分析所售菜肴

通过分析所售出的菜肴和饮料，管理人员可以获得若干重要的数据，会发现应该将一些菜肴或饮料从菜单上撤下，也可以找出哪些菜肴最受客人的欢迎；也可知道服务员是否了解可以带来最大边际贡献的菜肴或饮料，以及服务员是否在运用推荐式销售或上浮式销售来增加销售额。服务员可以采用推荐式销售的方法劝说客人选择具有较高边际贡献的菜或饮料，而上浮式销售可以增加客人的平均消费额。销售的甜点或开胃菜的数量往往可以表明在多大程度上使用了推荐式销售的方法，如果采用了推荐式销售，那么这些产品的消费量就应该增加。每当客人征求服务员的意见时，服务员都应该想到某些菜肴的边际贡献，这样才能作出有益的推荐。因此，管理人员通过分析所出售的产品，就可以确定服务员的工作效率。

（二）指出问题

检查服务员的工作表现也可以披露企业的一些问题。如在推出某一道特价菜或由某些制作人员当班时，客人的消费额下降；如果服务员所开出的客人消费结算单未能达到平均水准，这时管理人员应该找他们谈话，因为这是服务员的低质服务造成的。管理人员根据菜单组合或客人组合应该可以估算出客人消费结算单的平均数并在此基础上制定一个标准，这就是管理人员预测某一时期销售额时经常采用的手段。如果服务员未能达到平均数，那么就有必要评估产品、制作程序和有关人员了。

在旅游接待业中，制定标准涉及确定通过使用一定数量的资源可获得的预期销售收入。预期前来就餐的客人人数决定每天当班服务员的人数。此外，每个服务员的营业额都应该到达平均水准，如果一位服务员总是无法达到预定标准的话，那么在工作流程中可能会有问题阻碍了该服务员完成其工作任务。标准的目标是为员工指明方向，有助于作出有效的业务决策以及评估员工的工作表现。制定标准的目的则是要控制和衡量生产和生产程序的效率以及员工的生产力。一个标准就是一种能够作为参照物的模型或手段。如果客人消费结算单达不到平均值，那么管理人员就必须找出问题的根源。

（三）额外的培训

销售分析常表明员工需要培训。一旦完成销售分析，管理人员必须找出工作程序中可能出现的疏忽或错误，然后需要培训服务员和制作人员，使他们能够达到企业的要求。必须培训员工，使他们能够满足客人的期望并且能够增加销售，还应重新培训或开除那些客人消费结算单总是最少的个别服务员。如果一家企业没有持续培训计划能实现15%利润的话，那么通过管理人员改善技术和持续的培训计划，这家企业也许可以实现16%或17%的利润。达到所制定的标准并不一定意味着效益的最大化。培训可以提高生产力并且激发员工的工作热情，因此培训必须是一个持续不断的过程，即使销售分析表明一切活动均能够达标。

（四）表彰与奖励

必须让员工了解自己的工作结果以及企业的总体业绩。没有反馈，员工可能会认为一切正常，标准并不那么重要，或者自己的贡献并不太大。因此，无论员工的工作是否达标，都应该让他们知道自己的工作情况并就如何改进经营程序征求他们的建议，达到标准并不表明工作就没有改进的余地了。如果一家企业创收了一定的利润，那么管理人员应该调查是否可以实现更多的利润。查找和评估客人消费结算单平均消费水准和服务员所服务客人的平均人数的原因，就是管理人员需要确定哪些服务员开出的客人消费结算单消费水准最高以便表扬他们，鼓励表现出色员工的最好方法莫过于让员工知道管理人员欣赏他们这样做。

五、计算客人人数

计算客人人数也被称为数人头，它与销售水平有着密切的联系，因此管理人员坚持不懈地监测客人人数显得特别的重要。从控制的角度来说，这样做是有其原因的。管理人员可以通过计算客人的人数来确定客人消费结算单是否丢失，是否被重复使用，或者一些服务员的客人消费结算单是否远少于其他服务员的客人消费结算单。客人人数通常应该与所出售的主菜数量相符，应该让员工知道管理人员也在进行人工计数，这样做可以防止偷窃。计算客人人数对于以下各领域十分重要：

* 正点午餐和晚餐期间
* 服务员的工作分配
* 餐厅
* 计算座位周转率
* 根据每周各天的情况预测

（一）正点午餐和晚餐期间

计算客人人数应每天进行一次，但是为了效果更好，计算客人人数可以在每顿饭期间进行，以便确保所售出的主菜与客人人数相符。一些客人可能不点主菜，但是大多数客人会点主菜。由于有了较为精确的客人人数，管理人员可以预测工时与食品支出，并根据每周各天的生意情况来测算工作量和作出员工工作安排。

(二) 服务员的工作分配

除了在正点餐饭期间清点客人人数以外，服务员还应该计算自己所服务的客人人数，这样可以使管理人员获得一些有用的数据。如果一位服务员总是比其他服务员多为30位客人服务，那么管理人员就应该了解一下情况，分配工作时可能总是照顾了这位服务员，这样他就可以接待更多的客人并获得较多的小费。如果客人感到非常满意并且服务质量没有受到影响的话，那么这表明该服务员有能力接待更多的客人，否则需要作出调整。

(三) 餐厅

记录餐厅里客人人数有可能更易于找出问题，特别是该餐厅使用销售终端系统来接受客人点菜的话。一家提供全套服务的饭店会有若干个餐厅，通过记录每个餐厅的客人人数，改进那些客人不太爱光顾的餐厅。

(四) 计算座位周转率

管理人员必须了解座位的数量和设备的最大限度，这样才能为生意好的时候制定计划和接受大型聚会的预订。计算客人人数有助于管理人员估算客人等餐位大约需要多久。座位周转率是通过用座位数量除以某顿饭或某一期间的客人人数得出的，如一家有着150张座位的餐厅有300位客人前来吃午餐的话，那么该餐厅的座位周转率就是2倍。如果午餐营业时间是从上午11点到下午2点，那么客人平均的就餐时间大约是一个半小时左右。表12-2是某餐厅计算座位周转率的样表。

表 12-2　计算座位周转率

座位的数量	= 150
午餐期间就餐的客人人数	= 450
午餐的座位周转率	= 450 ÷ 150
	= 3 倍
晚餐期间就餐的客人人数	= 300
晚餐的座位周 2 转率	= 300 ÷ 150
	= 2 倍
每日总周转率	= 就餐客人总人数 ÷ 所有座位
	= 750 ÷ 150
	= 5 倍

（五）根据每周各天的情况进行预测

每周各天的平均客人人数是至关重要的信息，它可以帮助管理人员预测销售额、食品制作量与工时。通过预测销售额来使食品制作和服务员的使用达到效益最大化是成本控制过程中的重要环节，可以使用每周各天的平均客人人数和平均客人消费结算单来预测销售额及所需要的食品制作量与服务员人数。

由于每周各天的情况不同，就餐客人的人数也有所不同。大多数人在星期五感到较为放松，所以一些餐饮企业星期五午餐时间的客人比较多。但是也有些人工作安排得很紧或早下班赶车回家、外出旅行或度周末，一些餐饮企业星期五前来吃午餐的客人可能少于每星期其他各天。管理人员在预测未来销售时应该分别评估每周各天以及这些天的菜单。

六、所售菜肴

对于餐饮企业来说，所售出的菜肴或饮料的实际平均数很有用处，可以运用这一数字来预防食品制作中的浪费现象、安排人工以及确定适当的营业时间。电子现金出纳机或销售终端系统上的原始数据通常可以提供这一信息，如果没有使用计算机系统，那么客人消费结算单也可以用来核实这一信息，即用来自制作人员的信息证实这些数字。如果没有使用计算机系统的话，那么不应仅使用来自制作人员的信息确定所售出的菜肴，因为制作人员有可能夸大数量来掩盖被偷盗的食品。这时，管理人员要核对所售出的菜肴和所准备的菜肴。

（一）菜单组合分析

根据每顿饭制定菜单销售组合有助于管理人员预测制作与人工的使用。管理人员希望菜单上的菜肴越少一些，这样可以提高制作过程的效率，使用较少的人工并减少浪费。菜单上菜肴过多可能会使企业失去方向或目标，出现损坏、浪费和偷窃等现象的可能性也会增加，这会使企业赔钱并降低质量。一些新颖的餐馆推出选择性很大的菜单，仅使用几种基本的调味酱和调料，采用不同的方法来烹制同一原料制做出各种不同口味的菜肴，这样就减少了产品浪费的可能性。菜单上菜肴的数量必须能够满足不同客人的口味和要求并构成企业有利可图的销售组合。

（二）调整菜单

如果管理人员希望有更多的客人点边际贡献大的菜肴，那么有时需要变换这些菜肴在菜单上的位置。如果边际贡献小的菜肴占据了菜单上显著的位置，那么应更换它们在菜单上的位置。大多数客人看菜单时去看菜单中间的部位，因此管理人员应该将边际贡献大的菜肴设置在菜单的中间部位，同时将一些菜肴从菜单上撤下，经改造后再作为具有更大边际贡献的特色菜以高价位推出，这样做企业也是有利可图的。

（三）特色菜

特色菜可以体现出与众不同。拥有在其他餐馆无法吃到的特色菜会吸引来更多的客人。餐饮业人士往往认为特色菜必须便宜才能吸引客人，但并非如此，所以需要改变这种观念。如果一家餐馆的特色菜是一道32盎司重的牛排的话，那么这并不意味着该道牛排应该便宜。

客人有时为体验新菜而点特色菜，因此价格并不一定是重要的因素。有些饮品企业出售用特殊的杯子盛着的酒水或饮料并允许客人将杯子拿走，客人通常为了得到廉价的杯子而支付了高价，所以特色产品有可能极具成本效益。企业需要做的应是恰当地推销特色产品，如果特色菜或饮料得到了很好的宣传就会促使一些客人群体购买这些特色产品。

七、其他有益的衡量方法

（一）客人的意见

管理人员应该认真地思考客人提出的意见，对所有的正面的和负面的意见都要加以评估。有些人可能会无缘无故地抱怨，但是一位不满意的客人可能恰好指出了管理人员没有注意到的问题。管理人员没有处理客人提出的意见往往是因为他们认为这不是些重要的问题，管理人员必须牢记，客人的感受决定着什么是物有所值，只有客人的感受才能决定服务的水准与产品质量的好坏与否。管理人员应该认真读一下客人意见卡，如果客人提出了问题并在意见卡上留下地址，那么管理人员就应该与客人取得联系。客人一般都是在认为问题十分严重时才会留下他们的地址或电话号码的。管理人员在与员工讨论客人提出的意见时必须表现出认真的态度，管理人员对客人意见的态度可以向员工表明对客人的重视程度。

在改变经营程序或菜单价格之后，管理人员必须特别留意客人的反映。由于在一个方面出现的变化有可能影响到另外一个方面，所以必须要求员工提供反馈并虚心听取客人的意见。标准可以为企业提供方向，但是企业若要经营成功就必须认真执行这些标准。客人的意见往往可以使管理人员了解到标准是否满足了客人的期望，客人的意见也可以表明企业在改进有问题的方面是否成功。

（二）人均消费水平

管理人员需要用有关人均消费水平的信息来预测销售，并且在一些情况下决定是否接受某些聚会的预订。人均消费水平也叫人均结算单，是用一段时间内前来就餐客人的人数除该段时间内的货币总收入得出的。平均货币金额表示每位客人的平均消费金额，如果可以准确地预测销售的话，那么就可以调整人工以及其他可控成本。如果管理人员知道某天晚上会有大约50个客人前来就餐，人均结算单为25美元时，那么就可以根据这一信息作出更具成本效益的决定。如果某家公司预订某天晚上在该餐馆举行50人的晚餐聚会，餐费标准为每人18美元的话，那么该餐馆的管理人员因为掌握了那天晚上本店人均消费水平的信息，就应劝说该公司将聚会改在一个生意不太忙的晚上，或者委婉地建议客人提高餐费标准。

（三）食品成本百分比

应该将所有的百分比详细分类并且经常不断地比较成本。如果进行详细分类的话，销售分析就有可能更加准确并且也更易于甄别漏洞、浪费和偷窃行为，使得管理人员可以在问题变得代价过于高昂之前就将其发现。就可接受的食品成本而言，必须制定相应的标准。由于有了菜单销售组合，就可以确定大致的食品成本百分比。虽然食品成本的增加由于销售也会相应地增加，但是管理人员也需要经常和定期地检查食品成本，要制定一个显而易见的标准。在分析食品成本的过程中，有必要将食品成本与食品销售额而不是与总销售额加以比较，用食品销售额而不是用总销售额除以食品成本就可以得出食品成本百分比了。有些管理人员经常会犯用总销售额去除食品成本的错误。为了确保销售分析正确，必须正确地计算出食品成本百分比。

（四）饮料成本百分比

饮料成本百分比与食品成本百分比一样重要。饮料成本百分比是用饮料销售额而不是用总销售额除以饮料成本得出来的。应该分别计算酒精饮料和非酒精饮料并且每一项成本的百分比也应该分别计算。酒精饮料百分比是用酒精饮料销售额除以酒精饮料成本得出来的，非酒精饮料百分比应加入到食品销售额之中并且用同样的方式得出。表12—3提供了食品与酒水成本百分比分析的样表。

表12-3 食品与酒水成本百分比分析

	货币	百分比	说明
食品销售额	$450 000	81.82%	450 000 ÷ 550 000
酒水销售额	100 000	18.18%	100 000 ÷ 550 000
总销售额	550 000	100.00%	550 000 ÷ 550 000
食品成本	$162 000	36%	162 000 ÷ 450 000
酒水成本	20 000	20%	20 000 ÷ 100 000
总成本	182 000	33.09%	182 000 ÷ 550 000

八、小结

如果拥有有用的信息，那么销售量可以更大。如果企业的结构属于扁平型，管理人员将不得不作出大量的决定，这可能是因为信息过度造成的。管理人员应该向员工和客人提供正确的信息，应该传递准确和高质量并且对企业各部门有益的信息。

如果企业了解自己的目标市场，那么就可以制定出拥有足够边际贡献并可为企业带来可观利润的菜单组合。在制定菜单组合的过程中，管理人员必须理解边际贡献只是针对每道菜肴利润的定价的一部分。

为了保持控制以及了解哪些服务员销售业绩出色，哪些服务员需要接受额外的培训，管理人员必须对服务员的工作表现加以评估。如果管理人员希望员工良好的表现持续下去的话，那么就必须不断地找出并奖励那些对企业的成功作出贡献的员工。对于那些无助于企业发展的员工来说，管理人员必须对他们进行再培训或将他们解聘。服务行业的成功更多地依赖于服务而不是所出售的产品，员工对于企业的成功来说十分重要，因此必须监督他们的工作表现。

计算客人人数可以使餐饮企业获得相关的信息来预测销售、生产以及人工的使用。管理人员必须时常地计算客人人数并将其与计算机销售系统上的读数加以对比，以检查员工是否有舞弊行为。计算客人人数也便于接受客人的预订、确定座位周转率以及告知客人在入座前需要等待的时间。

每顿饭期间所售出菜肴的数量反映出各种菜肴受欢迎的程度并为管理人员作预测提供了必要的信息，这一信息可以确定是否在一周内的某些天增加或减少制作某些菜肴。管理人员需要变换一些菜肴在菜单上的位置或将它们从菜单上撤下来。

在完成销售分析以后，企业必须考虑菜单组合、经营成本以及本企业所需要实现的利润，必须根据有利于企业持续成功的经营成本和销售额制定菜单组合，理解这一点十分重要。有关某些类型企业的平均食品成本或人工成本问题人们一直争论不休。管理人员可以通过销售分析来比较销售、制作以及员工的表现并以此确定标准，然后管理人员可以再通过评估菜单组合和落实控制措施来确保菜单的标准和质量得到维持。

复习题

1．在收集信息的过程中，管理人员通常不需要关注以下哪一项？

(1) 可以获得多少信息

(2) 我需要什么样的信息

(3) 我怎样获得这些信息

(4) 我希望别人知道哪些信息

2． 在评估信息的利用时，以下哪一项是正确的？

(1) 销售系统为管理人员提供可使用的信息而不是原始数据

(2) 大多数企业所使用的绝大多数信息来自计算机的应用软件

(3) 管理人员需要的是有助于他们履行职责并使经营活动保持在预算之内的信息

(4) 以上所有各项

3． 管理人员有可能认为以下哪一个问题与获得定价信息相关？

(1) 本企业属于哪种类型，地理位置在哪里

(2) 竞争对手的价格是多少

(3) 准备和制作产品或服务的成本是多少

(4) 以上所有各项

4．管理人员不希望公众和竞争对手了解除了________以外的所有信息。

(1) 从昨天午餐开始发生的三件与食品有关的病例

(2) 正在辅助性厨房里试做一道新菜

(3) 上个月的销售额下降了

(4) 开发出更快制作某些菜肴的方法

5．从销售额中减去各种成本后所剩下的现金金额就是________。

(1) 利润

(2) 边际贡献

(3) 盈亏平衡点

(4) 可控成本

6．如果菜单上的一道菜不受欢迎，那么管理人员可能会________。

(1) 改变该道菜的外观使它更易于被客人接受

(2) 为该道菜做更多的广告宣传，如果它的边际贡献较低的话

(3) 将该道菜从菜单上撤下去，如果它的人工成本较高的话

(4) 做第一项与第三项

7．管理人员在做广告宣传时应该考虑以下的选择：

(1) 选择无线电广播来宣传特殊活动

(2) 让广告宣传活动针对目标市场

(3) 采用具有成本效益的广告宣传

(4) 采用一种急匆匆的方式

8．将太多的菜肴放在菜单中可能会使企业：

(1) 失去方向或目标

(2) 损失销售额

(3) 增加食品的损失和浪费

(4) 减少对储存空间的需求

9．可以通过________来获得食品成本百分比。

(1) 用食品成本除销售额

(2) 用食品销售额除食品成本

(3) 用总销售额除食品成本

(4) 用所出售的食品成本乘以食品成本

10．通过分析所售菜肴的数量与种类，管理人员可以评估：

(1) 哪些菜应该从菜单上撤下来

(2) 哪些菜最受客人欢迎

(3) 在多大程度上服务员使用了推荐性销售

(4) 以上所有各项

11．说出并举例说明监测客人消费结算单、人均消费额十分重要的三个原因。

12．阐述客人消费结算单可以表明一家旅游接待企业的效率或缺乏效率的四种方式。

13．根据以下数据计算餐饮成本百分比：

本月饮料销售额为50 000美元，总销售额为275 000美元。

食品成本为100 000美元，饮料成本为15 000美元。

14．根据以下数据计算每日特价菜的利润。

食品成本 = 30%

食品总销售额 = 50 000美元

每道菜的成本 = 7.00美元

每日特价菜的菜单价格 = 15.00美元

测试题

1．说明为服务员不断举办培训的重要性。

2．列举销售分析十分重要的三个原因。

3．根据以下收入报表计算餐饮百分比：

食品销售	$200 000
饮料销售	$100 000
总销售额	$300 000
食品成本	$75 000
饮料成本	$20 000
总成本	$95 000

4．第三题反映出了什么样的边际贡献？

案例分析

你在模特餐馆担任经理工作已有六个月了。你注意到在过去的几次财会结算期内，销售额没有发生什么变化，但是利润却在减少。你检查了食品和供货的价格，同时也检查了库存，一切都似乎正常。根据你的估计，问题并不是出在购货、接收、发货和制作等方面。你知道出了问题，但是你无法发现问题。最后，你认为销售分析或销售报告会提供一些有关利润下降的信息。说出你会用来收集数据的五种报告或衡量方法，并解释每一报告和衡量方法所拥有的信息以及选择这些报告的原因。

附录：网址名单

公司信息

从雅虎上搜索到的航空公司名单

Airline companies listed from Yahoo search

http://www.yahoo.com/Business_and_Economy/Companies/Travel/Airlines

美国航空公司

American Airlines Corporation

http://www.amrcorp.com

商务对商务杂志：不同城市的各种特殊活动

Business-to-Business Magazine; special events in various cities

http://www.agendaonline.com

埃德加公司财务信息数据库

Company Financial Information Edgar Database

http://www.sec.gov/edgarhp.htm

希尔顿国际饭店集团

Hilton International

http://www.travelweb.com/TravelWeb/hl/common/hiltnint.html

马里奥特公司信息

Marriott Corporate Information

http://www.marriott.com/corporateinfo

马里奥特国际饭店集团：公司信息

Marriott International：Company Information

http://www.199.170.0.159/ 或 http://marriott.com

来自华尔街网络市场的其他财政来源

Other financial sources from Wall Street Net-Markets

http://www.netresource.com/wsn/intres.html

商务与人才交换数据库

Switchboard Business and People Database

http://www.switchboard.com

威斯汀度假村与饭店集团

Westin Resorts and Hotels

http://www.westin.com

雅虎商务：公司、旅行、饭店

Yahoo-Business：Corporations：Travel：Hotels

http://www.yahoo.com/Business/Corporations/Travel/Hotels

旅游接待业网址

所有上网饭店

All the hotels on the Web

http://www.all-hotels.com

美国博彩协会

American Gaming Association

http://www.americangaming.org

美国饭店与汽车旅馆协会

American Hotel and Motel Association

http://www.ahma.com

公司经理旅行协会

Association for Corporate Travel Executives

http://www.acte.org

亚特兰大会议与观光局

Atlanta Convention and Visitors Bureau

http://www.acvb.com

工业与博览会研究中心

Center for Industry and Exposition Research

http://www.ceir.org

烹饪专业人士资源中心

Culinary Professionals' Resource Center

http://www.thomson.com/rcenters/cul/cul.html

活动来源 活动举办行业联谊

Eventsource Uniting the Events Industry

http://www.eventsource.com

博览会指南 贸易展览与会议资源

ExpoGuide Trade Show and Conference Resources

http://www.expoguide.com

食品展览在线

Food Show Online

http://www.foodshow.com

旅游接待业资源

Hospitality Industry Resources

http://www.hospitality.net

饭店优惠

Hotel Discounts

http://www.hoteldiscount.com

饭店与旅游接待：新闻主页

Hotels & Hospitality：Newspage

http://www.newspage.com/NEWSPAGE/cgi-bin/walk.cgi/NEWSPAGE/info/d19/d2/d1

饭店在线（每日新闻与报道）

Hotel Online (daily news updates and reports)

http://www.hotel-online.com/Neo/News

联网饭店与旅行

Hotels and travel on the Net

http://www.webscope.com:80/travel

旅馆之旅主页

INNroads Homepage

http://www.inns.com/home.htm

会议中心国际协会

International Association of Conference Centers

http://www.iacconline.com

国际展览管理

International Exposition Management

http://www.iame.org

拉斯维加斯休闲指南与资源手册

Las Vegas Leisure Guide and Resource Directory

http://www.pcap.com

互动绘图服务公司

Mapquest Interactive Mapping Service

http://www.mapquest.com

全国印地安博彩协会

National Indian Gaming Association

http：//indiangaming.org

全国餐馆协会

National Restaurant Association

http：//www.restaurant.org

新泽西博彩委员会

New Jersey Gaming Commission

http：//www.state.nj.us/casinos

主网（因特网服务商）

Primenet (Internet Provider)

http：//www.primenet.com

国际旅馆业主专业协会

Professional Association of Innkeepers International

http：//www.paii.org/paii

带风景的房间：饭店与电子商务

Rooms with a View：Hotels and Electronic Commerce

http：//www.bart.nl/moret/hotels.html

旧金山饭店与预订

San Francisco Hotel and Reservations Available

http：//www.hotelres.com

技术网：技术超级网址

Techweb：The Technology Super Site

http：//www.techweb.com/info/publications.html

会议行业中心

The Meetings Industry Mall

http：//www.mim.com

旅游研究联系（仅供研究人员，不对旅游者开放）

Tourism Research Links (for researchers，not travelers)

http：//www.tourism-montreal.org/tourism.htm

亚洲贸易展览

Trade Show in Asia

http://www.tdb.gov.sg/trshow/tr_menu.html

贸易展览

Trade Shows

http://www.tradegroup.com

美洲旅行协会

Travel Industry Association of America

http://www.tia.org/default.asp

旅行网

Travel Web

http://www.travelweb.com

旅行者之城

Travelocity

http://www.travelocity.com

虚拟游客（网络服务器地理游）

Virtual Tourist (geographical tour of Web servers)

http://www.vtourist.com

欢迎参观旅游接待网

Welcome to Hospitality Net

http://www.xxlink.nl/hospitalitynet

世界饭店资源

World Hotel Resources

http://www.worldhotel.com

世界旅游组织

World Tourism Organization

http://www.world-tourism.org

世界旅行新闻

World Travel News

http://www.world-travel-net.co.uk/events/country/ind_evel.htm

杂志与专业杂志

亚当斯行业新闻／会议网址

Adams Trade Press-Convention Sites

http://www.aip.com

赌场刊物

Casino Publications

http://www.intersphere.com/casinoplayer

佛德旅行

Fodor's Travel

http://www.fodors.com

食品与旅行杂志

Food and Travel Magazine

http://www.epicurious.com

饭店与汽车旅馆管理

Hotel & Motel Management

Email: suite@en.com

因特网旅行通讯

Internet Travel Newsletter

http://www.travelet.com

寄宿杂志

Lodging Magazine

http://lodgingmagazine.com

会议新闻杂志

Meeting News Magazine

http://www.MeetingNews.com

各国餐馆新闻

Nations Restaurant News

http://www.nrn.com

成功会议杂志

Successful Meetings Magazine

http://www.successmtgs.com

旅行周刊主页

Travel Weekly Homepage

http://www.novalink.com/travel

华尔街日报

Wall Street Journal

http://www.adnet.wsj.com

旅游教育

CHRIE

http://www.access.digex.net/alliance/about.html

葡萄酒类信息

加利福尼亚葡萄酒俱乐部

California Wine Club

http://www.cawineclub.com/cwc3.html

葡萄藤葡萄酒信息中心

Grapevine Wine Information Center

http://www.winery.com/winery

西班牙葡萄酒主页

Spanish Wine Page

http://www.eunet.es

法国地区葡萄酒

Wine French Regions

http://www.nerdworld.com/nw269

第十三章

人工计划和影响人工成本的因素

关键词

旷工	人工来源	省时省工的设备
附加福利	短训	培训
聘用	选择	工会制
奖励	解雇	劳工立法

学习目标

在学习完本章之后，你应该能够：

* 讨论和评估与成本控制有关的人力资源五项职能的重要性
* 找出不同人工来源
* 找出影响人工成本的各种因素
* 为不同的工作岗位设计省时省工的设备

* 为一家旅游接待企业制定人工标准

旅游接待行业的期刊和杂志一直在反复不断地讨论着行业内的人员流失与人才短缺等话题。一些旅游接待企业已经找到了解决这些问题的办法，但是大多数企业仍然感到茫然不知所措。一些人士责怪旅游接待从业人员收入太低，指出没有钱就难以激励员工努力工作，工作时间太长也被认为是另外一个不利的因素。但现在应该是旅游接待业及其管理人员停止责备并采取行动的时候了。心理研究表明，尽管有些人认为金钱可以成为动力，然而一位收入很高但心情不佳的员工最终还是会辞职的。那么旅游接待业的管理者们可以采取什么样的措施来拥有高素质的员工队伍并避免人员流失和人才短缺呢？本章和下一章将从员工的选择程序和影响人工成本的各种因素着手来探讨这一问题。

一、人力资源管理

人力资源管理可以在很大程度上影响人工质量和人工成本的五个方面分别是选择、雇用、介绍情况、培训和解雇。当管理人员从成本控制的角度来看待人工成本时，他们只是注意工资总量，也就是用不同的小时工资乘以工作时数。但是，管理人员在选择、雇用、短训、培训和解雇各过程中的做法都会对在每一财会期内花在工资和福利上的费用产生极大的影响。

（一）选择、雇用和短训

由于旅游接待业属于劳动密集型的产业，对于人员的需求至关重要。如果一家餐馆没有足够的服务员为客人服务或者一家饭店没有足够的服务员打扫客房的话，那么这将会影响到服务的水准，而旅游接待企业可能会因此失去潜在的收入。旅游接待业倍受“低素质员工综合症”的困扰，因为旅游接待企业往往急需雇用人员上岗工作，有时不得不忽略员工的素质问题。这样一来，大多数管理者们认为他们已经解决了员工短缺的问题。的确，在一段时间之内一切似乎都很正常，但是，刚刚雇来的“低素质员工”可能从未在旅游接待业中工作过，并且由于缺少真正意义上的选择过程，因此也就没有对新员工进行短训，向他们灌输企业的宗旨、客人服务的重要性以及要让客人感到受欢迎等服务理念。在大多数情况下，几乎或者是根本没有培训。尽管大多数旅游接待企业都有供员工遵循的工作手册，但是往往只是把这些手册交给新员工而没有对他们进行实际操作培训。许多企业采用一带一的方法来作为培训，即把两个员工分编为一组，让新手向老员工学习必要的工作技能。但是由于缺乏足够的培训是普遍的现象，因此这样做的结果往往成为瞎子带瞎子。这种临时培训的结果是，企业并未因此而获益，只是企业现在多了一些没有经验的新员工，而这些新员工却可能具有成为能干有效率员工的潜力。

（二）培训

培训是人力资源问题的另外一个重要的方面。培训不应该只是在雇用新员工后才进行，而应该成为一种持续不断的过程，从而使员工牢记做好本职工作的正确方法并使员工获得新的技术和信息。由于培训需要花费时间，而时间就是金钱，所以培训在大多数企业中并没有得到足够的重视。事实上，一旦企业开始“控制成本”，培训通常成为被削减的项目之一。遗憾的是，这是一种牺牲长期利益来换取短期效益的做法。旅游接待业内较精明的公司确实认识到员工选择、雇用、短训和培训的重要性。这些公司愿意投入时间和资源来培养优秀的员工，让他们满足客人们的各种需求而不是让他们以低于标准的方式为客人工作。

（三）解雇

解雇对于企业和所涉及的员工来说是一种十分痛苦的经历。没有人愿意解雇他人，也没有人愿意被解雇，解雇是经理们工作中较为棘手的一项任务。然而如果将人力资源的其他各项工作做好的话，这是很容易就可以避免的。此外，解雇不仅仅是告诉某位员工他不必再来上班了，这也给其他的员工带来了压力，因为少了一个干活的人。这意味着需要雇另一个人来替代被解雇的员工，因此整个人力资源周期不得不重新开始。更坏的是，客人们可以感受到人手短缺所产生的影响。调配人手也许可以在短期内消除一些不利的影响，但是从长期来看企业的利润有可能会蒙受损失。

员工的选择、雇用、短训和培训的货币成本本身就是人们关注的话题。在检查人工成本控制的过程中，必须对每一项活动的成本都加以考虑，如宣传空缺的广告成本、印制各种表格的成本、管理人员面试新员工所花费的时间、用于情况介绍和培训的时间、行政人员为新雇员办理就职手续所花费的时间等。应该善待人力资源并且从一开始就把工作做好，这样，持续不断的员工流失现象就不会对企业构成太大的问题。

二、人工来源

存在着许多不同的人工来源，管理人员可以从那里找到高素质并且责任心强的员工。在大多数情况下，管理人员认为人工就是指全职员工，但是他们也应该考虑到其他类型的员工，如兼职员工、应急工、职介机构介绍来的临时工以及合作服务工等。

管理人员往往把员工与工作岗位等同起来，因此总是寻找全职员工。全职员工具有显而易见的好处，对于管理人员来说全职员工便于工作安排；此外，由于全职员工主要收入大概来自他们的工作，因此他们非常重视自己的工作并为此感到自豪；同样，由于他们的工作时间长于兼职员工的工作时间，所以他们的技术更好，对于工作程序更了解；全职员工往往也更可靠。但是如果一位或几位全职员工同时没来上班的话，管理人员很难找到替代他们的临时工，因此为客人们所提供的服务有可能会受到影响。

（一）兼职员工

大多数旅游接待企业都有固定的全职和兼职员工比例。就工作安排而言，使用兼职员工具有很大的灵活性，兼职员工并不期望每周工作30至40小时，因此可以在淡季削减他们的工时，而在饭店办理入住的高峰期或特别餐饮活动期间管理人员可以雇用兼职员工从而拥有足够的员工以应付需求；兼职员工可能无法享受全职员工享有的福利和津贴，就此而言，旅游接待企业可以节省货币资源；有些人喜欢较灵活的工作安排以便有时间和家人在一起，为存钱兼做第二份工作或上学。对于公司和此类人来说，兼职工作岗位都是十分合适的。

尽管雇用兼职工似乎是一种双赢的做法，但是需要记住这样做也存在着一些不足之处。一份兼职工作往往不是兼职员工最重要的工作，因此兼职员工在为客人服务时有可能表现欠佳；在企业需要额外帮手时兼职员工有可能无法前来工作，因为这并非是他们的主业。管理者的目标应该是选择最可靠的员工并保持好全职员工与兼职员工之间的比例。

（二）临时工和劳务机构介绍的

对于管理人员来说，除了全职和兼职员工以外，其他一些人工来源也十分有益。经验丰富的管理者备有可以随叫随到的应急员工的名单，这份名单可以包括那些已经变换工作但仍希望偶尔有机会与以前同事一起工作的本企业前雇员，也可以包括在本企业实习过因此熟悉工作情况的大学生。位于设有旅游接待课程的大学附近的旅游接待企业常常会确定一些应急人员名单以充分利用附近大学的学生资源。

职介公司可以迅速提供员工。这些公司的收费要略高于旅游接待企业付给正式员工的工资，因为职介公司要为旅游接待企业履行所有人力资源职责并参与员工的工作安排。但是，这些职介公司服务灵活，诚实可靠。旅游接待企业无须重新雇用职介公司介绍来的临时工，而职介公司可以帮助这些企业解决人工来源的问题。在经过一段时间之后，这些企业有可能建立起他们自己的应急人员储备。

（三）合作服务

那些连锁经营的饭店或餐馆或由同一公司管理的俱乐部可以建立合作服务项目，这样，A 饭店可以在生意很忙的时候从 B 饭店借调两名客房服务员，并在 B 饭店需要额外帮助时以同样的方式作出回报。员工合作的优势在于同一公司的经营程序和标准通常是一致的，因此 A 饭店的员工可以很容易地承担 B 饭店所需要做的工作。

（四）多项技能培训

在诸如饭店和超级度假村等大型旅游接待企业，甚至在诸如独立餐馆或俱乐部等较小的旅游接待企业内部，不仅可以从同一部门而且还可以从不同的部门借调员工，多项技能培训比合作服务又前进了一步。掌握高档餐厅接待技能的前厅员工对于企业来说更为宝贵，接受过多项技能培训的员工理解其他部门员工所面临的困难，因此所有的员工更富有同情心、更善解人意并且作为一个团队也能够更好地一起工作。

三、影响人工成本的各种因素

尽管可以用所工作的小时数乘以小时工资得出工资总数，但是有相当多的因素都可以直接或间接地影响工资总数。由于这些因素都属于可控制因素，管理人员必须根据需要作出必要的调整。

首先，管理人员可以控制物质设施、设备、营业时间、菜单类型、服务类型以及产品，这样做可以提高员工的工作效率和生产力，从而可以减少工资费用的支出。

（一）物质设施

物质设施包括建筑的设计本身以及所有家具和设备的摆放。精心建造的饭店和会议中心都在会议室和宴会厅旁设计有可以放置各种宴会桌椅的储藏室，这样，员工们在为各种活动布置会场时就不必将桌椅从建筑的一端搬到另一端。设计良好的俱乐部会所决不会把更衣室设在大门处。与此相反，更衣室的一个出口应该通向高尔夫球场，另一个出口应该通向俱乐部建筑内部；此外，更衣室内应该有足够的空间，这样，就不必穿过大堂和各办公室将各种布织品从俱乐部建筑内的一端送到另一端。甚至像摆放水瓶和银制餐具的餐台在餐厅里的位置这类细节都有助于节省服务员们的步数。时间和动作研究已被用于生产线、自助餐馆和餐饮承办点，餐饮承办点里的包装食品流水线受到监控以确保不会出现瓶颈现象并确定是否需要调整程序以改进工作流程；分析员工在各个工作岗位上的表现，对工作程序作出必要的调整来增加生产力。

（二）设备

旅游接待企业的资产负债表里的家具、室内固定装置和设备属于长期的资产。但是，并非所有的设备都是企业需要的设备，事实上，一些设备有可能会抑制生产力，从而提高人工成本。例如，所制定的标准规定，在为宴会上意大利式面条时应使用食品钳将面条盛到盘中；所有做好的饭菜都放在保温桌上同样大小的大盆里。已用适当的温度将盘子预热；服务员们已盛完色拉并开始排队等候上主菜了。然而此时此刻却找不到食品钳了，最好的替代用具是一把长柄勺，用长柄勺来盛意大利式面条决非易事，但是此类事情却经常发生。用长柄勺盛意大利式面条比盛所有其他的菜要花更多的时间，即使那些工作效率高、按时上班并且责任心强的员工也很难有效地用长柄勺将意大利式面条盛到盘子里。再举一个有关前厅的例子。前厅的预订工作总是手工完成，一位员工将客人的预订要求用笔记下来，然后查看预订簿来确定是否有空房。预订簿可能就在附近，但也可能放在办公室的某个地方。由于可以在几个月前进行预订，所以可能有记录一年内不同时间预订情况的若干预订簿。确认预订情况之后，预订人员回到工作台并将情况告诉客人。以后客人抵达饭店时，预订信息就被放进文件夹中。如果使用诸如酒店管理系统等设备的话，那么这一过程仅需要1分钟就可以完成，而以后查找这一预订信息也同样非常容易。合适的设备可以节省时间和人工成本并且可以提高客人的满意度。

（三）营业时间

营业时间可以直接影响到人工成本。一家企业的营业时间越长，人工成本就会越高。企业的营业时间一定要与绝大多数客人的需求相符，应该了解客人并观察他们的生活方式。很显然，如果一个高尔夫球场每周营业7天，每天24小时，那么会很不具有成本效益，因为每天都将要修整草坪；更重要的是，没有人愿意在半夜3点钟打高尔夫球。可以通过控制营业时间来安排员工的工作从而达到控制成本的目的。

（四）菜单与产品

在餐饮方面，菜单决定产品以及餐饮企业的服务风格。从餐饮原料做起的菜单项目在制作过程中需要更多的人工。方便食品可能会增加食品成本但却会减少制作过程中所需要的人工，因此有助于控制人工成本。除了制作过程以外，产品的服务也会增加人工成本，无论是点菜还是自助餐，需要上菜的方式决定了服务的风格以及所要求的人员和人工成本。

产品会影响人工成本这一点也可以从饭店业中得到印证。无论是在有限服务旅馆还是在豪华饭店，产品的差异可以影响到饭店内部所有部门的人员配置以及人工成本。由于客房设施和服务的差异，整理豪华饭店的客房往往要比整理有限服务旅馆的客房花费更多的时间，所以，豪华饭店的人工成本一般也要高一些。

（五）外部因素

人工成本与总体经济环境相关。总体经济环境包括劳工立法、工会合同以及劳工供应等。包括有关最低工资标准和带薪假期法律在内的劳工立法可以影响旅游接待企业需要用于劳务支出的货币总量；在工会活跃的地区，各公司必须遵守合约，这势必会影响到人工成本。但是，在那些积极主动并且员工相信管理人员会公平对待雇员的公司里，也许不需要成立工会。

劳工的供求关系决定着旅游接待企业为雇用和保留员工所需要支付的货币。在一些地区，劳工短缺成为实际的问题，因此为了有效地经营，各旅游接待公司在每年的特定时期内从其他国家输入劳动力。很显然，在像20世纪80年代初期和90年代中期等那样的经济繁荣期，对于熟练劳动力的需求要远高于经济衰退期。

（六）培训、效益与事故

其他一系列可以影响人工成本的因素需要引起管理人员的重视和努力以及来自员工的良好配合。第一个因素就是培训，管理人员必须设计最佳的培训方法并激励员工去提高自己的工作业绩，只有员工愿意接受培训并且努力改进自己的工作，企业才能获得真正的成功。管理人员往往半心半意地搞一次培训并为员工的到场按小时支付酬劳，员工们参加了培训但却没有兴趣，无法取得积极的成果；生产力也许会提高，但是无法达到预期的水准。

其他因素包括奖励与福利。给予员工的奖励与福利越多，公司的竞争力就会越大，这将会使员工产生好感和忠诚意识。从表面上看，奖励与福利似乎花费不小，但是奖励与福利不一定必须是增加工资，也可能表现为竞赛结果表彰、工作认可或礼物馈赠等形式。为了解决员工的旷工与迟到问题，一家餐馆把所有出勤好的员工的名字放在一起并为他们集体购买彩票，所有参与的员工都可以分享中奖带来的奖金。尽管该餐馆只花了一小笔钱，但是员工却开始准时上班并且也不再经常请病假了，正是不愿意被冷落在一旁和想碰运气等人类的天性使得员工们努力希望成为赢得彩票团队中的一员。

发生事故是个实实在在的因素并且有可能影响到必须用于人工成本的货币和时间资源。雇主应该提供安全的工作场所和适当的培训来防止事故与工伤的发生。由于雇主必须支付员工的休假期间的工资、赔偿和医疗费，事故的代价是非常昂贵的。此外，企业还不得不另雇人手，因为如果员工受伤，那么无论他们多么优秀都无法完成他们的工作了。

（七）员工的偷窃

在以前的章节里已经详细地讲述了员工的偷窃行为。人们也许会问，偷窃与人工成本有什么关系。如果管理不善的话，那么员工不仅仅可以偷窃产品和设备，而且也可以偷窃时间，那些在规定的上班时间之前打考勤卡上班或在规定的下班时间之后打考勤卡下班的员工有可能会领取加班费，从而增加人工成本；随意休假的员工会给其他员工带来压力并降低员工们的总体效率，有些人虚报员工名单并将这些虚假员工的工资据为己有。很显然，这些做法对控制人工成本构成了挑战。

为了对付那些不准时打考勤卡上下班的员工，雇主需要启用工时考勤系统，可以在一些销售终端系统内设置程序，不允许员工在规定的时间之前后打卡上下班。如果一小群不诚实的员工每天偷窃几分钟工作时间，那么加起来在会计结算期末就会成为相当大的一笔钱。由于人工成本是一项主要的支出——是旅游接待业的住宿部分中最大的一项支出——必须严格监控工时和考勤系统。

为了解决虚报员工人数的问题，拥有众多员工的企业应该随意要求某些部门的一些人到财会室签字并领取其工资，而不是让财会室把工资单交给各部门分发给员工本人。

四、省时省工的措施

尽管我们已在物质设施这一段中讨论过这一话题，但是该话题仍然值得我们将其专门列出并加以讨论，因为管理人员可以采用许多的措施来提高员工的生产力以使人工成本花费得当而不会被浪费。

就饭店企业而言，为前台配置计算机终端和打印机、预备客房钥匙和其他一些必要的物品十分重要。等待前台接待员去取锁在后面办公室里的客房钥匙会让客人感到不快，客人们理解安全的重要性，但是如果前台接待员每次为客人办理入住手续都必须去后面办公室的话，那么前台接待员就没有合理地使用自己的时间。

战略位置也同样适用于餐饮企业中的服务台和收款台。计算机和销售终端系统可以准确而有效地处理客人消费结算单。对于诸如自助餐馆这类的企业来说，应该将现金出纳机设置在餐饮线的终端，这使客人有时间决定自己想要买什么，否则客人有可能会站在现金出纳机前考虑买什么，因而挡住了其他客人的通路。其他客人肯定不会喜欢这种情况；收银员也不得不等候一位客人作出决定，同时却无法帮助其他客人。

工作服也有助于提高工作效率。设计得体的工作服口袋可以放置客人消费结算单和钢笔，这使得服务人员看起来更加工作有序、更具专业化水准；如果服务员随身携带结算单和钢笔并随时准备接受客人点菜，那么整个程序就会加快。

就餐馆的后部而言，所有设备和餐具的置放十分重要，因为这有助于服务员们完成他们的任务。托盘、盘架、推车、小勺、汤勺以及其他物品属于这一类。设想一下为一个有1000人参加的宴会盛菜，餐盘加热器设在传送带的一旁，传送带位于各种热菜的前面，而盘盖、托盘架和托盘全都放置在传送带的一端。对于为宴会盛菜的程序来说，这样的布局非常好。但是，如果设备放错了位置，那么整个过程就需要花费更多的时间，耽搁进餐并有可能出错，而出错则意味着增加人工成本。需要制订接触食品的规定，但是一旦需要使用食品，就应该将其放置在便于服务人员使用的地方。

为员工提供适当的工具和工作程序，这样员工就可以更有效地工作。找到新的省时省工措施的一个办法就是聆听员工的建议，让员工提出自己的想法，因为他们才是每天做这些工作的人；如果有一个更好的方法，他们将会采用。在考虑员工建议的过程中，管理人员也应该与他们建立相互之间的信任与尊重关系，这样做可以塑造团队精神并激励所有的员工。最后的结果是，企业制定出更好的工作程序，而员工们工作得更有效率。

五、确定劳动标准

一旦招聘了素质良好的员工，企业就必须举行仪式欢迎他们的加入并培训他们以使他们了解自己应达到的工作标准。往往可以从行业或专业协会以及行业平均数或指南中获得此类标准，作为培训的一部分，可以示范或模拟达到这些工作标准，这样，新员工就不会有疑问或出现理解错误。

工作标准容许管理人员计划和制订内部的劳动标准，也就是决定应该安排多少员工来实现预期销售额。例如，为有限服务饭店客房服务员制订的标准是每天需要负责14至16间客房的服务工作。但是这个劳动标准取决于饭店的类型。如果是豪华饭店的套间（参阅表13-1），客房服务员也许仅需要负责10间客房。由于每一个企业都与众不同，

表13-1　服务员客房服务标准样本

	每日打扫的客房间数
豪华饭店	10～12
全套服务饭店	12～14
有限服务饭店	14～16

因此管理人员需要评估本企业并制订标准以便于安排工作和管理人工货币成本。可以采用不同的方法来制订内部的标准，一种方法就是任意选择一些员工并用录像设备把他们的工作录制下来，然后让他们观看自己的工作流程，这有助于确定完成工作所需要走的步数以及完成每项任务所需要花费的时间；另外一个方法就是交给员工详细的清单，列出员工在完成指定任务的过程中所必须做的事情（参阅表13-2）。

表 13-2 全套服务饭店客房服务员工作清单

客房：________

日期：________ 视察：________ 客房服务员：________

干净—C 肮脏—D 需要修理—R 遗失—M

入口处

外门 / 内门 ________

门锁 ________

锁链 ________

开关门缓冲器 ________

“请勿打扰”提示牌 ________

紧急情况 / 疏散示意图 ________

消防须知手册 ________

烟尘报警器 ________

自动火警报警器 ________

客房

地毯 ________

床下 ________

墙壁 / 天花板 ________

窗帘 ________

窗户 ________

窗台 / 窗户框 ________

电视机 ________

遥控器 ________

床沿 ________

床头(笔直的) ________

图画 ________

照明

灯泡 ________

电线线路 ________

台灯 / 落地灯 ________

续表

床头柜上	
电话	______
便条／钢笔	______
客人服务簿	______
闹钟／收音机	______
客人送餐服务菜单	______
床头柜内	
圣经	______
客人手册	______
书桌上／梳妆台上	
文件夹：	
文具	______
信封	______
使用手册	______
笔	______
明信片	______
小册子	______
冰桶	______
托盘	______
玻璃杯（2个）	______
电话簿：	
白页（2本）	______
黄页（2本）	______
衣柜内	
隔板／衣杆	______
衣架—男用（6个）	______
衣架—女用（6个）	______
洗衣／干洗价目表（2份）	______
行李架（2个）	______

续表

烟灰缸
写字台上 ______
床头柜上 ______
茶几上 ______
圆桌上 ______
浴室内 ______
客厅
坐卧两用沙发 ______
双人沙发 ______
写字台 ______
写字椅 ______
茶几 ______
落地灯 ______
梳妆台 ______
遥控电视机 ______
黄铜咖啡桌 ______
人造植物 ______
废纸篓 ______
卫生间／浴室
设备托盘：
香波／护发剂 ______
浴帽 ______
洗手液／洗浴液 ______
洗脸香皂 ______
普通肥皂 ______
漱口剂 ______
鞋油 ______
鞋拔子 ______
鞋套 ______
针线包 ______

续表

肥皂盒	______
液体皂／液体皂盒	______
玻璃平底杯／杯盖	______
面纸巾	______
卫生纸／卫生纸架	______
废纸篓	______
浴帘	______
晾衣绳	______
毛巾	
浴巾（3条）	______
手巾（3条）	______
浴巾—不带标识（3条）	______
浴垫	______
浴室地毯	______
毛巾架	______
镜子	
洗脸盆前方	______
浴室门上	______
家具	
餐桌	______
餐桌椅	______
大衣柜	______
椅子／软垫椅	______
餐具柜／电视	______

意见或建议：______________________________

六、小结

人工是影响旅游接待企业所有方面的主要成本，因此控制人工成本至关重要。人工成本的控制始于员工的选择、雇用、短训和培训。管理人员必须使工作环境有利于提高效率并且应该要求员工为改进工作程序作出贡献。管理人员应该运用奖励手段来激励员工。一旦一切就绪，就应该制订各项标准，使员工了解并坚持这些标准。这样，每个员工就可以对工作要求心中有数并会朝着目标努力工作。

复习题

1．以下哪一项不包括在人力资源管理之中？

(1) 选择

(2) 短训

(3) 人工成本计算

(4) 培训

2．旅游接待企业的劳动力来源包括__________。

(1) 兼职员工

(2) 应急人员名单

(3) 职介机构推荐的临时工

(4) 以上所有各项

3．以下哪一项是使用兼职员工的不利因素？

(1) 他们非常重视在企业工作

(2) 他们根据企业的工作程序和政策接受培训

(3) 他们在企业需要他们的时候可能无法前来上班

(4) 他们忠实于企业

4．使用职介机构的潜在问题可能是什么？

(1) 他们可能会与工会规则发生冲突

(2) 他们可能会导致更高的工资

(3) 他们的员工已接受过培训

(4) 有义务重新雇用他们的员工

5．以下哪一项不是影响人工成本的因素？

(1) 营业时间

(2) 设备

(3) 菜单

(4) 食品成本

6．以下哪些外部因素会影响人工成本？

(1) 劳工立法

(2) 工会合同

(3) 劳动力供应

(4) 以上所有各项

7．事故可能会由于________增加人工成本。

(1) 工人们的赔偿要求

(2) 文书工作

(3) 支付受伤员工休假工资

(4) 1项和2项

8．以下哪一项是省工措施的例子？

(1) 将客房钥匙放在前台

(2) 设计带口袋的员工工作服

(3) 为服务员提供适当的设备

(4) 以上所有各项

9．制订劳动标准可能有益于________。

(1) 确定食品成本

(2) 确定劳动安排

(3) 确定服务类型

(4) 确定客人组合

10．以下哪一项是直接影响人工成本的员工偷窃的例子？

(1) 偷窃食品

(2) 没有得到批准就在规定的时间之前打考勤卡上班

(3) 将饭菜送给朋友

(4) 少找给客人钱

11．讲述与成本控制相关的人力资源五大功能的重要性。

12．指出并解释劳动力的五个来源。

13．指出并解释影响人工成本的五个因素。

14．讲述企业如何为客房服务员制订省时省工的工作程序。

测试题

1．从成本控制的角度讲述雇用兼职和全职员工的利与弊。

2．讲述使用职介机构的益处。

3．列举并说明你为激励员工所打算使用的三种额外福利或奖励并解释你使用它们的原因。

4．讲述如何为在一家拥有100个座位餐馆工作的服务员制订劳动标准。

案例分析

你最要好的朋友最近刚刚接受了一份在劳伦斯城大学的工作。劳伦斯城大学是一所新的私立大学。该校的餐厅可以为3000多名学生以及500多位全职和兼职的教职员工供应饭菜。餐厅平日从早上6点到上午10点供应早餐，上午11点到下午3点供应午餐，星期一到星期四从下午5点到晚上8点供应晚餐。服务为自助类型。平均就餐人数预计为早餐500人，午餐1000人，晚餐500人。绝大多数就餐人员将是参加包伙的学生。餐厅还有一个可以容纳25人的包间，承办的酒宴通常在那里进行。餐厅预期将在校内外承办大型聚会，主要是为大学的行政部门。年餐饮销售额预计大约在300万美元。

大学的秋季学期将在3星期之后开始。你的朋友被聘任为餐饮副总监，因此他需要招聘和培训大批的员工。由于劳伦斯城是一座大学城，他不知道应该怎样去雇用最好的员工；另外一件较为棘手的事情是餐饮设施的布局及设计。包间位于走廊靠近厨房的一侧，一条内部通道将包间的后门与厨房相连，但是直接从厨房上饭菜有可能十分困难。走廊大约有90米，所以如果服务员将某物落在了厨房，那么就需要花费一些时间去取。

在对总体情况进行评估之后，你的朋友给你打电话向你征求建议。他知道你一直在为案例分析饭店工作并且拥有丰富的餐饮服务经验。他希望你能够帮助他完成以下的任务：

* 找出各种人工来源并确定如何接触到他们。

＊ 准备出至少10个你打算在面试应聘者时提出的问题以便为你的餐厅雇到最能胜任工作的员工。

＊ 为一个有25人参加的3道菜宴会确定一份摆台清单。该清单应该包括餐具、高脚酒杯、玻璃器皿和调味料等等。这样，宴会服务人员就可以事先准备好设备并将包间布置好。

＊ 为一个有25人参加的3道菜宴会制订一份服务项目清单。该清单应该包括饮料、调味料、所有必要的菜肴、面包圈、黄油、分菜餐具、需要重新添加的酒水等以便宴会服务人员可以为包间提供恰当的服务。

第十四章

人员配备与工作安排

关键词

效率评定	工资预算	可允许的偏差
工资分析	人员安排	生产标准

学习目标

在学习完本章之后，你应该能够：

* 讲述分析人工需求的四个步骤
* 进行业务需求分析
* 完成人员安排
* 制订工资预算
* 分配工作任务并确定工作安排
* 衡量与评估员工工作效率

* 讨论和评估提高员工士气的各种方法

我们在第十三章着重探讨了通过开展时间与动作研究，从员工中收集信息，从行业与专业机构获取数据以及凭借过去的经验来为企业制订标准。在本章我们将考察这些标准本身并阐明管理者通过衡量标准来优化人员调配与工作安排的必要性。

由于工资属于涉及到人的因素，所以在本章的后半部分我们将着重探讨培训技巧、员工士气、员工流失以及确保管理者可以使人工成本效益最大化的各种福利待遇。成本控制不仅仅是减少开支，如果所花费的人工成本的效益可以提高的话，那么企业的销售额也有可能增加或者其他成本也会减少，这将有助于提高企业的利润。

一、生产标准

（一）产品与服务

旅游接待企业提供各种产品与服务，产品包括客房、食品、饮料，甚至还包括打高尔夫球。生产效率是通过销售额、客人人数、客人打高尔夫球的局数以及最终的纯利润来衡量的。但是，旅游接待业最重要的特点就是旅游产品是通过服务交付给客人的，因此，服务以及按照标准提供服务的人就成了关键。

（二）衡量生产标准

一般说来，旅游接待业的标准都是以租出去的客房、所创造的销售收入、所服务的客人、纯利润的多少以及人工成本百分比等形式来表示的。企业的每一个部门都制订了自己的标准。例如，在一家饭店，客房部规定每个客房服务员应该负责客房的间数，而餐饮部则会确定每个服务员应该开出客人消费结算单的平均数。然而，很难衡量市场营销部或行政人员的生产效率。因此，衡量效率的一个办法就是计算平均每花费一美元所创造的销售额。旅游接待企业也经常计算平均使用每个人工／小时或每个员工所创造的销售额并用这些标准来进行比较；同样，企业也会计算平均每位客人带来的净收入、每个人工／小时带来的净收入以及平均每位员工所创造的净收入。通过计算机与报表很容易获得这些数据；这样，管理人员就可以将某一时段的工作效率与另一时段的工作效率加以比较。这些数据就好像是成绩单上的分数，可以使管理人员了解企业在哪些方面做得出色，在哪些方面还需要改进。

这些标准不仅有利于确定劳动效率，而且还可以用于人员的计划和工作安排。如果标准规定每个前台接待员应该在5分钟内为一位客人办理好入住或离店手续的话，那么一位前台接待员每小时平均可以办理好12位客人的入住或离店手续。因此如果知道某一时间会有一定数量的客人前来办理手续的话，就可以事先安排相应数量的前台接待员来做接待工作，这样，饭店的大堂里就不会出现大批客人满脸不高兴地排队等候办理手续的情况了。同样，也可以使用这些标准来安排高尔夫球童、餐厅服务员、客房服务员、厨师、勤杂人员，甚至是保安人员。

为了使人工成本效益最大化并且最有效地衡量生产效率和安排人工，需要对每一个班次、每餐饭的期间以及每一种工作都制订相应的标准。如果计算来自度假和休闲游客的收入的话，那么夏季各月份的销售可能要高于秋季各月份的销售。由于菜单价格的差异，早餐每位客人的花费要低于午餐或晚餐客人的花费。餐厅第三班，也就是夜班（晚11点至早7点）的就餐客人人数要少于第一班（早7点至下午3点）或第二班（下午3点至晚11点）的就餐客人人数。

二、人工需求分析

为了完成企业人工需求分析，管理人员需要首先进行生意需求分析，然后是劳动安排、工资预算，最后是工作任务分配。

（一）业务需求分析

业务需求分析确定企业的各种需要。首先企业必须考虑一些重要的问题，然后才能决定自己在人工方面需要些什么。每顿餐饭期间、每天、每个地点以及每个营业点的估算销售额是多少？竞争对手是否会吸引走一部分销售额？是否有一些可能影响正常需求的本地的活动或特殊的促销活动？预期的日子是平日、周末还是节假日？

预测 最糟糕的情形大概就是由于企业错误地预测销售额会很低而出现了人手不足的情况，仅其次的最坏情景则是管理者预测将会出现较高的销售额，但是由于发生了意外，预期的销售额并没有出现，准备就绪的大批员工只好呆着无所事事。因此，准确的销售预测十分必要。每个阶段和每天的销售记录、客人人数、平均客人消费结算单、原始数据、特殊活动、季节性以及天气的变化都有助于预测销售水平。对于位于游泳池边供应午餐的餐馆来说，在阳光明媚、暖融融的夏季下午的生意会好于寒冷下雨的日子；在下雨的晚上或电视上播放体育节目的时候，提供外卖和送餐服务的比萨餐馆往往生意好于平时。

表14–1 拥有两个餐厅的饭店的每日销售报表样本

日期：					
烧烤餐厅		评语	高级餐厅		评语
早餐	销售额： 现金 信用卡 超出（低于） 客人人数 平均结算单金额 工作时数 销售/人工工时		早餐	销售额： 现金 信用卡 超出（低于） 客人人数 平均结算单金额 工作时数 销售/人工工时	
午餐	销售额： 现金 信用卡 超出（低于） 客人人数 平均结算单金额 工作时数 销售/人工工时		午餐	销售额： 现金 信用卡 超出（低于） 客人人数 平均结算单金额 工作时数 销售/人工工时	
晚餐	销售额： 现金 信用卡 超出（低于） 客人人数 平均结算单金额 工作时数 销售/人工工时		晚餐	销售额： 现金 信用卡 超出（低于） 客人人数 平均结算单金额 工作时数 销售/人工工时	

一些销售报表包括评语一栏。管理人员可以在该栏里填写天气、特殊活动、节假日、重要的广告宣传等情况与促销支出等数据来确定在这些因素与销售之间是否存在着相互联系（参阅表14—1）。企业所拥有和了解的信息越多，它就越能够通过配备相应的员工来更好地接待客人；这些信息也经常用于厨房的生产单，使大厨及其助手为特别的聚会活动做好准备工作。

竞争 竞争可以影响对人工的需求，因为日益增长的竞争与创新为客人们提供了更多的选择，这可能会影响到某一具体企业的营业量及其对人工的需求。

市场营销策略，特别是针对企业优势、劣势、机遇与威胁的分析在这种情况中十分有用。如果竞争威胁到一家旅游接待企业，那么该企业的管理者就必须运用本企业的优势并制定策略来保持或夺回自己的市场份额。

本地活动与节假日 一场新年游行活动定于新年当天午餐前结束；一家供应午餐的企业位于游行线路旁——这两个事实很有可能在那天午餐期间为该餐馆带来大量的销售额。大多数饭店在圣诞节期间不会让所有的员工上班，因为在此期间入住率通常很低。乡村俱乐部在阵亡将士纪念日和劳动节都需要额外的员工，因为大多数俱乐部在这些节日期间都会为其成员组织特殊的聚会和活动。所以，企业必须根据自己的人工需求做出相应的计划。各商会和会议与观光局可以提供本地活动与节假日促销活动的清单。

广告宣传与促销 一家度假村可能会花费20万美元在广播电台、电视台和报纸等媒体上做为期3周的广告宣传。如果广告宣传活动是在全国的范围而不是区域或本地的范围内进行，那么广告宣传与促销的费用预算可能要高出几倍。广告宣传与促销活动的效果是无法得到保障的，因此，确认每一种广告与促销媒体的有效性就变得十分重要了。可以将特殊代码或电话800号码用于不同的广告形式，这样当客人进行预订时，预订接待员就可以辨别促使客人进行预订的媒体。同样，代金券可以表明某一种促销技巧是否在起作用。确认机制可以使管理人员准确地评估每一次广告与促销活动的效果，这将有助于确定企业未来对人工的需求。

（二）人员安排

进行人员安排好比完成拼图游戏，因为根据业务需求分析得出的预期销售额以及所制订的标准会被用来安排人工与估算人工需求。例如，如果有300位客人定于某一天的中午前办理离店手续的话，那么前厅部必须确定300位办理离店手续的客人是否都是参加同一个大会的会议人员。假若如此并且该大会举行的最后一次会议从早上8点开始到上午10点结束，那么饭店可以预计办理离店手续的高峰期应该是早上8点之前以及上午10点到中午12点之间。必须通知客房服务员客人办理离店的手续的高峰期，这样就可以尽快地整理好客房以便在新客人办理入住手续时把这些客房再次租出去。如果在该次大会的最后一次会议期间没有安排早餐，那么该饭店的餐厅、咖啡厅、快餐店以及流动咖啡车应该准备在办理离店手续的高峰期可能出现的额外生意。

在安排人员的过程中，管理人员需要审查每一种类型的工作并确定预期的销售额将会怎样并且在什么时候影响每一种类型的工作，然后管理人员必须通过相应的人员安排来做出工资计划。在某些部门，一些人营业时间很忙，而另一些人营业时间很清闲。人员安排可以使管理人员将服务员和厨房人员的工作时间错开。

部门经理必须运用本部门的标准来确定所需要员工的数量，请参阅表14–2，该表是为饭店宴会部制定的一个人员安排样本。在宴会厅A厅举行的有30人参加的坐式宴会需要5张餐桌，每张餐桌坐6位客人，但是经理们做准备总是应该稍微留有余地以备最后时刻客人人数增加，因此，应该至少多准备一张餐桌。这样，应该为在宴会厅A厅举行的宴会准备6张餐桌，每张餐桌坐6位客人。根据标准，有6张餐桌并且每张餐桌坐6位客人的宴会需要两位服务员和一位领班。

表14-2 宴会部的人员安排

坐式宴会的标准

一位服务员负责3张每张坐6位客人的宴会桌或2张每张坐8位客人的宴会桌

一位服务员负责主宴会席（如果设有主宴会席的话）

一位领班负责50位客人

宴会部经理必须巡视所有的宴会以检查进程

自助餐的标准

一位服务员负责4张每张坐6位客人的餐桌或3张每张坐8位客人的餐桌

一位服务员负责主餐桌（如果设有主餐桌的话）

一位领班负责60位客人

宴会部经理必须巡视所有的宴会以检查进程

1997年5月30日星期五举行的宴会活动

宴会厅	方式	客人人数与餐桌数量	服务员人数	领班人数
A厅	坐式（6）	30/6	2*	1
B厅	坐式（6）	100/13	7**	2
C厅	自助餐式（8）	500/63	21***	9

* 6张餐桌，每桌坐6位客人，坐式。标准是每个服务员负责3张餐桌，每桌坐6位客人，所以需求服务员人数：6张餐桌÷3张餐桌 ＝ 2（人）

** 13张餐桌，每桌坐8位客人，坐式。标准是每个服务员负责2张餐桌，每桌坐8位客人，所以需求服务员人数：13张餐桌÷2张餐桌 ＝ 7（人）（大约）

*** 63张餐桌，每桌坐8位客人，自助餐式。标准是每个服务员负责3张餐桌，每桌坐8位客人，所以需求服务员人数：63张餐桌÷3张餐桌 ＝ 21（人）

（三）工资预算

一旦确定好员工的工作岗位，就可以估算出大体上的工资总额。工资预算是一种方法，可以使管理者了解到如果根据适当的标准实现预期的销售水平将会需要大约多少货币资源。表14-3 是一家比萨自助餐馆的工资预算表。

预算与实际成本 如果一切按照计划进行，那么一家企业将会实现预算，即不会高于也不会低于各项预定的成本；但是，如果出现任何偏差，那么管理人员都需要审查预算、工作安排甚至还有需求分析以及劳动标准来确定出现偏差的原因并为下一个预算期作出必要的调整。比较预算工资与实际工资的工资分析在成本管理中是至关重要的。如果实际工资成本高于预算总额，有时这并不一定是坏消息；事实上，尽管工资额超出了预算，但是如果人工成本的增长是由于意外的销售增长所致并且人工成本百分比仍属于正常范围，那么可能根本不存在任何问题。但是如果实际工资成本超过预算额而销售并没有增加的话，那么就应该引起注意了，管理人员也许需要审查进行人工配备和工作安排的步骤或运用培训、激励或奖励等手段来确保员工工作达标。如果员工既无效率也无能力的话，那么他们就无法达到标准，而管理人员也许需要与员工们一起加班加点并支付加班费或安排额外人员来完成工作，这样就会破坏人工预算。

表14-3 一家比萨自助餐馆的工资预算表

（营业时间：上午10点至晚上10点）

员工	班次	工作时数	姓名	单位工资	工资总数（工作时数×单位工资）
主厨	7-3	8	吉尔	$ 8.25	$ 66.00
1号厨师	7-3	8	杰基	7.00	56.00
2号厨师	11-3	4	汉克	6.75	27.00
1号小工	9-3	6	诺曼	5.00	30.00
2号小工	11-3	4	托马斯	5.00	20.00
1号收银员	9-3	6	克里斯蒂娜	6.50	39.00
2号收银员	9-3	6	阿列克斯	6.50	39.00
1号服务员	7-3	8	朱迪	2.35	18.80
2号服务员	7-3	8	温妮	2.35	18.80
3号服务员	9-3	6	艾米	2.35	14.10
4号服务员	10-3	5	丹	2.35	11.75
5号服务员	11-3	4	埃佛雷特	2.35	9.40
工资总额					$ 349.85

可允许的偏差 实现预算是否真的必须做到分毫不差呢？是否存在可允许的偏差？这些问题的答案取决于企业的经营理念。由于存在着如此之多的影响人工成本的因素，其中一些因素无法得到合理的控制，所以实际数字往往无法做到与预算分毫不差，因此，过高或过低的偏差都有可能发生，所以管理人员需要确定多大百分比的偏差是可以接受的，通常，1%的过高或过低偏差都被认为是可以接受的。然而，如果金额在某些餐饭期间或某些天内起伏波动较大，那么管理人员就应该观察实际情况，在这些餐饭期间或这几天里监控内部的工作并做出适当的调整。

（四）分配工作任务

一旦管理人员了解到每顿餐饭期间、每次宴会或活动以及每天需要多少员工，下一个步骤就是安排具体的员工和分配工作任务，人员安排与工资预算现在就成为管理人员的工作指南。

员工的工作表现 管理人员在为宴会安排人手时所要做的似乎仅仅是准确地计算所需要的员工人数。我们继续使用表14–2中的数据样本，安排三名员工，包括两位服务员和一个领班，负责在宴会厅A厅举行的宴会。下一项管理任务就是确定应该分派哪两个服务员和哪个领班去负责宴会厅A厅的宴会。从表面上看，这似乎并不重要，根据标准需要三个员工，那么安排三个员工就可以了。但是，由于员工们在工作表现方面的差异，安排哪三个员工去负责这一宴会有可能非常重要。如果所有的员工都是一流的，那是再好不过的了；但是，即使最出色的员工也必须从头做起。因此，一家企业的员工构成包括工作能力较强经验较丰富的员工、新参加工作的员工以及那些工作尚可但能力不强的员工。所以，衡量员工工作效率并将他们的工作表现分类的做法有助于人员安排以及员工自身的发展，如果某个员工在大多数方面都工作得很好，那么管理人员可以向他指出不足之处并帮助他把工作做得更好。

衡量员工工作效率 衡量员工的工作效率对于员工个人的发展和企业都是很有必要的。衡量工作效率的最佳方法就是为员工制定出基于工作表现的目标，然后管理人员根据这些目标完成的情况来评价员工，这一方法可能需要花费一些时间但是值得采用。

也可以通过观察来衡量员工的工作效率。管理人员在员工的工作期间观察他们的工作并且每小时给每个员工打一次分，这些分值可能是从1分到5分，1分为最低分，5分为最高分。也可以将分值定为从0分到3分，0分表示没有工作的时候，如员工的午餐时间或休息时间；1分表示没有达标，也就是工作不符合要求；2分表示达标，即工作符合要求；3分表示超标，即工作超过要求。因此，在一个从早上7点到下午3点的8小时班次上，员工将会得到从0分到24分的总分值；由于要减去1小时的吃午饭和休息时间，所以可以将评级改为评7个小时，因此员工将会得到从0分到21分的总分值。表14–4是一份员工工作效率评定表的样品，级差为从0分到21分，14分为平均值。服务员A得到的总分值为17分，转换为百分比就是高于平均值的121%（17 ÷ 14=121%）。

表14-4 工作效率评定表

每天的不同时段										
姓名	7-8	8-9	9-10	10-11	11-12	12-1	1-2	2-3	总数	%
服务员A	2	2	2	2	0	3	3	3	17	121
服务员B	1	1	2	2	0	3	2	2	13	93
服务员C	3	3	3	0	3	3	3	3	21	150
服务员D	2	2	1	0	1	1	1	2	10	71

工作效率评分可以使管理人员发现工作表现最佳的员工并奖励工作出色的员工，同时也可以使管理人员主动地去与工作表现欠佳的员工谈话并决定应该采取的措施；最重要的是，员工工作评定可以使经理们在分配工作时做到心中有数。就表14-2中安排三个宴会服务员而言，一位优秀的经理决不会派三个工作表现差的服务员去负责那个宴会。

在分配完工作任务之后，管理人员必须监控实际的劳动率，将实际人工成本与工资预算加以比较，然后做出调整。工作表现评定是一个动态的过程，并且员工随着培训和经验的增加而变得更为成熟，因此，可以改进完善员工工作表现评定标准，这样就有可能会改善企业的总体效率。

三、员工的士气与员工流失

员工士气与员工流失率似乎是有着反比关系的两个因素——员工士气越高，其流失率就越低，反之亦然。如果这一看法是正确的，那么管理人员似乎可以通过提高员工士气来解决很多的问题了。但是，士气问题并非如此简单，士气问题往往很难处理并且士气与流失率之间的关系并不像表面看上去的那样简单。

(一) 提高员工的士气与生产效率

旅游接待业可以提供许多职业机会。但是并非所有层次上的岗位都有着丰厚的经济回报，许多员工只能挣到最低工资或比最低工资稍微高一点的收入，许多员工必须依靠客人给的小费。这种“低工资”的现象加剧了员工的士气问题，而改变这一状况正是管理人员的职责，因为高涨的士气可以转化为更高的生产率。诸如给予钱财等外在的物质鼓励可以激励大多数人。罗伯特·克拉拉最近做了一项研究并在《餐馆生意》杂志上发表。该项研究显示餐馆业所面临的挑战并不是人员短缺，而是人才短缺；此外，收入问题被认为是员工离开餐饮业的首要原因。尽管管理人员也许会认为收入并不能起到激励的作用，但是这并非完全对。然而，该项研究表明外在的物质鼓励无法产生长期的效果。收入也许会在短期内激励不愉快的员工，但是这些员工的工作表现很有可能会回到从前没有达标的状况。与此相反，内在的精神鼓励被认为会更持久。这些精神鼓励可能包括给予奖励、表扬、员工野餐以及仅仅是管理人员对员工们表现出来的尊重与关心。

旅游接待业是个以人为本的行业，因此，管理人员必须据此选择和培训员工。员工需要以积极的态度去对待客人。态度是可以学习的，但是学会能够通过自己的行为表现出来的态度比记住一个事实要花费更多的时间。一位饭店的人力资源总监曾说过，有力的握手与自然的微笑足以表明一位求职者具有旅游接待业所需要的那种积极的个性。态度具有感染力，来自管理层的积极态度将会传递到基层。这并不意味着管理人员只应该雇用那些个性积极活跃的求职者。一些讲话和风细雨的员工可能是很好的团队成员并以不同的方式为企业做贡献。一家雇用只会讲另外一种语言员工的度假饭店并没有什么“问题”，只是遇到一些“挑战”。

管理人员必须尊重员工。如果员工们信任自己的工作单位并且感到自己是团队中的一员而不是随时可以放弃的小人物，那么他们就开始对自己的工作感到自豪，从而提高了士气和他们的劳动效率。一些公司甚至不再使用“雇员”和“雇主”这两个词了，而是用“同事”或“团队成员”来表达一种平等的关系，一些员工说他们彼此“在一起”工作而不是“为”老板工作。

应该得到表扬的就必须给予表扬。对于员工来说，上司轻拍自己的肩头往往就是对自己出色工作的认可。在当今繁忙的社会里，我们已将自己变得只注重结果而不注重过程，特别是那些使过程一帆风顺的人。在合适的时候应该给予奖金或加薪，可以定期或不定期地发放奖金或加薪，但必须有显而易见的标准。这样，所有的员工都将清楚如何衡量自己的工作并且也不会出现任何误解。

（二）各项福利

另外一种激励和奖励员工的方法就是给予他们优厚的福利待遇，这可以包括健康保险和牙科医疗保险、带薪休假、享受免税待遇、建立退休账户、餐饮和饭店住宿折扣以及商品优惠等。员工福利也可以包括日常项目，如优惠价格或免费的餐饭和停车。一些级别的管理人员可以享有某些特权、公司汽车或汽油补贴以及各种干湿洗衣服务。一些公司已经意识到员工们的需要并把提供儿童入托和家庭咨询等作为员工福利的一部分，如果无法在工作单位提供托儿所，许多企业可能会提供税前收入减免来补偿员工的托儿费；税前收入减免非常受欢迎，因为这属于不需要纳税的收入，可以减少员工所需纳税的金额。基本工资以外的任何津贴都可以作为福利发放，因此管理人员可以运用优厚的福利待遇来提高任何工作岗位的重要性，调动员工的积极性并降低员工流失率。这样，满意的员工将会工作得更好并且以积极的态度接待客人。

管理人员必须认识到旅游接待行业里有着许多不同类型的员工。正如马斯洛在他的层次需求学说中所解释过的那样，不同的人在人生的不同阶段有着不同的需求。一位有着年幼子女的妇女希望享有托儿福利，但是年龄只有十几岁的员工可能希望每小时增加 25 美分的收入。因此，在计划员工福利待遇的过程中，管理人员需要了解本企业员工的所有需求。

管理人员应该尽力把管理工作做得灵活多样，要有创意，要经常能够推出一些让员工们感到意外的举措。为了提高劳动效率和保障出勤率，一家饭店集团拿出价值100万美元的股票认股权来奖励在一年期间获得客人留言卡上最高分的饭店，这些股票在所有的正式员工、小时工和经理们之间分配。客人的满意度对于企业的目标来说十分重要，因此应该对员工出色的工作予以奖励。

（三）员工流失的成本

员工流失的成本不仅仅涉及人员的损失，它还包括完成与解聘或员工辞职相关的书面工作，做广告宣传空缺的职位，面试求职者以及选择和培训应聘者。此外，如果企业缺少一个员工，那么这额外的工作就必须由所有在职的员工承担；也许承担这一额外的工作并不会损害为客人服务的质量，但是如果工作标准受到影响，客人可能会感到不满意，销售额可能会下降。所有这些会加大员工流失率的成本。

如果一家餐馆有着可观的10%的利润率并且替补一个员工的平均成本是500美元的话，那么该餐馆将需要额外创造5000美元的销售额来弥补这500美元的员工替补成本，这决不是一个小数目。如果平均客人消费结算单是10美元的话，那么这额外的5000美元销售额就意味着500位客人。

四、小结

由于旅游接待业是一个“以人为本”的行业，所以人工成本是旅游接待企业的主要成本，而在饭店住宿业中人工常常是最高的成本。因此，合理地控制人工成本是至关重要的。控制包括细致的生意需求分析和预测、研究竞争对手、考虑各种本地活动。节假日和特殊聚会以及进行将企业与本社区和本地人联系起来的广告宣传活动。

确定员工的工作效率有助于安排恰当的人手去完成预期的业务。必须制订工作标准并且每个员工的优势与劣势应该符合工作的需要。一旦确定了工作安排，就应该从控制和衡量的角度出发做出工资预算。

旅游接待业的管理人员们在调配人员和安排工作的过程中需要处理各种人的因素。所有的员工都希望得到公正的对待并受到尊重。管理人员需要采用有创意的方法来提高并维持员工的士气，特别是那些拿最低工资的员工们的士气。愉快的员工会将自己的好心情和热情的态度传递给客人。在服务行业中，热情友好的态度是成功的关键之一。

复习题

1．以下哪一项通常不被视为是衡量生产率的标准？

(1) 经理的数量

(2) 所接待的客人

(3) 每顿餐饭期间的销售额

(4) 客人打高尔夫球的局数

2．为了有效地衡量生产率和计划人工，需要为________制订劳动标准。

(1) 每一班次

(2) 每顿餐饭期间

(3) 每一工作类型

(4) 1项和3项

3．除了________以外，以下所有的因素都会影响到销售。

(1) 竞争

(2) 天气

(3) 各项本地活动

(4) 人工需求

4．以下哪一项是确定为某一饭店做的广告和促销活动是否成功的有效方法？

(1) 询问广告公司

(2) 使用代码或800电话号码来追踪预订

(3) 查看过去记录

(4) 分析天气情况

5．以下哪一项不是分析人工需求的一个步骤？

(1) 生意需求分析

(2) 员工士气评估

(3) 人员安排

(4) 工资预算

6．如果________，那么食品成本的增长不一定预示出现了问题。

(1) 销售同时也增加了

(2) 食品由于变坏而不断被丢弃

(3) 食品成本百分比较大幅度地增加

(4) 允许员工将剩菜剩饭带回家

7. 使用从1到5级差评定来衡量员工的工作效率。如果每个员工工作7个小时，平均每小时得分3分，那么一个得到28分的员工的百分比是________。

(1) 100%

(2) 125%

(3) 133%

(4) 148%

8. 以下哪一项被视为对员工可以起到激励作用？

(1) 提高工资

(2) 较好的工作时间

(3) 各种福利

(4) 以上所有各项

9. 如果根据人员安排标准需要每个服务员负责25个座位，那么一家有180个座位的餐馆的经理需要安排多少个服务员才能有足够的人手来应付一个生意繁忙的夜晚呢？

(1) 5

(2) 7

(3) 8

(4) 9

10. 管理人员在分配工作任务时应该考虑以下哪一项呢？

(1) 将不同工作能力的员工安排在同一班次好让他们优势互补

(2) 安排两个较差的员工负责同一个宴会好让他们相互帮助

(3) 安排一个领班帮助一个新员工掌握基本工作技能

(4) 根据生意的情况进行安排

11. 解释分析人工需求的四个步骤。

12. 本地活动能够怎样影响一家饭店的生意量？对餐馆的影响有何不同？

13. 计算表1中客房部服务员的总分值与工作效率百分比。级差：0分＝没有工作，1分为最低分，5分为最高分。将21分（3 × 7）定为平均分值，其中3分为平均分，7为所工作的小时时数。

表1

每天的不同时段										
姓名	7～8	8～9	9～10	10～11	11～12	12～1	1～2	2～3	总数	%
安妮	2	1	2	3	3	4	0	2		
贝蒂	3	3	4	4	0	2	4	4		
卡萝	3	3	3	3	3	3	0	2		
黛安	4	4	4	0	4	4	4	4		

测试题

1. 计算表2中厨房员工总分值与工作效率百分比。级差：0分＝没有工作，1分为最低分，2分为平均分，3分为最高分。将14分（2 × 7）定为平均分值，其中2分为平均分，7为所工作的小时时数。

表2

每天的不同时段										
姓名	7～8	8～9	9～10	10～11	11～12	12～1	1～2	2～3	总数	%
乔伊	2	1	2	3	0	1	3	2		
金	3	3	2	2	0	2	3	2		
露西	3	3	3	0	3	3	3	2		
玛丽	2	2	2	0	3	3	1	1		

2. 本题与第一题有关，哪些员工的分值高于平均分值？哪些员工的分值低于平均分值？

3. 列举你可以用来改进那些低于平均分值员工工作效率的五种策略。

案例分析

你的朋友最近从一个远房亲戚那里继承了一家餐馆。她了解到你管理模特餐馆十分成功，因此希望从你那里得到一些有关人工配备与工作安排方面的建议。她的餐馆有100个座位，位于市中心的商业区，属于中型随意就餐式的餐馆，因此大多数的客人都是办公大楼和银行的员工。午餐的营业时间是从上午11点到下午2点，其中绝大多数的生意在12点到1点之间。由于大多数人只有1小时的午餐时间，因此迅速高效的服务至关重要。运用人工需求分析的四个步骤：

* 列举可以影响你朋友生意需求的10个因素。
* 如果预期将有200位客人的话，那么你会建议你的朋友配备多少个前厅服务员？请说出每一类工作如接待员、服务员和服务员助理等所需要的具体人数。请解释你这样建议的理由。
* 运用格式分析表来制作一份餐厅人员工资预算表。在格式上请参照表14-3。
* 向你的朋友解释衡量劳动效率的方法。请参照表14-3。
* 向你的朋友推荐五种消除员工士气低落的策略。

参考文献

R．克拉拉（1997年5月）《劳工：爱护他们还是失去他们》《餐馆生意》

Klara，R. (May 1997). Labor：Love'em or lose them. Restaurant Business，96(9)，42-44，48，50.

A．H．马斯洛（1954年）《动机与个性》 纽约：哈泼与罗出版发行公司

Maslow，A.H. (1954). Motivation and personality，New York：Harper & Row

第十五章

可控费用与不可控费用

关键词

行政与总务费用	直接经营费用	音乐与娱乐节目费用
合同服务	费用的类型	不可控费用
可控费用	保险费用	公用事业费
市场营销费用		

学习目标

在学习完本章之后，你应该能够：

* 指出可控费用与不可控费用之间的区别
* 区分每一主要费用类型中的不同小项
* 通过检查费用安排来评估一个部门或费用类型的有效性
* 辨别不同类型的折旧并评估它们对纳税与利润的影响

* 提出建议来提高一个部门或费用类型的有效性

无论是在饭店、餐馆、俱乐部还是赌场，旅游会计中的一些费用在一个部门或中心里属于可控费用，而另外一些费用是由整个企业分担的并被认为是不可控费用。正如我们讨论过的那样，餐饮和人工成本是一家餐馆以及饭店或俱乐部餐饮部的主要成本；对于那些不涉及餐饮的部门来说，人工费用通常是整个部门预算最大的部分。除了餐饮和人工成本之外，一个部门还有其他的支出，其中一些并没有出现在部门的明细表或报表上但是却包括在企业的综合报表之中。我们在本章将探讨这些类型的可控与不可控费用。

一、直接经营费用

直接经营费用与其他的经营费用相似。在餐馆以及饭店或俱乐部的餐饮部，直接经营费用可以包括工作服、干湿洗涤、亚麻用品、瓷器餐具、玻璃器皿、银制餐具、厨房燃料、洗涤用品、纸制用品、吧台用品和菜单等物品的费用。表 15-1 提供了一份更为详细的直接经营费用清单，表中这些物品看起来似乎值不了多少钱，但是如果把它们都加起来，费用就会占到部门预算中相当大的比例，控制好这些费用可以为企业带来更多的利润。例如，许多经理都把执照视为不可避免的固定支出，尽管这种说法具有一定的道理，但是持有合适的执照并及时更新这些执照可以节省不必要的开支。如果一家企业只出售啤酒和葡萄酒，那么管理人员就只需要获得出售啤酒和葡萄酒的执照而不必去申请一个更为昂贵的出售所有酒类的执照。

如果厨师随意地用围裙和毛巾来擦拭设备，那么他们就会毁坏这些围裙和毛巾，而这意味着供应亚麻用品的公司有可能要求企业支付更多的钱；如果服务员助手不是用抹布而是用餐巾来擦桌子，那么情况也是如此。在接收亚麻用品时，不仅要一捆一捆地数，而且还应把一捆餐巾拆开一条一条地数。如果 25 条一捆的餐巾只有 24 条，那么企业还是要付 25 条餐巾的钱，并且在亚麻用品公司收回用脏了的亚麻用品时，将会缺少一条餐巾，而亚麻用品公司将会要求企业为一条从未送到的餐巾支付更换费。

表 15-1　直接经营费用

客房部
有线／卫星电视机
委托
免费服务
合同服务
客人换房
客人的交通
干湿洗衣
亚麻用品
经营用品
预订
通讯
培训
工作服
其他项目
餐饮部
瓷器制品
玻璃器皿
银制餐具
合同服务
免费食品
干湿洗涤
各种执照
音乐与节目
经营用品
通讯
培训
工作服
其他各项

续表

其他
合同服务
庭院维护
化肥、杀虫剂和表土
柴油和润滑剂
各种执照
管理费
网罩与胶布
经营用品
专业服务
垃圾处理
沙土和地表处理
种子、花草和灌木
通讯
竞赛费用
工作服

对于企业来说，瓷器制品、玻璃器皿和银制餐具费用昂贵，特别是如果使用高级不锈钢、镀银或纯银餐具的话。使用这些物品时需要非常小心。用于替换这些物品的费用应该加以记录和监控，如果记录中出现异常高的费用，那么管理人员就需要对此进行调查。定期检查所有的瓷器制品、玻璃器皿和银制餐具是一种行之有效的做法，这样做可以阻止员工将这些物品拿回家，因为他们知道管理人员对此了如指掌。

为了确保优质优价，可以通过招标的方式来购买企业所有的洗涤用品以及用于高尔夫球场或园林的化肥。同样，所有的合同服务项目、管理费以及为高尔夫球或网球专业人士提供的专业服务也都需要通过精心的谈判来达成。

监控电话费用以及电话的使用并保留长话记录可能十分有用。即使企业实施了严格的准用代码来防止员工盗打长途电话，客人或店外人员还是可以骗打或盗打饭店内的电话；犯罪分子可以冒充电话公司的雇员往饭店里打电话，谎称要使用外线来检查饭店电话系统是否完好。值得信任的饭店员工并没有意识到，这样做可以为任何人提供一条打到全世界各地的电话线，因此可能出现巨额的长话费。这种被称为“大满贯”的盗打方式十分猖獗，因此管理人员需要小心防范。

二、音乐与娱乐节目费用

音乐与娱乐节目费用属于可控费用。根据饭店业账目统一系统，这些费用应该由饭店餐饮部支付。表15−2列出包括在此类的项目。这些费用变化不一，主要取决于演员的知名度以及企业希望提供的娱乐节目的内容。除了演员的出场费以外，管理人员还不能忽视需要为在店内播放的背景音乐支付使用费。

表15−2　音乐与娱乐节目费用

此类包括所有与在饭店或企业餐饮设施内提供娱乐相关的费用。
预订代理费
器具租借费
演出人员的餐饭费
各项杂费
乐团与乐师费用
专业演员费用
曲目的使用费

三、市场营销费用

大多数大型饭店都有自己的市场营销部。属于连锁集团或特许经营的小型饭店的营销活动可以交给总公司来负责。独立的饭店和餐馆大多通过营销公司或自己的营销人员来策划自己的营销活动。表15−3列出营销的各项费用。

营销费用属于可控费用。但是要想挣钱得先花钱这句话也还是有道理的。确定每项营销计划的成功率以及创收能力可以使管理人员合理地分配财政资源。例如，一家饭店或餐馆在3家电台上做广告，如果客人提及他们是在哪里听到广告的，那么他们就可以得到优惠的房价或一道免费的开胃菜或甜点。为了确定每家电台所播广告的效果，管理人员也许希望为每个电台的广告配一个不同的800电话号码，这样，当客人打电话到饭店或餐馆预订时，预订接待员就可以确定预订的来源。在直接邮寄中使用特殊促销优惠券也可以起到同样的作用。一旦将各种结果列入表格，管理人员可以很容易地确定哪个营销计划产生了最佳的投资回报。另一个不错的办法就是教会员工询问客人是否光顾过本店，如果没有，那么他们是怎么知道本店的。员工可以在代金券、优惠券或预订单上做记号以确定每个广告宣传吸引来多少新客人。

表15-3 营销费用

代理费
宣传册
民事和社区项目
散页广告／销售现场宣传材料
免费入场券
直接邮寄
捐助
会费和征订费
经常入住活动
因特网主页
普通杂志与专业杂志
各种杂项
报纸
邮费
活动电话簿和指南／纪念品
标识
特别促销代金券
广告话费
旅行费用

对营销活动效果的记录既可以是简单的，也可以是高科技的，主要取决于管理人员有多少时间与资源。一个特许经营者只是简单地把餐馆发放的每个优惠券放在活页夹里，他记录下优惠券的有效期限、该优惠券所针对的目标市场以及收回优惠券的数量，这样，他就建立起一份颇有效的广告档案。

四、公用事业费用

公用事业费用包括水电费、煤气费、汽油费以及其他燃料费。如果管理不善，此类费用有可能构成很大的成本。“绿色环保”已不仅是一种时尚，而且还成为了一种责任。旅游接待业的管理人员和业主们在这方面表现得非常积极，使旅游接待业这样巨大的产业参与环保意味着大量地节约能源与自然资源。如果饭店、餐馆以及俱乐部正常经营并为客人提供优质服务的话，那么它们就必须消耗能源；然而，不恰当地使用能源可以造成巨大的浪费并且降低企业的边际利润。因此，保护能源不仅仅是有助于保护地球的明智之举，同时也是提高企业效益的正确做法。

在节电方面，用小型荧光灯泡替代白炽灯泡是最广泛使用的节能技术之一。但是许多做法都已证明有利可图。位于亚利桑那州斯克兹戴尔（Scottsdale）的一家度假饭店在10个月的期间节省了46 000美元，该饭店的做法是安装节能的照明设备，给财会办公室装上窗帘，降低热水器和游泳池的温度，使用季节性的恒温器。位于马萨诸塞州波士顿的另一家饭店为其977间客房安装了节能的双层保温玻璃，结果节约了130 000多升的燃油及126 450美元。在另外一家饭店，装在走廊与服务区的节能型照明灯与旧的照明设备相比每小时节省了25 000度电。

在一家独立的餐馆或俱乐部用水似乎算不上什么大问题。但是饭店却是个用水大户，从餐厅到洗衣店到客房，每天的经营都离不开水。为了确定饭店业的平均耗水量与用水趋势，莱德林（Redlin）和德鲁斯（DeRoos）在1989年对408家饭店进行了调查。他们确定美国的饭店业在1988年共用水7000亿升，这等于饭店每间客房平均每天用水655升；按照全美平均每4546升（1000加仑）水合2.25美元计算，全年水费总计约为3.46亿美元，平均每间客房118美元。

旅游接待企业可以采取一些措施来节约用水和财政资源，比如安装从简单的节水器到复杂的洗衣清洗用水再用系统。位于华盛顿州西雅图市和加利福尼亚州长滩的两家饭店使用洗衣用水再用系统将清洗过衣服的水处理后重新用于洗涤衣服，预计每年可以节约39 000美元。位于新泽西州北部的一个全国著名连锁集团下属的10家饭店将它们所有要洗的衣物等送到统一洗衣店。该洗衣店使用的废热发电与热能再生技术每年可以节约水和能源费用125 000美元。位于加拿大不列颠哥伦比亚省温哥华市的一家饭店在其指定的75间“绿色环保客房”里安装了低耗淋浴喷头和马桶，因此将水耗降低了40%。

将经营程序做一些简单的调整，比如在黄昏时浇草坪可以减少水的蒸发，用扫帚扫人行道而不是用水冲洗，或实施毛巾和床上用品再用计划。这些都已证明是行之有效的。在实施此类计划时，饭店需要考虑为客人提供的服务。大多数饭店都在客房的梳妆台和浴室张贴通知，告诉客人有关毛巾和床上用品再用的计划。如果客人不愿意参加该计划，那么将每天为他们换毛巾和床单等。负责任但又不影响客人满意程度的做法可以带来效益。

五、行政与总务费用

行政与总务费用是巨大的。甚至饭店的总保险也有可能包括在行政与总务费用之中。餐馆和俱乐部就是这样做的。我们建议饭店把总保险与租金和物业税一道归在使用费里。表15-4列出了行政与总务费用的各种项目。

行政与总务费用属于可控成本。例如，采用良好的赊账政策与开票程序可以最大限度地减少赊账与收账的成本；随着平均结算单金额的增加或者每次交易收入和总收入的增加，信用卡佣金也可以降低。建议至少每两年更新一次信用卡佣金报价，因为企业的收入情况可能会发生变化。此外，电子结算与手工结算相比可以加快企业的现金储蓄，因为在手工结算过程中信用卡公司将支票寄来，然后必须把支票送到银行才能储存。

管理信息系统、销售终端系统以及酒店管理系统都被归为行政与总务费用里。大多数管理人员都精于经营业务，但是其中一些人可能不太熟悉计算机，因此，有关维修的合同服务以及其他与信息系统相关的问题可能会令他们望而生畏。管理人员需要收集所有相关信息，甚至咨询那些已使用这些服务的饭店、餐馆和俱乐部来确定此类系统或协议是否可以满足他们的期望。所以，通过协会与行业展览来保持行业接触是十分重要的。

表 15-4 行政与总务费用

银行收费
现金的多出与短缺
通讯系统
合同服务
赊账与收账
信用卡佣金
捐赠
会员费与报刊订阅费
总办（部）
人力资源
信息系统
内部审计
内部通讯
丢失与损坏
餐饭与娱乐招待
经营用品与设备
邮资
印刷与文具
专业费
提供用途不明开支
安全保卫
电信
培训
交通
旅行
其他杂项

经营用品与设备等是在这一领域里很容易被忽略的项目，这些都包括在普通办公用品之中，从复印设备到铅笔刀等。办公用品，特别是较小的办公用品消耗很快。办公室偷窃往往难以察觉，但是需要监控。不应该把这些办公用品放在明处或是很随便地让人领取的地方。尽管正式申请也许太麻烦了，但是简单地用一张纸记录下领取人的姓名和所领取的办公用品有可能阻止员工拿走过多的办公用品或将办公

用品挪作私用。

六、维修保养费用

就其是否属于可控成本而言，这一类费用处于灰色地带，虽然管理得当的话，维修与保养应该有利于企业而不是增添负担。

属于维修与保养的项目一般包括建筑的粉刷和装饰、家具和固定装置、建造选择和内部装修、客房内部装饰以及维修保养合同等。成本分析可能会有益于企业确定是否应该设立自己的维修部，还是雇用服务公司或两者兼而有之；维修服务公司在技术方面通常比一家独立企业的职工更先进，建议签订维修合同，因为这样可以抵消零部件和人工的成本。但是，就家具和固定装置而言，企业的业主或管理人员最好还是设立一个专门的维修组来定期护理这些家具和装置，及时地调节气温并检查不良征兆与问题，必须完成这些工作以防出现故障。如果精心护理的话，那么家具和固定装置应该可以至少使用5到8年甚至更长的时间。如果每个班次结束时员工都认真洗刷并且没有员工故意毁坏的话，那么大多数炊具都可以保养的很好。

七、使用费

使用费是指饭店、餐馆或俱乐部必须支付的租金和物业税。如果企业拥有物业的话，那么就不存在支付租金的问题，而是如何交纳物业税了。

（一）租金

租用物业有许多好处。旅游接待企业的业主和管理人员不必因物业升值而担心多交纳物业税，如果经济环境与供求关系有利，业主们与管理人员们通过谈判也许可以达成条件优厚的租约。

租约的形式可以是固定的、可变的或混合的。混合租约协议也叫基本租金协议，根据该协议，无论销售情况怎样租户都要交纳一定数量的基本租金。此外，如果销售额达到一定的数量，租户还需要额外交纳相当于销售额一定百分比的租金。一种租约可能有利于物业业主，而另一种租约可能有利于租户（参阅表15−5），这主要取决于旅游接待企业销售额高低以及租约的条款规定。

表15−5　租约方案

固定租约：每年＄50 000

可变租约：每年销售额的4%

混合租约：每年＄20 000并在销售额超过＄500 000时收取销售额的3%

1．销售额 ＝ ＄1 400 000

租金支付方式：

固定租约	＄50 000	
可变租约	＄56 000	＄1 400 000 × 0.04
混合租约	＄35 000	＄20 000+(＄1 400 000−＄500 000) × 0.03

最佳租约选择：混合租约

2．销售额 ＝ ＄1 000 000

租金支付方式：

固定租约	＄50 000	
可变租约	＄40 000	＄1 000 000 × 0.04
混合租约	＄35 000	＄20 000+(＄1 000 000−＄500 000) × 0.03

最佳租约选择：可变租约

3．销售额 ＝ ＄2 000 000

租金支付方式：

固定租约	＄50 000	
可变租约	＄80 000	＄2 000 000 × 0.04
混合租约	＄65 000	＄20 000+(＄2 000 000−＄500 000) × 0.03

最佳租约选择：固定租约

尽管大多数租约协议都只收租金，但是有些也可能要求租户支付部分的物业保险费、维修费或不动产税。对于大型商城里的餐饮企业来说，租约变得越来越复杂，因为通常增加了额外的项目。公共区的维修费一般是按照每平方英尺的租用面积分摊的，保险费也是这样计算的。一些大型商城还收取商业协会会费、促销活动费、营销费或垃圾处理费。

即使不考虑条款、额外收费以及基本租金数额，租约谈判也是至关重要的，因为一项租约可以在从几年到10年甚至更长的时间内对企业产生约束。因此，一个精明的决策可以节省金融资源并避免未来有可能出现的问题。

（二）物业税

物业税是一种不可控的费用，只适用于那些拥有物业的企业。物业税的税额取决于物业的价值，随着物业的升值，所需支付的税额就会增加。物业税税额的确定基于诸如物业的地点、物业内企业的类型等一系列因素。如果业主或管理人员认为某个物业的估价不准确，那么其可以提出申诉，此类申诉的结果往往是对税额加以调整，这类调整有可能会降低税费金额。

八、折旧

折旧属于非现金费，用由于企业不必为折旧“支付”现金，所以没有对这项成本进行严密的监控。虽然折旧不必用现金支付，但是也属于一项支出，因此可以使企业减少其应纳税收入金额并享受更好的税收减免待遇。

折旧的概念并非在于少付税。如果管理得当，折旧费应该成为管理人员和业主一种存储部分资金的手段，用于替代折旧资产并在适当的时候用于增加其他资产来发展企业和减少债务以及用于其他目的。

旅游接待业使用一些折旧方法，其中两种主要的方法分别是直线折旧法（straight-line method）与加速折旧法，直线折旧法由于其方式简单而受到偏爱。将残值（salvage value）从成本之中减去，然后根据预期的使用年限除以折旧数，这样就得出了年折旧金额。例如：

成本	$ 10 000
残值	$ 1000
使用年限	5 年

$$折旧费 = \frac{\$10\ 000 - \$1000}{5} = \frac{\$9000}{5} = \$1800\ (每年)$$

然后以支出的形式按年将1800美元记录下来或将其分为较小的几部分划入每个财会期来冲抵收入，从而减少应纳税收入额以及所纳税款。

加速折旧法（accelerated depreciation）在旅游接待行业中也得到广泛使用，原因是在折旧的最初几年可以多计入折旧费用，这使得业主和管理人员可以将一大笔钱划为折旧费，因此可以在最初的几年少纳税。许多新成立的企业都选择使用这一方法，因为通常在创业的最初几年里流动资金最为吃紧，这样，任何额外的资金都可以留在企业内部用于其他目的。

最常使用的加速折旧方法包括双倍余额递减折旧法（double declining balance）和修正的加速成本回收法（modified accelerated cost recovery system）。双倍余额递减折旧法正如其名称所表示的那样，使直线折旧率的金额加倍，例如，200%的双倍余额折旧实际上是直线折旧率金额的两倍：

$$双倍余额折旧率 = \frac{100\%}{使用年限} \times 2$$

使用直线折旧法例子中的同样数据：

$$双倍余额递减折旧率 = \frac{100\%}{5} \times 2 = 40\%$$

用资产的成本乘以双倍余额递减折旧率就可以得出其折旧费用。直到最后的几年折旧值接近残值时才使用残值。表15-6显示使用双倍余额折旧法折旧10 000美元并留下1000美元残值的全过程。第一年和第二年的折旧金额要多于按照直线折旧法计算的1800美元，第三年的折旧金额则少于1800美元，到第五年资产的折旧只有296美元了，因为超过这个金额将无法保留已确定的1000美元残值了。

表 15-6

年份	计算	费用	折旧累计	残值	账面价值
	购买	0	0	1 000	10 000
1	10 000 × 40%	4 000	4 000	1 000	6 000
2	6 000 × 40%	2 400	6 400	1 000	3 600
3	3 600 × 40%	1 440	7 840	1 000	2 160
4	2 160 × 40%	864	8 704	1 000	1 296
5	9 000 − 8 704	296	9 000	1 000	1 000

修正的加速成本折旧体系（MACRS）与双倍余额折旧法相似并采用200%的余额递减方法，但是在资产的使用年限内的某一点转而采用直线折旧法。首先确定相关资产的年限分类，然后将适当的百分比用于该项资产的成本，就可以得出其折旧金额。表15−7列出修正的加速成本折旧体系的主要分类与资产使用年限，表15−8列出了资产成本限定回收百分比。

企业业主和管理人员可以根据本企业的商业战略来决定是选择直线折旧法还是采用加速折旧法。但是出于纳税考虑，只能选择直线折旧法或修正的加速成本折旧体系。

表 15−7　修正的加速成本折旧体系的主要分类与资产使用年限

分类	物业的类型
3 年	某些特殊的制造工具
5 年	小轿车、轻型卡车、计算机以及某些特殊的制造设备、餐馆设备
7 年	大多数工业设备、办公家具以及固定装置
10 年	某些使用年限较长的设备
27.5 年	诸如公寓楼等住宅式出租物业
39 年	所有非出租用物业，包括商用和工业用建筑

表 15-8　资产成本限定回收百分比

拥有年限	投资类型			
	3 年	5 年	7 年	10 年
1	33%	20%	14%	10%
2	45%	32%	25%	14%
3	15%	19%	17%	12%
4	7%	12%	13%	12%
5		11%	9%	9%
6		6%	9%	9%
7			9%	9%
8			4%	9%
9				7%
10				6%
11				3%
	100%	100%	100%	100%

九、利息

利息是指借贷人使用金融机构资金后需要支付的货币金额，通常是为贷款或抵押贷款支付的货币金额。在所有者层面上，利息是一种可控成本。但是在管理者层面上却不属于可控成本，然而这并不意味着管理人员不需要了解利息是如何影响企业的纯利润的。

人们出于许多原因而申请并获得贷款和抵押贷款，大多数投资者没有足够的资金来启动他们的生意，因此需要举债来完成其投资预算。虽然一些投资者拥有全部必要的资金，但是他们仍有可能希望用其生意作为抵押来获得贷款或抵押贷款，因为这样可以降低他们个人的金融风险。这在利率很低的情况下更是如此，由于低利率和税收减免等因素，大多数公司都更愿意保持一定比例的债务与资产而不希望使公司在结构上处于 100% 的净资产状况。

自从20世纪80年代以来，贷款利率与抵押利率一直在下降。由于新贷款的利率降低，许多公司在20世纪90年代都为其贷款和抵押贷款重新筹措了资金。虽然利息是可以免税的，但是仍然是一项需要支付的现金，因此，如果能够以更低的利率为贷款或抵押贷款筹措到新的资金，那么就可以减少利息支出，从而增加了净收入。

表15–9显示低利率是如何增加净收入的。在这个表中我们可以看到，在到达利息这一项之前所有的收入与成本都是一致的。在利率为20%时，利息支出为200 000美元，因此，税前收入仅有100 000美元，而税后的净收入为70 000美元。在将利率降低了一半之后，税前收入翻了一番，达到200 000美元并使餐馆的净收入达到140 000美元。的确，毛收入越高，需要交纳的税就越多，尽管如此，净收入还是更多了。

表15–9 不同的利息率

贷款金额1 000 000美元		
	20%的利率	10%的利率
收入	$ 1 000 000	$ 1 000 000
所售商品的成本	400 000	400 000
交叉利润	600 000	600 000
所有的支出	300 000	300 000
利息及纳税前的收益	300 000	300 000
利息支出	200 000	100 000
毛收益	100 000	200 000
税费（30%）	30 000	60 000
净收入	70 000	140 000

十、小结

旅游接待业有着许多的可控费用与不可控费用。其中一些费用在管理层面上属于不可控费用，但是在所有者层面上却属于可控费用。物业税被认为是惟一完全不可控的成本。

通过精明的决策、保留记录与调研来减少支出，可以降低纳税额并且增加净收入。因此，能否创造这额外的利润取决于管理人员和业主。

复习题

1. 对于没有餐饮成本的部门来说，哪项成本是预算中的最大部分？

(1) 广告宣传

(2) 公用事业费

(3) 人工

(4) 物业税

2. 以下哪项不属于可控成本？

(1) 人工

(2) 食品

(3) 饮料

(4) 利息

3. 营销费用通常包括________。

(1) 邮资

(2) 标识

(3) 直接邮寄

(4) 以上所有各项

4. 就市场营销而言，以下哪一项是正确的？

(1) 有必要确定每一次营销活动是否成功

(2) 不应该将时间浪费在计算和分析上

(3) 钱花得越多，销售额就相应地越高

(4) 没有必要保留记录

5. 以下哪一项不是节省资源的做法？

(1) 使热水器的温度保持不变

(2) 亚麻用品再用计划

(3) 全年使用空调

(4) 小型荧光灯炮

6. 在节能的过程中，管理人员不应该忽略的方面是________。

(1) 客人满意度

(2) 员工满意度

(3) 所花费用

(4) 所节省的费用

7. 信用卡手续费依赖于以下哪一个因素?

(1) 员工人数

(2) 收入总额

(3) 总成本

(4) 所纳税款

8. 使用费包括________。

(1) 租金

(2) 公用事业费

(3) 维修保养费

(4) 以上所有各项

9. 物业税________。

(1) 属于可控费用

(2) 是可以申诉的

(3) 与物业的价值成反比

(4) 总是由租户支付的

10. 以下哪一项是旅游接待业中使用的折旧方法?

(1) 直线折旧法

(2) 4倍余额递减折旧法

(3) 修正的加速成本折旧体系

(4) 1项和3项

11. 说出两项可控费用和两项不可控费用并解释将其列为可控或不可控费用的原因。

12. 列举快餐馆的三种设备并解释需要安排专人对其维修的原因。

13. 讨论评估一次广告宣传或促销活动的有效性的不同方法。

14．讨论直线折旧法与修正的加速成本折旧体系之间的区别。

15．你在一家新的大型商城里发现了一个非常适合开快餐店的地点。出租代理商提出三种租约供你选择：可变租约、固定租约或混合租约。可变租约规定租金为销售额的5%，固定租约需要每年支付55 000美元的租金，而混合租约要求交纳30 000美元的基本租金以及销售额在400 000美元以上部分的4%。如果你的销售额分别是_________的话，确定最佳的租金选择。

（1）250 000美元

（2）600 000美元

（3）900 000美元

测试题

1．你最近为办公室购置了一些新的设备。根据修正的加速成本折旧体系，这些设备属于三年分类年限的物品。假设这些设备的费用为100 000美元，有效使用年限为四年并且残值为25 000美元。请：

（1）使用直线折旧法来计算这四年的折旧费用

（2）使用双倍余额递减折旧法来计算这四年的折旧费用

（3）使用修正的加速成本折旧体系来计算这四年的折旧费用

2．说出直接经营费用中的三项并讨论如何根据这些项目来控制和评估成本。

3．因特网展示出营销饭店、餐馆以及其他餐饮企业的新途径。讨论三种营销方法来探讨你是否应该在因特网上设立自己的主页或网址。

4　你可以为自己的快餐企业选择三种租约方式（可变的、固定的或混合的）。可变租约规定租金为销售额的7%，固定租约要求每年收取60 000美元的租金，而混合租约则收取30 000美元外加400 000美元以上销售额的4%。如果你的销售额是________的话，那么请确定最佳租约选择。

（1）250 000美元

（2）600 000美元

（3）900 000美元

案例分析

由于你把模特餐馆管理得非常出色，所以你所属的饭店集团要求你为同属该饭店集团的另一家饭店的餐厅做咨询。这家饭店的总经理向你解释说，尽管在过去几个月里销售额并没有减少，但是利润却一直在滑坡。已经采用了若干种广告宣传与促销活动来增加销售。你不是这家饭店的业主，因此无法控制不可控成本，所以你惟一的选择就是削减各种可控成本。列举五项具体的可控成本并评估怎样才可以更好地控制这些成本中的每一项。

参考文献

美国俱乐部经理协会（1996年）《统一俱乐部财政报告系统》依阿华州杜布克：肯德尔／亨特出版公司

Club Managers Association of America. (1996) Uniform system of financial reporting for clubs. Dubuque, Iowa: Kendall/Hunt Publishing Company.

华盛顿特区：全美餐馆协会《统一餐馆账目系统》(1996年) 第七版

Washington, D.C.: National Restaurant Association. Deloitt & Touche LLP. (1996). Uniform system of accounts for restaurants. (1996). Seventh edition.

纽约市饭店协会（1996年）《统一饭店业账目系统》 第九版。密执安州东兰辛：美国饭店及汽车旅馆协会教育学院

Hotel Association of New York City, Inc. (1996). Uniform system of accounts for the lodging industry. Ninth edition. East Lansing, Michigan: Educational Institute of the American Hotel & Motel Association.

R. 肖（1990年） 美国饭店及汽车旅馆协会有关饭店用水的调查数据《饭店及汽车旅馆管理》

Shaw, R. (1990). AH&MA gives stats on surveyed hotels' water consumption.

Hotel & Motel Management, 205(19), B-2, B-28.

第十六章

预测与预算

关键词

预算　市场调查　简单时间序列预测法

应急计划　移动平均值预测法　消除偏差预测法

分解预测法　营业预算　静态预算

德尔菲预测法　比率分析　脱销

弹性预算　还原分析　偏差分析

预测　销售能力评估　收益管理

管理人员意见综合预测法

学习目标

在学习完本章之后，你应该能够：

* 探讨预测与预算的重要性

* 解释所有的预测方法
* 运用简单时间序列预测法与移动平均值预测法进行预算
* 进行静态预算与弹性预算
* 了解五个主要的比率类别
* 了解并能进行偏差分析
* 采取行动并探察重大偏差
* 避免脱销问题
* 针对意外情况制订应急计划

预测的准确性与预算的精确性是决定旅游接待业是否赢利的主要因素。从表面来看，预测与预算似乎极为相似，因为它们都涉及对未来的预期；而实际上它们之间却存在着显著的差异。预测是对诸如销售水平或客人人数等未来事件结果的预期；而预算是企业对在一段时间内其收支的正式规划，通常用货币的形式来表示。真正的预算是战略性计划，其中可能包括对未来若干年的预测、协调的管理政策、一种比较实际结果与估计数值的控制方法以及采取补救措施以改善局面所需要花费的时间等。预算的种类很多。本章的重点是营业预算。我们在第十七章将讨论资本预算。

在与所有负责人、部门主管或负责预测及预算的雇员小组交谈之后，我们都可能会得出一致的结论，即这类工作并不好做。尽管一般来说业主与经理对他们预测与预算的准确程度感到满意，然而他们仍然希望能有所改进。曾参与挽救过130家饭店及汽车旅馆并使其免于倒闭的拉斯基（Lasky，1988年）说过，预算是饭店老板们在经营过程中经常忽略的因素之一。准确的预算是企业盈利的必要前提，有效的预测以及（或者）预算可以令人更好地了解某一部门或单位可能的收入，因而也能够加强对经营费用的有效控制。

一、预测业务量

在旅游接待业中，预测可以为餐馆老板、饭店老板、俱乐部经理的经营行动提供计划。预测是在一系列特定的情况下对潜在的销售水平所做出的估计。在大多数情况下，预测都是基于原始数据做出的；

所预测的时间段离现在越近，原始数据越精确，预测对企业的用处就越大。在旅游接待业中的饭店业，预测首先在不同的部门进行，随后统一并整理销售预测，这些预测可能包含着对各部门为期7天、10天或14天的预测以及为收益管理而进行的复杂需求统计分析。表16-1就是为一家小饭店的客房部制订的为期10天预测。

表16-1 为期10天的预测表

星期	周三	周四	周五	周六	周日	周一	周二	周三	周四	周五
日期										
客房	预测/实际情况	预测/实际情况	预测/实际情况	预测/实际情况	预测/实际情况	预测/实际情况	预测/实际情况	预测/实际情况	预测/实际情况	预测/实际情况
入住										
离店										
延长离店										
出租客房总数										
客房总数										
住店客人总数										
承办餐饮										
早餐										
午餐										
晚餐										
咖啡/茶点										
招待会										
店内承办餐饮客人总数										
店内宴会										
早餐										
午餐										
晚餐										
咖啡/茶点										
招待会										
店内宴会客人总数										
宴会客人总数										
餐厅										
早餐										
午餐/早午餐										
晚餐										
夜宵										
餐厅客人总数										

为了评估饭店业中部门预测的用途，对140位部门主管进行了调查，该项调查列出了预测的各项用途并要求这140位接受调查的部门经理按照0–7级的等级来评估这些用途的重要性。0为“不适用”，1为“强烈反对”，7为“完全同意”。在这13种用途中，主管们普遍认为“合理安排员工”是预测的主要益处，得分最高（5.82分），而“激励员工”的得分最低（4.58分）。

表16–2列出用途的先后顺序，这些用途也适于餐饮业、俱乐部及赌场。

表16–2　预测用途得分顺序表

用途	平均得分	标准误差
合理安排员工	5.82	1.38
控制成本	5.74	1.50
做出决策	5.68	1.34
进行战略规划	5.66	1.43
使利润最大化	5.56	1.46
拥有可比较的标准	5.51	1.51
合理定价	5.42	1.52
审查选择方案	5.24	1.37
增强沟通	5.20	1.30
有效订货	5.07	1.45
加强责任感	5.01	1.45
处理突发事件	4.71	1.72
激励员工	4.58	1.53

二、预测细节

预测的频率因企业而异。由于预测不是实际数字，通常也不可能百分之百的准确，因此为了适应情况的变化，管理人员应该进行重新预测并更新预测数字。在饭店内，预测是由一到四人在各部门进行的。除了客房部以外，饭店内的大多数部门都是按月来做预测的。由于在最大限度获取高房价方面收益管理（yield management）颇为敏感，客房部一般是先按周、再按月、最后按年来进行预测。收益管理(yield management)就是客房部根据对客房的需求采用不同的价格出售客房以便最大限度地获得潜在收入的过程，换言之，在客源不足的时候，为了充分利用客房，可以推出各种不同的价格。然而，当预测表明客房的需求处于高峰期时，取消较低的价格并限制打折，这样就可以按较高的房价售出所有的客房。

尽管餐饮部通常是按月进行预测的，然而每周预测也是较为流行的做法。在独立的餐饮企业中，管理人员承担着进行预测的主要责任。在连锁的餐饮企业中情况亦是如此，惟一不同的是，连锁企业的总部可能会在下属企业预测过程中为其提供统计数据。

可以采用许多种预测方法，采用哪一种方法取决于企业的类型、客人的类型、需求的程度、在销售与市场营销方面所做出的努力、季节性、特殊的活动以及准确原始数据的可获性等。饭店业中最常用的方法是销售能力估算预测法（sales force estimates)，这是一种部门经理自下而上积累预测的方法，这通常是在单位或部门内部收集来自一线员工的数据。

另一种方法是移动平均值预测法(moving averages)，移动平均值是根据一个时间序列的过去平均值加以计算的，此预测法以其简单快捷的计算被广泛应用。表16−3显示利用3周的移动平均值对第11周供应的餐数进行的预测。

当发生了某些事件而有可能使规则的移动平均值的计算出现偏差时，就要设法消除偏差。消除偏差预测法(smoothing)是在一段时间序列内，以距离现阶段较近的过去值为重点，而对那些可能对预测影响不是很强烈的较早数据进行淡化处理。简单时间序列预测法(simple time series)基于简单的规则，例如，预测等于上一期间活动的实际值，或者实际值加／减一定的百分比。对于缺少时间、技术和专业水准的较小型餐饮企业来说，简单时间序列预测法尤其有用。例如，假设某一乡村俱乐部在1997年元月的高尔夫球收入为12万美元，如果俱乐部预期高尔夫球收入在1998年元月增长10%，那么就可以使用以下简单时间序列预测法的计算公式：

基值×（1+10%）=1998年元月的预测

$ 120 000 ×（1.1）= $ 132 000

虽然简单时间序列预测法无法提供最准确的预测，但是却能提供发展趋势并帮助经营者就未来的经营活动作出决策。

表 16-3　为期 3 周的移动平均值

周	每天实际供应的餐数
1	850
2	1 025
3	975
4	890
5	1 115
6	968
7	1 201
8	1 106
9	1 008
10	994

移动平均值 ＝ 在 N 段时间内的实际数 ÷ N

其中 N 为计算移动平均值的星期数

第 11 周 ＝ （第 8 周 ＋ 第 9 周 ＋ 第 10 周）÷ 3

＝ （1106 ＋ 1008 ＋994 ）÷ 3

＝ 1036

为了得到更详细的分析，应使用分解预测法(decomposition)，分解预测法就是一种可以分为趋势、周期、季节和偶然性的时间序列。另一种常用的方法是管理人员意见综合预测法(juries of executive opinion)，即高层管理人员协同制订预测。

就新产品或新服务而言，通常采用市场调研预测法(market research)，以便从潜在的消费者中收集信息来估计需求程度，这一方法也用于现有的饭店、餐饮企业及俱乐部来确定他们与竞争者所占有的市场份额。德尔菲预测法(Delphi method)是专家组为达成一致意见而采取的一种正式方法，此方法常在预测整个旅游接待产业时使用。如果有数据，还可用最小平方预测法(the least squares method)进行还原分析(regression analyses)，从而将独立变量(independent variables)与因变量(dependent variables)联系起来。因为收集资料、输入、分析及解释需要一定的时间，最小平方法在旅游接待业中使用得最少。从还原分析中可得到R^2统计数值，值为0～1，该数值表明了独立变量可以解释说明的因变量中变化的百分比。R^2值越高，独立变量就能越好地预示从属变量。例如，在客房部，售出的客房数可以预示劳动力成本。

虽然简单时间序列法多用于小型餐饮企业和饭店中，但是预测方法的混和使用在旅游接待业中也并不少见。例如，饭店的前厅部经理为了完成7天的预测，可能要考虑客房的实际预订情况以及移动平均值预测法和简单时间序列预测法的偏差值。

尽管可以使用的方法种类很多，然而在特定的情况下，总会有一种方法优于另一种方法。前面提及的研究中被调查的那140位部门主管认为，决定采取何种预测方法的几大关键因素为：进行预测的目的、想要进行预测的时期、更新预测数字的频率以及预测的频率。如果一个方法可以充分满足企业的需要，那么就应该继续使用这一方法；然而，高层管理人员也可以选择使用其他预测方法来确定是否可以产生更佳的效果。

三、制订预算

预算与预测都不可或缺，然而，预算之所以重要的原因稍微有别于预测的原因。回想一下前面讨论过的调查。在这13种用途中，部门主管们对“进行战略规划”评价最高（5.93分），确定其为预算的主要益处，而对“处理突发事件”评价最低（4.00分）。表16–4按照得分的顺序，列出了制订预算的益处。

表 16-4　预算益处得分顺序表

用途	平均得分	标准误差
进行战略规划	5.93	1.26
拥有可比较的标准	5.92	1.31
控制成本	5.81	1.44
作出决策	5.68	1.30
使利润最大化	5.58	1.39
合理定价	5.57	1.39
合理安排员工	5.51	1.50
加强责任感	5.49	1.47
审查选择方案	5.32	1.43
增强沟通	5.28	1.45
激励员工	4.80	1.57
有效订货	4.66	1.60
处理突发事件	4.00	1.83

四、预算细节

因为预算周期所含时间通常比预测周期长，所以制订预算的频率是相当固定的，通常以一年为标准。在饭店里，有些部门也制订每月预算、季度预算或半年预算，然而，这些预算并不十分重要。尽管预算每年制订一次，然而旅游接待业不断变化的特性以及技术更广泛的应用要求经常对合并统一后的预算加以修正，尤其在增加或删除相同的功能时，饭店更应该相应地修改预算。

在大多数餐饮业中，预算由各单位的经理来制订。在饭店里，预算按部门来完成；而在俱乐部内，由执行委员会来完成；饭店里的预算分部门，由一至四人来完成，之后部门主管进行合并统一，最后交由执行委员会和总经理复审。饭店餐饮部通常会有更多的人参与预算过程，因为他们比其他部门拥有更多的销售渠道和员工。

表 16-5 是一个小型餐馆的预算样本。为制订预算，对平均客人人数和平均账单金额进行了估计。食品成本及其他可控项目以收入的

百分比来表示，而诸如折旧、资产税及租金等固定成本则单独计算。

表 16–5 一家小型餐馆的预算样本

20××年5月份的预算

平均账单金额	$10.00	
每日客人总数 = 285 人		
销售收入	($10 × 285 × 31)	88 350.00
食品成本	(31.5%)	27 830.25
员工薪酬	(29.9%)	26 416.65
员工福利	(3.8%)	3 357.30
直接经营费用	(6.6%)	5 831.10
音乐与娱乐费	(0.2%)	176.70
市场营销费	(3.5%)	3 092.25
公用事业费	(4.0%)	3 534.00
维修费	(1.7%)	501.95
总务费	(3.0%)	2 650.00
利息	(6.0%)	5 301.00
房租	3 350.00	
折旧	1 760.00	
总收入	3 548.80	

营业预算(the operations budget)又被称为收支预算(the revenues and expense budget)，它在实际会计结算期(the actual accounting period)之前为经营者提供可能出现的损益情况，因而可以视为是另一种形式的收益报表(the income statement)。公司以它为基准来比较其以往的业绩，也把它当作实际可达到的目标。

营业预算主要分为两类：静态(不变)预算和弹性(情景分析)预算，静态预算(a static budget)反映着预测销售额的一个层面，而弹性预算(a flexible budget)反映着两个或者更多层面。静态预算是弹性预算的基础。随着电子表格技术的应用，弹性预算只不过是运算几个公式罢了。表 16–6 是一份弹性预算的样本。

表16–6 弹性预算样本

20××年弹性经营预算

已知：	
平均房价	$65.00
每年天数	365
客房数	86
电话收入	客房收入的2.4%
客房费用	客房收入的26%
电话费用	电话收入的80%
行政费用	总收入的29%
维修费	总收入的2%
能源费	总收入的4%
折旧	$14 500.00
利润	$112 050.00
保险	$5 500.00
财产税	$6 000.00
税率	30%

	业务活动水平——入住率%		
	65.00	70.00	75.00
收入：			
客房	$1 326 227.50	$1 428 245.00	$1 530 262.50
电话	31 829.46	34 277.88	36 726.30
总计	1 358 056.96	1 426 522.88	1 566 988.80
部门费用：			
客房	344 819.15	371 343.70	397 868.25
电话	25 463.57	27 422.30	29 381.04
总计	370 282.72	398 766.00	427 249.29
部门收入：			
客房	981 408.35	1 056 901.30	1 132 394.25

续表

电话	6 365.89	6 855.58	7 345.26
总计	987 774.24	1 063 756.88	1 139 739.51
未分的营业费用：			
行政费用	393 836.52	424 131.64	454 426.75
维修	27 161.14	29 250.46	31 339.78
能源	54 322.28	58 500.92	62 679.55
总计	475 319.94	511 883.01	548 446.08
交纳固定收费前的总利润：	512 454.31	551 873.87	591 293.43
折旧	14 500.00	14 500.00	14 500.00
利息	112 050.00	112 050.00	112 050.00
保险	5 500.00	5 500.00	5 500.00
财产税	6 000.00	6 000.00	6 000.00
总收入	374 404.31	413 823.87	453 243.43
所得税	112 321.29	124 147.16	135 973.03
净收入	262 083.02	289 676.71	317 270.40

大多数小型企业可能意识不到进行弹性预算的必要性，然而，弹性预算确实可以把不同水平的业务活动中收支与盈利的信息提供给经营者。但是在大型饭店或餐饮企业中，总体预算涉及很多的部门和变量，因此常常要制订弹性预算。

五、测定成功与预算控制

如果经营者并不根据预测与预算的数字进行分析并采取行动，预算过程就不能给企业带来任何益处。所使用的两种分析方法分别是：比率分析和偏差分析。

(一) 比率分析(Ratio Analysis)

财政比率(financial ratios)是用来解释出现在财政报告(financial statements)中的信息的工具，财政比率主要被用来评定企业的业绩。财政比率可将单纯的数字转变为有意义的相关术语，从这些术语中，业主与经理可以获取价值不菲的信息。

使用最多的四类比率分别是：流动比率、负债比率（偿付比率）、周转率（业务活动比率）以及获利比率。施密德格尔（1989年）将营业比率也包括了进去，营业比率(operating ratios)可以检查旅游接待业，尤其是饭店，每日经营的效率。流动比率(liquidity ratios)可以评判企业偿还短期债务的能力。负债或偿付比率(debt，or solvency ratios)可以测量举债筹资的程度，并表明企业偿还长期债务的能力。周转率或业务活动比率(turnover，or activity ratios)反映了公司对可用资产的使用、对应付货款的即时支付的比率。由于可以反映出所赚到的金额，例如资产收益率(return on assets)及销货收益率(return on sales)等，所以获利比率(profitability ratios)使用得最多。诸如销售组合(sales mix)、平均日价（ADR）以及每间可用客房的收入等（REVPAR)。营业比率可帮助确定饭店的经营效率。

早在1963年国家餐馆协会（NRA）就开始对餐馆业的各项比率进行分析。该协会在其出版的《餐馆业的财政分析》一书中，推荐了大多数餐饮企业需要的六个基本比率，即（1）流动比率(current ratios)；（2）净销售额与流动资金净额的比率(net sales to net working capital)；（3）股本收益率(return on equity)；（4）资产收益率(return on assets)；(5)固定资产周转率(fixed assets turnover)以及（6）毛利率(profit margin)。该协会还用这些比率为餐馆预测未来趋势。表16–7列出了各比率及其计算方法。

表16–7　广泛应用于服务业的比率

比率	公式
流动比率：	
流动比率	流动资产÷流动负债
酸性测试比率	现金、有价证券、支票及应收账款÷流动负债

续表

营业现金流量与流动债务的比率	营业现金流量÷平均流动债务
流动资金周转率	收入÷平均流动资本
偿付比率：	
偿付比率	总资产÷总负债
债务对资产净值比率	总负债÷业主资产总额
长期债务与股本总额的比率	长期负债÷（长期债务＋业主权）
净收益相当于利息倍数的比率	EBIT ÷利息费用
固定费用偿债保障比率	EBIT+租赁费用÷（利息费用＋租赁费用）
营业现金流量与总债务的比率	营业现金流量÷平均总债务
业务活动比率：	
应收账款周转率	收入÷平均应收账款
平均收账周期	365 ÷应收账款周转率
存货周转：	
食品存货周转	所用食品成本÷食品平均存货
饮品存货周转	所用饮品成本÷饮品平均存货
财产与设备周转	总收入÷财产与设备平均额
资产周转	总收入÷平均总资产
获利比率：	
毛利润率	净收益÷总收入
资产收益率	净收益÷平均总资产
总售货收益率	EBIT ÷平均总资产
业主股权收益率	净收入÷业主平均权益
普通股权益报酬	净收入－优先股息÷普通股平均权益报酬
每股平均收益	净收入÷普通股平均净发行股票
价格收益比	每股市场价÷每股平均收益
效率比：	
已付入住百分比	已付占用的客房÷现有客房

续表

免费入住比	免费客房÷现有客房
每间客房的平均入住率	入住客人数÷使用客房间数
多人入住百分比	二人或多人住的客房数÷入住的客房总数
营业效率比	固定收费用前的收入÷总收入
销售组合	部门收入汇总：总收入的百分比÷售出的房间数
平均日价	客房收入÷售出的房间数
每间可用客房的收入	已付入住客房百分比÷ADR
饮食服务账单平均额	食品总收入÷售出的房间数
食品成本百分比	所售食品成本÷食品销售额
饮品成本百分比	所售饮品成本÷饮品销售额
人工成本百分比	各部门人工成本÷部门收入

(二) 偏差分析(Variance Analysis)

预算数字与实际数字之间的差被称为偏差。正偏差与负偏差既可能有利也可能不利，主要取决于是收入偏差(revenue variance)还是成本偏差(cost variance)。实际收入值超出预算值时偏差为正，因此有利；实际收入值低于预算值时偏差为负，因此不利。而实际支出未达到预算时，偏差有利；实际支出超出预算时，偏差不利（见表16-8）。

表16-8 附有偏差的预算报表

20××年5月的预算简要报表

	预算	实际值	变化值（美元）	偏差率（%）
收入：				
客房	$14 998.00	$15 640.00	$642.00	4%
电话	460.00	501.00	41.00	9%
总计	15 458.00	16 141.00	683.00	4%
部门费用：				
客房				

续表

应付薪金总额	2 546.00	2 236.00	310.00	12%
洗衣	130.00	147.00	(17.00)	−13%
客房内床上用品	329.00	335.00	(6.00)	−2%
佣金	159.00	156.00	3.00	2%
所有其他费用	222.00	198.00	24.00	11%
总额	3 386.00	3 072.00	314.00	9%
电话	451.00	438.00	13.00	3%
总计	3 837.00	3 510.00	327.00	9%
部门收入：				
客房	11 612.00	12 568.00	956.00	8%
电话	9.00	63.00	54.00	600%
总计	11 621.00	12 631.00	1 010.00	9%
未分的营业费用：				
行政费用	3 109.00	2 879.00	230.00	7%
维修费与能源费	1 890.00	2 301.00	(411.00)	−22%
总计	4 999.00	5 180.00	(181.00)	−4%
毛收入总额	6 622.00	7 451.00	829.00	13%
折旧	1 250.00	1 250.00	—	—
财产税	550.00	550.00	—	—
保险	550.00	550.00	—	—
利息支出	1 456.00	1 456.00	—	—
毛收入	2 866.00	3 695.00	829.00	29%
所得税（30%）	859.80	1 108.50	(248.70)	−29%
净收入	$ 2 006.20	$ 2 586.50	$ 248.70	12%

很显然，预测与预算的目标是力求准确，然而预测数字不可能恰好等于实际数字，所以偏差确实存在。不应忽视这些偏差，需要对重大的偏差进行调查并且必须采取措施。即使偏差是有利的，更好的规划也可以让企业获得更高的利润率(profit margin)。企业应建立自己的指导方针来确定什么是重大偏差，并评估货币金额与百分比数值，最好的评估方法是简化预算数字与实际数字来比较货币金额与百分比数值。例如，无论货币金额的多寡，某些乡村俱乐部的主厨总是担心食品成本是否会超出预算半个百分点。这是因为乡村俱乐部餐厅里的饮食服务需求相当稳定，并且所有的宴会都是提前预订，所以可以很好地计划出应得收入。基于这些因素，所用食品的份量也应得到良好的控制。因此，即使是半个百分点的偏差，对俱乐部来说也是举足轻重的。然而对于具有多种客源的餐馆来说，情况则并非如此。

通常人工成本百分比可以容许有比餐饮成本百分比更大的偏差。如果某家企业缺乏员工，而且只有个别人手可以胜任某些工作岗位的话，那么这些人就要加班，这样一来人工成本就会大幅度提高。此外，经营者还必须明确哪些偏差是合理的，哪些偏差影响重大。另外，业绩偏差报表应该及时而简明，这样经营者就可以采取适当的行动。

在比较预算成本与实际成本时，大多数旅游接待企业(hospitality operations)都会关心主要成本项目，因为这些项目在营业成本中占有相当大的比例。如果这些成本与预算设定的标准一致，那么经营者就会试图提高标准，直到企业的运作达到最高效率与最佳效果。然而，一旦在标准中出现了偏差，就一定要评估出现偏差的原因。以下措施能够十分有效地检测出现偏差的原因：

* 重新盘点库存
* 检查存货价格
* 比较制作报表(production sheet)与销售额或顾客结算单
* 比较销售额与存货清单
* 比较取消点菜和浪费报表与存货清单
* 比较工时记录卡(time card)与工作安排报表
* 比较工作安排报表与销售额
* 比较销售额与预测销售额

* 确保所有的业务活动符合标准

在许多情况下，成本出现偏差都是因为在订购存货时出了差错。由于餐饮企业空间的有限以及存货入库的时间等因素，获得准确的存货清单并非易事。在大多数旅居企业中，周末通常指周日或周一晚上，而存货入库的时间常常是在打烊之后的后半夜。因此，如果成本出现了偏差，管理人员应该来确认一下库存量是否准确。此外，在餐饮企业中一定要建立清点制作台上物品与吧台饮料的程序。如果将制作台上物品与吧台饮料计算在库存之内的话，那么在库存清单中就一定要加以标明；如果决定不将这些物品计算在库存之内的话，那么就不应将它们列在库存清单上，否则将会使计算库存量出现偏差。

此外，也应该检查用于计算库存用的价格。如果大批量购买的某类物品的价格提高了，那么这有可能使总成本中出现重大的偏差。接货人员会认为管理人员已了解到价格上的变化，而实际上管理人员根本就没有注意到这些变化。这也是在确定存货价格时必须使用同一方法的原因。

将制作报表与销售额或顾客结算单加以比较有助于管理人员确定引起计算偏差的原因是过量生产、盗窃还是浪费。为了确保需要加工制作的原料确实用于加工制作，高层管理人员必须定期将制作报表与销售额进行比较。如果无法合理地解释或说明所用的原料，那么它们有可能被盗用或是被浪费掉了。一线员工也可能由于制作程序不当而造成浪费，因此应该对这些领域进行定期的检查。

应该像比较制作报表与销售额那样比较销售量与库存，以确保可以说明所有货品的用途并且账面上所有的数字都能够吻合。期末库存量加上购进量，再减去售出量就是周转期初的应有库存量。绝对不应该将这一过程视为理所当然的事。高层管理人员必须确保客人确实得到了所售出的产品或服务，因为账面上的数字平衡并不意味着客人确实得到了产品或服务。这一步骤在控制过程中往往会被忽略。

经理们还应该将点菜取消单和浪费报表与存货清单加以比较。未经说明的点菜取消单会使销售额出现不平衡，而查出差错的出处就会花去几个钟头的时间，这就是为什么要在现金出纳机内装设记录带或其他可以检查销售额的装置的原因。如果要想检查出偏差的原因的话，那么就必须对浪费或免费的食品、饮料，以及被送回重做的食品、饮料加以说明。

应该将员工实际工作的时间与工作安排的时间加以比较。核对时间记录卡与工作安排报表。应该让员工知道提早记录上班时间和延迟记录下班时间是不能容忍的，为杜绝此类事件的发生，管理人员可能会要求员工在上、下班打卡时，在卡上签写自己的姓名。

比较工作安排报表与销售额可使管理人员了解所安排的工作时间是超出了还是无法满足需要。企业都想确定一些标准，如每一人工/小时的销售额——即所雇用的员工每小时应该完成的销售额。对于应该使用人工数量的估计可以反映出人工与销售额是否相符。由于在旅游接待行业中业务量波动较大，必须经常评估工作安排与销售额。

管理人员必须比较实际销售额与预测销售额，以确保对员工和生产的估计是正确的。生产过量及安排过多的员工会增加支出，而生产不足及人手不够也会引发问题。也许没有边际贡献大的菜品或者由于本店服务质量不佳、效率低下而使客人光顾其他地方去了。

只要出现了偏差，管理人员就要确保所有的营业活动都要与既定目标及标准相符，因为预算是企业的总体经营标准，所以如果不能达到预算标准，企业就难以取得成功。所有的经营程序及指导方针都必须为预算服务，如果设计的程序无法达到预算的标准，就必须采取纠正措施。

六、脱销与应急计划

如果一家餐馆预测客人人数为100人，然而由于附近一家剧院举办音乐会，前来就餐的人数达到了200人，那么销售额与成本都会有所提高。从理论上讲，销售额的增加可以弥补成本费用的增加，因为诸如租金及保险费等一些费用是不变的。而实际上，预测的利润率可能无法实现，由于在需要的时候缺乏人手来帮忙，所以员工的效率可能不会很高。这不仅仅是一个短期的效率问题，错误的预测也会导致服务质量欠佳以及客人不愉快的经历；更糟糕的是，餐馆可能会出现缺货的现象，从而没有足够的食品来满足客人的要求，尤其是当这种情况刚好发生在订货周期的最后一天、餐馆要在第二天上午才能进货的时候。

因此，针对每种情况都需要有一个应急计划(a contingency plan)，应急计划是应付可能会出现的事件或未来紧急情况的备用计划(a backup plan)。例如，当一家餐馆的员工在规定的正餐开始前半个小时才发现晚餐小面包不够了，这时就需要有一个应急计划。经理必须作出决定，餐馆在供应餐饭时不上小面包，是不通知顾客，还是在顾客点菜前通知一声？餐馆是否提供替代品？如果是这样，使用什么替代品？如果餐馆是一家连锁店或联营店，那么如果附近有另一家联营店，他们就可以暂时借货并在自己到货时再归还，否则，经理就需要去附近的杂货店购买足以维持那顿餐饭的原料。对于这类情况及其他各种情况，是没有现成的答案的，管理人员应该针对某些情况制定指导方针，并应考虑到相关的情势。尽管精确的预测与预算以及有效的订购程序可以预防这类情况的发生，但是经理们还是必须独立思考并做出迅速的反应。

七、计算机化

由于技术的普及与计算机的广泛使用，预算与预测的重要性、频度及制定方法都有了重大的改变。今天的技术与10年前相比有了突飞猛进的变化，各种各样的软件包随处可见——独立软件或系统程序块——以适应饭店、餐馆、俱乐部及赌场的不同功能。国家餐馆协会1988年的报告指出，计算机广泛应用于许多功能领域，如会计、记账及盘库（参阅表16-9）。在饭店业中，1989年的调查指出，近70%的被调查者使用计算机进行预测（施密德格尔），而这一人数在1997年的调查中升至96.38%(德弗兰柯)。这些被调查者用得最多的软件是莲花1-2-3（Lotus1-2-3），其次是微软公司的Excel。而在制订预算方面甚至有更多的人（99.26%）使用计算机与电子表格程序。

因为计算机已使处理预算与预测的过程更为简化，许多企业每年进行的预测与预算都不只一次。由于电脑与电子表格程序的应用可以轻松地改变数字，从而反映现时的情况或意外的状况，因此进行再预测与再预算已经变得十分普遍。

表16—9　附有扩订量与订购量的存货清单样本

产品名称	包/尺寸	单位/包	数量	计量单位	价格/包	价格/单位	现有包数	现有单位数	扩充单位数
黄油，90分/小块	6个/盒	6	5.00	磅	49.49	8.25	15	90	742.35
	6个/盒	6	5.00	磅	50.63	8.44	25	150	1265.75
黄油，球状，.25盎司	6个/盒	6	3.00	磅	39.02	6.50	19	114	741.38
黄油，片状，47分	4个/盒	4	4.25	磅	39.49	7.62	7	28	213.43
黄油，烘制	盒	36	1.00	磅	81.00	2.25	11	396	891.00
黄油，瓣状	盒	600	1.00	单个	28.28	0.05	2	1200	56.56
黄油，固体，未加盐	36个/盒	36	1.00	磅	53.97	1.50	10	360	539.70
奶酪，蓝色，加酥皮	4个/盒	4	5.00	磅	41.50	10.38	19	76	788.50
奶酪，产自丹麦，哈瓦那，盎司	磅	1	1.00	磅	3.35	3.35	45	45	150.75
奶酪，产自美国，120分/盎司	4个/盒	4	5.00	磅	35.00	8.75	24	96	840.00
奶酪，产自美国，黄色、条状，盎司	6个/盒	6	5.00	磅	51.21	8.54	6	36	307.26
奶酪，产自阿夏戈	磅	1	1.00	磅	4.30	4.30	18	18	77.40
奶酪，产自贝尔帕埃塞，盎司	磅	1	1.00	磅	4.68	4.68	2	2	9.36
奶酪，产自布尔森巴贝，5.5盎司	单个	1	1.00	单个	4.13	4.13	34	34	140.42
奶酪，产自布里，轮状、国产，盎司	2个/盒	2	1.00	单个	17.90	8.95	7	14	125.40
奶酪，产自坎巴佐拉	2个/盒	10	1.00	磅	74.50	7.45	5	50	372.50
奶酪，产自卡芒贝特，4.5盎司	单个	1	1.00	单个	1.70	1.70	30	30	51.00
奶酪，切达干酪，味道清淡，小	100个/盒	100	1.00	单个	18.04	0.18	17	1700	306.68
奶酪，切达干酪，味道强，纽约，盎司	磅	1	1.00	磅	2.90	2.90	14	14	40.60
奶酪，切达干酪，味道强，盎司	100个/盒	10	1.00	磅	21.06	2.11	3	30	63.18
奶酪，切达干酪，白色	磅	1	1.00	磅	2.80	2.80	5	5	14.00

八、小结

预测与预算的有效性取决于三个主要因素：准确性、及时性和相关性。在进行预测与预算时，使用所有能用得上的数据与员工；原始数据必不可少，而影响到旅游接待企业的未来事件也是至关重要的。即使最初预测与预算不尽人意，管理人员也不应该简单地放弃预测或预算，而完全“凭经验行事”。

如果预测与预算偏离实际目标或已经过时，管理人员就需要提供反映现时情况的最新预测与预算。错误的预测或迟来的预测无法令企业获益。

经理们经常报怨办公桌上的文件堆积如山，有鉴于此，所有的报告，包括预测与预算的报告，都必须言简意赅。因此，报告中不应包括不重要的信息，因为信息过度会给企业的效率带来不利的影响。

复习题

1. 在估计销售收益时，下列要考虑的因素哪一个不重要？

(1) 食品成本

(2) 销售史

(3) 通货膨胀

(4) 附近街道的改善

2. 在一个60天的周期里，接待了600位客人，售出了120份排骨主餐，那么点排骨主餐的客人所占百分比是多少？

(1) 12%

(2) 20%

(3) 40%

(4) 45%

3. 以往的记录表明，吃正餐的客人中有40%的人会点一道鸡肉菜。有鉴于此，预计下星期二来吃正餐的客人会有160人，那么会点鸡肉菜的客人所占的百分比是多少？

(1) 40%

(2) 46%

(3) 60%

(4) 64%

4．预算的销售额为1700美元，而实际销售额为15 000美元，其偏差为________。

(1) +2000美元，有利偏差

(2) +2000美元，不利偏差

(3) −2000美元，有利偏差

(4) −2000美元，不利偏差

5．以下哪一项不是用于预测的方法？

(1) 客人的意见

(2) 简单时间序列预测法

(3) 市场调研预测法

(4) 分解预测法

6．以下哪一项是用来预测新产品或新服务销售额的好方法？

(1) 客人的意见

(2) 德尔菲预测法

(3) 移动平均值预测法

(4) 市场调研预测法

7．如果美食餐馆用4周的移动平均值来预测客人人数的话，那么预计第8周客人的人数是多少？

周	人数
3	1 000
4	1 020
5	1 040
6	980
7	1 008

(1) 1 000

(2) 1 012

(3) 1 020

(4) 1 028

8. 假设简单时间序列为增加5%，如果上次的午餐人数为200人，那么这次的就餐的人数为：

(1) 201

(2) 205

(3) 210

(4) 220

9. 如果天空旅馆有300间客房，前一天晚上有200位客人入住（所有的房间均为单人包间），其客人入住百分比是多少？

(1) 40%

(2) 60%

(3) 67%

(4) 70%

10. 在第9题里，如果50间客房为双人间，那么双人间客房的百分比是多少？

(1) 20%

(2) 25%

(3) 30%

(4) 33%

11. 红鱼咖啡店使用3周的移动平均法进行预测。如果给出下列条件，预计第20周的客人人数是多少？

周	实际客人数
15	1 840
16	1 760
17	1 882
18	1 823
19	1 799

12. 金鹰饭店有300间客房，用简单时间序列法来预测客人人数及客房入住百分比。当前月为4月，入住客人为5400人。随着夏月的即将来临，预计今后5个月内客流量每月增长1%。假设入住的所有客房均为单人包间，那么从5月至9月的客流量及入住百分比是多少？

13. 假设已知下列条件，为马克斯·普罗菲特餐馆4月份制订一个预算。

平均账单：＄15.40

每日客流量：302人

4月份天数：30天

食品成本：33.4%

员工薪金：28.6%

员工福利：4.0%

直接营业费用：6.9%

音乐与娱乐费：0.5%

市场营销费：2.5%

公用事业费：2.9%

维修费：1.1%

管理费与总务费：3.0%

利息：5.5%

客人入住费用：＄3110

折旧：＄1337

14. 常青乡村俱乐部预测7月份在其烤肉馆就餐的客人人数为2400人，并为此做了预算。然而，其烤肉馆的生意在很大的程度上取决于来俱乐部打高尔夫球的人数。由于7月份的天气变化无常，经理想知道如果客人人数在2400人至2800人之间上下波动时，利润水平会有什么变化？下面给出了对2400位客人的预算。请为常青俱乐部的烤肉馆制订一个7月份的弹性预算。注：所有的可控费用均按销售额的百分比来计算，而不可控费用固定不变。该俱乐部的税率为35%。

收入：	2400位客人
食品销售额	＄46 000
可控费用：	
食品成本	16 200
人工成本	11 880
管理费与总务费	1 440
公用事业费	1 560
市场营销费	900

维修费	870
不可控费用：	
客人入住费用	2 000
折旧	1 560
保险	2 000
财产税	2 750
毛收入	4 840
所得税 （35%）	1 694
净收入	$ 3 146

测试题

1. 蓝猴酒吧与烤肉馆使用3周移动平均法来制订预测。已知下列数据，预计第11周的客人人数是多少？

周	实际客人人数
6	340
7	260
8	382
9	323
10	299

2. 白马旅店有客房150间，使用简单时间序列法来预测其客人人数及客房入住百分比。目前是9月，客人人数为2300人。随着冬季的来临，预计在随后的5个月中，旅店每月的客流量将降低1%。假设当年不是闰年，入住的客房均为单人包间，那么从10月到来年2月的客人数与客房入住百分比各是多少？

3. 已知下列条件，为亚特兰大餐馆9月份制订一个预算。

   平均账单：$ 13.00

   每日客人人数：258人

   9月份天数：30天

   食品成本费：31.4%

   员工薪金： 28.8%

员工福利： 4.0%

直接营业费用： 6.5%

音乐与娱乐费： 0.5%

市场营销费： 3.0%

公用事业费： 3.9%

维修费： 1.5%

管理费与总务费： 3.0%

利息： 7.5%

客房入住费用： $2110

折旧： $1637

4. 山顶滑雪胜地自助餐馆预测2月份有1300位客人，胜地对此制订了预算。然而，该自助餐馆的生意在很大程度上取决于来胜地滑雪的人数。由于2月份的天气变化无常，经理想知道如果客人人数在1000至1800人之间波动时，利润水平会有什么变化？下面给出了对1300位客人做出的预算，为山顶自助餐馆2月份制订一个弹性预算。注：所有可控费用均以销售额的百分比计算，不可控费用固定不变，山顶胜地的税率为35%。

收入：	1300位客人
食品销售额	$28 000
可控费用：	
食品成本费	9 200
人工成本	5 880
管理与总务费	990
公用事业费	1 050
市场营销费	500
维修费	660
不可控费用：	
客房入住支出	1 000
折旧	1 110
保险	900
财产税	1 130

毛收入	5 580
所得税（35%）	1 953
净收入	$3 627

案例分析

饭店正打算另开一家餐饮店以补充模特餐厅提供的服务。总经理想让你为来年做一个正式的预算，这一预算将作为你和该饭店的控制性文件。该饭店所需交纳的税率为 40%。作为新经理，你可以得到扣除客房入住成本前收入 5% 的红利。

做预算的第一步是考虑可能影响你们来年生意的外部因素：

* 当地经济从去年年初一直稳步增长，预计明年有继续上升的趋势。

* 由于天气条件不利，农业部与商业部预告牛肉的价格将上涨 10%。去年类似餐馆的食品平均成本为销售额的 35%。你可以预计，随着牛肉价格的上涨，这家新店的食品成本费将为 38%。

* 一个内设 100 个座位的新牛排餐厅将在来年 6 月开张，这家餐厅和你距离 2 个街区。本地的商会预言，明年本地的就业将增加 1500 份工作。500 套公寓、200 套纯家庭式住宅以及 100 套连栋多层公寓正在建设中，计划在年底前竣工。因此可预料到客人人数与平均消费金额的净增长。

你利用所有可收集到的信息，为新餐饮店做出如下的预算：

* 在 186 平方米、内设 100 个座位的餐厅里，早餐周转率为 2 倍，晚餐周转率为 1.5 倍。

* 晚餐账单平均金额为 21.00 美元。

* 午餐账单平均额为 12.00 美元。

* 餐厅每月营业 26 天。

* 应付薪金总额：薪金总额为销售额的35%，其中包括福利。员工用餐开支(每日共为员工提供30餐饭) 为12 355.20美元。24名员工的保险费为每周6.93美元。

* 直接营业费：估计制服每月固定支出600美元，洗衣与床上用品每年支出6200美元，瓷器与玻璃器皿每年固定支出 7030 美元。

* 广告费估计为销售额的 2%。

* 公用事业费估计为销售额的 4%。

* 管理费与总务费估计为销售额的 4%。

* 客房占用费预计当年为 2000 美元，财产税为 2780 美元。

* 保险费为销售额的 3%。

参考文献

C．P．博什格里文、R.S. 施密德格尔（1995年）美国住宿企业的预算实例《底线》10（5）13—17

Borchgrevink，C. P.，& Schmidgall，R. S. (1995). Budgeting practices of U. S. lodging firms. *The Bottomline*，10 (5)13–17.

D．张伯伦（1991年）《财政：成本控制：正式预算是猎获金钱的神奇工具》《成功会见》，40（6）89—90

Chamberlain，D. (1991). Finance：Cost control：A written budget is a valuable tool for tracking your meeting dollars. *Successful Meeting*，40(6)89–90

M．M．科尔特曼（1994年）《饭店管理会计》第5版 纽约：冯·诺斯特朗德·莱因霍德

Coltman，M. M. (1994). *Hospitality management accounting*. 5th ed. New York：Van Nostrand Reinhold.

J．C．戴尔、T．克鲁格（1992年）《能源储备益处多》《康奈尔饭店和餐厅管理季刊》，33（6）30—35

Dale，J. C.，& Kluga，T. (1992). Energy conservation：More than a good idea. *The Cornell Hotel and Restaurant Administration Quarterly*，33(6)30–35.

A．L．德弗兰克（1997年）《饭店总会计师眼中的部门财政预测与预算的重要性和用途》《饭店与调查期刊》20（3）99—110

DeFranco，A. L. (1997). The importance and use of financial forecasting and budgeting at the department level in the hotel industry as perceived by hotel controllers. *Hospitality and Research Journal*，20(3) 99–110.

J．P．德迈尔、D．王—克莱因（1990年）《账面上有什么？预测与预算的实务指南》《饭店与旅游业》13（1）64

DeMyer，J. P.，& Wang–Kline，D. (1990). What's on the

books?：A practical guide to forecasting and budgeting. *Hotel & Resort Industry*，13(1) 64.

R. 卡奇（1992年）《饭店与旅游业》15（11）88−90《提高饭店成本效益》

Karch，R. (1992). Streamlining your hotel cost. *Hotel & Resort Industry*，15(11)88−90.

M. 拉斯基（1988年）《饭店经营的良方》《住宿业》44（6）75 — 77

Lasky，M. (1998). An Rx for hotel health. *Lodging Hospitality*，44(6)75−77.

M. 梅尔克、R.S. 施密德格尔（1995年）《餐饮业分析》《底线》10（3）23−27

Malk，M. & Schmidgall，R. S. (1995). Analyzing food operations. The Bottomline，10（3）23−27.

M. 梅尔克、R. S. 施密德格尔（1993年/1994年）《客房部的财务分析》《底线》8（6）18−21

Malk，M.，& Schmidgall，R. S. (1993/1994). Financial analysis of the rooms division. *The Bottomline*，8（6）18−21.

T. 麦卡锡（1992年）《预算：市场营销成功的关键》《饭店旅游业》15（1）16−17

McCarthy，T. (1992). Budgeting：A key to marketing success. *Hotel Resort Industry*，15（1）16−17.

国家餐馆协会（1988年）《对餐饮服务经营者的调查》华盛顿特区：《作家》

National Restaurant Association. (1988). Tableservice operator survey. Washington，D. C.：Author.

W. J. 奎因（1992年）《销售组合赢利分析》《康奈尔饭店和餐厅管理季刊》33（2）57−62

Quain，W. J. (1992). Analyzing sales−mix profitability. *The Cornell Hotel and Restaurant Administration Quarterly*，33

(2) 57–62.

R．S．施密德格尔（1989 年）《虽然预测准确，通用汽车公司仍在寻觅新招》《住宿业》15（3）101–106

Schmidgall, R. S. (1989). While forecasts hit targets, GMs still seek better guns. Lodging, 15(3)101–106.

R．S．施密德格尔、J．D．南迈里尔（1989 年）《住宿与餐饮服务环节中的预算实例：分析与比较》《旅游接待管理国际期刊》 8（1）35–41

Schmidgall, R. S., & Ninemerier, J. D. (1989). Budgeting practices in lodging and food service chains: An analysis and comparison. *International Journal of Hospitality Management*, 8 (1) 35–41.

R．S．施密德格尔、J．D．南迈里尔（1987 年）《连锁饭店的预算：协调与控制》《康奈尔饭店和餐厅管理季刊》 28（1） 79–84

Schmidgall, R. S., & Ninemerier, J. D. (1987). Budgeting in hotel chains: Coordination and control. *The Cornell Hotel and Restaurant Administration Quarterly*, 28(1)79–84.

J．S．蒂尔泽、J．P．朱利安（1988 年）《预算：经营者策略》《饭店服务业》 44（11） 114—117

Tilzer, J. S., & Julian, J. P. (1988). Budgeting: Management's game plan. *Lodging Hospitality*, 44(11)114–117.

第十七章

制订资本预算

关键词

会计收益率法	净现值法	相关的现金流量
资金限额	运营期现金流量	更新
增加的现金流量	机会成本	旁置成本
独立项目	投资回收率法	终结期现金流量
内部收益率法	后期审计	货币时值
互斥项目		

学习目标

在学习完本章之后，你应该能够：

* 讨论制订资本预算的重要性。
* 解释各种不同的资本预算之间的差别。

* 确定资本预算中不同形式的现金流量的相关性。
* 通过使用资本预算的标准来评价潜在投资项目的价值。
* 了解与资本预算有关的资本限额配给的重要性。
* 讨论在制订资本预算过程中的三个控制阶段的重要性。

在第十六章里我们已经讨论过预测与预算的问题了，了解这两种功能的重要性十分必要，因为成本预算决策中的一个关键因素就是销售预测。预测的失误有可能导致企业在资产方面投资过多，从而负担不必要的支出和高额的折旧费用。在饭店业中，接待能力过剩可能会迫使一家饭店降低其既定的日平均房价来吸引所需要的入住率以便达到收支平衡；与此相反，如果预测的客人数量远远不及实际的客人数量，那么该饭店就不会有足够的资产去提供必要的产品与服务来满足客人的需求。更糟糕的是，日益增长的市场需求中本应属于自己的部分客源可能会被竞争对手夺去，因此该饭店将不得不在广告和促销上花费大量的金钱以期将属于自己的客源再吸引回来。所以，这家饭店需要做出一个准确的预测以便制订相应的规划与资本预算。

资本预算，又被称为资本支出分析或资本需求分析，是分析潜在投资项目并决定这些项目是否应被列入企业投资计划的全部过程，因此决不可以轻视这一过程。

支出通常分为营业支出与资本支出。如果一家餐馆购买了一件小设备，并将购买设备的费用列为定期更新设备的费用，那么它就属于营业支出，将在特定的财会核算期内被注销。而在随后的年月里继续使企业获益的支出属于资本支出，资本支出包括购买新的较大厨房设备、修缮支出与扩建支出，资本支出一般都比较高。如果做出的决定有误，那么这不仅会在该会计核算期内对企业产生消极的影响而且会持续地使企业蒙受损失，直到该项目被放弃为止。

资本支出的时机也是比较关键的。由于企业是根据供需的经济法则进行运营的，所以一家旅游接待企业必须通过在适当的时候购买固定资产投资来最大限度地获取利润。如果旅游接待业正处于上升的趋势，许多饭店及餐馆都计划同一时间扩展生意的话，那么同时对于新设备与新产品的需求就可能会导致厂家延期交货。

请注意，学过2年或4年饭店管理课程的毕业生不太可能一毕业就需要做出重大的投资决策；然而，即使对于由经理做出的价值几千美金的购买决定也应给予同样的分析与重视。在某些情况下，老板希望经理们能够了解与资本预算相关的理论。

一、资本预算的分类

在旅游接待业中，需要花费大笔资金购置财产的情况主要有六类。

（一）为了提高收入而进行的投资

此类投资包括投资于那些可以通过更好的效率带来更多收入的资产。如果一家企业达到了最大接待能力，那么一项新的投资可以通过减少生产时间来增加客人数量和收入。

（二）为了降低成本而进行的投资

这一类投资与上一类紧密相关。一件旧设备，例如一个积了厚厚一层油垢的油炸锅或一个旧空调，或许还能继续使用，但是由于其老式设计，会耗费过多的能源。在这种情况下，企业通过购进新型设备来降低能源成本，就可以提高效益。

（三）为了维修而进行的投资

设备、家具、固定装配、瓷器、玻璃制品、银制餐具以及布类用品都是饭店业的“必用品”，由于许多种原因，如员工的不小心以及客人的盗窃行为等，企业不得不经常更新许多物品，比如银器及布类用品等。这一类投资与前两类投资的不同之处是，如果不进行更新，生意就无法继续下去。一家饭店尽管不得不支付很高的能源费用但是仍然可以出租客房，然而如果没有了毛巾和床单的话，该饭店就无法出租其客房了；如果该饭店的餐厅没有足够的餐具，那么客人就无法在此就餐了。

(四) 为了扩建现有企业而进行的投资

一家公司可能希望在市区的另一个地方再开一家分店来满足某一市场需求，同时还可以从当地吸引更多的新客源；通过开设分店或通过诸如增设更多的座位，以及在饭店的一侧增建新客房，或是增添另一个9洞高尔夫球场等手段来扩张老店而支付的费用都属于这一类资本投资。有关此类投资的决策要比前三类的投资决策更为复杂，因为这些投资的费用通常更高并且需要大量的资金。

(五) 为了扩展到新领域而进行的投资

此类投资与上一类投资极为相似，惟一不同的是，此类投资将在一个全新的领域进行。例如，某乡村俱乐部不是想增添一个9洞高尔夫球场，而可能想投资于一个新的项目，这样，母亲们在与朋友们打高尔夫球或共进午餐时，可以放心地将孩子们留在有人看管的游乐场里。某饭店或许想在大堂或露天平台上增设一个咖啡台，售卖酸奶和各种美食。这一类投资有时具有很大的风险性，因为它要求企业去开拓新的领域。新颖的设想有可能成功，然而，如果预测和可行性研究过于乐观，一项新的投资也会使企业损失惨重。

(六) 用于安全与环境项目的投资

这一类投资的金额既可能是微乎其微的，也可能是非常可观的。它可能包括为服从政府的强制性规定或保险政策而实施的投资项目。旅游接待企业和职业安全与卫生部门（OSHA）携手合作，共同保证为员工及客人提供一个安全的环境。

二、资本预算中的各要素

(一) 相关与增加的现金流量（relevant and incremental cash flow）

为成本预算之目的计算现金流动量(cash flow）与为会计收入计算现金流动量不同。现金流量是某特定项目或投资所产生的实际现金量。因此，诸如折旧与分期付款等非现金支出，需要加在账面会计收益之中来确定净现金流量。同样，利息和股息也不包括在分析中，因为投资者或提供资金的公司所需要的利润已记在资本百分比的成本之中了。如果再将利息和股息计入财政现金流量中，就会被重复计算。

一个项目的增加现金流量是企业实施此项目与不实施此项目的现金流动量之差。诸如过去负担并已经花费的修复费与经纪人佣金等成本被看作是旁置成本(sunk cost)，因此不应被包括在内。依此类推，如果企业购买新的设备，并决定在安装新设备之前应该先粉刷一下厨房，那么就应该认为这些粉刷费用与此项目或投资无关。尽管可以把这些费用计入这期间的维修费用之中，然而在成本预算分析中不应把它们计算在内。但是，如果企业打算用先前租给另一家公司的场所来进行某项投资并放弃本可以收取的租金的话，那么该租金收益就成为机会成本，与此项目有关，需要在分析中被计算在内。

（二）初始期现金流量(initial cash flow)

一旦相关成本得到确认，就必须确定原始现金支出(initial cash outlay)。原始现金支出是指最初的投资或启动某一项目所需要的货币总额，包括在这类投资中的现金流量有项目费、运货费、安装费及净流动资金(net working capital)中的一切变量，净流动资金是流动资产与流动负债之间的差。不论是更新还是扩建，新的投资项目都可以增加销售量，但是相应地也会增加现金金额、库存量、应收账款及其他流动资产(current asset)。较高的销售量需要有较多的现金来应付变动或支付额外的库存，因为销售量增加，存货也必须随之增加。由于要准备更多的库存，企业的贷款额将居高不下，企业也会欠供应商更多的应付账款(accounts payable)。此外，企业还需要扩招员工，因此就需要增加应付薪金、应付税金以及其他类似的金额。在更新、改造或扩建带来额外销售额之前，一定要将这些费用稳定下来。

（三）运营期现金流量(operating cash flow)

一旦一个项目已开始运营，就可以计算该项目在运营期内每年的现金流量（OCF）了，通过获得该项目每年的运营期现金流量从而估计该项目的可行性。比较费时的做法是制定一个收益报表，在其中利息费用可以忽略不计，但要加上纳税后的非现金支出(noncash expense)。快捷的做法是使用一个公式，其中：

R= 收入

E= 费用

T= 税款

D= 折旧

首先，计算净收入（NI）：

(R − E − D)（1 − T）=NI

(R − E)（1 − T）−D+DT=NI

因为OCF=NI+D，所以要重新调整各变量，以便NI+D在等式的右边。

(R − E)（1 − T）+DT=NI+D

(R − E)（1 − T）+DT=OCF，或再调整为

OCF=（R − E）（1 − T）+DT

使用公式的好处不仅仅在于它更为快捷，还在于可以在企业亏损时将其用于减免税额，因为抵前／延后纳税功能(carry−back/carry−forward tax function)已设置在计算之中了。

（四）终结期现金流量(terminal cash flow)

一个项目在终结时可能呈现下列三种情况之一：1）如果计划项目以其账面价值(book value)，即在营业记录上资产被评估的货币金额售出，企业将不赔不赚，也不必考虑补税；2）如果项目的销售值高于其账面价值，就会有盈利，企业必须补税；3）如果项目的销售值低于它的账面价值，就会有亏损，企业可以要求减免税额。除去计算盈利与亏损外，还有在项目开始时所花费的流动资金净额的回收。从理论上讲，既然项目已经结束，额外的钱款与现金流量就已没有必要，这笔钱将作为现金进账(incoming cash)流回企业。

(五) 项目的总现金流量(total project cash flow)

随着终结期现金流量的确定，现金金额应按时间顺序记入账目，以便估计项目的可行性。项目的总现金流量并不是所有数字的简单相加。货币的价值会随着时间的推移而改变，今天的货币金额不会和5年后的货币金额等值，因此，必须将货币放在具体的时间里，这样才能客观地评估它的价值。

三、货币时值(time value of money)与投资机遇

由于货币会随着时间的推移而贬值，所以使货币保值的惟一办法就是投资。

(一) 一笔投资款项的现值与未来值

现值(present value)是一笔投资款项此时此刻的价值，而未来值(future value)是该投资款项在一段时间之后的带利息的变化值。例如，如果有人把100美元（现值）存进银行5年，银行的投资收益率为6%，我们就可以算出这100美元的未来值。得到未来值（FV）的方法有许多，我们可用公式：

$$FV = PV\ (1+i)^{n}$$

$$\$100 = PV\ （现值）$$

$$5 = n\ （复利计算期数）$$

$$6 = i\ （利率）$$

代入数字求值：

$$100 \times 1.06^{5} = 133.82$$

此外，还可用未来值表求值，如表17−1所示。找到6%与复利计算期数5所对应的点来确定本利系数，然后将本利系数乘以现值100美元。如果表中没有提供所需要的利息百分比或复利计算期数的确切值，就应找到合适位置以求得近似值。然而，计算未来值最简单、最直接的方法是使用企业的财务计算软件，输入PV（现值）100美元，n（复利计算期数）5，i（利息率）6即可。用计算器计算有许多优点，

因为它的计算可以精确到小数点后几位数字，所以它的计算结果更为准确；此外，用它计算更为迅捷。

为了方便分析，某些计算机电子表格软件甚至还设有函数向导(function wizard)，有了这些函数向导，操作者只需要移动鼠标，输入变量、答案，即本例中所要计算的未来值，就可以立即算出。

未来值的计算当然非常重要。然而，资本预算通常与现值的关系更为密切，因为企业估计货币的未来值是为了确定这笔钱是高于、低于还是等于今天必须投资的金额（现值）。公式如下：

$$PV = \frac{FV}{(1+i)^{n}}$$

$133.82 = FV（未来值）

5 = n（复利计算期数）

6 = i（利率）

代入数字求值：

$$PV = \frac{133.82}{(1+0.06)^{5}} = 100$$

表 17-2 是一个提供了需要乘以未来值的本利系数的现值表。然而，财务计算软件或计算机表格软件将提供最精确的数字。

表 17–1 总额未来值的本利系数表

$FV_{n,k} = (1+k)^n$

复利计算期数	1%	2%	3%	4%	5%	6%	7%	8%	9%	10%	12%	14%	15%	16%
1	1.0100	1.0200	1.0300	1.0400	1.0500	1.0600	1.0700	1.0800	1.0900	1.1000	1.1200	1.1400	1.1500	1.1600
2	1.0201	1.0404	1.0609	1.0816	1.1026	1.1236	1.1449	1.1664	1.1881	1.2100	1.2544	1.2996	1.3225	1.3456
3	1.0303	1.0612	1.0927	1.1249	1.1576	1.1910	1.2250	1.2597	1.2950	1.3310	1.4049	1.4815	1.5209	1.5609
4	1.0406	1.0824	1.1255	1.1699	1.2155	1.2625	1.3108	1.3605	1.4116	1.4541	1.5735	1.6890	1.7490	1.8106
5	1.0510	1.1041	1.1593	1.2167	1.2763	1.3382	1.4026	1.4693	1.5386	1.6105	1.7623	1.9254	2.0114	2.1003
6	1.0615	1.1262	1.1941	1.2653	1.3401	1.4185	1.5007	1.5869	1.6771	1.7716	1.9738	2.1950	2.3131	2.4364
7	1.0721	1.1487	1.2299	1.3159	1.4071	1.5036	1.6058	1.7138	1.8280	1.9487	2.2107	2.5023	2.6600	2.8262
8	1.0829	1.1717	1.2668	1.3686	1.4775	1.5938	1.7182	1.8509	1.9926	2.1436	2.4760	2.5826	3.0590	3.2784
9	1.0937	1.1951	1.3048	1.4233	1.5513	1.6895	1.8385	1.9990	2.1719	2.3579	2.7731	3.2519	3.5179	3.8030
10	1.1046	1.2190	1.3439	1.4802	1.6289	1.7908	1.9672	2.1589	2.3674	2.5937	3.1805	3.7072	4.0456	4.4114
11	1.1157	1.2434	1.3842	1.5395	1.7103	1.8983	2.1049	2.3316	2.5804	2.8531	3.4785	4.2262	4.6524	5.1173
12	1.1268	1.2682	1.4258	1.6010	1.7959	2.0122	2.2522	2.5182	2.8127	3.1384	3.8960	4.8179	5.3503	5.9360
13	1.1381	1.2936	1.4685	1.6651	1.8856	2.1329	2.4098	2.7196	3.0658	3.4523	4.3635	5.4924	6.1528	6.8858
14	1.1495	1.3195	1.5126	1.7317	1.9799	2.2609	2.5785	2.9372	3.3417	3.7975	4.8871	6.2613	7.0757	7.9875
15	1.1610	1.3495	1.5580	1.8009	2.0789	2.3966	2.7590	3.1722	3.6425	4.1772	5.4736	7.1379	8.1371	9.2655
16	1.1726	1.3728	1.6047	1.8730	2.1829	2.5404	2.9522	3.4259	3.9703	4.5950	6.1304	8.1372	9.3576	10.748
17	1.1843	1.4002	1.6528	1.9479	2.2920	2.6928	3.1588	3.7000	4.3276	5.0545	6.8660	9.2765	10.761	12.468
18	1.1961	1.4282	1.7024	2.0258	2.0466	2.8543	3.3799	3.9960	4.7171	5.5599	7.6900	10.575	12.375	14.463
19	1.2081	1.4568	1.7535	2.1068	2.5270	3.0256	3.6165	4.3157	5.1417	6.1159	8.6128	12.056	14.232	16.777
20	1.2202	1.4859	1.8061	2.1911	2.6533	3.2071	3.8697	4.6610	5.6044	6.7275	9.6463	13.743	16.367	19.461
21	1.2324	1.5157	1.8603	2.2783	2.7860	3.3996	4.1406	5.0338	6.1088	7.4002	10.804	15.668	18.822	22.574
22	1.2447	1.5460	1.9161	2.3699	2.9253	3.6035	4.4304	5.4365	6.6586	8.1403	12.100	17.861	21.645	26.186
23	1.2572	1.5769	1.9736	2.4647	3.0715	3.8197	4.7405	5.8715	7.2579	8.9543	13.552	20.362	24.891	30.376
24	1.2697	1.6084	2.0328	2.5633	3.2251	4.0489	5.0724	6.3412	7.9111	9.8497	15.179	23.212	28.625	35.236
25	1.2824	1.6406	2.0938	2.6658	3.3864	4.2919	5.4274	6.8485	8.6231	10.835	17.000	26.462	32.919	40.874
26	1.2953	1.6734	2.1566	2.7725	3.5557	4.5494	5.8074	7.3964	9.3992	11.918	19.040	30.167	37.857	47.414
27	1.3082	1.7069	2.2213	2.8834	3.7335	4.8223	6.2139	7.9881	10.245	13.110	21.325	34.390	43.535	55.000
28	1.3213	1.7410	2.2879	2.9987	3.9201	5.1117	6.6488	8.6271	11.167	14.421	23.884	39.204	50.066	63.800
29	1.3345	1.7758	2.3566	3.1187	4.1161	5.4184	7.1143	9.3173	12.172	15.863	26.750	44.693	57.575	74.009
30	1.3478	1.8114	2.4273	3.2434	4.3219	5.7435	7.6123	10.063	13.268	17.449	29.960	50.590	66.212	85.850
40	1.4889	2.2080	4.8010	4.8010	7.0400	10.286	14.974	21.725	31.409	45.259	93.051	188.88	267.86	378.72
50	1.6446	2.6916	7.1067	7.1067	11.467	18.420	29.457	46.902	74.358	117.39	289.00	700.23	1083.7	1670.7
60	1.8167	3.2810	10.520	10.520	18.679	32.988	57.946	101.26	176.03	304.48	897.60	2595.9	4384.0	7370.2

表17-2 一笔投资款项现值的本利系数表

$PV_{n,k}$ =1/ (1+k)n

复利计算期数	1%	2%	3%	4%	5%	6%	7%	8%	9%	10%	12%	14%
1	0.9901	0.9804	0.9709	0.9615	0.9524	0.9434	0.9346	0.9259	0.9174	0.9091	0.8929	0.8772
2	0.9803	0.9612	0.9426	0.9426	0.9070	0.8900	0.8734	0.8573	0.8417	0.8264	0.7972	0.7695
3	0.9706	0.9423	0.9151	0.8890	0.8638	0.8396	0.8163	0.7938	0.7722	0.7513	0.7188	0.6750
4	0.9610	0.9238	0.8885	0.8548	0.8227	0.7921	0.7629	0.7350	0.7084	0.6830	0.6355	0.5921
5	0.9515	0.9057	0.8626	0.8219	0.7835	0.7473	0.7130	0.6806	0.6499	0.6209	0.5674	0.5194
6	0.9420	0.8880	0.8375	0.7903	0.7462	0.7050	0.6663	0.6302	0.5963	0.5645	0.5066	0.4556
7	0.9327	0.8706	0.8131	0.7599	0.7107	0.6651	0.6227	0.5835	0.5470	0.5132	0.4523	0.3996
8	0.9235	0.8535	0.7894	0.7307	0.6768	0.6274	0.5820	0.5403	0.5019	0.4665	0.4039	0.3506
9	0.9143	0.8368	0.7664	0.7026	0.6445	0.5919	0.5439	0.5002	0.4604	0.4241	0.3606	0.3075
10	0.9053	0.8203	0.7441	0.6756	0.6139	0.5584	0.5083	0.4632	0.4224	0.3855	0.3220	0.2697
11	0.8963	0.8043	0.7224	0.6496	0.5847	0.5268	0.4751	0.4289	0.3875	0.3505	0.2875	0.2366
12	0.8874	0.7885	0.7014	0.6246	0.5568	0.4970	0.4440	0.3971	0.3555	0.3186	0.2567	0.2076
13	0.8787	0.7730	0.6810	0.6006	0.5303	0.4688	0.4150	0.3677	0.3262	0.2897	0.2292	0.1821
14	0.8700	0.7579	0.6611	0.5775	0.5051	0.4423	0.3878	0.3405	0.2992	0.2633	0.2046	0.1597
15	0.8613	0.7430	0.6419	0.5553	0.4810	0.4173	0.3624	0.3152	0.2745	0.2394	0.1827	0.1401
16	0.8528	0.7284	0.6232	0.5339	0.4581	0.3936	0.3387	0.2919	0.2519	0.2176	0.1631	0.1229
17	0.8444	0.7142	0.6050	0.5134	0.4363	0.3714	0.3166	0.2703	0.2311	0.1978	0.1456	0.1078
18	0.8360	0.7002	0.5874	0.4936	0.4155	0.3503	0.2959	0.2502	0.2120	0.1799	0.1300	0.0946
19	0.8277	0.6864	0.5703	0.4746	0.3957	0.3305	0.2765	0.2317	0.1945	0.1635	0.1161	0.0829
20	0.8195	0.6730	0.5537	0.4564	0.3769	0.3118	0.2584	0.2145	0.1784	0.1486	0.1037	0.0728
21	0.8114	0.6598	0.5375	0.4388	0.3589	0.2942	0.2415	0.1987	0.1637	0.1351	0.0926	0.0638
22	0.8034	0.6468	0.5219	0.4220	0.3418	0.2775	0.2257	0.1839	0.1502	0.1228	0.0826	0.0560
23	0.7954	0.6342	0.5067	0.4057	0.3256	0.2618	0.2109	0.1703	0.1378	0.1117	0.0738	0.0491
24	0.787	0.6217	0.4919	0.3901	0.3101	0.2470	0.1971	0.1577	0.1264	0.1015	0.0659	0.0431
25	0.7798	0.6095	0.4776	0.3751	0.2953	0.2330	0.1842	0.1460	0.1160	0.0923	0.0588	0.0378
26	0.7720	0.5976	0.4637	0.3607	0.2812	0.2198	0.1722	0.1352	0.1064	0.0839	0.0525	0.0331
27	0.7644	0.5859	0.4502	0.3468	0.2678	0.2074	0.1609	0.1252	0.0976	0.0763	0.0469	0.0291
28	0.7568	0.5744	0.4371	0.3335	0.2551	0.1956	0.1504	0.1159	0.0895	0.0693	0.0419	0.0255
29	0.7493	0.5631	0.4243	0.3207	0.2429	0.1846	0.1406	0.1073	0.0822	0.0630	0.0374	0.0224
30	0.7419	0.5521	0.4120	0.3083	0.2314	0.1741	0.1314	0.0994	0.0754	0.0573	0.0334	0.0196
35	0.7059	0.5000	0.3554	0.2534	0.1813	0.1301	0.0937	0.0676	0.0490	0.0356	0.0189	0.0102
40	0.6717	0.4529	0.3066	0.2083	0.1420	0.0972	0.0668	0.0460	0.0318	0.0221	0.0107	0.0053
45	0.6391	0.4102	0.2644	0.1712	0.1113	0.0727	0.0476	0.0313	0.0207	0.0137	0.0061	0.0027
50	0.6080	0.3715	0.2281	0.1407	0.0872	0.0543	0.0339	0.0213	0.0134	0.0085	0.0035	0.0014
55	0.5785	0.3365	0.1968	0.1157	0.0683	0.0406	0.0242	0.0145	0.0087	0.0053	0.0020	0.0007
60	0.5504	0.3048	0.1697	0.0951	0.0535	0.0303	0.0173	0.0099	0.0057	0.0033	0.0011	0.0004

（二）普通年金的现值与未来值

企业可能并不是只投入一笔资金，而是在每一复利计算期(compounding period) 内定期地投入固定金额的货币，从这样的投资里获得的金额被称作普通年金 (annuity)。普通年金的现值与未来值可用与一笔投资款项同样的方法来计算。如果一项为期10年的普通年金为500美元并且利率为6%的话，那么就可计算出企业今天必须为今后10年内的现金流量所需要支付的金额（现值）。这一计算公式如下：

$$PV=A\times\left[\frac{1}{i}-\frac{1}{i(1+i)^{n}}\right]$$

\$ 500=A（普通年金）

10=n（复利计算期数）

6=i（利率）

代入数字求值：

$$PV=500\times\left[\frac{1}{0.06}-\frac{1}{0.06(1+0.06)^{10}}\right]=\$\,3680$$

表17–3是一张提供本利系数的现值表，本利系数用来乘以普通年金。当然，财务计算软件或计算机表格软件在计算现值方面要快得多。

普通年金的未来值也可以用这三种同样的方法进行计算。公式如下：

$$FV=A\times\left[\frac{(1+i)^{n}-1}{i}\right]$$

\$ 500 = A（普通年金）

10 = n（复利计算期数）

6 = i（利息率）

代入数字求值：

$$FV=500\times\left[\frac{(1+0.06)^{10}-1}{0.06}\right]=\$\,6590.40$$

表 17–3　普通年金现值的本利系数表

$PVA_{n,k}=\frac{1-\frac{1}{((1+k))^{n}}}{k}$

复利计算期数	1%	2%	3%	4%	5%	6%	7%	8%	9%	10%	12%	14%	15%	16%
1	0.9901	0.9804	0.9709	0.9615	0.9524	0.9434	0.9346	0.9259	0.9174	0.9091	0.8929	0.8772	0.8696	0.8621
2	1.9704	1.9416	1.9135	1.8861	1.8594	1.8334	1.8080	1.7833	1.7591	1.7355	1.6901	1.6467	1.6259	1.6052
3	2.9410	2.8839	2.8286	2.7751	2.7232	2.6730	2.6243	2.5771	2.5313	2.4869	2.4018	2.3216	2.2832	2.2459
4	3.9020	3.8077	3.7171	3.6299	3.5460	3.4651	3.3872	3.3121	3.2397	3.1699	3.0373	2.9137	2.8550	2.7982
5	4.8534	4.7135	4.5797	4.4518	4.3295	4.2124	4.1002	3.9927	3.8897	3.7908	3.6048	3.4331	3.3522	3.2743
6	5.7955	5.6014	5.4172	5.2421	5.0757	4.9173	4.7665	4.6229	4.4859	4.3553	4.1114	3.8887	3.7845	3.6847
7	6.7282	6.4720	6.2303	6.0021	5.7864	5.5824	5.3893	5.2064	5.0330	4.8684	4.5638	4.2883	4.1604	4.0386
8	7.6517	7.3255	7.0197	6.7327	6.4632	6.2098	5.9713	5.7466	5.5348	5.3349	4.9676	4.6389	4.4873	4.3436
9	8.5660	8.1622	7.7861	7.4353	7.1078	6.8017	6.5152	6.2469	5.9952	5.7590	5.3282	4.9464	4.7716	4.6065
10	9.4713	8.9826	8.5302	8.1109	7.7217	7.3601	7.0236	6.7101	6.4177	6.1446	5.6502	5.2161	5.0188	4.8332
11	10.3676	9.7868	9.2526	8.7605	8.3064	7.8869	7.4987	7.1390	6.8052	6.4951	5.9377	5.4527	5.2337	5.0286
12	11.2551	10.5753	9.9540	9.3851	8.8633	8.3838	7.9427	7.5361	7.1607	6.8137	6.1944	5.6603	5.4206	5.1971
13	12.1337	11.3484	10.6350	9.9856	9.3936	8.8527	8.3577	7.9038	7.4869	7.1034	6.4235	5.8424	5.5831	5.3423
14	13.0037	12.1062	11.2961	10.5631	9.8986	9.2950	8.7455	8.2442	7.7862	7.3667	6.6282	6.0021	5.7245	5.4675
15	13.8651	12.8493	11.9379	11.1184	10.3797	9.7122	9.1079	8.5595	8.0607	7.6061	6.8109	6.1422	5.8474	5.5755
16	14.7179	13.5777	12.5611	11.6523	10.8378	10.1059	9.4466	8.8514	8.3126	7.8237	6.9740	6.2651	5.9542	5.6685
17	15.5623	14.2919	13.1661	12.1657	11.2741	10.4773	9.7632	9.1216	8.5436	8.0216	7.1196	6.3729	6.0472	5.7487
18	16.3983	14.9920	13.7535	12.6593	11.6896	10.8276	10.0591	9.3719	8.7556	8.2014	7.2497	6.4674	6.1280	5.8178
19	17.2260	15.6785	14.3238	13.1339	12.0853	11.1581	10.3356	9.6036	8.9501	8.3649	7.3658	6.5504	6.1982	5.8775
20	18.0456	16.3514	14.8775	13.5903	12.4622	11.4699	10.5940	9.8181	9.1285	8.5136	7.4694	6.6231	6.2593	5.9288
21	18.8570	17.0112	15.4150	14.0292	12.8212	11.7641	10.8355	10.0168	9.2922	8.6487	7.5620	6.6870	6.3125	5.9731
22	19.6604	17.6580	15.9369	14.4511	13.1630	12.0461	11.0612	10.2007	9.4424	8.7715	7.6446	6.7429	6.3587	6.0113
23	20.4558	18.2922	16.4436	14.8568	13.4886	12.3034	11.2722	10.3711	9.5802	8.8832	7.7184	6.7921	6.3988	6.0442
24	21.2434	18.9139	16.9355	15.2470	13.7986	12.5504	11.4693	10.5288	9.7066	8.9847	7.7843	6.8351	6.4338	6.0726
25	22.0232	19.5235	17.4131	15.6221	14.0939	12.7834	11.6536	10.6748	9.8226	9.0770	7.8431	6.8729	6.4641	6.0971
26	22.7952	20.1210	17.8768	15.9828	14.3752	13.0032	11.8258	10.8100	9.9290	9.1609	7.8957	6.9061	6.4906	6.1182
27	23.5596	20.7069	18.3270	16.3296	14.6430	13.2105	11.9867	10.9352	10.0266	9.2372	7.9426	6.9352	6.5135	6.1364
28	24.3164	21.2813	18.7641	16.6631	14.8981	13.4062	12.1371	11.0511	10.1161	9.3066	7.9844	6.9607	6.5535	6.1520
29	25.0568	21.8444	19.1885	16.9837	15.1411	13.5907	12.2777	11.1584	10.1983	9.3696	8.0218	6.9830	6.5509	6.1656
30	25.8077	22.3965	19.6004	17.2920	15.3725	13.7648	12.4090	11.2578	10.2737	9.4269	8.0552	7.0027	6.5660	6.1772
35	29.4086	24.9986	21.4872	18.6646	16.3742	14.4982	12.9477	11.6546	10.5668	9.6442	8.1755	7.0700	6.6166	6.2153
40	32.8347	27.3555	23.1148	19.7928	17.1591	15.0463	13.3317	11.9246	10.7574	9.7791	8.2438	7.1050	6.6418	6.2335
45	36.0945	29.4902	24.5187	20.7200	17.7741	15.4558	13.6055	12.1084	10.8812	9.8628	8.2825	7.1232	6.6543	6.2421
50	39.1961	31.4236	25.7298	21.4822	18.2559	15.7619	13.8007	12.2335	10.9617	9.9148	8.3045	7.1327	6.6605	6.2463
55	42.1472	33.1748	26.7744	22.1086	18.6335	15.9905	13.9399	12.3186	11.0140	9.9471	8.3170	7.1376	6.6636	6.2482
60	44.9550	34.7609	27.6756	22.6235	18.9293	16.1614	14.0392	12.3766	11.0480	9.9672	8.3240	7.1401	6.6651	6.2492

表 17−4 普通年金末来值的本利系数表

$PVA_{n,k}=\frac{((1+k)^n-1}{k}$

复利计算期数	1%	2%	3%	4%	5%	6%	7%	8%	9%	10%	12%	14%	15%	16%
1	1.0000	1.0000	1.0000	1.0000	1.0000	1.0000	1.0000	1.0000	1.0000	1.0000	1.0000	1.0000	1.0000	1.0000
2	2.0100	2.0200	2.0300	2 0400	2.0500	2.0600	2.0700	2.0800	2.0900	2.1000	2.1200	2.1400	2.1500	2.1600
3	3.0301	3.0604	3.0909	3 2160	3.1525	3.1836	3.2149	3.2464	3.2781	3.3100	3.3744	3.4396	3.4725	3.5056
4	4.0604	4.1216	4.1836	4 2465	4.3101	4.3746	4.4399	4.5061	4.5731	4.6410	4.7793	4.9211	4.9934	5.0665
5	5.1010	5.2040	5.3091	5.4163	5.5256	5.6371	5.7507	5.8666	5.7847	6.1051	5.3528	6.6101	6.7424	6.8771
6	6.1520	6.3081	6.4684	6.6330	6.8019	6.9753	7.1533	7.3359	7.5233	7.7156	8.1152	8.5355	8.7537	8.9775
7	7.2135	7.4343	7.6625	7.8983	8.1420	8.3938	8.6540	8.9228	9.2004	9.4872	10.089	10.730	11.067	11.414
8	8.2857	8.5830	8.8923	9.2142	9.5491	9.8975	10.260	10.637	11.028	11.436	12.300	13.233	13.727	14.240
9	9.3685	9.7546	10.159	10.583	11.027	11.491	11.978	12.488	13.021	13.579	14.776	16.085	16.786	17.519
10	10.462	10.950	11.464	12.006	12.578	13.181	13.816	14.487	15.193	15.937	17.549	19.337	20.304	21.321
11	11.567	12.169	12.808	13.486	14.207	14.972	15.784	16.645	17.560	18.531	20.655	23.045	24.349	25.733
12	12.683	13.412	14.192	15.026	15.917	16.870	17.888	18.977	20.141	21.384	24.133	27.271	29.002	30.850
13	13.809	14.680	15.618	16.627	17.713	18.882	20.141	21.495	22.953	24.523	28.029	32.089	34.352	36.786
14	14.947	15.974	17.086	18.292	19.599	21.015	22.550	24.215	26.019	27.975	32.393	37.851	40.505	43.672
15	16.097	17.293	18.599	20.024	21.579	23.276	25.129	27.152	29.361	31.772	37.280	43.842	47.580	51.660
16	17.258	18.639	20.157	21.825	23.657	25.673	27.888	30.324	33.003	35.950	42.753	50.980	55.727	60.925
17	18.430	20.012	21.762	23.698	25.840	28.213	30.840	33.750	36.974	40.545	48.884	59.118	65.075	71.673
18	19.615	21.412	23.414	25.645	28.132	30.906	33.999	37.450	41.301	45.599	55.750	68.394	75.836	84.141
19	20.811	22.841	25.117	27.671	30.539	33.760	37.379	41.446	46.018	51.159	63.440	78.969	88.212	98.603
20	22.019	24.297	26.870	29.778	33.066	36.786	40.995	45.762	51.160	57.275	72.052	91.025	102.44	115.38
21	23.239	25.783	28.676	31.969	35.719	39.993	44.865	50.423	56.765	64.002	81.699	104.77	118.81	134.84
22	24.472	27.299	30.537	34.248	38.505	43.392	49.006	55.457	62.873	71.403	92.503	120.44	137.63	157.41
23	25.716	28.845	32.453	36.618	41.430	46.996	53.436	60.893	69.532	79.543	104.60	138.30	159.28	183.60
24	26.973	30.422	34.426	39.083	44.502	50.816	58.177	66.765	76.790	88.497	118.16	158.66	184.17	213.98
25	28.243	32.030	36.459	41.646	47.727	54.865	53.249	73.106	84.701	98.347	133.33	181.87	212.79	249.21
26	29.526	33.671	38.553	44.312	51.113	59.156	68.676	79.954	93.324	109.18	150.33	208.33	245.71	290.09
27	30.821	35.344	40.710	47.084	54.669	63.706	74.484	87.351	102.72	121.10	169.37	238.50	283.57	337.50
28	32.129	37.051	42.931	49.968	58.403	68.528	80.698	95.339	112.97	134.21	190.70	272.89	327.10	392.50
29	33.450	38.792	45.219	52.966	62.323	73.640	87.347	109.97	124.14	148.63	214.58	312.09	377.17	456.30
30	34.785	40.568	47.575	56.085	66.439	79.058	94.461	113.28	136.31	164.49	241.33	326.79	434.75	530.31
40	48.886	60.402	75.40	95.026	120.80	154.76	199.64	259.06	337.88	442.59	767.09	1342.0	1779.1	2360.8
50	64.463	84.579	112.80	152.67	209.35	290.34	406.53	573.77	815.08	1163.9	2400.0	4994.5	7217.7	10 436
60	81.670	114.05	163.05	237.99	353.58	533.13	813.52	1253.2	1944.8	3034.8	7471.6	18 535	29 220	46 058

表 17–4 是一张提供本利系数的未来值表，本利系数用来乘以普通年金。当然也可以使用财务计算软件或计算机制表软件进行计算。

（三）永续年金

有些投资可以无限期地带来固定收益，这就是永续年金(perpetuity)。对于这类投资不应过分乐观，请记住，今天的货币金额并不具备 10 年前的购买力，因此，必须要考虑到货币的价值。此外，有许多这样的投资方式今天都已不存在了，而那些确实存在的这类投资的股票大多是许多年前发行的。然而，永续年金的应用在资本预算与股票定值（stock valuation）中仍是十分有用的。

一个普遍公认的会计学原理表明，一家公司是“可以继续不断经营的”，这意味着公司将会永远地存在。如果公司发行了股息为3%的优先股票，那么从本质上说，这就是永续年金。投资者支付长期投资额能力的计算公式如下：

$$现值=\frac{永续年金}{利息}$$

永续年金的计算对于估计售价来说十分有用。例如，如果 A 公司想卖掉一家饭店，估计该饭店每年现金流量净值为 100 美元，那么 B 公司想支付购买这家饭店的钱就是 100 美元除以 B 公司的资金成本；如果B公司为此贷款筹资要付10%的利息，那么B公司愿意支付的金额为 $ 1000（ $ 100 ÷ 0.10）；如果B公司要支付20%的贷款利息，那么B公司最多愿意付 $ 500（ $ 100 ÷ 0.20）来购买这家饭店。20%的利率风险性较大，任何高过 500 美元的投资都会让 B 公司赔钱。

（四）不等额现金流量

在大多数情况下，企业分析常包括不等额现金流量(uneven cash flow)，然而，并没有简单合适的不等额现金流量计算公式，也没有本利表可用。因此，投资者必须单独考虑每一现金流量，或者将各种相似的现金流量结合起来考虑，并计算现值或未来值。当然，财务计算器或计算机的使用可以让计算更为简单。不等额现金流量的计算与净现值的计算十分相似，因此，这两方面的问题将在后面一起讨论。

既然我们已经探讨过理论了，那么实例与相应计算（表17–5）可以进一步说明现金流量如何运做，并阐明企业应如何做出审慎的投资决策。地平线饭店是一家从20世纪30年代初就已开张营业的老店，它有一群精明强干的高层管理人员，善于收购经营不善的企业，并将其转变为盈利的企业，在5至10年后售出以求最大限度地获利。地平线饭店雇用经纪公司在全国范围内寻找这类企业。

独立饭店就是被地平线饭店的一家经纪公司找到的这样一家企业，经纪公司为此获得75 000美元的酬金。地平线饭店打算改造独立饭店，并以专业水平经营5年。估计第5年末正是出售该饭店的最佳时机，因为届时独立饭店的营业现金流量将会稳定下来。

经过最后的谈判，独立饭店的售出价为3 000 000美元。采用直线折旧法(straight–line depreciaton)计算，该饭店5年后的账面价值为1 250 000美元。为了使独立饭店具有竞争力，地平线饭店必须另外投资200 000美元，并在这项商业投资之初为独立饭店追加175 000美元的净流动资本。

利用其原始资料与案例预测分析，地平线饭店确定独立饭店在第1年年末收入将可以达到1 500 000美元。估计在这项投资的随后4年里每年销售额将增长12%。同时，独立饭店的开支估计到第1年年末为1 000 000美元，开支增长率为6%。收购独立饭店的贷款利息将是10%。地平线饭店的平均税率为34%。

饭店的售价加上其他原始成本，再加上净营运资本中的变量就可以算出原始总投资3 375 000美元。在获得年营业现金流量前计算折旧费也许更好一些。使用5年的直线折旧法计算，从折旧基数3 200 000美元中减去残值1 250 000美元，得到的值再除以5年，即求得每年折旧费为390 000美元。地平线饭店可以用收益报表格式或计算公式求得这5年的运营期现金流量。

最后，运用永续年金来计算销售价格。第5年的运营期现金流量除以贷款利息得8 571 494美元，与账面价值1 250 000美元相比，得利润7 321 494美元，因此要付税2 489 308美元（利润的34%）。这样，第5年包括运营期现金流量与终结期现金流量在内的总现金流量为 7 114 335美元。

表 17−5　现金流量的估算

地平线饭店——收购独立饭店的可行性			
成本	3 000 000		
折旧（年数）	5		
残值	1 250 000		
其他原始成本	200 000		
净营运资本的变量	175 000		
第 1 年销售额	1 500 000		
销售额的增长	12%		
第 1 年的支出	1 000 000		
支出的增长	6%		
税率	34%		
贷款利息	10%		
折旧基数		折旧	390 000
成本	3 000 000		
其他原始成本	200 000		
	32 00 000		
销售价			
5 年的现金流量 ÷ 贷款利息	8 571 494		
销售税		利润	7 321 494
成本	3 200 000		
累积的折旧	1 950 000		
账面价值	1 250 000	税	2 489 308

项目	第 0 年	第 1 年	第 2 年	第 3 年	第 4 年	第 5 年
成本	3 000 000					
其他原始成本	200 000					
净营运资本中的变量	175 000					
运营期现金流量						
收入		1 500 000	1 680 000	1 181 600	2 107 392	2 360 279
支出		1 000 000	1060 000	1 123 600	1 191 016	1 262 477
折旧		390 000	390 000	390 000	390 000	390 000
纳税前支出		110 000	230 000	368 000	526 376	707 802

续表

项目	第0年	第1年	第2年	第3年	第4年	第5年
税		37 400	78 200	125 120	178 968	240 653
净收入		72 600	151 800	242 880	347 408	467 149
净收入＋折旧		462 600	541 800	632 880	747 408	857149
销售价格						8 571 494
净营运资本的回收						175 000
收回的折旧与利润税						(2 489 308)
总现金流量	(3 375 000)	462 600	541 800	632 880	737 408	7 114 335
净现值	2 889 908					
内部收益率	0.276593174 或 27.66%					

这看起来是一个相当复杂的过程，然而，计算机数据库程序如Lotus或Excel的使用可以简化这一过程。因此，不论哪个变量发生了变化，计算机都可以轻而易举地重新进行计算。表17-6表示的是用Excel公式进行的计算。

四、资本预算的可行性标准

在计算出现金流量之后，企业可用下面四种方法之一来确定投资项目的可行性：会计收益率法(accounting rate of return)、回收期(payback)、净现值法(present value)或内部收益率法(internel rato of return)。

(一) 会计收益率法

会计收益率法（ARR）是企业决定是否应该进行某项投资的较简便方法之一。会计收益率是项目年平均收益或现金流量与总投资的比率，这一比率被称作投资收益率（ROI）。如果支出的费用是以资产形式存在而不是资金的话，那么它就被称作资产收益率（ROA）；如果投出的是股本，它就被称作股本收益率（ROE）。

$$ROI=\frac{项目年平均收益}{总投资}$$

$$ROA=\frac{项目年平均收益}{总资产}$$

$$ROE=\frac{项目年平均收益}{总股份}$$

对于一个为期3年的项目，3年的总收益或现金流量除以3得到的数值就是年平均收益；同样的法则也适用于10年的计划，即将这10年的收益相加，再除以10。平均投资是投资项目的总成本加上残值，得到的数值再除以2；如果残值恰好为0，那么就将该项目成本除以2。平均总资产就是资产负债表上期初和期末总资产的平均值。而平均股本是资产负债表上期初与期末普通股的平均值。

公司为会计收益率设定了自己的标准。如果公司的最小会计收益率是35%，那么对于公司来说，任何等于或高于35%的项目都是可行的；否则，就应该放弃该项目。

使用表17–5中的数据，独立饭店的会计收益率可按如下计算：

$$项目年平均收益=\frac{1\ 282\ 838}{5}=256\ 368$$

$$平均投资=\frac{3\ 200\ 000+1\ 250\ 000}{2}=2\ 225\ 000$$

$$会计收益率=\frac{256\ 368}{2\ 225\ 000}=11.52\%$$

5年的现金流量总计9 489 023美元，平均每年为1 987 805美元；3 200 000美元的成本费与1 250 000美元的残值的平均值为2 225 000美元。因此会计收益率为11.52%。如果地平线饭店设定其会计收益率的底线为35%，那么这项投资项目远远不能达到要求，故而应被放弃。

为什么一项投资计划看似不错，可以按几百万美金的高价售出，如表17–6所示，而根据会计收益率法却又不是一项好的投资呢？其主要原因有二。首先，会计收益率法主要考虑的是收益而不是现金流量，因此，末期销售价格不包括在计算中。用现金流量计算的投资可以反映更为准确的实际情况。其次，不同时期的货币只是简单相加，货币时值被忽视了。当然，这一方法也确实存在着优点，例如计算简便、易于理解，因为大多数人都把收益当作衡量利润的尺度。然而，对于饭店、餐馆、赌场和俱乐部来说，由于出售物业的售价可获得大笔的金钱，因此这可能并不是个受欢迎的方法。

表17-6 运用Excel公式估算的现金流量

地平线饭店——收购独立饭店的可行性		
成本	3 000 000	
折旧（年数）	5	
残值	1 250 000	
其他原始成本	2 000 000	
流动净资本中的变量	175 000	
第1年的销售额	1 500 000	
销售额的增长	0.12	
第1年的支出	1 000 000	
支出的增长	0.06	
税率	0.34	
贷款利息	0.1	
折旧基数		
成本	=C4	折旧=（C22-C7）/C6
其他原始成本	=C8	
	=SUM（C19:C20）	
销售价格		
第5年的现金流量÷贷款利息	=H49/C15	
销售税		
成本	=C22	利润=D25-C31
累积的折旧费	=E19*C6	税=E28*C14
账面价值	=C28-C29	

续上表

项目	第0年	第1年	第2年	第3年	第4年	第5年
成本	=C4					
其他原始成本	=C8					
净运营资本中的变量	=C9					
运营期现金流量						
收入		=C10	=D41* (1+$C$11)	=E41*(1+$C$11)	=F41*(1+$C$11)	=G41*(1+$C$11)
支出		=C12	=D42*(1+$C$13)	=E42*(1+$C$13)	=F42*(1+$C$13)	=G42*(1+$C$13)
折旧		=$E$19	=$E$19	=$E$19	=$E$19	=$E$19
纳税前支出		=D41−D42−D43	=E41−E42−E43	=F41−F42−F43	=G41−G42−G43	=H41−H42−H43
税		D45*0.34	E45*0.34	F45*0.34	G45*0.34	H45*0.34
净收入		=D45−D46	=E48−D46	=F48−D46	=G45−D46	=H45−D46
净收入+折旧		=D48+D43	=E48+E43	=F48+F43	=G48+G43	=H48+H43
销售价格						=D45
净运营资本的回收						=C9
为回收的折旧与利润所交纳的税款						=−E31
总现金流量	=−SUM(C37:C39)	=D49	=E49	=F49	=G49	=运算（H49:H54)
净现值	=C57+NPV（C15,D57:H57)					
内部收益率	=IRR(C57:H57,0.15,) 或=C61					

（二）回收期法

回收期法与会计收益率法一样计算方法很简便，因为它也是一种比率。回收期法的既定标准是年数，例如如果公司的最大回收期是2年，那么任何需要花去2年甚至更久时间来回收成本的计划都会被放弃。回收期法与会计收益率法不同，因为投资回收率法使用的是现金流量而不是净收益，因此它能更真实地表现出投资利润；会计收益率的结果以百分比的形式表现，而回收期法的计算结果是一个数字。回收期法是用每年的现金流量去除计划成本。如果投资项目在其运营期出现了不等额现金流量，那么年现金流量就要被减去，直至成本完全收回之年为止。

考虑下面的例子。一家餐馆要花5000美元购买一个新的比萨饼烤炉。假设5年后这只烤炉将一文不值，那么该餐馆就无法将它卖掉。净营运资本(net working capital)中无任何变量，因此餐馆不必担心净营运资本的回收问题，也不必考虑盈利或亏损的税金。这个新比萨饼烤炉的年现金流量估计为每年3000美元。下面用投资回收率法计算等额现金流量(even cash flow)：

$$投资回收率=\frac{5000}{3000}=1.67\text{ 年}$$

如果餐馆的回收期定为2年，那么这一计划在其标准之内，餐馆可以采纳购买烤炉的计划。

不等额现金流量的计算并不难，只不过它的步骤稍微多一点。再来看一看表17 5中的数据，下面列出了表中计划项目的现金流量：

年	现金流量
0	($3 375 000)
1	462 600
2	541 800
3	632 880
4	737 408
5	7 114 335

计算按部就班、一年一年地进行，直到3 375 000美元的投资全部收回的那一年为止。

$$
\begin{array}{rr}
\text{项目成本} = & 3\ 375\ 000\text{美元} \\
-\ \text{第1年的现金流量} & \underline{462\ 600} \\
 & 2\ 912\ 400 \\
-\ \text{第2年的现金流量} & \underline{541\ 800} \\
 & 2\ 370\ 600 \\
-\ \text{第3年的现金流量} & \underline{632\ 880} \\
 & 1\ 737\ 720 \\
-\ \text{第4年的现金流量} & \underline{737\ 408} \\
 & 1\ 000\ 312
\end{array}
$$

第5年的现金流量是7 114 335美元，支付1 000 312美元绰绰有余。因此，第5年现金流量中只需要拿出一部分来支付剩余的成本。

$$\frac{1\ 000\ 312}{7\ 114\ 335} = 0.14$$

投资项目需要用4.14年来付清成本，因此回收期为4.14年。只要这个特殊项目的回收期标准少于4.14年，公司就应采纳这一计划。

表17–5中的计划既不能满足会计收益率标准，也不能满足回收期标准，因此它不是一项好的投资项目。如前所述，会计收益率法有其不足之处，回收期法也不无缺点存在。

回收期法优于会计收益率法，因为回收期法用的是现金流量而不是收益。然而，它陷入了同会计收益率法一样的困境，那就是同样没有考虑货币时值，例如，4年后的货币被当作和今天的货币价值等同。此外，回收期法并没有考虑在所计算的投资回收期之外的现金流量，一旦投资回收期(payback period)算出，如本例中的4.14年，那么随后的现金流量的影响就被忽略不计了。通常，生意在头几年里举步维艰，因为它刚刚起步，还没有稳定的客源，需要为客人提供良好的产品与服务，因此要过一段时间才能产生利润。但是如果企业在开始时只使用较少的现金流量，并获得高于既定投资回收标准的收益，那么企业就等于是放弃一项能够在以后获得更多回报的投资项目。此外，表17–5中的例子只涉及了投资的一个方面，因为地平线饭店只是改造独立饭店并将其售出获利。投资的另一方面还涉及从每日的经营中获利。

尽管会计收益率法和回收期法有诸多不便，为什么还要采用它们呢？因为它们仍不失为良好的指标并且计算简便快捷。然而，这两种方法都不能被当作资本预算的惟一标准，因为净现值法和内部收益率法要远优于它们。

（三）净现值法

正如其名，净现值（NPV）是以某一数字表示的净赚现值。例如，如果企业花去10美元，并赚得40美元，那么它净赚30美元，盈利为正值；如果企业花去10美元，赚得10美元，那么它不赚不赔；如果花去40美元，赚得10美元，那么净值为负值，亏损30美元。

净现值法遵循的就是这种思维方式。惟一不同的是要将货币时值考虑进去。因此企业进行净现值分析时，首先要将未来值折现，即将投资计划的贷款利息换算成现值。当它们都处于初始状态，即当前时，企业将所有折现的未来现金流量加到现值上，并根据投资计划的成本算其净赚值。如果得到数字为正，这一投资计划将被采纳；如果得0，它不赚不赔；如果为负，企业就会蒙受亏损，投资计划将被放弃。表17–7提供了用来计算收购独立饭店（参阅表17–5）可行性的财务报表，因为净现值为正，该投资计划应被采纳。

表17–7 净现值与内部收益率的计算

总现金流量 (3 375 000)	462 600	541 800	632 880	737 408	7 114 225
净现值	2 889 908				
内部收益率	0.276593174 或 27.66%				

有些类型的财务计算软件是计算净现值的主要手段。一旦输入成本、所有的现金流量以及贷款利息，净现值在一两秒内即可算出。净现值考虑了所有的现金流量及货币时值，是做出资本预算决定的精确方法。

（四）内部收益率法

投资不但可以用货币金额来评估，还可以用百分比来评估，内部收益率法（IRR）就属于用百分比评估的那一类。同净现值法一样，内部收益率法也要考虑所有的现金流量以及货币时值。然而它和净现值法又有所不同，它提供的是投资收益的比率，即以百分比表示所赚得的利润。现金流量和投资计划成本的比率即内部收益率，换句话说，如果企业投资 X 美元作为成本，并获得 Y 美元的利润，那么 X 美元和 Y 美元的比率就是该项目的收益率。

再回到表 17－5 列出的数据中。数据库程序算得内部收益率为 27.66%，筹资贷款的利息仅为10%，这就是说，在支付了投资和贷款之后，仍可获利 17.66%。贷款利息又称作投资收入率或最低预期资本回收率，只有在高出最低预期资本回收率时，企业才能赚钱。因此当内部收益率大于贷款利息时，企业可以接受计划项目。如果内部收益率等于贷款利息，企业不赚不赔；而小于贷款利息，企业就无法赚得足够的钱来清偿投资与贷款，那么这绝对不是一项好投资。

表17－8表明了计算净现值与内部收益率的电子表格软件的指令，它确定了收购独立饭店的可行性（参阅表 17－5）。

表 17－8　计算净现值与内部收益率的 Excel 电子表格软件的指令

总现金流量	= 运算（C38：C40）=D50　=E50　=F50　=G50 = 运算（H50：H55）
净现值	=C58+NPV（C16，C58：H58）
内部收益率	=IRR（C58：H58，0.15）或者 =C62

（五）净现值法与内部收益率法的比较

净现值法与内部收益率法已经被证明是确定计划可行性的较佳方法，那么在这两个方法中是否有一个更好呢？使用公式及财务报表时，毫无疑问净现值的计算更简便，结果更精确。而内部收益率法需要自己估测，这样就要花更多的时间。然而，随着今天计算器与计算机技术的应用，时间已不是决定因素。在这里，对这两种方法的取舍完全取决于对数字或是百分比的喜好，有些人总是偏好数字，他们认为拿去银行的只能是钱，而不是百分比；而另一些人则认为百分比要比大额的钱款易于理解。

这两种方法的基本构思都十分关键。请再来参考一下表 17–5 中的数据，其中净现值的值为近300万美元，是以10%的贷款利息计算出来的，假设饭店每年得到的现金流量可按10%的比率再投资。然而内部收益率假定每年赚得的现金流量可以按内部收益率27.66%进行再投资。二者相差悬殊。实际上，按10%的比率对现金流量再投资的机会比27.66%的可能性更大。因此，如果净现值法与内部收益率法的计算结果有冲突，对于某项投资计划是否可取，那么明智的选择是以净现值法为准。净现值与内部收益率的概念主要以金融理论为基础，因此读者如果想更深入地了解这两种方法，可以参考有关旅游接待财经方面的书籍。

五、其他需要考虑的因素

其他与资本预算有关的因素也必须考虑到。本章提供了一个投资计划样本，计算出了数字，并按照标准来确定它是否是一项好的投资。例如，在现实世界中，如果企业想购买一个比萨饼烤炉，那么它会比较一下几种不同品牌的烤炉，这些不同的价格与品牌被称作互斥项目(mutuauy exelusive project)。互斥项目要求企业在众多选择中挑出最好的，这就是说如果选中了其中某一品牌，所有其他的品牌都将会被放弃。

除互斥项目以外，其他都是独立项目，这就是说，对某一项目的采纳或放弃并不影响采纳或淘汰另一项目。例如，一家餐厅需要一只新炉子和装饰餐厅的新家具，如果炉子计划和家具计划都相当不错，并都符合既定标准，那么这两个计划都可以被接受。

在资金限量配给(capital rationing)的例子中，因为资金有限，企业必须按照分析结果区分出投资优先次序。在这种方式下，企业应挑选可以产生最高净现值的计划项目，并按照由高至低的顺序依次选出项目，直至预算无法满足投资为止。然而，在现实世界中，预算的最后一笔金额极有可能不会花在一两项优先投资项目上。如果企业已经选出两项投资计划，并且在预算中还剩有余款20 000美元，在剩余计划中，能产生最高收益的项目需要花去40 000美元，企业应该怎么办？企业可能会重新评定选择的所有项目，并对项目重新搭配组合，以便最大限度地使用基金，并产生最高的净现值综合值。

互斥项目中有效期限的不均等也必须考虑到。如前所述，互斥项目要求企业挑选最好的投资计划，但是它排除了不同的计划可能有不同的有效期限的可能性。例如，一家乡村俱乐部需要为其餐厅买一个烤架。两种价格不同的烤架就会有不同的现金流量，其中一个烤架可用7年，而另一个可用10年。俱乐部可能会忽略这3年的不同，而简单地计算出会计收益率、投资回收率、净现值和内部收益率，并依此做出决定。根据常识，如果选择了可用7年的烤架，俱乐部就需要比选择了10年的提早更新设备。

在投资分析中，对于应该租赁还是购买需要进行仔细的研究。租赁的好处颇多，对于一个可能需要经常升级换代的高科技产品来说，租赁要划算得多，因为这样企业就不必到处堆积着陈旧的设备与原料。租赁的费用还可以在每一会计年度(accounting period)中注销，从而避免高额纳税款。此外，当利息率高时，租赁或许是更为可行的选择，因为它使企业避免了较高的贷款利息。显然，当企业既没有计划预算额，又没有投资款为产品升级时，租赁是企业获得进行每日运营所必备的资产的一种方法。所有的投资决定都必须根据情况具体考虑，因为一种选择并不能总是优过另一种选择。

六、资本预算与控制功能

所有产品的更新换代与采购都需要花钱；有时，即使是定期的维修也需要投入大笔的资金。因此，对于任何企业的控制职能来说，资本预算都是十分重要的。

一旦确定了资本预算，控制职能就要在三个不同的阶级发挥作用。首先，经理要监督一切大规模的安装、修缮或建造，以便工程不会出现重大的延误或超支，延期及其他问题会使成本大大提高。

其次，安装、修缮或建造一经完成，经理必须进行后期账目审计，这就像是在实验课后指出什么做得好、什么做得不好的讲评一样。这样的审计工作可以帮助经理辨别原始预测的准确性，并了解在建造过程中可能出现的一切问题；有了这些信息，经理以后就能够更好地控制类似的计划。

最后，管理人员必须将项目实际收益数字与预测及成本预算分析中的数字进行比较。此外，经理还必须继续对营业的业绩测定实行监控。

七、小结

资本支出的决定对企业来说十分重要，因为这些决定对于企业的影响可能会持续若干年。尽管资本支出决定一般涉及大笔的资金，然而对于只有几千美金的支出决定也要给予同样的重视，并遵从同样的分析程序。因此，了解掌握预算至关重要。

资本预算过程始于确定出各种相关的现金流量，并根据投资项目的不同阶段将它们分为初始期现金流量、运营期现金流量及终结期现金流量等。管理人员采用资本预算的一个方法来做出比较科学的决策，这一方法就是会计收益率法，它主要包括投资收益率、资产收益率和股本收益率；其他方法还有投资回收期法、净现值法和内部收益率法，其中净现值法和内部收益率法因为考虑了货币时值而更加受到人们的青睐。货币时值计算包括总额的现值与未来值、年投资额的现值与未来值、长期投资额以及不等额现金流量。不等额现金流量与资本预算分析中的现金流量时间度极为相似。

资本预算决定一旦做出，控制职能即启动，管理人员必须监控所有的收支以确保与资本预算分析中预测的数字保持一致。

复习题

1．现值为500美元，年利为6%，3年后货币值将为________。

(1) 565.60美元

(2) 570.50美元

(3) 595.51美元

(4) 599.51美元

2. 如果你需要存200 000美元以便10年后开一家餐馆，假设投资收益率为14%，那么每月要存入多少钱？

(1) 771.99美元

(2) 799.71美元

(3) 817.63美元

(4) 871.67美元

3. 下列哪一个不是资本预算的可行性标准？

(1) 会计收益率法

(2) 净现值法

(3) 内部收益率法

(4) NRR

4. 为什么投资回收期法不是最好的可行性标准？

(1) 它易于计算

(2) 不需要使用计算机进行计算

(3) 它没有考虑货币时值

(4) 它考虑了所有的现金流量

5. 计算永续年金现值的公式是：

(1) 现值÷利息

(2) 未来值÷利息

(3) 利息÷付款

(4) 付款÷利息

6. 用净现值标准衡量，可以接受某计划项目时，净现值应为：

(1) 0

(2) 大于0

(3) 小于0

(4) 净现值是无关的

7. 用内部收益率标准衡量，可以接受某计划项目时，内部收益率应：

(1) 等于贷款利息

(2) 小于贷款利息

(3) 大于贷款利息

(4) 大于10%

8．已知下列现金流量，该计划项目的投资回收率为：

年	现金流量
0	($100)
1	70
2	50
3	20

(1) 1.6年

(2) 2.0年

(3) 2.4年

(4) 3.0年

9．使用第8题中的现金流量和10%的贷款利息，该计划项目的净现值为：

(1) 18.86美元

(2) 18.95美元

(3) 19.99美元

(4) 21.25美元

10．使用第8题中的现金流量，该计划项目的内部收益率为：

(1) 20%

(2) 21.54%

(3) 22.46%

(4) 23.56%

11．如果利息率为10%，550美元6年后的现值是多少？

12．500美元存入11%年利的账户里，5年后的未来值是多少？

13．如果利息率是10%，300美元为期4年的普通年金的未来值是多少？该普通年金的现值又是多少？

14．投资者计划购买400公顷土地。他的分析是，如果这片土地用来养牛，那么今后每年的现金流量将一直是5000美元。如果投资者想得到10%的投资收益率，那么他最多愿意为这片土地付多少钱？

15．罗斯丁公司打算为户外空地购买一辆新的咖啡流动售货车，并对这一计划进行了评估。购车的贷款利息为8%，预计的成本及现金流量如下列出。如果投资回收率标准的期限为1.5年，那么公司是否应该采纳这项投资计划？

年	预期的现金流动
0	（$5 000）
1	1 000
2	4 000
3	3 000
4	2 000
5	4 000

16. 玫瑰花蕾饭店正在考虑购买一个价值为4900美元的新炉灶。新炉灶的使用年限为6年，到时它将一文不值，而企业也无法将其卖掉。净流动资金不变。如果估计这只新炉灶的年现金流量如下，那么估计它的投资回收期是多少年？

年	现金流量
0	（$4 900）
1	120
2	239
3	401
4	1 488
5	1 170
6	2 001

17. 波涛饭店正在考虑是否应该开一家茶室。贷款利息为12%。如果预期的净现金流量如下，该投资计划的净现值是多少？

年	预期的现金流动净值
0	（$560 000）
1	230 000
2	290 000
3	180 000
4	150 000

18. 使用第17题的数据，请问茶室计划的内部收益率是多少？

测试题

1．如果1250美元的利息率为8%，6年后的现值（PV）是多少？

2．如果将900美元放入年利为12%的账户里，5年后的未来值（FV）是多少？

3．如果利息率是6%，为期5年的 220美元普通年金的未来值是多少？该普通年金的现值又是多少？

4．一个农场主正在考虑购买2000公顷的土地。他的分析是，如果这片土地用来种植鳄梨，那么今后每年的现金流量都将是25000美元。如果投资者想要10%的投资收益率，他最多愿意为这片土地支付多少钱？

5．一家小餐馆正在为购买冰淇淋机作评估。该机器的贷款利息是11%，预期的成本与现金流量如下列出。这一投资计划的净现值是多少？这家小餐馆是否应该为此冰淇淋机投资？

年	预期的现金流动
0	（$7 700）
1	1 200
2	4 000
3	3 900
4	2 000
5	4 000

6．JJ's酒馆正在考虑购买一个价值5500美元的新的制冰机。这个制冰机的使用期限为4年，4年后就会一钱不值，酒馆也就无法拿它卖钱。净流动资本不会发生变化。如果估计这台新机器的年现金流量如下所列，那么要多久这一投资项目才能开始赚钱？

年	现金流动
0	（$5 500）
1	3 100
2	2 000
3	950
4	130

7. 星星饭店正在考虑是否应该开一家美式烤肉餐厅。贷款利息为12%。如果预期的净现金流量如下所列，该计划项目的净现值为多少？

年	预期的现金流动净值
0	($ 960 000)
1	330 000
2	590 000
3	400 000
4	150 000

8. 根据第7题的数据，请问这个美式烤肉餐厅计划的内部收益率值是多少？

案例分析

砖炉比萨饼有望成为一种新的流行食品。模特餐厅的客人对此更是情有独钟。总经理让你决定模特餐厅是应该买一个比萨饼炉，还是和当地的比萨饼餐厅签订合同，由该店来供应比萨饼。

折现所有的费用后，你计算出在今后5年里，每年的净现金流量为5580美元。在5年期满后，你可以以500美元的价格卖掉这个比萨饼炉，再买一个新炉的成本是17 000美元。

如果和当地的比萨饼店签订了合同，就不必进行原始投资了。然而，作为合同协议的一部分，模特餐厅每年的现金流量将仅为2260美元。

如果贷款利息为8%，最低合同期为5年，那么你是建议餐厅买炉子还是签合同？

第十八章

博彩：旅游接待成本控制中的通配符

关键词

出纳室	硬盘点	软盘点
中央信贷	内部审计	监控
现金箱	借据	桌台博彩
加筹与贷筹	最低内部控制标准	赢金
博彩控制委员会	赔出	赌注总额

学习目标

在学习完本章之后，你应该能够：

* 讨论博彩控制委员会的作用
* 识别最低内部控制标准所针对的各种问题
* 计算盈余百分比

* 比较并对比饭店内的赌场和饭店内会计部门的结构
* 描述赌场收入审计流程
* 评估出纳室内主要的出纳活动并至少推荐五个控制程序
* 评估各类桌台博彩和老虎机博彩的收入流量并为每一类博彩至少推荐三个控制程序

在过去的10年里，美国的赌场在其旅游接待业中一枝独秀，发展得最快。有足够的理由表明博彩本身已经成为了一个行业。从ITT喜来登集团收购凯撒大世界到哈拉脱离普罗穆斯独立门户，从希尔顿、巴利和豪华大赌场的合并到由于神剑饭店持续扩张派生出来的蜃景胜地饭店和马戏团饭店，以及卢克瑟、博·里维奇和贝拉奇奥等新赌场的出现，都证明了各饭店集团已意识到可以从赌场获取巨大的边际利润。正是由于这一点以及大笔现金的易手这一事实，赌场的内部控制至关重要。本章旨在就赌场经营的内部控制系统做一个全面的概述。

一、博彩控制委员会制定的规则

在1976年之前，美国合法的赌场博彩仅限于内华达州，1976年新泽西州使赌场博彩合法化了，从那时起，博彩业就迅速地发展起来。到了20世纪90年代，许多州都通过了公民投票表决，确定了博彩业的合法地位。在诸如内华达和新泽西等博彩业较为完善的州里，博彩控制委员会控制着每日的经营活动；各职业协会也在过去的几年里携手参与制订了会计标准以便可以获得更加统一规范的财务报表。

二、最低内部控制标准

根据博彩控制委员会制定的规章制度，赌场必须建立符合普遍认可的会计原则的内部控制系统，这一控制系统包括组织结构、会计程序、授权过程、记录、资产的保安以及准确可靠的财务记录。大多数司法部门都要求申请者必须拥有这些控制，即最低内部控制标准（MICS），才能申请赌场经营许可证；各管理机构审查最低内部控制标准以确保它们符合司法部门的要求。申请经批准后，赌场就可以开张营业了。以后在最低内部控制标准中出现的任何变更都需要经过批准，管理机构还会审查赌场账目以确定它是否遵守最低内部控制标准；如果没有遵守最低内部控制标准的话，那么该赌场的经营执照就会被吊销。

在遵守最低内部控制标准的同时，赌场业主还必须清楚地区分企业内部的各职位与功能，并确定它们是被如何划分的，组织结构表详细地列出了每一职位的责任，让人一目了然。经营业主还必须确定敏感区(sensitive area)以及可以接触这些敏感区的职位或个人，敏感区包括现金箱(drop box)、出纳室、交易台(pit podium)、监控、硬盘点(hard count)和软盘点(soft count)、信贷信息(credit information)、老虎机(slot machine)以及其他各种电子游戏机。此外，还要确定在各种情形下可以签字授权的职位或个人，签字授权与饭店里的免费招待类似。更具赌场经营特色的运作包括客人贷款的批准、兑换支票许可、加筹和贷筹以及赌注的金额等。表18-1是组织结构表的一部分，列出了可签字授权的职位和可接触敏感区的职位。

此外，赌场业主还必须了解所要遵循的管理程序与会计程序，如表18-2所示，最低内部控制标准对每一种步骤都做了详细说明。这样做即使不能根除员工和客人的盗窃行为、互相勾结以及其他的非法活动，也可以减少这些不良行径的发生。

三、会计控制

(一) 术语

为了理解赌场的会计控制职能，最好先来讨论一下相关的术语。

“赢金”这个词无需做过多的解释。例如，如果一个人在一局博彩中胜出，每注酬金或奖金是10美元，那么他就赢了10美元。然而在赌场会计与控制中，赢金指的是赌场赢得的钱，而不是客人赢得的钱，它是赌场的净收益。客人用于下注的钱叫做投注金(drop)，投注金是衡量赌场博彩活动的手段。赔出(payout)指的是客人赢得的钱。这些术语适用于所有的桌台博彩。

表18-1 签字授权和接触敏感区

职位名称	签字权限					接触敏感区						
	A	B	C	D	E	F	G	H	I	J	K	L
董事会						只允许重要人物						
总经理	X	X	X	X	X	X	X	X	X	X	X	X
赌场营业部副总经理	X	X	X	X	X		X	X			X	
财务部副总经理	X	X	X			X	X			X	X	
市场营销部副总经理		X										
餐饮部副总经理												
人力资源部副总经理												
保安部副总经理						X	X	X		X		
监控总监							X		X			
电子游戏机总监	X	X	X	X			X				X	X
电子游戏机值班经理	X			X								X
电子游戏机主技师												X
电子游戏机兑换部值班经理	X			X				X			X	
赌场主管				X				X			X	
庄家				X								
收账员											X	
财务经理							X			X		
出纳室值班经理							X				X	
客源开发部总监	X	X	X					X			X	
赌场执行主管	X	X	X					X			X	
保安部总监						X	X	X			X	

签字授权
A＝免费特权
B＝信贷许可
C＝支票兑换许可
D＝加筹和贷筹
E＝$10的最大赌注

敏感区
F＝现金箱
G=出纳室
H＝交易台
I＝监控
J＝硬/软盘点
K＝信贷信息
L＝吃角子老虎机与其他电子游戏装置（EGD)组
资料提供：得克萨斯州休斯顿市休斯顿大学赌博教育与调查所

表18-2 最低内部控制标准

组织结构表
确定企业内部的各项职位与职能
确定职位和职能的划分
明确每一职位的责任
确定可以接触敏感区和签字授权的职位
管理与会计程序
开局与结束赌局
桌上已有筹码
赌桌上筹码的运送
赌桌庄家的换班
现金箱的特点
赌桌上现金箱的运送
电子游戏机里投币桶的运送
兑换筹码
投币箱里的投币
电子装置的移动
立即支付的奖金
出纳室的布局与特点
会计控制
客人支票的兑换
信用卡与借记卡交易
客人现金押金的记账与换回
赠券和其他免费赠送品的控制
联邦现金交易报告
每位客人输钱最高限额控制（河船博彩管理机构专设）
有关入场券收益总金额的账务（河船博彩管理机构专设）

资料提供：得克萨斯州休斯顿市休斯敦大学博彩教育与调查研究所

赢金 ＝ 赌注－赔出

在吃角子老虎机博彩的术语中下注是指在机器底部的投币桶里硬币的数量，所有的赌注或机内所有的硬币在吃角子老虎机博彩中被称作为赌注总额。在用卡代替硬币下注的机器里，有一个电子计量装置测算赌注总额。

赢金 ＝ 赌注总额－赔出

在某些赌场里，赌注指的是放入桌台面上现金箱内的货币、外来筹码以及其他货币单位的总称，这在计算赌局赢金时尤其如此，我们一会儿就会讨论赌局赢金。所有赌场员工都必须了解各术语的正确含义，以避免出现错误。

盈余与赢金一样，是指赌场的净收益。盈余百分比是赢金总额与赌注总额之间的比，被广泛用来衡量各种博彩游戏的业绩。如果赌注总额为＄10，赌场赔出＄8，剩有＄2，那么盈余百分比是20%。

盈余百分比 ＝ 赢金 ÷ 赌注

由于下注与赔出，赌桌上的筹码可能会减少，也可能会增加。赌桌上的筹码必须像普通的出纳柜一样，备有各种面值的货币以便找零，因此，如果某种面值的筹码过多或不够时，庄家可以向中央出纳台，即出纳室，提出加筹(fill)或贷筹(credit)。从字面含义即可以猜出，加筹指的是给桌上加筹码；贷筹指的是从桌上拿走筹码。在这里，

表18－3　加筹和贷筹单

日期	游戏	机/台			换 DSG
筹码面值	总额				
5000					0.00
1000					0.00
500					0.00
100					0.00
25					0.00
5					0.00
2.50					
1.00					0.00
0.50					
0.25					
总计					

赌场主管　　　　许可证号

"贷筹"并不是指赌场贷钱给顾客；相反，它指的是将赌桌上多余的筹码或货币送交出纳室，以避免经营混乱和诱导客人进行盗窃与欺骗的可能性。表 18–3 是一张加筹和贷筹单。

下面的公式用来计算博彩赢金，即将赌桌上所有的筹码、加筹、贷筹和投注金汇总后货币总额的增加部分。请注意，投注金在这里指的是现金箱里的钱款总额，而不是客人下注的金额。

结束时桌上存有的筹码
－开局时桌上存有的筹码
－加筹
＋贷筹
＋投注金(现金箱里的钱款总额)
博彩赢金

表 18–4 是计算博彩赢金的样本，其中，例 A 只给出了开局和终局时赌桌上所有筹码的总数和投注，而例 B 还考虑了加筹与贷筹。例 A 中 100 美元的投注金并不一定就是赢金，因为那 100 美元可能是客人要将他／她的钱兑换成筹码而放到现金箱中的，但他只玩一局即止。除投注金之外，计算赢金也要考虑赌桌上所有的筹码，同样的步骤也适用于涉及加筹和贷筹的时候，因为加筹使赌桌上的筹码总数增加了，应将加筹从赢金中减去，以便恢复赌桌上原有的筹码数目，否则，赢金就会被无形中夸大。同样，由于贷筹指的是从桌台上拿走钱，所以在计算赢金时应将其计算在内。

表　18–4　博彩赢金计算样本

博彩赢金	例 A	例 B
终局时桌台上筹码	2 000	2 000
－ 开局时桌台上筹码	300	300
－ 加筹	0	500
＋ 贷筹	0	400
＋ 投注金	100	600
博彩赢金	1 800	2 200

（二）组织结构

一个典型的赌场财务部与一个标准的饭店财务部类似。财务主管(chief financial officer)，即总会计师，统管着一切活动；在这一职位之下有餐饮会计师或审计、饭店收入会计师(hotel revenue controller)、发薪会计和总会计。总会计(general accounting)包括应付款、应收款和出纳。赌场和饭店最大的不同就在于赌场设有收入核查员，核查员负责处理博彩机的盘点或硬盘点（硬币和辅币）以及赌桌盘点或称软盘点（纸币）；此外，他还负责监督出纳室里出纳员的工作以及加筹和贷筹的工作。

（三）总会计

如上所述，总会计职能包括负责应付款、应收款及出纳。然而，在赌场里，出纳职能又分为出纳室里的出纳和各楼层出纳。出纳职能必须受到控制，然而控制又不能过于繁琐费时，以免占用客人的博彩时间。出纳的另外一个重点就是赌场的收入不应按照现金兑换的金额来计算，否则，博彩业绩就不准确了。由于这一职能的复杂性，每局博彩的出纳过程将在本章的后面进行解释。

正如在标准饭店可以记账，赌场的应收的账目也允许赊欠。然而，在赌场里，有些顾客要求赊欠的金额可能会十分庞大，这些赊欠需要由客人签署一些简单的文件，就是人们熟知的借据或“欠条(IOU)”等，这些文件表明顾客从赌场得到的货币总额。顾客可以赊欠是赌场饭店经营和营销战略的一个要素。赌场的大多数客人都不是当地居民，许多人还是外国游客，因此，允许赊欠至关重要。批准赊欠的程序将在本章的稍后部分详加探讨。

赌场愿意让客人赊欠，因为一个人的赊欠越多，他要花的钱就会越多，这就是赊欠存在的原因。然而，赌场允许赊欠是为了赚钱而不是负债，因此赌场只能为有偿还能力的客人提供赊账。对于已经超出了赊欠限度的客人，赌场不应再赊账给他们，否则赊欠的款项会很难收回。

不论何时，赊欠业务最好都由一人来负责，负责赊欠业务的人担负着赊账的会计、监督、评估、许可和收款。他／她还可以将一些职责委任给其他人，尤其是那些和收账有关的职责。

（四）赌场收益会计

赌场财务结构中关键的是划分部门内部的各项责任，以便最大限度地降低出现相互勾结以及其他各种欺诈行为的可能性。从客人带钱进入赌场开始，到赌场赢钱并将钱存进金库为止，赌场收益会计可分为三个主要的区域：营业区、出纳室与盘点室。在营业区，从客人手中收走硬币、辅币及货币的人是各类博彩的庄家、记录博彩交易的赌桌记录员和收取现金箱的小组。在出纳室，主要员工包括将现金兑换成筹码和代币的兑换出纳员以及为获到赊欠许可的客人提供筹码与辅币的赊账出纳员。在盘点室，硬盘点与软盘点员工根据最低内部控制标准中的规定程序盘点、核实并记录所有硬币、筹码、辅币和钞票的价值。

四、主要收益流量及出纳

博彩主要有六类：桌台博彩(table game)、扑克(poker)、吉诺(keno)、宾果(bingo)、体育押彩和赛马押彩以及吃角子老虎游戏机(slot)和其他电子游戏装置博彩。从出纳室出来的钱直接存入金库或用于储备，会计报表送交财务室。从博彩中赢得的钱经由现金箱和盘点室里的盘点程序，被送入金库，会计报表(accounting record)送交财务室。

（一）主要出纳与出纳室

出纳室是进行主要出纳的地方，在小型的赌场中尤其如此。出纳室是所有现金活动的中心，因为它将客人的货币兑换成筹码，或将筹码兑换成货币，并为桌台博彩和老虎机博彩进行加筹和贷筹。它也充当各楼层与金库之间的中间站。如果在一局博彩中钱用光了，或者在一张赌桌上积累了过多的筹码，出纳室可以提供或贮存货币和／或筹码，这样，金库就不必在一天之内多次开门和锁门。除了为各楼层的博彩进行加筹和贷筹外，出纳室还负责赊欠业务，即给那些获得赊欠许可、并已签赊欠单或签上“欠条”字样的客人提供筹码，以便他们继续进行博彩活动。

出纳室的最低内部控制标准包括出纳储蓄、日存、信贷、现金存取和兑换，出纳室可为加筹、找零以及其他目的各设独立的柜台。每天营业之始，开门的出纳员要先用点钞机清点总金额，如果柜台上没有对上账，出纳员就要通知出纳室主管，出纳室主管负责调查并找出差额。在换班时，交接班的出纳员应该核对现有总金额，并签署一份二联的窗口盘点单。

此外，要为每一柜台准备柜台结账单(settlement sheet)，柜台结账单不仅列出现有筹码总额，还应使博彩期初和期末筹码中的各项目相互吻合。值班经理随后将所有的柜台结账单汇总，并使所有的期初与期末筹码数额一致。文件原本送交会计进行审查，副本保存在出纳室。最后，金库主管会去银行存款。根据赌场程序，要存的货币总额通常由赌场高级官员决定，如行政副总经理。

赊欠申请可在出纳室进行。申请表必须写有顾客姓名、地址、出生日期、身份证明、签字、银行账号以及社会保险号，需要与信贷局、柜台和其他财务机构联系来评估赊账申请。中央信贷是赌场的信贷局，可以提供客人过去在其他赌场借贷的信息。一旦赊欠获得许可，出纳室就会给客人一张赊欠借据。

借据是一份四联表，客人必须在上面签字并送交出纳室，以获得可以继续进行博彩的现金、辅币或筹码。客人还要签署一个还款协议，协议明确规定了应该何时还款（通常在30天之内）。随后，所有的信息都送至负责处理和控制还款的会计部门。

出纳室的另一个职责是为客人提供保管服务。客人可以在出纳室保存现金或现金等价物并得到一张存款单，存款单上记着客人的姓名、出生日期、社会保险号及有效身份证；此外，还应包括大小写的存款金额、数据、存款形式以及客人和出纳员的签名。提款时也要填写一张同样的单子，如果只提出部分钱款，出纳员和客人要核实账户的净余额。如果客人将原存款单丢失，需要填一张包括所有必要信息的新单。

主出纳室还控制着兑换过程。大多数兑换不需要什么手续，但是如果一个人在24小时之内的多次或一次兑换的总额超过了10 000美元的话，那么根据有关法律，赌场必须提交一份货币交易报告。这份报告通常在出纳室里完成，但是赌桌上也要遵循着同样的步骤。出纳室的出纳员首先应获得并核实顾客的姓名、地址以及社会保险号，之后给这个人拍照，标上他/她的名字，由出纳员签名，将照片附在报告上。报告必须由出纳员签名，并在交易日之后15天之内上交。

（二）桌台博彩

桌台博彩的出纳将客人给庄家的钱、借据、其他筹码或文件兑换成博彩筹码。钱、借据、筹码和文件被放进现金箱中；而这些东西兑换成的筹码通常被加入赌桌上已有的筹码中，以便计数。

（三）扑克

扑克和其他纸牌游戏通常在单间里进行，离楼层较远。有鉴于此，出纳职能相当重要。筹码可在桌上兑换，就像玩21点和赌大小一样。为了方便客人并尽量延长他们的博彩时间，有些赌场可能还在纸牌室外设有一个出纳室，因为大多数纸牌室离主出纳室都较远。此外，由于纸牌博彩主要是以分成的形式来经营的，从控制观点来看，让出纳员来负责出纳工作要好过让赌桌上的庄家。

（四）吉诺、宾果游戏以及体育和赛马押彩

吉诺游戏里并不涉及太多的出纳工作，因为当客人买了吉诺卡后，交易活动就已结束。惟一涉及到的出纳工作是当客人以较大金额钞票付款时需要找零，在这方面，吉诺游戏的出纳就像普通的销售交易。

宾果游戏的出纳与吉诺游戏的大致相同。客人购买宾果卡，如果他们赢了，可从赌场拿到钱。体育与赛马押彩也与此过程类似，客人购买赌券，等待比赛结果并领取赌赢的奖金。

（五）吃角子老虎游戏机与其他电子博彩装置

吃角子老虎游戏机和其他电子游戏机博彩需要涉及更多的出纳工作。在桌台博彩过程中，庄家就在旁边为客人提供出纳服务。在玩吃角子老虎机的过程中，客人通常在出纳室将货币兑换成一小箱或一小

桶硬币或辅币来玩游戏。吃角子老虎机的一局游戏不会花太长时间，因此需要源源不断地投入硬币或辅币。

除去主出纳室之外，为方便客人兑换，兑换亭通常被策略地设置在吃角子老虎机游乐区内或附近的地方——因为客人越容易兑换到博彩硬币，他们就越愿意玩。在较大型的吃角子老虎机经营场所里甚至还会有专门的兑换人员，即人们常说的巡回服务员、顾客身边的员工或者娱乐揽客者，他们令兑换过程变得更为简便，他们可能会使用麦克风招揽客人玩游戏，并高声宣布头奖得主的姓名以渲染气氛。

许多赌场都提供电子扑克或其他电子老虎机。如果客人想省去换钱的麻烦，也不想让钱币或辅币弄脏他／她的手，那么他／她也可以使用磁卡，这种磁卡与借记卡类似，上面记录着玩了多少局游戏以及用去了多少钱。然而，大多数玩吃角子老虎机的人都愿意拉动操纵杆，听着转轮滚动的声音以及硬币顺着货币接收器滑出、并打在出钱托盘上的声音。

五、桌台博彩的经营

桌台博彩的内部控制注重经营的过程，该过程包括博彩筹码本身、开局、营业中的加筹与贷筹、现金箱内的物品及其总额、结束赌局以及盘点。最低内部控制标准列出这些程序，而审计员要确保这些程序的落实。

（一）博彩筹码

博彩筹码有着不同的大小、形状、色彩、面值、用途并且分为主筹码、副筹码和备用筹码三种。必须保证筹码的数量，以便可以核对桌台筹码的数量或其他类型博彩活动的筹码数量（以防止客人使用外来筹码）。对于销毁筹码的程序也有着一定的规定。

典型的筹码为圆形，直径为1 9/16英寸。面值从1美元到5000美元不等，每一种面值都有不同的主色彩。不同于主色的辅色用于各面值筹码的边缘。用于轮盘赌上的筹码通常并不标明面值。每一个筹码上都必须清晰地印着赌场的名字及其具体的面值。

最低内部控制标准要求筹码应有主、副两套，这两套筹码要有不同的颜色组合。当赌场怀疑有人使用假筹码时，可用副套筹码代替主套。尽管一家赌场可能接受同一条街上另一家赌场的筹码作为赌注，但是大多数赌场都拒绝兑换外国筹码。

在把新筹码运进赌场时，会计部与保安部的员工负责接收工作。筹码要按照发票来核查，登在赌场筹码库存记录上，并可存在金库内以待使用。在营业时，每日要对筹码进行盘点；下班后，所有的筹码都要锁进出纳室、盘点室、金库或是博彩桌台上锁好的透明箱内。

当筹码用旧或是出于安全原因必须销毁时，赌场管理人员要记录销毁筹码的日期、地点、数量与价值以及销毁的方式。销毁时，赌场管理各部门的代表及财务部的代表必须在场。

（二）开局

在开局前，要填好一张桌台所有筹码的清单和一份记录着期初及期末存有筹码的二联的复写表格。在上一局博彩结束时，庄家应填写这张表格，最上面的原件是终局单，要送交赌场主管，而复写件是开局单，存入筹码架，并盖上透明盖，锁好。这也就是众所周知的桌台票据。

在下一局博彩开始时，赌场主管打开桌台票据，庄家盘点桌上筹码，并将盘点过的筹码数额与桌台票据的复写单上的数额进行比较。桌台号，有时还有值班号都清楚地标在桌台票据上，这样，一旦清点的筹码数额不对，调查时也会有迹可循。当筹码数一致时，赌局就可以开始了。

（三）现金箱

由于筹码适用于所有的桌台游戏，客人必须在主出纳室将货币兑换成筹码，或交给庄家赊欠借据，或在桌台上兑换货币以开始游戏。最低内部控制标准严格禁止用现金下注，因为将现金与筹码搀和在一起是十分混乱的，而且桌台上铺满钱也不好控制。当庄家收到赊欠借据或货币，他将把它放入现金箱中，并交给客人相应数量的筹码。最低内部控制标准还要求赌场明确这一兑换程序。因此，庄家会在众目睽睽之下将现金或借据置于桌上,大声念出现金或赊欠的数量以便使大家听见，分发筹码，然后将现金或借据放入现金箱中。

现金箱与桌台票据类似，桌台号、有时还会有值班号要标注在现金箱上。它是锁着的，但是为存入各类东西而设有开口。换班时，原有现金箱被取走，并换上一个空箱。取走的现金箱送往盘点室，现金箱里面的款项被加入赢金中计算。最低内部控制标准要求，现金箱从桌台上取走被送往盘点室时应走尽可能直接的路线以减少安全隐患。

(四）加筹与贷筹

在博彩过程中,有时庄家桌面上的筹码会减少或者因为庄家赢了大多数赌局而使桌上筹码过多，在这种情况下，就要进行加筹与贷筹。赌场主管和桌台值班经理通常负责这类工作,他们对博彩进行全时监控以确保博彩活动的顺利进行以及遵守最低内部控制标准。

加筹时首先要填好一份二联的表格，首联留在桌上，二联交给桌台职员。桌台职员将这一请求输入电脑系统，在出纳室这一请求被打印出来，并被转写到加筹申请单上。加筹单一般有四联，其中首联、二联与三联要从打印机上取下，而第四联留在机器中。出纳在加筹单上签字，并将所需要的筹码交给保安部员工或会计部员工，这名员工核实数量后，在表格上签字，并将表格三联还给出纳员，最后将筹码以及加筹单的首联和二联送交桌台。

当筹码送交桌台时，桌台值班经理核实筹码总数，并指挥保安或会计人员前往申请加筹的桌台。桌台上的庄家当着各客人的面核实筹码，在加筹单的首联和二联上签字，并将加筹单的首联以及申请单的首联放入现金箱内，最后将二联交给保安或会计员工。加筹单的二联现在有了桌台经理和庄家的签名，之后被送回出纳室和三联粘在一起。所有的这些加筹单和申请单都会被送往会计处进行审计。

贷筹以同样的方式进行。首先要在桌台填写申请单，但不同的是，申请加筹时，由出纳室发加筹单、发筹码；而申请贷筹时，贷筹单由出纳室送回签名，筹码要从桌台现有的筹码中取走，和贷筹单的二联一起送往出纳室，在出纳室核实筹码后，将二联、三联粘在一起。

电子监控可以进一步保证所有的加筹和贷筹程序都照章办理，并确保不会发生盗窃行为。有些赌场的电子监控只限于一定金额以上的加筹与贷筹，一般来说，10 000美元是使用电子监控的最低限额。

（五）结束赌局

当一局或一轮结束时，庄家清点桌上的筹码，填一份二联的桌台现有筹码单，并由赌场主管核实总数。随后庄家和主管都在单上签字，将一联（终局联）放入现金箱，并将二联（开局联）放入桌台票据中。现在桌上已准备好了筹码和现有筹码单，只需要接班员工签字即可开始下一轮博彩（参阅表18–5）。

表18 – 5　桌台现有筹码单

日期	游戏		机／台		换 DSG
筹码面值	总额				
5000					0.00
1000					0.00
500					0.00
100					0.00
25					0.00
5					0.00
2.50					
1.00					0.00
0.50					
0.25					
总计					
签字					
下班赌场主管			许可证号		
上班赌场主管			许可证号		
下班庄家／机台操作员			许可证号		
上班庄家／机台操作员			许可证号		

（六）软盘点

和这一领域有关的最低内部控制标准是具体而明确的。对所有的盘点室钥匙都要进行安全保管，并且盘点室每天受到24小时的监控。所有盘点员工进入盘点室后，盘点室就要上锁，随后才可以打开现金箱进行盘点。在盘点过程中，惟一被允许留在室内的是软盘点小组组员和把现金箱送进计数室的保安人员。小组由分工不同的三人组成：记录员、盘点员和核实员，组员定期轮换，相同的组员每周在一起的时间不能超过四天。一旦盘点开始，在盘点结束前不允许任何人进出盘点室。万一出现了紧急情况，所有的员工在离开盘点室之前都必须把他们的手放在监测镜头前，并让其他员工检查以证明任何东西都没有被带出室外。

盘点台由透明材料制成。组员必须穿上没有口袋的外衣，这样盘点室里的东西就不会被藏起来或带出去。如果组员不得不把手伸进衣内，他们必须像前面提到的那样，先把手放在镜头前及其他组员面前接受检查。所有的这些预防措施都是为了避免盗窃行为的发生。

软盘点小组组员是惟一可以接触现金箱的人。现金箱每次只打开一个，打开后，要倾其所有。根据最低内部控制标准，其中一个组员必须念出箱号。这一切将被记录在监控录像带(surveillance tape)上。他还要对着镜头并向其他组员展示现金箱已经完全倒空。随后，将空箱子再次上锁以备下一轮使用。

盘点现金箱内的款项，并将其置于投注现金卡(drop cash card)上。其中一个组员打开录音机，开始第一次盘点里面所有的款项，并记录盘点结果，最后将这些款项交给另一名组员进行核实。随后，将磁带附在投注现金卡上。另一名组员重新盘点一遍里面的款项，并把结果大声报给第一次盘点的人。如果这两次盘点的结果不一致的话，那么他们必须找出出现差异的原因，然后才可以进行下一个现金箱的盘点工作。第三名组员用墨水笔为每一个现金箱写一份桌台博彩结算单，按本章前面讨论过的方法计算赢金。开局单、加筹单、贷筹单和终局单上的金额都要被加进投注现金卡上的现金总额中。由于桌台结算单是用墨水笔填写，划掉任何错误时都要有至少两名盘点小组组员的签名。在整个盘点结束后，三名组员都要在桌台博彩结算单上签名。

随后，金库主管进入盘点室，盘点款项，解决问题。这时所有人员离开盘点室，将现金送交金库，文件送往会计室以便收入审计员核查其准确性。

六、老虎机经营

为吃角子老虎机和其他电子博彩装置制定的最低内部控制标准包括登记、最低标准、完整统一性、投币、最大奖、盘点、计算机监控和硬币接收器。

（一）机器的特点

几年前，最大奖设为100美元可能就已经被认为是奖金很高了，然而今天，累进的投币机可以提供数以百万美元计的大奖。在20世纪80年代初期，电视扑克也使人们把更多的注意放在吃角子老虎机上。由于微电子芯片的使用，电子游戏现在可以提供游戏统计数据和会计资料、汇总安全与诊断功能，并能够提供身临其境的音像效果。一般来说，计算机化的吃角子老虎机要比那种电视机化的老虎机可靠得多，然而，有某些基本特征仍然是一样的。

不论是计算机化的还是电视机化的老虎机，它们都要有投币或出币功能。虽然计算机化的游戏机是以磁卡形式提供这些功能的，但是硬币掉进机器里的声音和装满出币托盘的声音仍然清脆悦耳、余音不绝。玩吃角子老虎机可以通过拉动操纵杆或按动按钮来启动。硬币接盘可接住硬币，当硬币装满接盘时，多出来的硬币就会落进硬币桶里。

（二）个性

与人一样，吃角子老虎机也有自己的个性。这种个性不仅和机器所提供的游戏类型有关，还与对控制功能有用的大量其他信息有关。这些信息包括机器购买的日期、价格、制造、型号和序号、盈余百分比、台号、面值、安装或移走的日期、程序确认、是固定资产还是租赁而来。有了这些信息，经营者就可以监控每台机器的业务量以确保赌场可以赚得适当的利润。

（三）兑换

正如在前面所讨论的一样，兑换活动可以使投币机经营业务顺利进行或遭到损害。兑换硬币应能随时进行并且简捷便利，以便最大限度地延长每一台机器的使用时间。此外，客人越容易换到玩游戏的硬币，就越愿意玩。

（四）硬盘点

老虎机赌注盘点，即硬盘点，通常每星期要进行几次，有时进行的次数更多地取决于客人们玩游戏的频率。由于生意和安全的原因，这些盘点通常都在下班时候进行，赌场必须将这些时间安排通知给博彩控制委员会。每台机器里的接币桶(drop bucket)都有永久性标志，与另外一套不同颜色的接币桶轮流使用。

盘点小组里至少有三人组成，其中包括一名警卫。盘点小组的成员受制于最低内部控制标准并且必须独立于老虎机管理人员。小组成员轮流替换以避免同一组人每星期过多次地在一起工作。该组的警卫要确保盘点过程不受到干扰，从而最大限度地降低盗窃的可能性。

在主管拿到盘点室的钥匙之后，硬盘点开始。主管必须在取出钥匙时签名并注明时间。随后盘点小组拿到接币桶。有些赌场不用接币桶，而使用标好号码的袋子。盘点小组还需要打开老虎机的钥匙。在游戏厅里，为了核实接币桶号和机号，每一老虎机都单独开启，随后从锁着的老虎机隔间里取出接币桶。如果有硬币或辅币掉出，盘点组员在将辅币放回桶中之前一定要高喊“有辅币散落了”，以便让安全系统注意到。所有这些预防措施有助于确保盘点程序的完整性。在替换了所有的接币桶之后，盘点小组回到盘点室，用硬币清点机计算出硬币总额。与在软盘点室中一样，硬盘点室也装有监控摄像镜头。当各接币桶里的硬币全部被倒进硬币清点机里后，盘点小组的组员要将空桶展示给监控摄像镜头，表明里面所有的硬币或辅币都已取出，桶内已空无一物，这时另外一个组员记录硬币清点机上的读数，并用墨水笔填写所有报表。在记录了所有的盘点结果之后，将钱币和辅币包好。金库主管随机选取大约占总额10%的部分进行清点来核实赌注总额，然后填写一张结算清单送交财务室。当一切就绪以后，盘点小组主管交回盘点室的钥匙。

（五）计算机化

计算机化给老虎机带来了许多的变化，不仅对于客人是如此，对赌场管理者亦是如此。对于客人来说，它增加了更多的游戏选择、更多种类的玩法，而最重要的是，带来了更高的奖金金额。对于赌场管理者来说，计算机化的老虎机里通过不断更新的信息提供了更好的控制。在市场营销方面，这类老虎机可以记录下客人们所下的赌注以及下注的频率，它们还可以记录客人的信息，识别出手大方和挥金如土的赌客、客人喜欢玩的游戏类型、免费项目、此次和上一次的博彩活动以及客人赢钱和输钱的情况。从控制的观点来看，这些老虎机可以使管理人员了解它们所吃进去的硬币或辅币的数量、金属盘点、硬币的大小和重量、硬币的最后归属（从出币口出来归客人所有、在硬币接盘里还是在接币桶里）、机器运行的速度、谁打开了老虎机的门、打开的时间和日期、开门的目的、提供免费游戏的次数以及是否有改变赔出比率、例外和意外的报告。尽管这些功能都是完好的，必须合理地使用它们而不是让它们做出更多的报告堆在经理们的桌上。

七、小结

由于日益增多的现金交易数量，控制职能对于赌场要比对于其他旅游接待企业来说更为重要。尽管技术有助于赌场的娱乐和经营活动，然而最后还是要由管理人员来为员工和客人提供一个舒适愉快、井然有序以及防范得当的环境。

复习题

1．MICS代表__________。

(1) 国际最低赌场地位

(2) 国际最高赌场标准

(3) 最高内部控制标准

(4) 最低内部控制标准

2．MICS要求__________。

（1）赌场经营者必须识别组织机构内部的职能与责任

（2）赌场经营者必须识别敏感区

（3）赌场经营者必须识别可以接触到敏感区的职位和个人

（4）以上各项

3． 赌场术语中的赢金指的是__________。

（1）客人的赢金

（2）赌场的赢金

（3）客房部的赢金

（4）餐饮部的赢金

4． 赢金可被定义为__________。

（1）赌注（投注）减去赔出

（2）赔出减去赌注（投注）

（3）赌注（投注）加上赔出

（4）赌注（投注）加上加筹

5． 吃角子老虎机中的赢金可被定义为__________。

（1）赌注总额减去赔出

（2）赔出加上赌注总额

（3）赔出减去赌注总额

（4）赌注总额加上贷筹

6．假设在100美元的赌注中赢金为20美元，那么盈余百分比为__________。

（1）5倍

（2）500%

（3）20%

（4）5%

7． 下列哪一项不是赌场收益会计工作的主要领域？

（1）餐饮经营

（2）赌场经营

（3）出纳室

（4）盘点室

8． 流进赌场的钱是经由__________。

(1) 出纳室和盘点室

(2) 出纳室和博彩活动

(3) 盘点室和博彩活动

(4) 盘点室和客人

9. MICS的设立是为了________。

(1) 桌台博彩

(2) 老虎机博彩

(3) 1项和2项

(4) 1项、2项和主要出纳

10 计算机化的吃角子老虎机没有________。

(1) 增加更多的游戏选择

(2) 提供最新的资料来进一步加强控制

(3) 抓住老虎机经营中所有的非法活动

(4) 记录客人信息

11 利用下面数据计算博彩赢金（单位：美元）：

结束赌局台面筹码	5 560
开局时台面筹码	250
加筹	1 100
客人投注	900

12. 安是豪华赌场的一个新的庄家，为了做好自己的工作，她需要学习如何计算台面赢金。如果她的博彩赢金为5 000美元，台面情况如下，那么在她结束赌局时台面筹码应该是多少？

加筹	1 000
贷筹	800
客人投注	2 000
开局时台面筹码	1 000
赌局赢金	5 000

13. 描述一下在MICS所要处理的问题。

14. 如果魔术赌场的客人下注总额为150美元，赌场赔出105美元，那么该赌场的盈余百分比是多少？

测试题

1．用下列数据计算博彩赢金（单位：美元）：

结束赌局时筹码	9 000
开局时台面筹码	300
加筹	5 060
贷筹	100
客人投注	500

2．风车赌场新来一位员工担任庄家，他要学会如何计算台面赢金。如果博彩赢金为7000美元，且下列信息已知，终局时台面筹码应该是多少？

加筹	2 200
贷筹	700
客人投注	2 000
开局时台面筹码	450
赌局赢金	7000

3．列出至少五个针对出纳室里主要出纳活动的控制程序。

4． 如果雷鸟赌场的赌金总额是1150美元，赌场赔出700美元，那么它的盈余百分比是多少？

案例分析

赌场经营的独特之处在于有一种固有的方法来奖励客人的参与，奖励的方法就是提供免费项目或赠品（comps）。赌场可以提供给客人的赠品有两类，“软”赠品仅需要从一个部门的预算到另一个部门的收入预算之间的票据转移，软赠品的例子包括餐饮、住宿以及交通等，一般说来，任何赌场内部的服务都可成为软赠品。另一类赠品被称为“硬”赠品，这类赠品涉及与其他商家有关的实际货币交易，硬赠品的例子包括飞机票、风味餐馆的就餐券以及赌场以外的演出或拳击比赛的入场券。赌场经营者需要有更多的理由才能提供硬赠品，给予各种赠品的理由一般都存在于赌场计算机的客户档案之中。

当客人希望得到赠品时，负责给予赠品的人或部门，通常是赌场的市场营销部或是当班经理，会查看在计算机档案中该位客人的账户记录，这个账户很像银行的账户。客人频繁并且长时间地赌钱从理论上来说有助于赌场积累赢金，而希望获得赠品的要求会降低这种理论上的赢金。负责给予赠品的人将会按照该位客人理论赢金金额的30%提供软赠品或其理论赢金金额的15%提供硬赠品。

在赌场经营过程中，最常见但又最少谈及的盗窃形式就是赠品盗窃，而赠品盗窃中越来越常见的一个类型就是以物易物式的互惠。史密斯是当地赌场的大厅工作人员，他的邻居琼斯是当地汽车经销店的销售员，他们俩人达成一个协议，琼斯帮助史密斯买到最便宜的新车以及理想维修服务期，而史密斯则同意把虚假的客人积分加到琼斯的名下。琼斯同意在几个月的时间里不去赌场，这样他的赌场“储蓄账户”就建立起来了。几个月后，在某个特殊场合（生日、周年纪念），琼斯就可以打电话给赌场的市场营销部，要求提供双人的免费晚餐餐券或演出入场券。赌场的市场营销部将会审核琼斯的账户，如果积分已够，市场营销部就会进行预订并发出赠券，于是赌场被盗去了价值几百美元的服务。

此类盗窃行为难以发现，其主要的原因在于所涉及的部门太多。没有内部审计、赌场博彩、赌场市场营销、餐饮、监控、赠券会计和保安等部门的全面合作，此类盗窃行为就不会被查出，也不会受到惩罚。你将建议采取什么措施来遏制此类盗窃行为呢？

译后记

20多年来的改革开放使中国发生了翻天覆地的变化，经济形势蒸蒸日上，人民生活水平迅速提高。2000年，我国国民生产总值(GDP)首次突破一万亿美元。国家机关和各企事业单位年平均节假日累计已超过110天，可支配收入和闲暇时间的增加使得越来越多的国人外出旅游度假。与此同时，国外来华旅游的游客也在不断增加。据统计，我国旅游业的产值现已占到国民生产总值的5%，从而成为我国国民经济的重要产业与新的经济增长点。随着我国国力的进一步增强以及“申奥”和“入世”的成功，将会有更多的国内游客和海外游客在我国各地旅游或访问，这将为我国的旅游接待业带来无限的商机并预示着我国旅游市场的进一步扩大，同时，这也将对我国的旅游接待能力构成巨大的挑战。

为了适应我国旅游产业发展的需要，进一步提高我国旅游接待企业的竞争力，旅游教育出版社推出了《旅游业成本控制》一书。该书的作者阿格尼丝·德佛郎科博士和彭德·诺列加博士有着非常丰富的旅游教学经验以及旅游业成本控制的实际经验，因此他们从极为现实的角度来探讨旅游接待企业的资源控制与管理方法。《旅游业成本控制》一书既有理论深度又不乏相关的案例，因此适合作为旅游管理专业或饭店管理专业的教材，或旅游管理院校学生和教师的阅读材料。此外，本书也适合从事旅游接待工作，特别是从事旅游餐饮工作的管理人员阅读。相信本书的读者将会受益匪浅。

《旅游业成本控制》一书的翻译工作是在很短的时间里完成的，这与本书译者的辛勤工作是分不开的。参加本书翻译工作的译者分别是王向宁（第一至第五章）、田晓（第六章）、黄宇（第七章）、程尽能（第八至第十五章）、卢涤非（第十六至第十八章）。程尽能是本书的主译并负责全书译稿的审校工作。此外，陈瑶、李磊等也做了一些辅助性的工作。本书的翻译工作也得到了北京第二外国语学院旅游管理学院领导的大力支持，特在此表示感谢。

译者

2001年9月11日